O ANIMAL SOCIAL

DAVID BROOKS

O ANIMAL SOCIAL

A história de como o sucesso acontece

Tradução
Camila Mello

OBJETIVA

Grafia atualizada segundo o Acordo Ortográfico da Língua Portuguesa de 1990, que entrou em vigor no Brasil em 2009.

Título original
The Social Animal

Capa
Adaptação de Marcos Davi sobre design original de Lucy Stephens

Ilustrações de capa
Felix Sockwell

Revisão
Raquel Correa
Ana Kronemberger
Eduardo Rosal

CIP-Brasil. Catalogação na Fonte
Sindicato Nacional dos Editores de Livros, RJ

B888a
Brooks, David
O animal social: a história de como o sucesso acontece / David Brooks ; tradução Camila Mello. — 1ª ed. — Rio de Janeiro : Objetiva, 2014.

Tradução de: The Social Animal.
ISBN 978-85-390-0563-5

1. Psicologia. 2. Sucesso. I. Título

14-09229 CDD: 158
CDU: 159.947

EDITORA SCHWARCZ S.A.
Praça Floriano, 19, sala 3001 — Cinelândia
20031-050 — Rio de Janeiro — RJ
Telefone: (21) 3993-7510
www.companhiadasletras.com.br
www.blogdacompanhia.com.br
facebook.com/editoraobjetiva
instagram.com/editora_objetiva
twitter.com/edobjetiva

SUMÁRIO

INTRODUÇÃO

Esta é a história mais feliz que você já leu. Fala sobre duas pessoas cujas vidas foram incrivelmente gratificantes. Tiveram carreiras maravilhosas, ganharam o respeito dos amigos e fizeram contribuições importantes para o bairro onde moravam, o país e o mundo.

E o curioso é que não nasceram gênios. Tiveram bons resultados no SAT,* em testes de QI e esse tipo de coisa, mas não apresentavam um dom físico ou mental extraordinário. Não eram feios, mas também não eram bonitos. Jogavam tênis e faziam caminhadas, mas nem mesmo na escola se destacaram como atletas, e ninguém os teria escolhido quando jovens e dito que estavam destinados ao brilhantismo em alguma esfera. No entanto, alcançaram o sucesso e todos que os conheciam achavam que tinham vidas abençoadas.

Como fizeram isso? Possuíam o que os economistas chamam de habilidades não cognitivas, categoria geral de qualidades ocultas que não podem ser facilmente contadas ou medidas, mas que na vida real levam à felicidade e à satisfação.

Em primeiro lugar, tinham bom caráter. Eram enérgicos, honestos e confiáveis. Mantinham-se persistentes após contratempos e reconheciam seus erros. Possuíam confiança suficiente para correr riscos e integridade suficiente para respeitar compromissos. Tentavam reconhecer suas fraquezas, arrepender-se de seus pecados e controlar seus impulsos negativos.

---

* SAT: Scholastic Aptitude Test (Teste de aptidão escolar). É um teste de conhecimentos gerais criado nos Estados Unidos e realizado por alunos que desejam ingressar em uma faculdade. (N. da T.)

Igualmente importante era o fato de serem perspicazes. Sabiam decifrar pessoas, situações e ideias. Podia-se colocá-los diante de uma multidão ou enterrá-los no meio de um bando de relatórios, e eles seriam capazes de desenvolver uma percepção intuitiva do cenário em questão — o que poderia ser agrupado ou o contrário, quais caminhos seriam frutíferos e quais nunca seriam. As habilidades que um marinheiro possui para navegar pelos oceanos eles tinham para navegar pelo mundo.

Ao longo dos séculos, zilhões de livros foram escritos sobre como obter sucesso. Todavia, essas histórias geralmente são contadas no nível superficial da vida. Descrevem para qual universidade as pessoas passam, as habilidades profissionais que adquirem, as decisões conscientes que tomam e as dicas e técnicas que adotam para fazer conexões e seguir em frente. Esses livros frequentemente se concentram em definições externas de sucesso, relacionadas a QI, riqueza, prestígio e conquistas mundanas.

Esta história é contada em um nível mais profundo. Para falar sobre sucesso, enfatiza o papel da mente interior — o reino inconsciente das emoções, intuições, propensões, desejos, predisposições genéticas, traços de personalidade e normas sociais. É nesse reino que o caráter se forma e a sagacidade se desenvolve.

Estamos vivendo no meio de uma revolução da consciência. Nos últimos anos, geneticistas, neurocientistas, psicólogos, sociólogos, economistas, antropólogos e outros deram grandes passos para o entendimento dos componentes do florescimento humano. E uma descoberta central de seu trabalho é que não somos primordialmente os produtos do nosso pensamento consciente. Somos fundamentalmente os produtos do pensamento que acontece abaixo do nível da consciência.

As partes inconscientes da mente não são vestígios primitivos que precisam ser conquistados para realizar decisões sábias, nem cavernas obscuras de ímpetos sexuais reprimidos. Em vez disso, são a maior parte da mente — onde a maioria das decisões e muitos dos atos de pensamento mais impressionantes acontecem. Esses processos submersos são as sementeiras da realização.

Em *Strangers to Ourselves* (Estranhos a nós mesmos), o professor Timothy D. Wilson, da Universidade da Virgínia, diz que a mente humana é capaz de receber 11 milhões de informações em um dado instante. A estimativa mais generosa é a de que as pessoas podem ter consciência de apenas quarenta dessas informações.[1] "Alguns pesquisadores", nota Wilson, "chegaram a sugerir que a mente inconsciente faz quase todo o trabalho e que a vontade consciente pode ser uma ilusão".[2] A mente consciente apenas confabula histórias que tentam dar sentido ao que o inconsciente faz por conta própria.

Wilson e a maioria dos pesquisadores sobre os quais vou falar neste livro não vão tão longe. No entanto, acreditam que processos mentais inacessíveis à consciência organizam nosso pensamento, moldam nossos julgamentos, formam nosso caráter e nos fornecem as habilidades que necessitamos para sobreviver. John Bargh da Yale argumenta que assim como Galileu "removeu a Terra de seu lugar privilegiado no centro do universo",[3] essa revolução intelectual remove a mente consciente de seu lugar privilegiado no centro do comportamento humano. Esta história a retira do centro da vida cotidiana. Aponta para uma forma mais profunda de florescimento e para uma definição diferente de sucesso.

O império da emoção

Esse reino interior é iluminado pela ciência, porém não é um lugar árido e mecanicista, e sim emocional e encantado. Se o estudo da mente consciente destaca a importância da razão e da análise, o da mente inconsciente destaca a das paixões e da percepção. Se a mente exterior ressalta o poder do indivíduo, a mente interior o faz com o poder das relações e os laços interpessoais invisíveis. Se a mente exterior cobiça status, dinheiro e aplauso, a interior tem fome de harmonia e conexão — aqueles momentos nos quais a autoconsciência desaparece e o indivíduo fica perdido em um desafio, em uma causa, no amor pelo outro ou por Deus.

Se a mente consciente é como um general sobre uma plataforma, que vê o mundo a distância e analisa as coisas de forma linear e linguística, a inconsciente é como milhões de pequenas sentinelas, que transitam pelo cenário enviando um fluxo constante de sinais e gerando respostas instantâneas. Não se distanciam do ambiente ao seu redor; estão imersas nele. Correm por todos os lados e interpenetram outras mentes, cenários e ideias.

Essas sentinelas revestem as coisas de significado emocional. Deparam-se com um velho amigo e emitem uma onda de afeição. Descem em uma caverna escura e liberam uma onda de medo. O contato com uma bela paisagem produz um sentimento de elevação sublime. Já com uma percepção brilhante, satisfação, ao passo que com a injustiça produz ira. Cada percepção tem seu próprio sabor, textura e força, e reações giram dentro da mente em um fluxo de sensações, impulsos, julgamentos e desejos.

Esses sinais não controlam nossas vidas, mas moldam nossa interpretação do mundo e nos guiam, como um GPS espiritual, conforme traçamos nossos caminhos. Se o general pensa em termos de informação e fala em prosa, as sentinelas se cristalizam com emoção e seu trabalho se expressa melhor em histórias, poesia, música, imagem, oração e mito.

Não sou uma pessoa sensível — minha esposa é conhecida por comentar sobre isso. Existe uma história incrível, apesar de apócrifa, sobre um experimento no qual homens de meia-idade foram conectados a um aparelho de neuroimagem e levados a assistir a um filme de terror. Depois, foram conectados e instruídos a descrever seus sentimentos em relação a suas esposas. As imagens do cérebro foram as mesmas — puro terror em ambas as atividades. Compreendo essa reação. Porém, se você ignora os momentos de amor e medo, de lealdade e repulsa que nos tomam a todo segundo diariamente, está ignorando o reino mais essencial. Está ignorando os processos que determinam o que queremos, como percebemos o mundo, o que nos impulsiona e o que nos detém. Sendo assim, vou contar a história de duas pessoas felizes do ponto de vista dessa vida interior encantada.

Meus objetivos

Quero mostrar como é esse sistema inconsciente quando está florescendo, quando as afeições e as aversões que nos guiam diariamente foram nutridas de forma apropriada, quando as emoções foram educadas devidamente. Por meio de milhares de exemplos concretos, tentarei ilustrar de que maneira as mentes consciente e inconsciente interagem, de que modo um sábio general pode treinar e escutar as sentinelas.

Parafraseando Daniel Patrick Moynihan em outro contexto, a verdade evolucionária central diz que o inconsciente é mais importante. A verdade evolucionária humanística diz que a mente consciente pode influenciar o inconsciente.

Estou escrevendo esta história, em primeiro lugar, porque, ao mesmo tempo em que pesquisadores de diversas áreas apontaram para diferentes partes da caverna do inconsciente, iluminando cantos e fissuras distintos, a maior parte de seu trabalho é feito em silos acadêmicos. Tentarei sintetizar suas descobertas em uma única narrativa.

Em segundo lugar, tentarei descrever de que maneira essa pesquisa influencia o modo como entendemos a natureza humana. Estudos acerca do cérebro raramente criam novas filosofias, mas certamente defendem filosofias antigas. Os estudos realizados hoje chamam nossa atenção para a importância da emoção quando comparada à razão pura, das conexões sociais quando comparadas à escolha individual, do caráter quando comparado ao QI, dos sistemas emergentes e orgânicos quando comparados aos sistemas lineares e mecânicos, e a ideia de que temos eus múltiplos quando comparada à ideia de que temos um eu único. Se quiserem colocar as implicações filosóficas em termos simples, o Iluminismo francês, que enfatizou a razão, perde; o Iluminismo inglês, que destacou o sentimento, ganha.

Em terceiro lugar, tentarei delinear as implicações sociais, políticas e morais dessas descobertas. Quando Freud surgiu com seu conceito de inconsciente, influenciou de maneira radical a crítica literária, o pensamento social e até a análise política. Hoje, dispomos de conceitos mais exatos do inconsciente. Todavia, essas descobertas ainda não tiveram um impacto abrangente no pensamento social.

Por fim, vou tentar ajudar a neutralizar uma tendência em nossa cultura. A mente consciente escreve a autobiografia da nossa espécie. Sem saber o que acontece em camadas internas mais profundas, atribui o papel de protagonista a si mesma. Ela se dá crédito por desempenhar todos os tipos de atividades que não controla de fato. Cria visões de mundo que ressaltam aqueles elementos que é capaz de entender e ignora o resto.

Consequentemente, nos acostumamos a certa maneira constrita de descrever nossas vidas. Platão acreditava que a razão era a parte civilizada do cérebro e que seríamos felizes contanto que a razão superasse as paixões primitivas. Os pensadores racionalistas acreditavam que a lógica era o apogeu da inteligência e que a espécie humana era libertada quando a razão conquistava o hábito e a superstição. No século XIX, a mente consciente era representada pelo científico dr. Jekyll enquanto o inconsciente era o bárbaro sr. Hyde.*

Muitas dessas doutrinas se esvaíram, mas as pessoas ainda não veem a maneira como as afeições e aversões inconscientes moldam a vida cotidiana. Ainda temos bancas que julgam indivíduos por meio de medições de QI e não por conhecimento prático. Ainda temos áreas acadêmicas que frequentemente tratam seres humanos como indivíduos que maximizam utilidade racional. A sociedade moderna criou um extenso aparato para o cultivo de habilidades técnicas, ao passo que fracassou em desenvolver faculdades morais e emocionais profundas. As crianças são treinadas a passar por mil estágios escolares. No entanto, as decisões mais importantes que vão tomar são com quem se casar e quem ter como amigo, o que amar e o que desprezar e como controlar impulsos. Nessas questões, estão quase completamente sozinhas. Somos bons em falar sobre incentivos materiais, mas péssimos em falar sobre emoções e intuições. Somos bons em ensinar habilidades técnicas, porém quando se tratam de coisas mais importantes, como o caráter, não temos quase nada a dizer.

Meu outro objetivo

A nova pesquisa fornece uma visão mais abrangente de quem somos. Todavia, confesso que fui atraído para esse tema na esperança de responder perguntas mais restritas e práticas. Meu trabalho principal é escrever sobre políticas e Política. Nas últimas gerações, temos visto grandes políticas produzirem resultados decepcionantes. Desde 1983, reformamos o sistema educacional inúmeras vezes, porém mais de 1/4 dos alunos do ensino médio desistem, mesmo que todos os incentivos

---

* Protagonistas de *O médico e o monstro*, livro de ficção científica escrito pelo autor escocês Robert Louis Stevenson. (N. da T.)

racionais lhe digam o contrário. Tentamos reduzir a disparidade entre o êxito de alunos brancos e negros, mas fracassamos. Passamos uma geração matriculando mais jovens em universidades sem entender por que tantos não se formam.

Pode-se continuar a lista: tentamos, sem sucesso, diminuir a desigualdade crescente. Tentamos estimular a mobilidade econômica. Tentamos cessar a onda de crianças criadas em lares de pais solteiros. Tentamos reduzir a polarização que marca nossa política. Tentamos melhorar o ciclo de ascensão e declínio de nossas economias. Nas últimas décadas, o mundo tentou exportar o capitalismo para a Rússia, plantar a democracia no Oriente Médio e estimular o desenvolvimento na África. E o resultado desses esforços é em grande parte decepcionante.

Os fracassos foram marcados por uma única característica: confiança em uma visão excessivamente simplista da natureza humana. Muitas dessas políticas foram baseadas no modelo superficial sociocientífico do comportamento humano. Muitas das políticas foram propostas por cê-dê-efes que se sentem confortáveis apenas com traços e correlações passíveis de serem medidos e quantificados. Passaram por comitês legislativos que são tão capazes de falar sobre as fontes profundas da ação humana quanto de falar em aramaico antigo. Foram executadas por oficiais que têm apenas o entendimento mais superficial daquilo que é imutável e tendencioso nos seres humanos. Então é claro que fracassaram. E vão continuar fracassando, a não ser que o novo conhecimento sobre nossa verdadeira composição seja integrado de maneira mais completa ao mundo das políticas públicas, a não ser que a história encantada seja contada junto com a história prosaica.

O plano

Para ilustrar como as habilidades inconscientes realmente trabalham e de que maneira, nas condições adequadas, levam ao florescimento humano, vou andar nos passos de Jean-Jacques Rousseau em termos de estilo. Em 1760, Rousseau finalizou um livro chamado *Emílio, ou da Educação*, que tratava de como seres humanos podiam ser educados. Em vez de se ater a uma descrição abstrata da natureza humana, criou um personagem chamado Emílio e deu-lhe um tutor, usando a relação entre os dois para elucidar como se dá a felicidade em termos concretos. O modelo inovador de Rousseau permitiu-lhe fazer inúmeras coisas, como escrever de uma forma que era divertida de ler e ilustrar como tendências gerais podiam realmente influenciar as vidas individuais. Afastou Rousseau do abstrato e aproximou-o do concreto.

Sem o intuito de rivalizar a genialidade de Rousseau, estou tomando seu modelo emprestado. Para ilustrar como as descobertas científicas recentes influenciam a vida real, criei dois personagens principais — Harold e Erica. Uso esses personagens para mostrar de que forma a vida realmente se desenvolve. A história se passa perpetuamente no momento presente, início do século XXI, porque quero descrever diferentes características da maneira como vivemos agora, mas traço os caminhos deles do nascimento à aprendizagem, da amizade ao amor, do trabalho à sabedoria e então à idade avançada. Uso os personagens para descrever como genes moldam vidas individuais, como a química do cérebro funciona em casos específicos, como estrutura familiar e padrões culturais podem influenciar o desenvolvimento em termos específicos. Em suma, uso esses personagens para diminuir a distância entre os tipos de padrões gerais descritos pelos pesquisadores e as experiências individuais que compõem a vida real.

Companheirismo

Harold e Erica amadureceram e se aprofundaram ao longo da vida. É um dos motivos pelos quais esta história é tão feliz. É uma narrativa sobre progresso humano e uma defesa do progresso. Conta sobre pessoas que aprendem com seus pais e com os pais dos pais, e que, depois de testes e tribulações, acabam comprometidos um com o outro.

Por fim, esta é uma história sobre companheirismo. Porque quando você examina mais profundamente o inconsciente, as separações entre os indivíduos começam a ficar um pouco confusas. É cada vez mais óbvio que os redemoinhos que formam nossas mentes são compartilhados. Nós nos tornamos quem somos junto com outras pessoas tornando-se quem são.

Herdamos uma imagem de nós mesmos como *Homo sapiens*, como indivíduos pensantes separados dos outros animais devido ao poder superior da razão. Esse é o ser humano tal qual o pensador de Rodin — queixo no punho, refletindo sozinho e de maneira profunda. Na verdade, somos diferenciados dos outros animais porque temos habilidades sociais incríveis que nos possibilitam ensinar, aprender, simpatizar, dramatizar e construir culturas, instituições e os complexos andaimes mentais de civilizações. Quem somos nós? Somos como estações centrais espirituais. Somos junções nas quais milhares de sensações, emoções e sinais se interpenetram a cada segundo. Somos centros de comunicação e, por meio de algum processo que não estamos nem perto de compreender, temos a habilidade de governar parcialmente esse trânsito — de desviar a atenção de uma coisa a outra, de escolher e de nos comprometermos. Só nos tornamos completamente nós por meio das interações enriquecedoras de nossas redes de relações. Procuramos, acima de tudo, estabelecer ligações mais profundas e mais completas.

Sendo assim, antes de começar a história de Harold e Erica, quero apresentá-los a outro casal, um casal verdadeiro, Douglas e Carol Hofstadter. Douglas é professor na Universidade de Indiana; ele e Carol eram muito apaixonados. Ofereciam jantares e depois lavavam a louça juntos, e reviviam e examinavam as conversas que tinham acabado de ter.

Então Carol morreu de um tumor no cérebro quando seus filhos tinham 5 e 2 anos de idade. Algumas semanas depois, Hofstadter se deparou com uma foto de Carol. Eis o que escreveu em seu livro *I Am a Strange Loop* (Sou uma curva estranha):

> Olhei para o rosto dela e olhei tão profundamente que senti como se estivesse atrás de seus olhos e de repente me peguei dizendo, enquanto as lágrimas corriam: "Sou eu! Sou eu!"[4] E aquelas simples palavras trouxeram de volta vários pensamentos que eu já havia tido sobre a fusão das nossas almas em uma única entidade de nível elevado, sobre o fato de que no centro das nossas almas havia desejos e sonhos idênticos para nossos filhos, sobre a noção de que aqueles desejos não eram separados ou distintos, mas sim um só desejo, algo claro que nos definia, que nos soldava em uma

> unidade, o tipo de unidade que eu havia imaginado vagamente antes de me casar e de ter filhos. Percebi que, apesar de Carol ter falecido, aquele fragmento central dela não havia morrido, mas continuava vivo de maneira muito determinada no meu cérebro.

Os gregos costumavam dizer que o caminho para a sabedoria é de sofrimento. Depois da morte de sua esposa, Hofstadter sofreu para chegar a um entendimento, que, na condição de cientista, confirma diariamente. A essência dessa sabedoria é que, abaixo da nossa consciência, há pontos de vista e emoções que ajudam a nos guiar conforme divagamos pelas nossas vidas. Esses pontos de vista e emoções podem mudar de forma abrupta dependendo do amigo e do amante. O inconsciente não é apenas uma zona obscura e primitiva de medo e dor. Também é um lugar onde os estados de espírito nascem e dançam de alma em alma. Coleta a sabedoria dos anos. Contém a alma das espécies. Este livro não vai tentar discernir o papel de Deus nisso tudo. Mas se há uma criatividade divina, certamente está ativa nessa esfera interna da alma, onde a massa do cérebro produz emoção, onde o amor religa os neurônios.

O inconsciente é impulsivo, emocional, sensível e imprevisível. Tem suas falhas. Precisa de supervisão. No entanto, pode ser brilhante. É capaz de processar torrentes de informações e de dar saltos ousados e criativos. Acima de tudo, também é maravilhosamente gregário. O seu inconsciente, o extrovertido interior, quer que você se projete, se conecte e atinja comunhão com o trabalho, os amigos, a família, a nação e a causa. O inconsciente quer enredá-lo na densa teia de relações que são a essência do florescimento humano. Deseja e busca o amor vigorosamente, o tipo de fusão que Douglas e Carol Hofstadter compartilharam. De todas as bênçãos que recebemos por estarmos vivos, o inconsciente é o presente mais incrível.

O ANIMAL SOCIAL

CAPÍTULO I

TOMADA DE DECISÃO

Após o ciclo de expansão e queda econômica, após o enérgico frenesi causado pela crise em Wall Street, a Classe da Compostura ergueu-se mais uma vez à frente. As pessoas nesse grupo não fizeram dinheiro por meio de bruxaria com fundos hedge ou de um grande talento no mercado financeiro. Ganharam dinheiro subindo a escada meritocrática do sucesso. Tiveram boas notas na escola, estabeleceram conexões sociais sólidas, uniram-se a empresas, a práticas médicas e a firmas de qualidade. A riqueza os tomou gradualmente como uma neve branda.

Você veria um aluno exemplar da Classe da Compostura almoçando ao ar livre em um bistrô discreto em Aspen ou Jackson Hole. Acabou de voltar da China e parou para uma reunião de diretores corporativos antes de seguir para uma maratona de 800 quilômetros de bicicleta pela luta contra a intolerância à lactose. É assexuadamente bonito, com um pouco menos de gordura corporal do que o *Davi* de Michelangelo, e seu cabelo é tão exuberante e suntuosamente ondulado que, se você o visse em Los Angeles, perguntaria: "Quem é aquele cara lindo com o George Clooney?" Quando ele cruza as pernas você repara que são imensuravelmente longas e esguias. Na verdade, ele não tem coxas. Cada perna é apenas uma panturrilha elegante sobre a outra.

Sua voz é como alguém andando com meias em um tapete persa — tão calma e comedida que faz com que Barack Obama soe como o comediante Lenny Bruce. Conheceu a esposa na Clinton Global

Initiative.* Por acaso estavam usando o mesmo bracelete de apoio ao Médicos sem Fronteiras e logo descobriram que tinham o mesmo instrutor de ioga e que ganharam suas bolsas da Comissão Fulbright com apenas dois anos de diferença. São um par maravilhoso, e a única tensão real entre eles envolve a rotina de exercícios. Por alguma razão, os homens de alto prestígio hoje em dia fazem muita corrida e andam de bicicleta e só malham a metade inferior do corpo. Por outro lado, as mulheres de status elevado dão atenção feroz ao tronco, bíceps e antebraços, para que possam usar vestidos sem manga durante todo o verão e estraçalhar rochas com as próprias mãos até que virem pedrinhas.

Então o sr. Elegância Casual se casou com a sra. Beleza Esculpida em uma cerimônia oficializada por Bill e Melinda Gates e tiveram três filhos maravilhosos: Brilhantismo Sem Esforço, Compaixão Global e Talento Artístico. Assim como a maioria das crianças de classe alta e média alta, essas crianças se destacam em esportes obscuros. Séculos atrás, membros da classe culta descobriram que não conseguiam mais competir no futebol, beisebol e basquete, então roubaram o lacrosse dos índios americanos a fim de exercer domínio sobre alguma coisa.

Todas as crianças se destacaram em escolas particulares homogêneas e orgulhosamente progressivas; tinham o cuidado de passar os verões estagiando em laboratórios científicos alemães. No terceiro ano do ensino médio, os pais sentaram com eles e solenemente lhes informaram que já eram velhos o suficiente para começar a ler a *The Economist*. Foram para faculdades seletivas com boas equipes esportivas, como Duke e Stanford, e depois iniciaram carreiras que trariam reflexos positivos aos seus pais — por exemplo, tornar-se economista-chefe no Banco Mundial depois de alguns anos satisfatórios com o Joffrey Ballet.**

Os membros da Classe da Compostura passam grande parte da vida adulta entrando em recintos e fazendo com que todos se sintam inferiores. Esse efeito é magnificado pelo fato de serem sinceros, modestos

---

* Empresa criada em 2005 por Bill Clinton, cuja missão é reunir líderes mundiais e criar soluções para desafios globais. (N. da T.)

** Renomada companhia norte-americana de balé estabelecida em Chicago desde 1956. (N. da T.)

e gentis. Nada lhes dá mais prazer do que convidar você para um fim de semana na sua casa de veraneio. Isso envolve encontrá-los sexta-feira à tarde em algum aeroporto privado. Eles chegam com seus pertences em uma bolsa, porque quando se tem um avião particular não é preciso usar malas que fecham de verdade.

É melhor estocar algumas barrinhas de cereal se embarcar em uma viagem dessas, porque o código suntuoso dessa nova alta sociedade dita que vão fazer você quase morrer de fome durante todo o fim de semana. Esse código envolve gasto abundante em bens duráveis e gasto comedido em bens consumíveis. Vão lhe dar uma carona em um Gulfstream 5* multimilionário e servir um sanduíche com uma fatia de peito de peru em pão dormido do Safeway. Terão uma mansão de veraneio de nove quartos, mas vão se gabar dos móveis comprados na Ikea.** No sábado, vão oferecer um daqueles almoços de greve de fome — quatro folhas de alface e 3 gramas de salada de atum —, pois acham que todo mundo tem hábitos alimentares tão saudáveis quanto os seus.

Nesses círculos, ter cachorros com 1/3 da altura do pé-direito passou a ser moda, portanto os membros da Classe da Compostura possuem esses cães tão gigantescos quanto ursos, com nomes de personagens de Jane Austen. São cruzamentos de são-bernardos com velociraptores, e gentilmente colocam seu focinho imenso em cima de mesas ou no teto de Range Rovers, o que for mais alto. O fim de semana em si consistirá em longos períodos de atividades árduas interrompidas por pequenas enquetes sobre a situação econômica global e histórias brilhantes sobre seus amigos mais íntimos — Rupert, Warren, Colin, Sergey, Bono e o Dalai Lama. À noite, vão passear na comunidade de um resort para tomar sorvete e caminhar. Aplausos espontâneos talvez irrompam nas calçadas enquanto desfilam seus corpos imaculados pelas avenidas lambendo sorvetes curiosos. As pessoas de fato escolhem passar as férias nesses lugares só para se banhar na aura da perfeição humana.

* * *

* Jatinho produzido nos Estados Unidos. (N. da T.)

** Empresa sueca muito popular nos Estados Unidos, que cria e comercializa móveis, eletrodomésticos e acessórios para o lar a preços baixos. (N. da T.)

O encontro

Foi em um desses distritos que um homem e uma mulher se conheceram, em um dia de verão. Esses jovens de quase 30 anos seriam os pais de Harold, um dos heróis desta história. E a primeira coisa que vocês devem saber sobre esses futuros pais é que ambos eram pessoas bondosas, mas um tanto superficiais — embora o filho deles viesse a ser intelectualmente ambicioso e um tanto profundo. Foram atraídos a esse resort pela força gravitacional do sucesso da Classe da Compostura, da qual um dia gostariam de fazer parte. Hospedaram-se em residências com outros jovens profissionais ambiciosos, e um amigo em comum organizou um almoço para eles se conhecerem.

Seus nomes eram Rob e Julia, e se viram pela primeira vez na frente da Barnes & Noble. Rob e Julia deram um sorriso largo um para o outro quando se aproximaram, e um processo profundo e primitivo teve início. Cada um viu coisas diferentes. Rob, sendo certo tipo de homem, assimilou a maior parte do que queria saber por meio dos olhos. Seus ancestrais masculinos do Plistoceno foram confrontados com o fato enigmático de que as fêmeas humanas não exibem nenhum sinal físico quando estão ovulando, ao contrário de vários outros animais. Portanto, os primeiros caçadores tiveram que se virar com os indicativos de fertilidade que estavam disponíveis.

Sendo assim, Rob procurou pelos traços que quase todos os homens heterossexuais procuram em uma mulher. David Buss fez uma pesquisa com mais de 10 mil pessoas em 37 sociedades diferentes e descobriu que os padrões de beleza feminina são basicamente os mesmos ao redor do mundo. Homens em todos os lugares dão valor à pele clara, lábios grossos, cabelos longos e brilhosos, feições simétricas, distâncias menores entre boca e queixo e entre nariz e queixo, e relação cintura-quadril* de aproximadamente 0,7. Um estudo sobre pinturas feitas há milhares de anos descobriu que a maioria das mulheres representadas tinham essa relação. As coelhinhas da *Playboy* tendem a ter essa relação, apesar de suas formas poderem

* A relação cintura-quadril (RCQ) é a divisão da circunferência da cintura pela do quadril; essa medida é usada na detecção de riscos para doenças e no controle do peso. (N. da T.)

mudar de acordo com as modas.[1] Até mesmo Twiggy, a modelo famosa por ser magérrima, tinha exatamente 0,73 de relação cintura-quadril.[2]

Rob gostou do que viu. Foi tomado por uma impressão vaga e sedutora de que Julia se portava bem, pois não há nada que realce mais a beleza do que a autoconfiança. Gostou do sorriso que se abriu no rosto dela e reparou inconscientemente que as pontas de suas sobrancelhas eram arqueadas para baixo. O músculo *orbicularis oculi*, que movimenta essa parte da sobrancelha, não pode ser controlado conscientemente, então quando a ponta da sobrancelha fica arqueada para baixo significa que o sorriso é genuíno, e não falso.[3]

Rob registrou o nível geral de atratividade dela, sabendo subliminarmente que pessoas atraentes costumam ganhar salários bem mais elevados.

Rob também gostou da curva que logo discerniu sob a blusa de Julia, e seguiu a curva com uma admiração que foi até o centro de seu ser. Em algum lugar nas profundezas de seu cérebro, ele sabia que um seio é meramente um órgão, uma massa de pele e gordura. Ainda assim, era incapaz de pensar dessa maneira. Passava os dias notando constantemente a presença de seios ao seu redor. O contorno de um seio em um pedaço de papel era suficiente para tomar-lhe a atenção. O uso da palavra "teta" era fonte subliminar de pesar para ele, pois essa palavra indigna não merecia ser usada em conexão com uma forma tão divina. A impressão que tinha era de que essa palavra era usada, principalmente por mulheres, para debochar da fixação profunda dele.

E é claro que os seios existem em um determinado formato precisamente para causar essa reação. Não há outra razão para que seios humanos sejam tão maiores do que os seios de outros primatas. Os símios têm peito achatado. Os seios maiores em humanos não produzem mais leite do que os menores. Não servem para nenhum objetivo nutricional, mas de fato servem como sinais que instigam shows de luzes primitivos no cérebro masculino. Os homens consistentemente avaliam as mulheres com corpo atraente e rosto feio de forma mais positiva do que mulheres com rosto atraente e corpo feio.[4] A natureza não está interessada na arte pela arte, mas produz arte mesmo assim.

Julia teve uma reação muito mais comedida ao ver seu eventual parceiro de vida. Não porque não estivesse impressionada com o indiscutível charme do homem à sua frente. As mulheres se sentem atraídas sexualmente por homens com pupilas maiores.[5] Mulheres de todos os lugares preferem homens com feições simétricas e um pouco mais velhos, mais altos e mais fortes do que elas. Por essas e outras medidas, o futuro pai de Harold passou no teste.

O fato é que, por natureza e por criação, Julia era prudente e demorava a confiar nos outros. Assim como 89% de todas as pessoas, ela não acreditava em amor à primeira vista. Além disso, era compelida a dar menos crédito à beleza do que seu futuro marido. As mulheres, em geral, são menos excitadas visualmente do que os homens, uma característica que dividiu praticamente pela metade o mercado pornográfico.

Isso acontece porque, ao mesmo tempo em que os homens do Plistoceno tinham que escolher suas parceiras com base em indicações de fertilidade que conseguiam discernir com o olhar, as mulheres do Plistoceno tinham um problema muito mais irritante. Os bebês humanos precisam de anos para tornarem-se autossuficientes, e uma mulher solteira no ambiente pré-histórico não conseguia reunir calorias suficientes para sustentar uma família. Era compelida a escolher um homem não apenas para a inseminação, mas também para ser companheiro e dar ajuda contínua. E até hoje, quando uma mulher vê um parceiro em potencial, seu tempo é diferente do dele.

É por isso que os homens vão para a cama com mais rapidez que as mulheres. Várias equipes de pesquisa conduziram um estudo simples. Pagam uma mulher atraente para convidar homens universitários para ir para a cama com ela. Setenta e cinco por cento dos homens dizem sim a essa proposta estudo após estudo. Depois pedem que um homem atraente faça o mesmo com mulheres universitárias. Zero por cento diz sim.[6]

As mulheres têm bons motivos para ter cautela. Apesar de a maioria dos homens ser fértil, há uma grande variação entre o sexo mais peludo no que tange à estabilidade. Homens são muito mais propensos ao vício às drogas e ao álcool. São mais propensos a cometer assassinato do que mulheres, e muito, muito mais propensos a abandonar seus filhos. Há muito mais indivíduos problemáticos na população masculina do que na feminina, e as mulheres descobriram que vale mais a pena trocar algumas características no departamento das primeiras impressões por segurança e inteligência social a longo prazo.

Então, enquanto Rob estava olhando para o decote, Julia estava procurando por sinais de confiança. Não precisou fazer isso de forma consciente — milhares de anos de genética e cultura haviam afiado seu sensor de confiança.

Marion Eals e Irwin Silverman, da Universidade de York, conduziram estudos que sugerem que as mulheres são no geral 60% a 70% mais proficientes do que os homens em se lembrar de detalhes de uma cena e das localizações de objetos em uma sala.[7] Nos últimos anos, Julia vinha usando seus poderes de observação para descartar categorias inteiras de homens como parceiros em potencial, e algumas de suas escolhas eram idiossincráticas. Rejeitava homens que usavam a marca Burberry,* porque não conseguia se imaginar olhando para a mesma maldita estampa em cachecóis e casacos de chuva para o resto da vida. De alguma maneira, conseguia detectar se um homem escrevia errado só de vê-lo, e eles a desanimavam. Via homens perfumados da mesma forma como Churchill via os alemães — ou estavam aos seus pés, ou estavam lhe sufocando. Não queria nada com homens que usavam joias relacionadas a esportes, porque seu namorado não devia amar Derek Jeter** mais do que ela. E apesar de haver uma moda recente de homens que sabem cozinhar, não estava disposta a ter um relacionamento sério com ninguém que soubesse fatiar melhor do que ela, ou que a surpreendesse com sanduíches presunçosamente despretensiosos de gruyère grelhado como pedido de desculpas depois de uma briga. Era simplesmente muita manipulação.

Ela olhou furtivamente para Rob enquanto se aproximava pela calçada. Janine Willis e Alexander Todorov, da Princeton, descobriram que as pessoas são capazes de julgar instantaneamente se uma pessoa é confiável, competente, agressiva e agradável no primeiro décimo de um segundo. Esses tipos de primeiras impressões são incrivelmente precisos na previsão de como as pessoas vão se sentir em relação às outras meses mais tarde. As pessoas raramente revisam suas impressões iniciais, apenas se tornam mais confiantes de que estão certas.[8] Em outra pesquisa,

---

* Luxuosa loja britânica que vende roupas, perfumes e outros artigos pessoais. É famosa por sua estampa quadriculada. (N. da T.)

** Aclamado jogador norte-americano de beisebol do time New York Yankees. (N. da T.)

Todorov pediu que seus sujeitos de pesquisa olhassem por microssegundos rostos de políticos que competiam entre si. Os sujeitos de pesquisa conseguiram prever com 70% de exatidão qual dos dois candidatos ganharia a eleição.[9]

Usando seus próprios poderes de avaliação instantânea, Julia percebeu que Rob era bonito, mas não daquele tipo de homem que é tão bonito que não precisa ser interessante. Enquanto Rob a despia mentalmente, ela o vestia mentalmente. Naquele momento, ele estava usando calça de veludo marrom, que dava crédito à civilização ocidental, e um pulôver meio roxo, meio vinho-escuro, de modo que no conjunto ele parecia uma berinjela elegante. Tinha bochechas firmes, mas não como as de um furão, o que sugeria que ia envelhecer bem e que um dia viria a ser o homem mais bonito da casa de repouso para aposentados.

Ele era alto, e visto que um estudo estimou que cada centímetro de altura corresponde a 6 mil dólares de salário anual nos Estados Unidos da contemporaneidade, isso faz diferença.[10] Ele também irradiava um tipo de quietude interna, o que faria com que fosse irritante discutir com ele. Para o rápido olhar julgador de Julia, ele parecia ser uma daquelas criaturas abençoadas pelo destino que não têm calos profundos em sua psique, que não têm feridas abertas ou preocupantes.

Todavia, assim que as impressões positivas começavam a se acumular, o estado de espírito de Julia mudava. Ela sabia que uma de suas características menos atraentes era ter uma espertinha hipercrítica dentro de si. Podia estar curtindo a companhia de um cara normal qualquer e de repente começava a análise minuciosa. Antes de terminar, ela era Dorothy Parker* e o cara, uma poça de sangue metafórico no chão.

A espertinha dentro de Julia percebeu que Rob era um daquelas caras que acredita que ninguém dá a mínima se seus sapatos estão lustrados. As unhas dele estavam mal cortadas. Além disso, era solteiro. Julia desconfiava que homens solteiros não eram sérios, e visto que nunca namoraria um homem casado, a oferta de homens pelos quais podia se apaixonar indiscriminadamente ficava reduzida.

---

* Dorothy Parker (1893-1967): poeta, contista, crítica e satirista americana. (N. da T.)

John Tierney, do *New York Times,* argumentou que várias pessoas solteiras são afligidas por um *Flaw-O-Matic,** um dispositivo interno que identifica problemas em parceiros em potencial instantaneamente. Um homem pode ser bonito e brilhante, observa Tierney, mas vai para a pilha dos descartados porque tem cotovelos sujos. Uma mulher pode ser sócia em uma grande empresa de advocacia, mas é vetada como parceira de longo prazo porque pronuncia "Goethe" da forma errada.[11]

Julia tinha bons motivos para compartilhar daquilo que cientistas chamam de propensão "homens não prestam". As mulheres tendem a abordar situações sociais com uma estrutura inconsciente de tomada de decisão que presume que os homens estão primordialmente interessados em sexo casual e nada mais. São como detectores de fumaça muito sensíveis, prontos para soar o alarme falso, pois é mais seguro errar em prol do cuidado do que confiar de bom grado. Os homens, por outro lado, têm a propensão oposta. Imaginam que há interesse sexual quando não há.[12]

Julia passou por ciclos de esperança e desconfiança em apenas algumas piscadas de olhos. A maré de opiniões infelizmente estava contra Rob. A espertinha dentro de Julia estava fugindo do controle. Mas então, felizmente, ele foi até ela e disse "oi".

A refeição

Conforme os caprichos do destino, Rob e Julia foram feitos um para o outro. Apesar do que você ouviu falar sobre opostos atraindo-se, as pessoas geralmente se apaixonam por pessoas como elas. Como escreveu Helen Fisher em um capítulo de *The New Psychology of Love* (A nova psicologia do amor): "A maioria dos homens e das mulheres se apaixonam por indivíduos do mesmo contexto étnico, social, religioso, educacional e econômico, aqueles com atratividade física similar, uma inteligência comparável, atitudes, expectativas, valores, interesses parecidos, e aqueles com habilidades sociais e comunicativas similares."[13]

---

* "O-Matic" indica algo automático. *Flaw-O-Matic*, portanto, é a falha ou o erro identificados automaticamente. (N. da T.)

Há até algumas evidências de que as pessoas tendem a escolher parceiros com nariz do mesmo tamanho e olhos afastados em uma distância mais ou menos igual.[14]

Um dos subprodutos desse padrão é que as pessoas tendem inconscientemente a escolher parceiros que moraram por perto durante pelo menos parte de suas vidas. Um estudo na década de 1950 descobriu que 54% dos casais que deram entrada em pedidos de casamento em Columbus, Ohio, moravam dentro de 16 quarteirões de distância um do outro quando começaram a sair, e 37% viviam dentro de cinco quarteirões. Na faculdade, é bem mais provável que as pessoas saiam com quem está hospedado em dormitórios no mesmo andar ou no mesmo pátio.[15] Familiaridade gera confiança.

Rob e Julia logo descobriram que tinham muito em comum. Possuíam o mesmo pôster do Edward Hopper na parede. Estiveram no mesmo resort de esqui na mesma época e tinham visões políticas similares. Descobriram que ambos amavam *A princesa e o plebeu*, tinham as mesmas opiniões sobre os personagens de *Clube dos cinco* e compartilhavam da mesma impressão equivocada de que falar sobre o quanto você ama as cadeiras Eames e a arte de Mondrian era um sinal de sofisticação.

Além disso, ambos gostavam de mostrar conhecimento perspicaz sobre coisas extremamente prosaicas, como hambúrgueres e chá gelado. Ambos exageravam sua popularidade quando rememoravam os tempos de escola. Frequentavam os mesmos bares e viram as mesmas bandas de rock nas mesmas turnês. Era como manusear várias peças de quebra-cabeça que incrivelmente se encaixavam. As pessoas geralmente superestimam o quão distintas suas vidas são, então os pontos em comum lhes pareciam uma série de milagres. As coincidências deram à relação uma aura de algo escrito nas estrelas.

Sem perceber, também estavam medindo a compatibilidade intelectual um do outro. Como Geoffrey Miller aponta em *A mente seletiva*, as pessoas tendem a escolher cônjuges de inteligência similar, e a maneira mais fácil de medir a inteligência de outra pessoa é por meio de seu vocabulário.[16] Pessoas com QI 80 vão saber palavras como "tecido", "enorme" e "esconder", mas não palavras como "sentença", "consumir" e "comércio". Pessoas com QI 90 vão saber as últimas três palavras, mas provavelmente não vão saber "designar", "ponderar" ou "relutante". Sendo assim, as pessoas que estão se conhecendo fazem medições de forma subconsciente para ver se seus vocabulários se engrenam, e elas se adaptam ao nível do outro.

A garçonete veio à mesa e eles pediram as bebidas e depois o almoço. É um fato elementar da vida que escolhemos o que vamos pedir, mas não escolhemos o que gostamos. Preferências são formadas abaixo do nível da consciência, e o fato era que Rob amava vinho *cabernet*, mas não gostava de *merlot*. Infelizmente, Julia pediu uma taça do primeiro, então Rob teve de escolher uma taça do segundo, só para parecer diferente. A comida do almoço estava terrível, mas o encontro foi maravilhoso. Rob na verdade nunca havia estado naquele restaurante, mas o escolheu por sugestão do amigo em comum que era bastante confiante em seus próprios julgamentos. No fim das contas, era um daqueles restaurantes com saladas impossíveis de serem manuseadas. Julia, prevendo isso, escolheu um aperitivo fácil de ser comido com garfo e um prato principal que não exigia perícia com talheres. Todavia, Rob selecionou uma salada que parecia ser boa no cardápio, composta de tentáculos verdes espalhafatosos que não entravam na boca sem espalhar molho de salada por 7 centímetros em ambos os lados do rosto. Em uma nostalgia retrô por alta culinária da década de 1990, a entrada foi uma mistura de bife de três andares, batata e cebola que se parecia com a Torre do Diabo de *Contatos imediatos de terceiro grau*. Dar uma mordida naquilo era como retirar um estrato geológico do monte Rushmore.*

Mas nada disso importava porque Rob e Julia se deram bem. Durante o prato principal, Julia resumiu sua história pessoal — criação, interesse universitário por comunicação, o trabalho como publicitária, as frustrações e a visão para a empresa de relações públicas que um dia teria, usando marketing viral.

Julia se inclinou na direção de Rob enquanto explicava sua missão na vida. Tomou goles bem ligeiros de água, mastigando incrivelmente rápido, como um esquilo, para que pudesse continuar falando. Sua

* O monte Rushmore é um memorial colossal nas montanhas Black em Dakota do Sul, nos Estados Unidos. São esculturas das faces dos presidentes George Washington, Thomas Jefferson, Theodore Roosevelt e Abraham Lincoln. (N. da T.)

energia era contagiosa. "Isso podia dar muito certo!", disse, entusiasmada. "Podia mudar tudo!"

Noventa por cento da comunicação emocional é não verbal.[17] Gestos são uma linguagem inconsciente que usamos para expressar não apenas nossos sentimentos, mas para constituí-los. Ao fazer um gesto, as pessoas ajudam a produzir um estado interno. Rob e Julia lambiam os lábios, inclinavam-se para a frente na cadeira, olhavam de relance um para o outro e executavam todos os outros artifícios da coreografia inconsciente que as pessoas fazem quando estão flertando. Sem perceber, Julia deu a virada de cabeça que as mulheres dão para sinalizar excitação, uma pequena inclinação da cabeça que expôs seu pescoço. Ficaria consternada se pudesse ver seu suposto eu rigoroso no espelho nesse momento, porque lá estava ela como qualquer aspirante a Marilyn Monroe — jogando o cabelo para o lado, levantando os braços para ajustar os cabelos e estufando o peito até ficar à mostra.

Julia ainda não havia percebido o quanto gostava de conversar com Rob. Contudo, a garçonete notou um calor febril em suas faces e ficou satisfeita, visto que homens em um primeiro encontro dão as melhores gorjetas de todas. A importância da refeição só ficou clara dias depois. Dali a décadas, Julia lembraria os menores detalhes desse almoço, e não apenas o fato de que seu futuro marido comeu todos os pães da cesta.

E a conversa fluiu no decorrer disso tudo.

Palavras são o combustível do cortejo. Outras espécies conquistam seus pares por meio de uma série de danças que se intensificam, porém humanos usam a conversa. Geoffrey Miller observa que a maioria dos adultos tem um vocabulário de mais ou menos 60 mil palavras. Para construir esse vocabulário, as crianças devem aprender de dez a vinte palavras por dia entre 18 meses e 18 anos de idade. Ainda assim, as cem palavras mais frequentes correspondem a 60% de todas as conversas. As 4 mil palavras mais comuns correspondem a 98% das conversas. Por que os humanos se importam em aprender aquelas 56 mil palavras extras?

Miller acredita que humanos aprendem as palavras para que possam impressionar e escolher possíveis parceiros com mais eficácia. Ele calcula que se um casal fala durante duas horas por dia e profere uma média de três palavras por segundo, e faz sexo por três meses antes de conceber um filho (o que seria a norma na savana pré-histórica), então um casal terá trocado cerca de um milhão de palavras antes de conceber um filho.[18] São muitas palavras, e oportunidades suficientes para que as pessoas se ofendam, entediem ou irritem. É uma ampla oportunidade para brigar, fazer as pazes, explorar e reformar.[19] Se um casal ainda está junto depois de toda essa tagarelice, há uma chance decente de ficarem juntos por tempo suficiente para criarem um filho.

Os pais de Harold estavam apenas nas primeiras poucas mil palavras do que, no decorrer de suas vidas, seriam milhões e milhões, e tudo estava indo de maneira fabulosa. Se desse atenção aos estereótipos culturais, você acharia que as mulheres são o sexo mais romântico. Na verdade, há bastante prova de que os homens se apaixonam mais rápido e adotam mais a convicção de que o verdadeiro amor dura para sempre. Portanto, grande parte da conversa nessa primeira noite e em vários meses depois dela seria sobre fazer com que Julia baixasse a guarda.

Rob estaria irreconhecível para seus amigos se pudessem vê-lo agora. Estava falando sobre seus relacionamentos com propriedade. Parecia não ter nenhuma consciência de seus próprios atributos físicos, apesar de ter sido conhecido em outras circunstâncias por admirar seus próprios antebraços durante minutos. Todo traço de cinismo se foi. Apesar de homens normalmente passarem 2/3 de seu tempo de conversa falando sobre si mesmo, nessa conversa Rob estava na verdade falando sobre os problemas de Julia.[20] As pesquisas de David Buss sugerem que a gentileza é a qualidade mais importante desejada em um parceiro sexual por ambos, homens e mulheres.[21] O cortejo consiste em grande parte em demonstrações de simpatia, quando os parceiros tentam provar um ao outro o quão compassivos podem ser; qualquer pessoa que já tenha visto casais perto de crianças e cachorros pode muito bem atestar esse fato.

Evidentemente, há outros cálculos menos nobres acontecendo enquanto as pessoas escolhem seus parceiros. Como operadores de bolsa de valores veteranos, as pessoas respondem de maneiras previsíveis, apesar de inconscientes, às avaliações do mercado social. Procuram instintivamente pelo maior retorno possível em cima de seu próprio valor de mercado.

Quanto mais rico for o homem, mais jovem será a mulher com a qual provavelmente vai se unir. Quanto mais bonita a mulher, mais rico o homem. A atratividade de uma mulher é um excelente previsor da renda anual de seu marido.[22]

Homens que são deficientes em uma categoria de status podem compensar em outra. Vários estudos sobre namoro pela internet mostraram que homens baixos podem ser tão bem-sucedidos quanto homens mais altos no mercado do namoro, se ganham mais. Guenter Hitsch, Ali Hortacsu e Dan Ariely calculam que um homem que tem 1,50 metro de altura pode se sair tão bem quanto um de 1,80 metro se ganha 175 mil dólares a mais por ano. Um homem afro-americano pode se sair tão bem quanto um branco, se ganha 154 mil dólares a mais do que um homem branco com atributos similares. (As mulheres resistem ao namoro fora de seu grupo étnico muito mais do que os homens.)[23]

Além de todo o resto, Rob e Julia estavam fazendo esses tipos de cálculos inconscientemente — medindo a relação salário-aparência, calculando balanços sociocapitais. E todo sinal sugeria que haviam encontrado um par.

O passeio

A cultura humana existe em grande parte para limitar os desejos naturais da espécie. A tensão do cortejo é produzida pela necessidade de ir mais devagar quando os instintos querem se precipitar. Tanto Rob quanto Julia estavam sentindo um impulso poderoso nesse momento e estavam com pavor de dizer algo veemente ou inapropriado. As pessoas que têm sucesso no cortejo são capazes de escolher a melodia e o ritmo de um relacionamento. Por meio de um processo mútuo de leitura um do outro e de moderação de si, o relacionamento delas vai ou não estabelecer sua própria sincronicidade, e é por meio desse processo que vão estabelecer as regras implícitas que irão governar para sempre a maneira como se comportam em relação ao outro.

"A maior felicidade que o amor pode trazer é o primeiro aperto de mão da mulher que amamos", observou certa vez o escritor francês Stendhal.[24] Os pais de Harold nesse momento estavam entretidos no tipo de interação verbal que era mais uma preparação do que uma conversa. Quando se levantaram da mesa, Rob quis colocar uma de suas mãos nas costas de Julia para guiá-la à porta, mas temeu que ela pudesse ficar insatisfeita com a intimidade sugerida. Julia arrependeu-se em silêncio por ter trazido sua bolsa do dia a dia, que era mais ou menos do tamanho de uma minivan e grande o suficiente para levar livros, telefones, pagers e possivelmente uma lambreta. Teve receio naquela manhã de que trazer uma bolsa pequena passaria uma ideia muito esperançosa — muito amorosa —, porém lá estava ela em uma das refeições mais importantes de sua vida e com a bolsa errada!

Rob finalmente tocou o braço dela ao saírem e ela olhou para ele com aquele sorriso confiante. Andaram pela calçada passando pelas papelarias sofisticadas sem perceber que já estavam fazendo a caminhada dos amantes — corpos próximos, sorrindo ao espaço à frente com alegria radiante. Julia realmente se sentia confortável com Rob. Durante a refeição, ele olhou para ela atentamente — não com aquele olhar estranho e obsessivo que Jimmy Stewart lança em Kim Novak em *Vertigem*, mas com um olhar firme que a atraía.

Rob, por sua vez, chegou a tremer quando acompanhou Julia até o carro. Seu coração estava palpitando e a respiração, acelerada. Sentiu que havia sido extraordinariamente espirituoso durante o almoço, encorajado pelos olhos faiscantes dela. Sensações vagas o devastaram, o que ele não compreendeu. Audaciosamente, perguntou se podia vê-la no dia seguinte, e é claro que ela disse "sim". Ele não queria apenas dar um aperto de mão, e um beijo era muito ousado. Então ele apertou seu braço e roçou seu rosto no dela.

Quando Julia e Rob se semiabraçaram, silenciosamente receberam os feromônios do outro. Seus níveis de cortisol abaixaram. O olfato é um sentido surpreendentemente poderoso nessas situações. As pessoas que perdem o olfato sofrem deterioração emocional maior do que as pessoas que perdem a visão.[25] Isso acontece porque o cheiro é uma maneira poderosa de ler emoções. Em um experimento conduzido no Centro Monell,* pesquisadores pediram que homens e mulheres prendessem

* Instituto norte-americano multidisciplinar que desenvolve pesquisas relacionando paladar e olfato ao desenvolvimento humano. (N. da T.)

pedaços de gaze embaixo dos braços e assistissem a um filme de horror ou de comédia. Depois, os sujeitos da pesquisa, supostamente bem recompensados, cheiraram os pedaços de gaze. De alguma maneira, puderam identificar, em níveis mais altos do que o acaso, quais pedaços tinham o cheiro de riso e quais tinham o cheiro de medo, e mulheres se saíram muito melhor nesse teste do que homens.[26]

Em um momento futuro do relacionamento, Rob e Julia provariam a saliva do outro e coletariam informação genética. De acordo com uma renomada pesquisa feita por Claus Wedekind, da Universidade de Lausanne, mulheres se sentem atraídas por homens cujo código genético do antígeno leucocitário humano é o mais diferente do seu.[27] Acredita-se que códigos complementares desse antígeno produzem sistemas imunológicos mais eficientes na prole.

Assistidos pela química e levados pela emoção, Rob e Julia sentiram que aquele havia sido o encontro mais importante de suas vidas. Na verdade, aquelas seriam as duas horas mais vitais que cada um deles teria, pois não há decisão mais importante para a felicidade a longo prazo do que a decisão de com quem se casar. Durante aquele começo de noite, haviam começado a tomar uma decisão.

A refeição tinha sido maravilhosa. No entanto, também haviam acabado de passar por um exame intelectual rigoroso que fez com que o SAT parecesse o jardim de infância. Cada um deles passou os últimos 120 minutos realizando atividades sociais delicadas. Demonstraram inteligência, complacência, empatia, tato e ritmo. Obedeceram a um roteiro social que se aplica aos primeiros encontros em sua cultura. Cada um fez milhares de julgamentos discriminatórios. Mediram suas respostas emocionais com discriminações tão apuradas que nenhum medidor poderia quantificá-los. Decodificaram gestos silenciosos — um sorriso, um olhar, uma piada compartilhada, uma pausa cheia de significado. Passaram-se por uma série de telas e filtros, avaliando constantemente a performance do outro e a sua. A cada poucos minutos, permitiam que o outro desse um passo em direção à intimidade de seus corações.

Essas tarefas mentais só pareceram fáceis porque a história inteira da vida neste planeta os havia preparado para esse momento. Rob e Julia não precisaram fazer um curso sobre a tomada dessas decisões que formam laços sociais da mesma forma que fizeram um curso sobre álgebra, digamos. O trabalho mental foi quase todo feito inconscientemente. Pareceu fácil. Veio naturalmente.

Até aqui, não tinham como colocar suas conclusões em palavras, porque as sensações não haviam se conectado a uma mensagem consciente. Mas a escolha de se apaixonar cresceria dentro deles. Não parecia que tinham feito uma escolha, mas sim que uma escolha os havia feito. Um desejo pelo outro havia se formado. Levaria certo tempo para que ambos percebessem que um comprometimento feroz ao outro já havia sido formado. O coração, observou Blaise Pascal, tem razões que a própria razão desconhece.

Todavia, é assim que funciona a tomada de decisão. É assim que saber o que queremos acontece — não apenas em relação ao casamento, mas a muitas outras partes importantes da vida. Decidir quem amar não é uma forma estranha e alienígena de tomar decisões, um interlúdio romântico no meio da vida normal. Ao contrário, decisões sobre quem amar são versões mais intensas dos tipos de decisões que tomamos no decorrer da vida, desde qual comida pedir até qual carreira seguir. A tomada de decisões é um negócio essencialmente emocional.

O papel do amor

Revoluções na nossa compreensão de nós mesmos começam de maneiras bastante estranhas. Uma das descobertas que nos ajudou a entender a interação entre emoção e tomada de decisão começou com um homem chamado Elliot, cuja história se tornou uma das mais conhecidas no mundo da pesquisa sobre o cérebro. Elliot havia sofrido um dano nos lobos frontais do cérebro devido a um tumor. Elliot era inteligente, bem-informado e diplomático. Possuía uma visão de mundo atrativamente sarcástica. Porém, depois da cirurgia, Elliot começou a ter problemas para lidar com seu dia. Sempre que tentava realizar alguma coisa, ignorava as partes mais importantes da tarefa e perdia a concentração com distrações triviais. No trabalho, ia arquivar alguns relatórios, mas acabava se sentando e lendo-os. Passaria um dia inteiro tentando escolher um sistema de arquivamento. Passaria horas decidindo onde comer e ainda assim não conseguia escolher. Fez investimentos bobos que custaram as economias da vida inteira. Divorciou-se da esposa, casou-se com uma mulher que a família não aprovava, e logo se divorciou de novo. Em suma, era incapaz de fazer escolhas sensatas.

Elliot foi se consultar com um cientista chamado António Damásio, que o avaliou com uma bateria de testes. Eles mostraram que Elliot tinha um QI superior. Tinha uma memória excelente para números e desenhos geométricos e era proficiente em fazer estimativas baseadas em informações incompletas. No entanto, nas muitas horas de conversa que Damásio teve com Elliot, percebeu que o homem nunca mostrava nenhuma emoção. Era capaz de recontar a tragédia que havia assolado sua vida sem nem um traço de tristeza.

Damásio mostrou-lhe imagens sangrentas e traumáticas de terremotos, incêndios, acidentes e enchentes. Elliot entendia como devia responder emocionalmente às imagens. Ele simplesmente não sentia nada. Damásio começou a investigar se as emoções reduzidas de Elliot tinham um papel em seus fracassos ao tomar decisões.

Uma série de outros testes mostrou que Elliot entendia como imaginar opções diferentes quando tomava decisões. Era capaz de entender conflitos entre dois imperativos morais. Em suma, podia se preparar para fazer uma escolha dentre uma variedade complexa de possibilidades.

O que Elliot não conseguia era realmente fazer a escolha. Era incapaz de atribuir valor a opções diferentes. Como disse Damásio: "Seu cenário de tomada de decisão [era] irremediavelmente plano."[28]

Outros sujeitos das pesquisas de Damásio ilustraram o mesmo fenômeno de forma categórica.[29] Um homem de meia-idade, que também havia perdido suas funções emocionais em virtude de um dano no cérebro, estava terminando uma sessão de entrevista no escritório de Damásio e o cientista sugeriu duas datas como alternativas para o próximo encontro. O homem pegou sua agenda e começou a listar os prós e contras de cada opção. Por uma boa meia hora, continuou falando, listando possíveis conflitos, condições do tempo em potencial nos dois dias em questão, a proximidade com outros compromissos. "Foi preciso ter muita disciplina para escutar isso tudo sem bater na mesa e mandá-lo parar", escreveu Damásio. Mas ele e seus companheiros de pesquisa apenas assistiram. Finalmente, Damásio interrompeu as divagações do homem e simplesmente marcou uma data de retorno. Sem fazer pausa, o homem disse "tudo bem" e foi embora.

"Esse comportamento é um bom exemplo dos limites da razão pura", diz Damásio em seu livro *O erro de Descartes: emoção, razão e o cérebro humano.*[30] É um exemplo de como a falta da emoção leva ao comportamento autodestrutivo e perigoso. Pessoas que carecem de emoção não vivem vidas bem-planejadas e lógicas à maneira do sr. Spocks, friamente racional. Vivem vidas tolas. Nos casos extremos, tornam-se sociopatas, intocadas pelo barbarismo e incapazes de sentir a dor dos outros.

A partir dessa e de outras experiências, Damásio desenvolveu uma teoria, que chamou de "hipótese dos marcadores somáticos", acerca do papel da emoção na cognição humana.[31] Partes da teoria são controversas — cientistas diferem em relação a quanto o cérebro e o corpo interagem —, mas o ponto principal é que emoções medem o valor de alguma coisa e ajudam inconscientemente a nos guiar enquanto navegamos pela vida — para longe de coisas que provavelmente vão nos causar dor e em direção às coisas que provavelmente vão nos levar à satisfação. "Marcadores somáticos não deliberam por nós. Eles auxiliam a deliberação destacando algumas opções (perigosas ou favoráveis) e eliminando-as rapidamente de consideração subsequente. Você pode imaginá-los como um sistema para qualificação automatizada de previsão que age, quer você queira ou não, na avaliação dos cenários extremamente diversos do futuro esperado diante de você. Pense nele como um mecanismo de propensão."

No dia a dia, somos bombardeados com milhões de estímulos — uma extrema e barulhenta confusão de sons, cenas, cheiros e movimentos. Ainda assim, no meio desse caos pirotécnico, partes diferentes do cérebro e do corpo interagem para formar um Sistema de Posicionamento Emocional. Assim como o Sistema de Posicionamento Global, o GPS, que pode estar em seu carro, o Sistema de Posicionamento Emocional sente sua situação atual e a compara com o vasto corpo de informações que tem guardado em sua memória. Ele forma certos julgamentos sobre o curso em que você está, se vai produzir resultados bons ou ruins, e então reveste cada pessoa, lugar ou circunstância com uma emoção (medo ou excitação, admiração ou repugnância) e uma reação implícita ("sorria" ou "não sorria", "aproxime-se" ou "afaste-se") que nos ajudam a viver.

Digamos que alguém à sua frente em uma mesa de restaurante toca sua mão. Instantaneamente, a mente está pesquisando nos bancos de memória por eventos similares. Talvez haja uma cena em *Casablanca* na qual Humphrey Bogart tocava a mão de Ingrid Bergman. Talvez um encontro amoroso no colégio anos atrás. Havia uma memória distante de mamãe esticando a mão e segurando a sua durante uma ida ao McDonald's na infância.

A mente está escolhendo e codificando. O corpo está respondendo. O coração acelera. A adrenalina sobe. Um sorriso se abre. Sinais estão fluindo do corpo ao cérebro e de volta em curvas rápidas e intricadas. O cérebro não está separado do corpo — esse foi o erro de Descartes. O físico e o mental estão conectados em redes complexas de reação e contrarreação, e a partir de suas respostas um valor emocional emerge. O toque da mão já foi revestido de significado — algo bom, algo delicioso.

Um instante depois, um novo conjunto de curvas se abre. Esse é o conjunto mais elevado de rotas de respostas entre as partes evolutivas mais antigas do cérebro e as mais novas e modernas, como o córtex pré-frontal. Esse conjunto de fluxos de informação é mais lento, porém mais refinado. Pode tomar as reações que já foram realizadas pelo primeiro sistema e fazer distinções mais refinadas entre elas. ("Essa mão que me toca sobre a mesa não é como a de minha mãe. É mais como a mão de outra pessoa com a qual quero fazer sexo.") Também pode lançar alarmes que levam à restrição inteligente. ("Estou tão feliz agora que quero pegar essa mão e começar a beijá-la, mas me lembro de assustar pessoas quando faço coisas desse tipo.")

Mesmo durante grande parte desse estágio ainda não há percepção consciente, argumenta Joseph LeDoux, outro pesquisador proeminente nesse campo. O toque da mão foi sentido e ressentido, ordenado e reordenado. O corpo respondeu, planos foram gerados, reações preparadas, e toda essa atividade complexa aconteceu abaixo da superfície da consciência e em poucos segundos. E esse processo acontece não apenas em um encontro amoroso, com um toque de mão. Acontece no supermercado quando você examina uma variedade de caixas de cereais. Acontece em feiras de emprego quando analisa diferentes opções de carreira. O Sistema de Posicionamento Emocional está revestindo cada possibilidade com valor emocional.

Mais tarde, ao final desses feedbacks complexos, um desejo vem à consciência — um desejo de escolher aquele cereal ou procurar por aquele emprego, ou de apertar a mão, de tocar essa pessoa, de ficar com ela para sempre. A emoção emerge das profundezas. Pode não ser um impulso brilhante; a emoção às vezes nos faz mal e às vezes nos conduz sabiamente. E não controla. Pode ser ignorada, mas impulsiona e guia. Como diz LeDoux: "Os estados do cérebro e as respostas corporais são os fatos fundamentais de uma emoção, e os sentimentos conscientes são os supérfluos que adicionaram glacê ao bolo emocional."[32]

Implicações

Essa compreensão da tomada de decisão leva a algumas verdades essenciais. Razão e emoção não são separadas e opostas. A razão é aninhada na emoção e depende dela. A emoção atribui valor às coisas, e a razão só pode fazer escolhas com base nessas avaliações. A mente humana pode ser pragmática porque no fundo é romântica.

Ademais, a mente ou o eu não são uma única coisa. A mente é uma série de processos paralelos evidentemente complicada. Não há capitão sentado na cabine tomando decisões. Não há teatro cartesiano — um ponto onde todos os processos e possibilidades diferentes se unem para ser classificados e onde ações são planejadas. Em vez disso, como colocou Gerald Edelman, laureado com o Nobel, o cérebro se parece com um ecossistema, uma rede associativa fantasticamente complexa de disparos, padrões, reações e sensações, todos se comunicando com e respondendo a diferentes partes do cérebro e todos competindo por um pedaço de controle sobre o organismo.[33]

Por fim, somos primordialmente andarilhos, não tomadores de decisão. No decorrer do século passado, as pessoas tenderam a conceber a tomada de decisão como um ponto no tempo. Você acumula os fatos, as circunstâncias e as evidências e aí faz uma ligação. Na verdade, é mais exato dizer que somos peregrinos em um cenário social. Vagamos por um ambiente de pessoas e de possibilidades. Ao vagarmos, a mente realiza um número quase infinito de julgamentos de valor, que se acumulam para formar objetivos, ambições, sonhos, desejos e maneiras de realizar coisas. A chave para uma vida bem-vivida é ter treinado as emoções a emitirem os sinais corretos e a serem sensíveis aos seus chamados sutis.

Rob e Julia não eram as pessoas mais bem-educadas do mundo, nem as mais profundas. Mas sabiam como amar. Enquanto estavam sentados no restaurante focando cada vez mais atenção um no outro, suas emoções estavam mandando uma corrente rápida de sinais de direcionamento e moldando séries inteiras de pequenas decisões, reorientando assim as suas vidas gradualmente. "Todo processamento de informação é emocional", aponta Kenneth Dodge, "visto que a emoção é a energia que dirige, organiza, amplifica e atenua a atividade cognitiva e, por sua vez, é a experiência e a expressão dessa atividade".[34]

Rob e Julia estavam atribuindo valor um ao outro. Sentiram-se carregados em uma corrente forte e deliciosa que os levava a algum lugar para o qual queriam ir de modo delirante. Esse não era o tipo de análise dissecante que a espertinha dentro de Julia havia usado quando viu Rob pela primeira vez. Era uma apreciação poderosa e holística que seguia um conjunto de regras inteiramente diferente. Julia se apaixonaria e depois inventaria razões para sua atração. Naquele dia, ela e Rob começaram a vagar juntos por um caminho que seria o mais gratificante de suas vidas.

CAPÍTULO 2

O AMÁLGAMA DE MAPA

ROB E JULIA SENTIAM-SE MARAVILHOSAMENTE FELIZES NOS PRIMEIROS meses depois do casamento, mas estavam também engajados, como recém-casados devem estar, no amálgama de mapa. Cada um deles entrou no casamento com certo mapa mental inconsciente de como a vida diária funcionava. Agora que suas vidas estavam unidas de forma permanente, estavam descobrindo que seus mapas não eram totalmente coerentes. Não foram as grandes diferenças o que notaram, mas os pequenos padrões de existência sobre os quais nunca haviam nem pensado.

Julia presumia que as louças deviam ser lavadas antes de serem colocadas no lava-louças porque estão sujas. Rob presumia que as louças deviam ser deixadas na pia durante o dia e lavadas todas de uma vez à noite. Julia presumia que o papel higiênico devia rolar no sentido horário para que as folhas soltas saíssem pela frente. Na casa de Rob, o papel higiênico sempre foi rolado no sentido anti-horário para que as folhas saíssem por trás.

Para Rob, ler o jornal de manhã era uma atividade solitária realizada em silêncio por duas pessoas que por acaso estavam sentadas juntas. Para Julia, o jornal matinal era uma atividade social e uma ocasião para conversa e observações sobre o estado do mundo. Quando Rob ia ao mercado, comprava produtos distintos para as refeições — um pacote de *tortellini*, uma pizza congelada, um quiche. Quando Julia ia ao mercado, comprava ingredientes — ovos, açúcar, farinha —, e Rob ficava surpreso por ela conseguir gastar duzentos dólares e quando voltava ainda não tinha nada para o jantar.

Tais contrastes não os incomodavam, pois estavam naquele estágio inicial do casamento no qual casais ainda têm tempo de dar uma corrida juntos e fazer sexo depois. Desse modo, negociaram lenta e sensivelmente a barganha de sua nova interdependência.

Primeiro veio a fase da novidade, quando estavam animados pelos novos hábitos interessantes que cada um trouxe para a vida do outro. Por exemplo, Rob ficou fascinado pelo apego feroz que Julia tinha por usar meia. Julia topava qualquer atividade erótica, sem roupa, que ele conseguisse fantasiar, desde que lhe fosse permitido usar meias enquanto a desempenhava. Podia chegar a um estado de calor suado e ofegante, mas parece que a corrente sanguínea não se estendia até suas extremidades inferiores; se realmente quisessem remover aquelas tornozeleiras brancas, seria como arrancar um rifle do presidente do NRA* — teria de rasgá-las de seus dedões frios e mortos.

Ao mesmo tempo, Julia nunca tinha visto alguém tão habituado a comprar pasta de dente em qualquer ida à farmácia. Rob comprava um tubo por semana, como se marcianos estivessem prestes a nos invadir para tomar nossa Colgate. Também estava encantada pelo padrão de atenção dele. Rob era intensamente interessado em qualquer evento acontecendo a milhares de quilômetros de distância, em especial se tivesse cobertura da ESPN, mas qualquer evento diretamente se impondo às suas próprias emoções e ao seu estado interior entrava na zona do interesse negativo. Era incapaz de se focar.

Gradualmente, entraram no segundo estágio do amalgamento de mapa, o estágio do planejamento pré-campanha. Uma casa dividida contra si própria não consegue ficar em pé. Tanto Rob quanto Julia entenderam subliminarmente que as peculiaridades que pareciam tão encantadoras e amáveis nos primeiros estágios do casamento — a tendência que Julia tinha de ligar o laptop na cama às seis da manhã, o Menino Desamparado

---

* NRA: National Rifle Association (Associação Nacional de Rifles). Associação norte-americana, fundada em 1871, com o objetivo de promover e incentivar a posse de arma e a prática do tiro como um direito do cidadão, de acordo com a segunda emenda da Constituição dos Estados Unidos. (N. da T.)

que Rob simulava em face a qualquer tarefa doméstica — faria com que o outro abrigasse impulsos homicidas quando o primeiro rubor de felicidade matrimonial expirasse.

Começaram então a fazer pequenas listas mentais de Coisas que Teriam de Mudar. Contudo, eram sensíveis o suficiente para não serem maoistas em relação a isso. De alguma maneira, haviam absorvido o fato de que revoluções culturais levam a reações raivosas ou a erupções prolongadas de retrocesso passivo-agressivo, e portanto reformar os hábitos da outra pessoa teria de ser um processo gradual.

Principalmente nos primeiros meses, Julia observou Rob da mesma forma que Jane Goodall* observava chimpanzés, com total atenção e com um sentimento de surpresa constante em relação aos padrões de comportamento que ele exibia. O homem não tinha absolutamente nenhum interesse em queijos artesanais ou em qualquer sabor sutil, no entanto era colocá-lo a 130 metros de uma loja Brookstone** no shopping e ele de repente ficava arrebatado com a ideia de uma pista verde de golfe em casa com retorno automático de bola. Considerava-se um homem organizado, mas arrumação para ele consistia em pegar o que estava bagunçado nas bancadas e enfiar tudo aleatoriamente nas gavetas disponíveis mais próximas. Nunca arrumava previamente as peças que precisaria em algum projeto de montagem. Simplesmente mergulhava no projeto e passava horas no meio dele tentando discernir onde estavam as coisas. Pelo visto era mais esperto do que todo treinador de futebol americano conhecido, mas não conseguia prever que deixar os sapatos no caminho entre a cama e o banheiro podia criar problemas no meio da noite.

Depois teve o episódio do ingresso de cinema. Certa noite, Rob estava andando do trabalho para casa e passou por um cinema que tinha lugares disponíveis para o filme que queria ver. Comprou um ingresso no impulso, como havia feito várias vezes quando era solteiro, e ligou para Julia para avisar que havia chamado alguns amigos e que chegaria em casa tarde naquela noite. Ligou com estado de espírito alegre e fortuito e ficou absolutamente chocado quando sentiu que a temperatura

---

* Primatóloga, etóloga e antropóloga britânica perita em chimpanzés. (N. da T.)

** Loja americana de artigos variados. (N. da T.)

no outro lado da linha tinha caído cem graus. Foi possível ouvir Julia fazendo os tipos de exercícios de respiração que alguém faria se estivesse tentando conter o impulso de cravar um machado na cabeça de outra pessoa. Logo ficou claro que, na verdade, ele não iria ao cinema naquela noite, que essas aventuras espontâneas não seriam mais uma característica regular de sua vida e que casamento não era simplesmente uma fase estendida da juventude, mas que tinha louças e sexo regular.

Rob foi forçado a entender, com frases — interrompidas por longas pausas glaciais — usadas quando tentam explicar alguma coisa para uma criança do pré-escolar especialmente irritante... que a vida dali em diante envolveria um nível diferente de comprometimento e planejamento compartilhado e que certo pensamento despreocupado do tipo "o que eu quero para mim mesmo neste momento" teria de cessar.

Quando essa mudança inconsciente de paradigma ocorreu na cabeça de Rob, o relacionamento progrediu de forma relativamente tranquila. Ambos emitiram suas próprias doutrinas domésticas, partes da vida que consideravam sagradas e onde a intromissão externa seria considerada um ato de guerra. Ambos ficaram satisfeitos com os atos amorosos de comprometimento que um fez em prol do outro. Rob admirava sua nobreza altruísta sempre que se lembrava de abaixar a tampa da privada. Julia se comparava em silêncio com madre Teresa sempre que fingia gostar de filmes de ação.

E foi assim que começou a divisão de trabalho marital. Ambos gravitaram para áreas de paixão superior. Por exemplo, de alguma maneira Rob tomou controle de todo planejamento de férias porque secretamente se considerava o Robert E. Lee* das excursões de viagem, o especialista em esquemas táticos que era capaz de se impor perante qualquer voo cancelado, caos em aeroporto ou problema em hotel. Isso significa que Julia tinha de aturar a programação de férias à la Marcha da Morte de Bataan — seis vinhedos antes do almoço. Mas para ela isso era melhor do que se sentar com um agente de viagem e fazer reservas de hotel. Julia, por outro lado, assumiu o comando de todos os aspectos

* Robert E. Lee (1807-1870): oficial militar norte-americano que comandou as forças armadas da Virgínia durante a Guerra Civil dos Estados Unidos. (N. da T.)

dos arredores materiais. Se Rob não queria se empenhar em fazer comentários criteriosos durante suas idas às lojas de móveis, ele não podia esperar que fosse dar os julgamentos finais quando as decisões de compras tinham de ser tomadas.

A satisfação marital geralmente segue uma curva em forma de U.[1] Casais são loucamente felizes nos primeiros anos do casamento. A satisfação comunicada pelos próprios casais cai e atinge o fosso quando seus filhos chegam à adolescência, depois volta a subir quando entram na aposentadoria. Recém-casados, Rob e Julia estavam de fato incrivelmente felizes e bem assimilados um com o outro. E faziam sexo quase todos os dias.

Procriação

Certo dia, cerca de seis meses depois do casamento, Julia e Rob acordaram tarde e fizeram um brunch em um lugar na vizinhança, com móveis no estilo country e mesas de madeira envelhecida. Depois, foram ao shopping e compraram sanduíches, que comeram em um banco no parque. Estavam alertas a sensações de todos os tipos: a maneira como sentiram o pão nas mãos, o toque das pedras que atiraram no lago. Julia observou as mãos de Rob de forma distraída enquanto ele usava a pequena faca de plástico para espalhar mostarda no sanduíche. Seus pensamentos conscientes estavam focados na história que ela estava lhe contando, mas inconscientemente ela estava ficando excitada. Rob escutava a história, mas, sem nem pensar nisso, estava olhando para o pequeno vinco macio na pele do pescoço dela.

No fundo da mente, estava pronto para fazer sexo naquele momento e naquele lugar, se algum arbusto convenientemente grande pudesse ser encontrado. Costumava-se argumentar que homens e mulheres tinham o mesmo desejo por sexo, mas, na média, isso não é verdade.[2] O desejo masculino é bem estável e só diminui em resposta a alguma consciência invisível em relação aos ciclos menstruais de suas parceiras. Estudos em clubes de strip descobriram que as gorjetas das dançarinas caem em 45% quando elas estão menstruadas, embora a explicação para a queda não seja clara.[3]

Naquele dia específico no parque, Rob queria Julia com todo seu corpo e sua alma. Não era apenas um reflexo darwiniano. Rob tinha todos os tipos de barreiras internas que tornavam difícil para ele expressar suas emoções. Os sentimentos estavam lá, mas escondidos dentro de um local onde ele não conseguia captá-los e entendê-los facilmente. Mesmo naqueles momentos nos quais ele tinha uma ideia do que estava sentindo, as palavras não vinham para ajudá-lo a expressar o sentimento. Durante o sexo, no entanto, suas barreiras internas de comunicação se dissolviam. Nos espasmos da paixão, entrava em uma neblina mental. Não tinha mais consciência dos seus arredores ou de como ele seria percebido. Suas emoções por Julia vinham à tona com força total. Ele podia sentir suas próprias emoções diretamente e expressá-las de forma inconsciente. Os rápidos atos de copulação que Julia às vezes concedia como um favor não lhe despertavam isso. Todavia, quando ambos estavam juntos nos espasmos da paixão, Rob experimentava a felicidade da comunicação livre de inibições que era o objeto real de seu desejo. Há alguma verdade na velha piada que diz que mulheres precisam se sentir amadas para fazer sexo e homens precisam fazer sexo para se sentirem amados.

O desejo de Julia era ainda mais complicado. Era como um rio com muitos afluentes. Assim como a maioria das mulheres, o interesse de Julia por sexo era influenciado por quanta testosterona seu corpo produzia em um dado momento e por como ela processava serotonina; pela correria do dia, pelo seu humor geral e pelas conversas que teve com amigas no almoço; pelas imagens e sensações das quais nem tinha consciência — a visão de uma obra de arte, uma melodia, um campo de flores. Julia gostava de observar corpos masculinos, femininos ou qualquer coisa entre um e outro. Assim como a maioria das mulheres, ficava lubrificada mesmo quando estava olhando para programas de natureza sobre animais copulando, embora conscientemente o pensamento de se excitar por animais fosse repulsivo.[4]

Os gostos sexuais de Julia eram mais influenciados pela cultura do que os de Rob.[5] Os homens querem realizar os mesmos atos sexuais independentemente de seu nível de educação, mas as preferências sexuais femininas diferem de acordo com educação, cultura e status. Mulheres extremamente intelectualizadas tendem a fazer mais sexo oral, relacionar-se com o mesmo sexo e experimentar uma variedade de outras atividades do que mulheres menos educadas. Mulheres religiosas são menos aventureiras do que as não religiosas, apesar de os desejos dos homens religiosos não serem tão diferentes dos de homens seculares.

Dizem que, para uma mulher, preliminar é qualquer coisa que aconteça 24 horas antes do coito. Naquela noite, eles assistiram a um filme, beberam alguma coisa e não muito tempo depois estavam fazendo amor com alegria, depois com paixão, em direção ao clímax de sempre.

Um orgasmo não é um reflexo.[6] É uma percepção, um evento mental. Começa com uma cascata de circuitos de reações física e mental cada vez mais intensas. Toques e sensações liberam substâncias químicas como dopamina e oxitocina, que por sua vez geram mais estímulo sensorial, culminando em um show complexo e explosivo de luz no cérebro.[7] Algumas mulheres conseguem alcançar o orgasmo simplesmente pensando nas coisas certas. Outras, com lesões na medula espinhal, através do estímulo de suas orelhas. Outras, através do estímulo dos genitais que, em razão do acidente paralisante, supõe-se que não conseguem sentir. Uma mulher em Taiwan conseguiu ter convulsões lobo-temporais e orgasmos estilhaçantes meramente ao escovar os dentes.[8] Um homem estudado por V. S. Ramachandran na Universidade da Califórnia, em San Diego, sentia orgasmos no pé "fantasma".[9] Seu pé havia sido amputado, e a região do cérebro que correspondia ao membro não tinha nada a fazer. Visto que o cérebro é plástico e adaptativo, sensações provenientes do pênis se alastraram na região vazia e o homem sentiu orgasmos subsequentes em um pé que não existia.

Enquanto faziam amor, Rob e Julia emitiam vibrações rítmicas por suas mentes e corpos. Julia possuía os traços mentais associados ao relaxamento proporcionado pelo orgasmo — uma vontade de renunciar a seu controle mental, a habilidade de ficar hipnotizada, a inabilidade de controlar pensamentos durante o sexo — e se sentiu novamente indo na direção correta.[10] Poucos minutos depois, o córtex frontal de cada um deles se desligou parcialmente, ao passo que o tato ficou ainda mais aguçado. Perderam toda a autoconsciência que restava — qualquer sentido de tempo ou de onde terminava o corpo do outro e o seu começava. A visão tornou-se uma série de padrões abstratos de cor. O resultado foram momentos de clímax satisfatórios e, eventualmente, por meio da mágica das cegonhas, um filho.

CAPÍTULO 3

VISÃO DA MENTE

É TRISTE INFORMAR QUE, MESMO CHEGANDO AOS 30, JULIA MANTINHA sua personalidade de férias de verão viva e de prontidão. Responsável e ambiciosa durante o dia, deixava sua menina *Cosmo** interior sair para uma travessura nas noites de sábado. Nesses estados de espírito, ainda achava legal ser ousada. Ainda considerava que era um sinal de valentia social ser uma discípula veemente na igreja da Lady GaGa, uma discípula festeira, que usa batom rosa, que puxa a alça da calcinha para fazer barulho, que fala o que pensa, que vai com tudo. Ainda pensava que estava tomando o controle de sua sexualidade ao usar decotes ousados; que a tatuagem de arame farpado em volta de sua coxa era um sinal de confiança corporal. Era excelente entretenimento nas festas, sempre a primeira na fila para jogos com bebidas e beijos de curiosidade bissexual entre mulheres. Ocultada na multidão da embriaguez em grupo, caminhava perigosamente perto da linha da galinhagem sem nunca realmente cruzar o limite.

Até a gravidez, é justo dizer que nunca teve um pensamento verdadeiramente materno. Harold, que estava se formando em seu ventre nesse momento, teria de se esforçar se quisesse transformá-la no tipo de mãe que ele merecia.

Ele começou esse trabalho cedo e com afinco. Ainda um feto, Harold gerava 250 mil células cerebrais a cada minuto e tinha mais

* *Cosmopolitan*: revista americana que fala sobre moda, sexualidade e atualidades; voltada para o público feminino. (N. da T.)

de 20 bilhões delas quando nasceu.[1, 2] Suas papilas gustativas logo começaram a funcionar e ele conseguia distinguir quando o líquido amniótico ao seu redor ficava doce ou com sabor de alho, dependendo do que sua mãe almoçava.[3] Fetos engolem mais desse líquido quando adoçante é adicionado. Com 17 semanas ele estava tateando seu caminho ao redor do útero. Começou tocando seu cordão umbilical e apertando os dedos uns nos outros.[4] Nesse momento também já estava desenvolvendo sensibilidade maior em relação ao mundo lá fora. Um feto se afasta da dor aos 5 meses. Se alguém colocasse uma luz clara diretamente na barriga de Julia, Harold conseguia sentir a luz e se afastar.

No terceiro trimestre, Harold estava sonhando, ou pelo menos fazendo os mesmos tipos de movimentos dos olhos que adultos fazem quando sonham.[5] Foi nesse ponto que o trabalho real da Operação Maternidade começou. Harold ainda era um feto, mal tinha as características do que chamaríamos de consciência, mas já estava escutando e memorizando o tom de voz de sua mãe. Depois do nascimento, bebês sugam o mamilo com força para ouvir uma gravação da voz da mãe e com muito menos força para ouvir uma gravação da voz de outra mulher.[6]

Ele não estava ouvindo apenas os tons, mas também os ritmos e os padrões que precisaria compreender e comunicar. Bebês franceses choram de forma diferente dos que ouviram alemão no útero porque absorveram a cadência do francês das vozes de suas mães.[7] Anthony J. DeCasper e outros, na Universidade de North Carolina em Greensboro, pediram que algumas mães lessem *O gatola da cartola* para seus fetos durante algumas semanas.[8] Os fetos lembravam o padrão tônico da história e, depois de nascerem, sugavam com mais calma e ritmo do que quando ouviam outra história com métrica diferente.

Harold passou seus noves meses no útero crescendo e se desenvolvendo, e então, num belo dia, nasceu. Isso não foi um evento importante no que tange seu desenvolvimento cognitivo, mas o que passou a ver melhorou muito.

Agora podia se dedicar à mãe preocupada, eliminando Julia, a menina festeira, e criando a Supermãe Julia. Primeiro, ele teria de construir um conjunto de laços entre eles que suplantaria todos os outros. Com alguns minutos de idade, envolto por uma manta e deitado no colo da mãe, Harold já era uma pequena máquina de criar laços emocionais e tinha um repertório de habilidades para ajudá-lo a se conectar com aqueles que amava.

Em 1981, Andrew Meltzoff inaugurou uma nova era da psicologia infantil quando mostrou a língua para uma criança de 42 minutos de vida.[9] O bebê mostrou a língua de volta para ele. Foi como se o bebê, que nunca tinha visto uma língua em sua vida, tivesse intuído que a estranha coleção de formas à sua frente fosse um rosto, que a coisinha no meio dela fosse a língua, que havia uma criatura por trás do rosto, que a língua era alguma outra coisa que não ela mesma, e que ela mesma tinha uma pequena aba correspondente que ela também podia mover.

O experimento foi repetido com bebês em idades diferentes, e desde então pesquisadores se lançaram na busca por outras habilidades infantis. Eles as encontraram. As pessoas um dia acreditaram que bebês eram tábulas rasas. Porém, quanto mais os investigadores observam, mais impressionados ficam com quanto os bebês sabem no nascimento e quanto aprendem nos primeiros meses.

A verdade é que, mesmo antes de nascermos, herdamos um grande rio de conhecimento, uma grande corrente de padrões vindos de várias eras e fontes. A informação que vem das profundezas do passado evolucionário chama-se genética. A informação revelada milhares de anos atrás chama-se religião. A informação passada adiante há centenas de anos chama-se cultura. A informação passada adiante há décadas chama-se família e a oferecida anos, meses, dias ou horas atrás chama-se educação e conselho.

No entanto, tudo é informação e tudo flui dos mortos para nós e para o recém-nascido. O cérebro é adaptado ao rio de conhecimento e suas várias correntes e afluentes, e existe como uma criatura daquele rio da mesma forma que uma truta existe em um córrego. Nossos pensamentos são profundamente moldados por esse longo fluxo histórico, e nenhum de nós existe e alcança o sucesso de maneira independente sem ele. Sendo assim, até mesmo um recém-nascido possui esse legado rico e é construído para absorver mais e para contribuir com essa longa corrente.

Apesar de ainda não ter consciência de si como uma pessoa separada, o pequeno Harold tinha um repertório de habilidades para fazer com que Julia se apaixonasse por ele. A primeira era sua aparência. Harold tinha todas as características físicas que naturalmente atraíam o amor da mãe: olhos grandes, uma testa larga, boca e queixo pequenos. Esses traços geram respostas profundas em todos os humanos, estejam elas em bebês ou no Mickey Mouse ou no E.T.

Ele também tinha a habilidade de encarar. Harold se deitava ao lado de Julia e encarava seu rosto. Depois de alguns meses, desenvolveu um senso sedutor de tempo — quando olhar para atrair o olhar de Julia, quando virar o rosto e depois quando olhar de novo para atraí-la mais uma vez. Ele a encarava e ela retribuía. Quando ainda incrivelmente jovem,[10] conseguia distinguir o rosto da mãe de uma galeria de rostos (e encará-lo por mais tempo). Conseguia diferenciar um rosto feliz de um rosto triste.[11] Tornou-se extremamente bom em ler rostos, em notar pequenas diferenças em movimentos musculares ao redor dos olhos e da boca. Bebês de 6 meses de idade, por exemplo, conseguem perceber traços faciais distintos em macacos diferentes, apesar de, para adultos, parecerem os mesmos.[12]

E havia o toque. Harold tinha um desejo primordial de tocar sua mãe o quanto e quantas vezes fosse possível. Como sugerem os famosos experimentos de Harry Harlow com macacos, bebês abdicam de comida em troca de pele ou até mesmo de uma toalha que seja suave e acolhedora. Fazem isso porque o contato físico é tão importante quanto a nutrição para seu crescimento neural e sua sobrevivência. Esse tipo de contato também era um deleite que mudou a vida de Julia. A pele humana tem dois tipos de receptores. Um tipo transmite informação ao córtex somatossensorial para a identificação e manipulação de objetos. Mas o outro ativa as partes sociais do cérebro. É um tipo de comunicação corpo a corpo que libera cascatas hormonais e químicas, diminuindo a pressão sanguínea e proporcionando um senso de bem-estar transcendente.[13] Harold se deitaria ali no colo de Julia, sugando seu mamilo, forjando um conjunto de conexões íntimas que estimulavam o crescimento de células em seu cérebro. Julia se veria imbuída de um senso profundo de satisfação que nunca havia imaginado antes. Certa vez, ela de fato se perguntou: “Para que preciso de sexo?

Isto é muito mais prazeroso." Isso veio da mulher que foi eleita "maior candidata a aparecer em um vídeo do *Girls Gone Wild*"* na faculdade.

Depois, e talvez com mais poder, havia o cheiro. Harold tinha um cheiro simplesmente maravilhoso. O cheiro sutil que vinha de sua cabecinha quente penetrava profundamente em Julia criando um senso de conexão que ela nunca havia imaginado.

Finalmente, havia o ritmo. Harold começou a imitar Julia. Com apenas alguns meses de idade, Harold abria a boca quando Julia abria a dela. Movia a cabeça de um lado para outro quando ela fazia o mesmo. Logo conseguiu copiar gestos das mãos.[14]

Ao olhar Julia nos olhos, tocar sua pele, imitar seus movimentos, Harold estava começando uma protoconversa, uma torrente inconsciente de emoções, estados de espírito e respostas. Julia se viu fazendo jogo, encarando-o nos olhos, fazendo-o abrir a boca, fazendo-o mexer a cabeça.

Não muito tempo atrás, uma turma de psicologia tirou vantagem da capacidade humana para esse tipo de protoconversa para fazer uma brincadeira com o professor. A turma decidiu previamente que olharia para ele com atenção quando falasse no lado esquerdo da sala, mas que não olharia ou fingiria estar distraída quando ele fosse para o lado direito. Conforme a turma prosseguia, o professor inconscientemente ficava cada vez mais no lado esquerdo da sala. No final, ele estava praticamente do outro lado da porta. Não tinha ideia do que seus alunos estavam fazendo, mas simplesmente se sentiu melhor naquele lado da sala. Seu comportamento foi atraído por essa gravidade social invisível.

É claro que a protoconversa de Julia e Harold era muito mais profunda. Harold manteve em ação a Operação Maternidade com uma persistência constante e implacável, semana após semana, mês após mês, pondo abaixo as barreiras dela, reconectando sua personalidade. Ele se insinuava em todo pensamento e sentimento de Julia, transformando gradualmente sua própria identidade.

* * *

---

* Marca de entretenimento criada por Joe Francis, nos Estados Unidos, no final da década de 1990. Tem como produto principal uma série de vídeos pornográficos estrelados por alunas universitárias. (N. da T.)

A invasão

A antiga personalidade de Julia batalhava. É preciso lhe dar crédito. Ela não se rendeu a essa nova criatura sem lutar.

Na maior parte do primeiro ano, Julia amamentava Harold em uma cadeira no canto do quarto dele. No chá de bebê, seus amigos, os quais pouquíssimos tinham filhos, deram-lhe coisas que consideraram essenciais para um crescimento adequado. Tinha a babá eletrônica de áudio e vídeo, o purificador de ar, os móbiles Bebê Einstein, o desumidificador, o porta-retratos eletrônico, o tapete de estímulo visual, os chocalhos para destreza manual e a máquina sonora tranquilizadora que emite o som de ondas do mar. Ela se sentava ali no meio de todas as bugigangas, amamentando-o, parecendo uma capitã Kirk leiteira na cadeira da espaçonave *Enterprise*.

Certa noite, quando Harold tinha cerca de 7 meses de vida, Julia estava na cadeira com Harold ao seio. A luz da lua brilhava suavemente e tudo ao redor estava quieto. Na superfície, parecia ser uma cena maternal idílica — uma mãe amamentando o filho repleta de amor e doces afeições. No entanto, se pudessem ter lido a mente de Julia naquele momento, eis o que a encontrariam dizendo: "Merda! Merda! Merda! Ajudem-me! Ajudem-me! Alguém por favor pode me ajudar?"

Nesse momento — cansada, oprimida, violada — ela odiava o pequeno canalha. Ele havia entrado em sua mente com truques de doce sedução e, uma vez ali dentro, pisou em tudo usando o equivalente infantil a coturno.

Era metade cupido, metade soldado nazista. O babaca ganancioso queria tudo. Harold controlava as horas de sono dela, o espaço de sua atenção, a hora que ela podia tomar banho, descansar ou ir ao banheiro. Controlava o que ela pensava, sua aparência, se chorava. Julia estava infeliz e sufocada.

O bebê comum demanda atenção adulta de um tipo ou de outro a cada vinte segundos.[15] Novas mães perdem uma média de setecentas horas de sono durante o primeiro ano.[16] A satisfação marital cai em 70%, enquanto o risco de depressão materna fica maior que o dobro.[17] Ao menor sinal de desconforto, Harold podia soltar um grito lancinante que conseguia deixar Julia chorando de histeria e Rob irritado e infeliz.

Exausta, Julia se sentava na cadeira e amamentava seu pequeno menino enquanto pensava no navio gigante em que havia se transformado. Seus pensamentos corriam por florestas escuras. Percebeu que nunca mais ficaria bem em saias justas. Nunca mais faria nada no impulso. Em vez disso, ficaria enterrada nas atitudes insípidas das guerras das mães burguesas. Já havia entrado em contato com as paladinas devotas da amamentação (as defensoras radicais do leite materno), as moralistas rainhas dos encontros de crianças que corrigiam as técnicas maternais delas (as mães metidas), e as mães mártires taciturnas que reclamavam sem parar sobre como suas vidas estavam podres e quão negligentes seus maridos e pais se tornaram. Ela se envolvia nessas conversas paralisantes e chatas em áreas de lazer, e, como notou Jill Lepore certa vez, seriam sempre as mesmas conversas.[18] Todas as mães queriam perdão e todos os pais queriam aplauso.

Ela podia dizer adeus à vida divertida que lhe dava tanto prazer. Em vez disso, Julia via um futuro sinistro se estendendo à frente — almoços escolares, sermões sobre reciclagem, testes de garganta inflamada, infecções de ouvido e horas e mais horas rezando pelo momento do cochilo. Para melhorar, as mulheres que dão à luz um menino têm menor expectativa de vida porque a testosterona deles pode comprometer o sistema imunológico das mães.[19]

Entrelaçados

Depois, talvez um segundo após a raiva e a depressão passarem pela mente de Julia, ela se encostava na cadeira e levava a cabeça de Harold ao seu nariz. Aí Harold se deitava no peito da mãe, pegava o mamilo rosado com a mãozinha e começava a sugar de novo. Pequenas lágrimas de alegria e gratidão se formavam nos olhos dela.

Kenneth Kaye sugeriu que crianças humanas são os únicos mamíferos que se alimentam de forma intermitente, sugando por alguns segundos depois parando enquanto o mamilo ainda está na boca, e depois voltando para uma nova etapa.[20] Essa pausa, teoriza Kaye, induz a mãe a embalar o bebê. Quando ele tem 2 dias de idade, as mães o embalam por volta de três segundos. Quando tem algumas semanas de idade, o embalo cai para dois.

Esses movimentos levaram Julia e Harold a um tipo de balé com seu ritmo próprio. Harold pausava, Julia o embalava; Harold pausava, Julia o embalava. Era uma conversa. Enquanto Harold crescia, esse ritmo continuava. Ele olhava para ela, e ela para ele. O mundo deles estava estruturado pelo diálogo.

A maneira como o ritmo entre mãe e criança evolve é quase musical. Julia, que não era uma cantora por natureza, se viu cantando para ele nos momentos mais estranhos — na maioria das vezes, por algum motivo, canções de *Amor, sublime amor*. Lia o *The Wall Street Journal* para ele pela manhã e se distraía contando qualquer história que tivesse a ver com o Banco Central americano em mamãezês, a entonação lenta, exagerada, cantarolada que mães em todas as culturas do mundo usam quando falam com seus pequenos.

Às vezes, com o passar dos meses, ela fazia o treino de personificação. Moldava o rosto com alguma expressão e fazia com que Harold imitasse até que se parecesse com alguma celebridade. Franzindo o rosto, fazia com que ele se parecesse com Mussolini. Grunhindo, com Churchill. Abrindo a boca e fazendo uma expressão de medo, com Jerry Lewis. Às vezes, quando ele sorria, era desconcertante. Ele dava um sorriso entendido, indireto, como um canalha de uma ordem secreta que colocou uma câmera escondida no chuveiro dela.

Harold estava tão desesperado para criar laços que, se o andamento da conversa deles fosse interrompido, todo seu mundo podia se despedaçar. Os cientistas conduzem um tipo de experimento que chamam de pesquisa "rosto impassível" (*"still-face" research*).[21] Pedem que uma mãe interrompa suas interações com a criança e adotem uma expressão vazia e passiva. Os bebês acham isso extremamente desconcertante. Ficam tensos, choram e fazem estardalhaço. Eles fazem um esforço estrênuo para reconquistar a atenção da mãe, e se ainda não há resposta, também se tornam passivos e distantes. Isso ocorre porque os bebês organizam seus estados internos vendo suas próprias mentes refletidas nos rostos dos outros.

Exceto quando Julia estava completamente exausta, as conversas prosseguiam como uma sinfonia. A energia de Harold era regulada pela energia da mãe. Seu cérebro era construído pelo dela.

No nono mês, Harold ainda não tinha nenhum senso de autoconhecimento. Ainda era limitado em muitas maneiras. Contudo, havia feito o que precisava fazer para sobreviver e florescer. Havia entrelaçado sua mente à mente de outro. Suas próprias faculdades cresceriam dessa relação.

É tentador pensar que as pessoas crescem como plantas. Você adiciona alimento à semente, e plantas individuais crescem. Mas não é assim. Cérebros mamíferos crescem corretamente apenas quando são capazes de se interpenetrarem com outros. Filhotes de ratos que são lambidos e cuidados pelas suas mães têm mais conexões sinápticas do que filhotes que não são.[22] Ratos que são separados de suas mães por 24 horas perdem duas vezes mais células cerebrais e córtices cerebelares do que ratos que não são separados. Ratos criados em ambientes interessantes têm 25% mais sinapses do que os criados em gaiolas comuns.[23] Como se algumas profusões emocionais misteriosas produzissem mudanças físicas.

Na década de 1930, H. M. Skeels estudou órfãos com deficiências mentais que estavam vivendo em uma instituição, mas que em seguida foram adotados.[24] Depois de quatro anos, o QI deles divergiu incríveis cinquenta pontos em relação aos órfãos que não foram adotados. E o extraordinário é que as crianças que foram adotadas não melhoraram por meio de tutela ou aulas. As mães que os adotaram também tinham deficiências mentais e viviam em uma instituição diferente. Foram o amor e a atenção das mães que produziram o aumento de QI.

Nessa fase, o rosto de Harold se ascendia quando Julia entrava na sala. Isso era bom porque Julia estava deteriorando. Não dormia bem havia meses. Ela já havia se considerado relativamente organizada, mas agora sua casa parecia um canto de Roma depois da visita de hordas bárbaras. Franklin Roosevelt podia lançar o New Deal* no tempo que havia passado desde a última observação inteligente que ela fez. Mas toda manhã Harold dava um sorriso grande e conseguia viver outro dia.

Certa manhã, Julia se deu conta de que conhecia Harold melhor do que qualquer outra pessoa no mundo. Ela sabia as maneiras como ele precisava dela. Conhecia suas dificuldades em fazer transições de um ambiente para outro. Sentia, com tristeza, que ele parecia desejar um tipo de conexão vinda dela que ela nunca seria capaz de oferecer.

---

* Série de medidas implementadas entre 1933 e 1937 nos Estados Unidos após a Grande Depressão. (N. da T.)

No entanto, nunca tinham realmente trocado uma palavra. Harold não falava. Eles conheceram um ao outro em grande parte pelo toque, pelas lágrimas, pelas aparências, pelo cheiro e pela risada. Julia sempre achou que significados e conceitos vêm por meio de linguagem, mas agora percebeu que era possível ter uma relação humana complexa sem palavras.

Neurônios-espelho

Filósofos discutiram por muito tempo sobre os processos que as pessoas usam para se compreenderem. Alguns acreditam que somos teorizadores cuidadosos. Inventamos hipóteses sobre como outras pessoas vão se comportar e depois testamos essas hipóteses contra as evidências que observamos minuto após minuto. Nessa teoria, as pessoas aparecem como cientistas racionais, constantemente pesando evidências e testando explicações. E há evidências claras de que esse tipo de testagem de hipótese é parte de como compreendemos um ao outro. Porém, hoje em dia, a maior parte da pesquisa aponta para a primazia de uma hipótese rival: a de que automaticamente simulamos os outros e entendemos o que sentem sentindo, em nós mesmos, uma versão do que estão vivenciando. Nessa visão, as pessoas não são frias formadoras de teorias que julgam outras criaturas. São atores inconscientes do Método, atores que compreendem compartilhando ou pelo menos simulando as respostas que veem nas pessoas ao redor. Somos capazes de funcionar em um mundo social porque permeamos em parte as mentes uns dos outros e compreendemos — algumas pessoas mais, outras menos. Os seres humanos entendem os outros neles próprios e formam a si mesmos reencenando os processos internos que captam de outras pessoas.

Em 1992, pesquisadores na Universidade de Parma, na Itália, estavam estudando os cérebros de macacos do gênero *Macaca* quando notaram um fenômeno estranho. Quando um macaco via um pesquisador pegar um amendoim e levá-lo à boca, o cérebro do macaco disparava como se o próprio macaco estivesse pegando um amendoim e o levando à própria boca, mesmo que o bicho não estivesse se movendo de verdade. O macaco estava automaticamente simulando os processos mentais que observava.

Assim nasceu a teoria dos neurônios-espelho, a ideia de que temos em nossa cabeça neurônios que automaticamente recriam os padrões mentais dos que estão ao nosso redor. Neurônios-espelho não são fisicamente diferentes de nenhum outro tipo de neurônio; é a maneira como os primeiros estão conectados que parece permitir que realizem essa tarefa extraordinária de imitação profunda.

Ao longo dos últimos anos, os neurônios-espelho se tornaram um dos tópicos mais em voga e debatidos em toda a neurociência. Alguns cientistas acreditam que neurônios-espelho são análogos ao DNA e vão revolucionar nossa compreensão de como as pessoas processam experiências exteriores internamente, como aprendemos dos outros e nos comunicamos com eles. Outros acham que a ideia é um vasto exagero. Rapidamente apontam que a expressão "neurônios-espelho" é evidentemente enganosa porque sugere que a habilidade de imitar está contida nos neurônios, e não nas redes no cérebro. Mas de fato parece existir uma visão adotada por muitos de que cérebros de macacos e de humanos têm uma habilidade automática de realizar imitação profunda, compartilhando assim processos mentais através do espaço invisível entre eles. Como observou Marco Iacoboni, as pessoas são capazes de sentir o que os outros vivenciam como se estivesse acontecendo com elas.[25]

Os macacos em Parma não apenas imitavam as ações que observavam, pareciam avaliar inconscientemente as intenções por trás delas. Seus neurônios disparavam de forma intensa quando pegavam um copo de vidro em um contexto que sugeria beber, mas não disparavam da mesma forma quando pegavam um copo vazio em um contexto que sugeria limpar. Os cérebros dos macacos não disparavam quando os cientistas pantomimavam o ato de pegar uma uva-passa, mas disparavam quando os cientistas realmente pegavam.[26] Seus neurônios disparavam em certo padrão característico quando viam um cientista rasgando um pedaço de papel, mas também disparavam no mesmo padrão quando simplesmente ouviam um cientista rasgando papel.[27] Em outras palavras, essas não eram meras imitações de ações físicas no estilo "macaco vê, macaco faz". A maneira como os cérebros reagiam a uma ação era inextricavelmente ligada ao objetivo sugerido pela ação. Às vezes, deduzimos que o processo mental de perceber uma ação é distinto do de avaliar uma ação. Todavia, nesses exemplos, os processos de percepção e de avaliação estão misturados. Compartilham os mesmos sistemas representacionais, os mesmos padrões de rede no cérebro.[28]

Desde aqueles experimentos originais na Itália, vários cientistas, incluindo Iacoboni, acreditam que encontraram neurônios-espelho em humanos. Neurônios-espelho humanos ajudam as pessoas a interpretar a intenção de uma ação.[29] Ao contrário de neurônios-espelho em macacos, no entanto, eles parecem conseguir imitar uma ação mesmo quando nenhum objetivo é detectado. O cérebro de uma mulher vai responder com um determinado padrão quando ela observa uma pessoa usando dois dedos para pegar uma taça de vinho, mas vai responder de maneira diferente quando observa uma pessoa usar dois dedos e a mesma ação para pegar uma escova de dente. Seu cérebro vai responder de uma maneira quando observa outro humano no ato da fala, mas de maneira diferente quando observa um macaco no ato de tagarelar.

Quando as pessoas veem uma cena de perseguição em um filme, respondem como se de fato estivessem sendo perseguidas, só que em intensidade menor. Quando veem pornografia, seus cérebros respondem como se de fato estivessem fazendo sexo, só que em intensidade menor. Quando Harold observava Julia olhando com amor para ele, supostamente reencenava a atividade do cérebro dela e aprendia como é o amor e como ele funciona por dentro.

Harold cresceria e se tornaria um imitador promíscuo, e isso o ajudou de todas as maneiras. Carol Eckerman, professora de psicologia da Duke, conduziu uma pesquisa sugerindo que quanto mais a criança brinca de jogos de imitação, mais provável que comece a falar de forma fluente mais cedo.[30] Tanya Chartrand e John Bargh descobriram que quanto mais duas pessoas imitam os movimentos uma da outra, mais se gostam — e quanto mais se gostam, mais se imitam.[31] Vários cientistas acreditam que a habilidade de compartilhar inconscientemente a dor do outro é um componente da empatia e, por meio dessa emoção, da moralidade.

Mesmo que a ciência dos neurônios-espelho eventualmente fique balançada, a teoria nos dá um veículo para explicar um fenômeno que vemos todo dia, e de forma mais intensa na relação entre pais e crianças. As mentes são intensamente permeáveis. Existem laços entre os cérebros. O mesmo pensamento ou sentimento pode surgir em mentes diferentes, com redes invisíveis preenchendo o espaço entre elas.

Faça-os rir

Certo dia, meses e meses mais tarde, Julia, Rob e Harold estavam sentados à mesa de jantar quando Rob, distraído, deixou uma bola de tênis cair sobre a mesa. Harold caiu na gargalhada. Rob a deixou cair de novo. A boca de Harold se escancarou. Seus olhos se enrugaram. Seu corpo sacudiu. Uma pequena protuberância de pele surgiu entre suas sobrancelhas e o som de risada arrebatada tomou a sala. Rob segurou a bola acima da mesa e todos permaneceram ali, imóveis, na expectativa. Então ele deixou a bola quicar algumas vezes e Harold explodiu de alegria, rindo mais alto do que antes. Estava sentado, de pijama, as mãozinhas estranhamente paradas, transportado pela risada. Havia lágrimas saindo dos olhos de Rob e Julia, eles estavam gargalhando tanto quanto Harold. Rob fez isso várias vezes. Harold ficava encarando, na expectativa de a bola ser largada, e depois se rasgava com grunhidos de satisfação quando via a bola quicar, a cabeça para cima e para baixo, a língua tremendo, os olhos se movendo com deleite de rosto em rosto. Rob e Julia o acompanhavam grunhido a grunhido, as vozes se misturando à dele e modulando-a.

Esses foram os melhores momentos de seus dias — os pequenos jogos de esconde-esconde, a luta e as cócegas no chão. Às vezes, Julia segurava um pequeno pano de prato na boca ao trocar a mesa e Harold o pegava e tentava enfiá-lo de volta. Era a repetição da surpresa previsível que levava Harold ao êxtase. Os jogos lhe deram um senso de domínio — de que ele estava começando a entender os padrões do mundo. Eles lhe davam a sensação — que para os bebês é como uma alegria pura — de estar em perfeita sincronia com mamãe e papai.

O riso existe por uma razão e provavelmente existia antes de os humanos desenvolverem linguagem. Robert Provine, da Universidade de Maryland, descobriu que as pessoas são trinta vezes mais passíveis de rir quando estão com outras pessoas do que quando estão sozinhas.[32] Quando as pessoas estão em situações de união, o riso flui.

Surpreendentemente, as pessoas que estão falando são 46% mais propensas a rir durante a conversa do que as que estão escutando. E não estão exatamente rindo de frases de efeito hilárias. Apenas 15% das frases que provocam riso são engraçadas de alguma maneira discernível.[33] Em vez disso, o riso parece borbulhar de forma espontânea no meio da conversa quando as pessoas se sentem respondendo paralelamente às mesmas circunstâncias emocionalmente positivas.

Algumas piadas, como trocadilhos, são associais e frequentemente saboreadas por aqueles que sofrem de autismo. Mas a maioria das piadas são intensamente sociais e borbulham quando as pessoas acham uma solução para alguma incongruência social. O riso é a linguagem que as pessoas usam para se conectar, para acobertar uma estranheza social ou para reforçar uma união que já ocorreu. Isso pode ser bom, como quando um grupo ri junto, ou ruim, como quando um grupo ridiculariza uma vítima, mas riso e solidariedade andam juntos. Como escreveu Steven Johnson: "Rir não é uma reação física instintiva ao humor, da maneira como um encolher-se responde à dor ou um estremecer ao frio.[34] É uma forma instintiva de laço social que o humor destina-se a explorar."

Noite após noite, Harold e seus pais tentavam entrar em um ritmo uns com os outros. Às vezes falhavam. Rob e Julia seriam incapazes de entrar na mente de Harold e entender o que precisavam fazer para amenizar sua agonia. Às vezes tinham êxito. E quando tinham, o riso era o prêmio.

Se vocês tivessem de se afastar e perguntar de onde Harold veio, poderiam dar uma resposta biológica e explicar concepção, gravidez e nascimento. Porém, se realmente quisessem explicar de onde a essência de Harold — ou a de qualquer pessoa — vinha, teriam de dizer que primeiro houve um relacionamento entre Harold e seus pais. E esse relacionamento tinha certas qualidades. E depois, conforme Harold amadureceu e desenvolveu autoconsciência, essas qualidades se tornaram individualizadas e passaram a existir nele mesmo quando estava longe dos pais. Isto é, as pessoas não se desenvolvem primeiro e criam relacionamentos. As pessoas nascem em relacionamentos — com pais, com antepassados — e essas relações criam pessoas. Ou, para dizer de outra forma, um cérebro é algo contido dentro de um único crânio. Uma mente só existe dentro de uma rede. É o resultado das interações entre cérebros, e é importante não confundir cérebros com mentes.

Como Samuel Taylor Coleridge observou certa vez: "Antes mesmo de um eu consciente existir, o amor se inicia; e o primeiro amor é o amor de outrem. O bebê reconhece um eu na forma da mãe anos antes de poder reconhecê-lo em sua própria forma."

Coleridge descreveu como seu próprio filho, então com 3 anos de idade, acordou durante a noite e chamou a mãe.[35]

"Toque-me, apenas me toque com seu dedo", suplicou o jovem menino. A mãe ficou surpresa.

"Por quê?", perguntou ela.

"Não estou aqui!", exclamou o filho. "Toque-me, mamãe, para que eu possa estar aqui".

CAPÍTULO 4

FABRICAÇÃO DE MAPA

HAROLD COMEÇOU A VIDA OLHANDO PARA A MÃE, MAS NÃO DEMOROU até que o mundo sujo do materialismo entrasse em cena. Ele não começou essa fase desejando Porsches e Rolexes. Primeiro, ficou mais atraído por listras — listras e quadriculados em preto e branco. Depois, desenvolveu uma queda por quinas — de caixas, de prateleiras. Encarava-as da maneira como Charles Manson encarava os policiais.

Então, com o passar dos meses, foram caixas, rodas, chocalhos e copos antirrespingo. Tornou-se um excelente nivelador — consumido pela convicção de que toda matéria devia ficar na menor altitude possível. Pratos saíam das mesas e iam para o chão. Livros saíam das prateleiras e iam para o chão. Caixas de espaguete usadas pela metade eram liberadas de sua despensa-prisão e retornadas ao seu habitat natural em todo o piso da cozinha.

O incrível sobre Harold nesse estágio era que ele era tanto bacharel em psicologia quanto em física. Suas duas vocações principais eram descobrir como aprender com a mãe e como as coisas caem. Ele olhava para ela frequentemente para ter certeza de que estava protegendo-o, e depois saía em busca de algo para derrubar. Possuía o que Alison Gopnik, Andrew Meltzoff e Patricia Kuhl chamam de "impulso explanatório".[1] Harold podia se sentar por um longo tempo tentando colocar caixas de tamanhos diferentes umas dentro das outras e, depois, quando finalmente estivessem unidas, algum impulso primordial à la Sandy Koufax* o atingia e as caixas voavam pelas escadas.

Ele estava explorando e aprendendo, mas nesse ponto de sua vida os processos de pensamento de Harold eram radicalmente diferentes dos nossos. Crianças pequenas parecem não ter um observador interno autoconsciente.[2] As áreas de funções executivas na parte frontal do cérebro amadurecem devagar, portanto Harold tinha pensamento pouco controlado e pouco dirigido por si.

Isso significava que ele não tinha um narrador interno que entendesse como sendo ele mesmo. Não conseguia se lembrar conscientemente do passado, ou conectar conscientemente suas ações passadas às presentes em uma linha do tempo coerente.[3] Não conseguia se lembrar de pensamentos anteriores e de como aprendeu qualquer coisa. Até 18 meses de idade, não conseguia passar no teste do espelho. Se colocarem um adesivo na testa de um chimpanzé adulto ou na de um golfinho, o animal entende que o adesivo está em sua própria cabeça.[4] Mas Harold não tinha esse nível de autoconsciência. Para ele, o adesivo estava na testa de alguma criatura no espelho. Ele era muito bom em reconhecer os outros, mas não conseguia se reconhecer.

Até mesmo aos 3 anos de idade, as crianças parecem não entender o conceito de atenção autoconscientemente focada. Presumem que a mente fica vazia quando não há coisa externa pedindo atenção. Quando se pergunta para alunos da pré-escola se um adulto que estão observando está focando sua atenção em parte de uma cena, parecem não entender sobre o que você está falando.[5] Caso se pergunte se conseguem ficar um longo período de tempo sem pensar em nada, dizem que sim. Como escreve Alison Gopnik em *O bebê filósofo*: "Eles não entendem que pensamentos podem simplesmente seguir a lógica de sua experiência interna em vez de serem ativados a partir do exterior."[6]

Gopnik diz que adultos têm consciência-lanterna.[7] Nós direcionamos atenção para localizações específicas. Harold, como todas as crianças pequenas, tinha o que Gopnik chama de "consciência-lampião". Ela iluminava para fora e para todas as direções — uma consciência vívida e

* Arremessador de beisebol do Dogders, time de Los Angeles, nas décadas de 1950 e 1960. (N. da T.)

panorâmica de tudo. Era como estar perdido de forma exuberante em um filme de 360 graus. Milhões de coisas chamavam sua atenção em bombardeios aleatórios. Eis aqui uma forma interessante! Outra forma! Eis uma luz! Eis uma pessoa!

Até mesmo essa descrição minimiza a estranheza radical da consciência de Harold nesse momento. A metáfora do lampião sugere que Harold está iluminando e observando o mundo e que o observador está de alguma maneira separado do que ele vê. Contudo, Harold não estava observando, e sim imergindo. Estava participando vividamente de qualquer coisa que cruzasse sua mente.

A tarefa

Nesse ponto de sua vida, Harold tinha de aprender o máximo e o mais rápido possível. Seu trabalho era discernir em que tipo de ambiente vivia e talhar mapas mentais que o ajudariam a navegá-lo. O aprendizado consciente e direto não podia auxiliá-lo a realizar essa tarefa rapidamente, mas a imersão inconsciente podia.

Grande parte da infância — a maior parte da vida — consiste em integrar os caóticos bilhões de estímulos que encontramos a modelos sofisticados, que são depois usados para antecipar, interpretar e navegar pela vida. Como escreveu John Bowlby: "Cada situação que encontramos na vida é interpretada de acordo com os modelos representacionais que temos do mundo ao nosso redor e de nós mesmos. A informação que chega a nós por meio de nossos órgãos de sentido é selecionada e interpretada de acordo com esses modelos, seu significado para nós e para aqueles com quem nos preocupamos é avaliado de acordo com eles, e planos de ação são concebidos e executados com tais modelos em mente."[8] Esses mapas internos determinam como enxergamos, que valor emocional vamos designar às coisas, o que queremos, como reagimos e o quão eficientes somos em predizer o que vem depois.

Harold estava no período mais intenso da fabricação de mapa. Elizabeth Spelke acredita que bebês já nascem com um conhecimento de base do mundo, que lhes fornece uma vantagem inicial nessa tarefa.[9] As crianças sabem que uma bola rolando deve continuar rolando e que se rola para trás de alguma coisa deve aparecer no outro lado. Aos 6 meses, conseguem apontar a diferença entre oito e 16 pontos em uma página. Têm um senso de proporção matemática apesar de obviamente não saberem contar.

Em breve, estão realizando atos impressionantes de decodificação. Meltzoff e Kuhl mostraram vídeos de um rosto dizendo "aaa" ou "iii" para bebês de 5 meses de idade e depois tocaram para os bebês as gravações de áudio de cada som.[10] Os bebês conseguiram relacionar o som ao rosto correto com sucesso.

Se vocês lerem uma frase como "la ta ta" ou "mi na na" para um bebê de 8 meses de idade, em dois minutos ele vai captar o esquema implícito de rima (ABB). Crianças pequenas também usam técnicas estatísticas incrivelmente sofisticadas para entender linguagem. Quando adultos falam, todos os sons de palavras diferentes caminham juntos. No entanto, crianças pequenas são capazes de discernir que há uma grande probabilidade de que o som "lin" deve se alinhar com o som "do", então "lindo" é uma palavra.[11] Há uma grande probabilidade de que "be" também se alinhe com "bê", então "bebê" é uma palavra. Crianças conseguem fazer esses cálculos complexos de probabilidade mesmo que suas capacidades conscientes ainda não estejam ligadas.

Apenas conecte

O cérebro de Harold tinha mais de 100 bilhões de células, ou neurônios. Conforme ele começou a compreender o mundo, cada um desses neurônios gerou ramificações para fazer conexões com outros neurônios. O espaço onde duas ramificações para neurônios diferentes se encontram é chamado de sinapse. Harold estava fazendo essas conexões em ritmo furioso. Alguns cientistas calculam que humanos criam 1,8 milhão de sinapses por segundo do segundo mês de gestação até seu aniversário de 2 anos.[12] O cérebro faz sinapses para guardar informações. Cada coisa que sabemos é incorporada em uma rede de conexões neurais.

Aos 2 ou 3 anos de idade, cada um dos neurônios de Harold podia ter feito uma média de 15 mil conexões, porém os que não são usados serão podados.[13] Harold podia ficar com algo nas proximidades de 100 trilhões ou 500 trilhões ou até mesmo mil trilhões de sinapses. Se quer ter uma ideia do número de conexões em potencial entre as células do cérebro de Harold, contemple isso: meros sessenta neurônios são capazes de fazer 10^{81} conexões possíveis entre si.[14] (É o 1 com 81 zeros depois dele.) O número de partículas no universo conhecido é cerca de ⅒ desse número. Jeff Hawkins sugere uma maneira diferente de pensar sobre o cérebro. Imaginem um estádio de futebol preenchido com espaguete.[15] Agora imaginem esse estádio encolhido ao tamanho de um crânio e muito mais complicado.

No livro *The Scientist in the Crib* (O cientista no berço), Gopnik, Meltzoff e Kuhl fazem uma boa descrição do processo que neurônios usam para se conectarem: "É como se, quando você usasse o celular para ligar para seu vizinho, um número suficiente de vezes, um cabo crescesse espontaneamente entre suas casas.[16] Primeiro, as células tentam se conectar com quantas outras células conseguirem. Como um vendedor de telemarketing, elas ligam para todo mundo na esperança de que todos vão atender e dizer "sim". Quando outro celular atender, e o faz um número suficiente de vezes, uma ligação mais permanente se estabelece."

Quero fazer uma pausa aqui porque esse processo de sinaptogênese é parte do núcleo de quem Harold era. Durante milênios, filósofos procuraram uma definição do eu humano. O que faz uma pessoa ser ela de modo inefável, apesar das mudanças que acontecem dia após dia e ano após ano? O que unifica todos os pensamentos, ações e emoções diferentes que passam por cada uma de nossas vidas? Onde se encontra o verdadeiro eu?

Uma parte da resposta está no padrão de conexões sinápticas. Quando nos deparamos com uma maçã, nossas percepções sensoriais sobre essa maçã (sua cor, forma, textura, aroma etc.) são traduzidas para uma rede integrada de neurônios conectados que disparam juntos. Esses disparos, ou impulsos eletroquímicos, não são concentrados em uma sessão do cérebro. Não há uma sessão para a maçã. A informação da maçã está espalhada em uma rede vastamente complicada. Em determinado experimento, um gato foi ensinado a encontrar comida atrás de uma porta que estava marcada com uma forma geométrica específica.[17] Essa forma geométrica única aciona respostas relacionadas ao aprendizado em mais de 5 milhões de células distribuídas por todo o cérebro do gato. Em outro experimento, a habilidade de distinguir o som do "P" do som do "B" foi representada em 22 locais espalhados por todo o cérebro humano.[18]

Quando Harold via um cachorro, uma rede de neurônios disparava. Quanto mais via cachorros, mais densas e mais eficientes ficavam as conexões entre os neurônios apropriados. Quanto mais vocês veem cachorros, mais rápidas e mais complexas tornam-se suas redes de cachorros, e melhor vocês ficam em perceber qualidades gerais relacionadas a cachorros e às diferenças entre eles. Com esforço, prática e experiência, é possível aperfeiçoar a sutileza de suas redes. Violinistas têm conexões densas na área do cérebro relacionada à mão esquerda, porque a utilizam muito quando tocam seu instrumento.[19]

Você tem uma assinatura peculiar, um sorriso peculiar e uma maneira peculiar de se secar depois do banho porque realiza essas atividades muitas vezes e as redes correspondentes de neurônios ficam, assim, conectadas no cérebro de forma espessa. Você provavelmente pode recitar o alfabeto de A a Z, porque, por meio da repetição, construiu essa sequência de padrões na cabeça. Provavelmente teria dificuldade em recitar o alfabeto de Z a A, porque essa sequência não foi reforçada pela experiência.

Dessa forma, cada um de nós tem redes neurais únicas, que são formadas, reforçadas e constantemente atualizadas pelas circunstâncias ecléticas de nossas vidas. Uma vez que circuitos são formados, isso aumenta as chances de os mesmos circuitos serem disparados no futuro. As redes neurais incorporam nossas experiências e, por sua vez, guiam ações futuras. Contêm a maneira única com que cada um de nós se conduz no mundo, a maneira como andamos, falamos e reagimos. São os canais pelos quais nosso comportamento flui. Um cérebro é o registro de uma vida. As redes de conexões neurais são a manifestação física de nossos hábitos, personalidades e predileções. Você é a entidade espiritual que emerge das redes materiais dentro de sua cabeça.

Mesclando

Conforme o dia de Harold passava, a visão do sorriso de sua mãe acionava certo padrão de disparo sináptico, assim como o som de um caminhão assustador. Ao dar os primeiros passos explorando o mundo, ia edificando sua mente. Certo dia, quando tinha mais ou menos 5 anos de idade, estava correndo pela casa e fez algo incrível. Berrou "Sou um tigre!" e saltou alegremente no colo de Julia.

Isso pode parecer uma coisa simples que todas as crianças fazem. Afinal de contas, quando pensamos em feitos realmente difíceis relacionados ao pensamento, pensamos em, digamos, calcular a raiz quadrada de 5.041. (É 71). Dizer "Sou um tigre" parece fácil.

Todavia, isso é uma ilusão. Qualquer calculadora barata pode calcular raízes quadradas. Nenhuma máquina simples pode desempenhar o constructo imaginativo envolvido na frase "Sou um tigre". Nenhuma máquina simples consegue misturar dois constructos complicados como "eu", um pequeno menino, e "um tigre", um animal feroz, em uma única entidade coerente. Porém o cérebro humano é capaz de realizar essa tarefa incrivelmente complicada de maneira tão fácil e tão abaixo do nível da consciência que nem apreciamos o quanto é difícil.

Harold conseguia realizar isso devido àquela habilidade de fazer generalizações e à de fazer associações entre generalizações — de sobrepor a essência de uma coisa com a essência de outra. Se pedirem a um computador sofisticado que ache a porta de um quarto, ele tem de calcular todos os ângulos da sala e depois procurar certas formas e proporções de portas passadas que foram programadas dentro de seus bancos de memória. Devido ao fato de existirem muitos tipos diferentes de portas, ele tem dificuldade de descobrir o que significa "porta". Mas para Harold, ou para qualquer humano, isso é fácil. Guardamos em nossa cabeça padrões vagos de como são as salas e sabemos mais ou menos onde ficam as portas nas salas, e encontrá-las geralmente não custa nenhum pensamento consciente.[20] Somos espertos porque somos capazes de pensar de forma confusa.

Olhamos para os padrões variáveis do mundo e formamos essências. Uma vez criada a essência, que é um padrão de disparos, podemos fazer muitas coisas com ela. Podemos pegar a essência de um cachorro e evocar a de Winston Churchill que temos guardada em nossa cabeça, e podemos imaginar a voz de Winston Churchill saindo da boca de um cachorro. (Fica mais fácil se o cachorro for um Buldogue e se já existir alguma sobreposição entre os padrões neurais; nesse caso, podemos dizer: "É mais ou menos assim.")

Essa atividade de mesclar padrões neurais é chamada de imaginação. Parece fácil, mas é incrivelmente complexa. Consiste em pegar duas ou mais coisas que não existem juntas, misturá-las na mente e depois criar uma terceira coisa emergente que nunca existiu antes. Como descrevem Gilles Fauconnier e Mark Turner em *The Way We Think* (A maneira como pensamos): "Construir uma rede de integração envolve definir espaços mentais, relacionar espaços, projetar de forma seletiva para uma mescla, localizar estruturas compartilhadas, projetar de volta para espaços iniciais, recrutar novas estruturas para o estímulo ou para a mescla e realizar várias operações na própria mescla."[21] E isso é só o começo. Se você gosta de raciocínios incrivelmente intricados e às vezes impenetráveis, leia o trabalho de cientistas que estão tentando unir a sequência exata de eventos que fazem parte da imaginação — ou integração de duplo escopo, como às vezes dizem os cientistas naquela maneira encantadora que lhes é peculiar.

Em todo caso, Harold era um pequeno demônio em fazer isso. No espaço de cinco minutos, podia ser um tigre, um trem, um carro, sua mãe, uma tempestade, um prédio ou uma formiga. Durante sete meses, quando tinha 4 anos de idade, estava convencido de que era uma criatura solar nascida no Sol. Seus pais tentaram fazer com que confessasse que na verdade era uma criatura da Terra nascida em um hospital, mas ele ficava sério e se recusava a admitir. Julia e Rob realmente começaram a se perguntar se tinham dado à luz um psicótico ilusório.

Na verdade, ele estava apenas perdido em suas mesclas. Quando ficou um pouco mais velho, criou o Mundo-H, um universo inteiro estabelecido para a glorificação de Harold (o que pesquisadores chamam de "paracosmos"). No Mundo-H, todos se chamavam Harold e todos veneravam o rei do Mundo-H, que era o próprio Harold. No Mundo-H, as pessoas comiam certas comidas — principalmente marshmallows e M&MS — e tinham certas ocupações — principalmente do tipo que atletas profissionais têm. O Mundo-H tinha até mesmo sua própria história, eventos de fantasias passadas que estavam gravadas nos bancos de memória da mesma maneira que a história do mundo real.

Durante sua vida, Harold foi muito bom em mesclar, generalizar e narrar. Se medissem as habilidades que Harold tinha para processar informação bruta, descobririam que ele estava um pouco acima da média, mas nada especial. No entanto, tinha uma habilidade incrível de discernir essências e de brincar com padrões neurais. Isso significava que era muito bom em criar modelos de realidade e modelos de possíveis realidades alternativas.

Às vezes, achamos que a imaginação é cognitivamente fácil porque as crianças conseguem usá-la melhor do que adultos. Na verdade, a imaginação é árdua e prática. As pessoas que possuem talentos imaginativos podem dizer "Se eu fosse você, faria isso...", ou podem pensar "Estou fazendo isso dessa forma agora, mas se eu tentasse fazer de outra forma as coisas poderiam ser mais rápidas". Essas habilidades de duplo escopo e contrafatuais são bastante úteis na vida real.

Contação de história

Entre 4 e 10 anos de idade, Harold se sentava à mesa de jantar e lançava alguma parte de um diálogo de TV ou uma música de comercial, e era sempre exatamente apropriada à conversa. Usava palavras difíceis da maneira adequada, apesar de que se perguntassem mais tarde o que a palavra significava, não conseguia defini-la conscientemente. Proferia a letra de alguma música antiga do Paul McCartney & Wings e ela era perfeitamente pertinente naquela situação social. As pessoas olhavam para ele com surpresa e perguntavam: "Tem um pequeno velhinho aí?"

Na realidade, não havia um adulto escondido no cérebro de Harold. Havia apenas um pequeno sintetizador de padrões. Rob e Julia organizaram sua vida. Dia após dia, tinham as mesmas rotinas e expectativas. Esses hábitos estabeleceram certas estruturas fundamentais em sua mente. E dessa ordem, regularidade e disciplina, a mente de Harold explodiu em aventuras tumultuosas nas quais combinava coisas improváveis de maneiras mágicas.

Rob e Julia teriam ficado encantados com as habilidades imaginativas dele, mas às vezes ele parecia ter dificuldade com a vida real. Eles viam outras crianças segurando pacificamente o carrinho do supermercado enquanto andavam pelos corredores. Harold não fazia isso. Estava sempre puxando e lutando de um jeito ou de outro e tinha de ser detido ou coibido. Outras crianças seguiam as instruções da professora na pré-escola, mas Harold não conseguia ficar na tarefa; sempre saía correndo para fazer o que queria. Rob e Julia ficavam exaustos com seus ataques e escândalos e tentavam impor um pouco de linearidade em sua vida. Ele era um problema real em aviões e uma vergonha em restaurantes. Nas reuniões de pais, as professoras observavam que controlar Harold tomava tempo demais. Ele parecia não ouvir ou seguir instruções. Julia costumava olhar furtivamente os guias de como educar filhos nas livrarias, com a sensação cada vez mais profunda de que estava criando um protótipo para campanhas de remédios para TDAH.

Certa noite, quando Harold estava no jardim de infância, Rob passou pelo seu quarto e Harold estava estirado no chão cercado de pequenos bonecos de plástico. Havia um grupo de bonecos verdes de exército à esquerda, uma massa de piratas de Lego flanqueando-os e um engarrafamento de carrinhos Hot Wheels ameaçando entrar de frente. Harold estava no meio se mexendo, movendo um boneco de Darth Vader atrás das linhas inimigas e esmagando um G. I. Joe confiante. Um esquadrão de homens do exército confrontava um grupo de Hot Wheels e recuou. A voz de Harold aumentava e diminuía com o movimento crescente e decrescente da batalha. Manteve uma narrativa detalhada constante, descrevendo eventos conforme ocorriam e, ocasionalmente, ele fazia um tipo de urro sussurrado como se a plateia estivesse indo à loucura.

Rob ficou à porta por cerca de dez minutos e observou Harold conduzindo sua peça. Harold olhou para ele, mas depois retornou à guerra. Fez um discurso motivacional furioso para um de seus macacos de pelúcia. Pregou sobre coragem para um pedaço de plástico de 5 centímetros de altura. Tranquilizou os sentimentos feridos de um carro e ralhou com uma tartaruga de pelúcia.

Nas histórias dele, havia generais e soldados, mães e pais, dentistas e bombeiros. Ainda bem jovem, ele parecia ter um senso bastante claro de quais padrões de comportamento esses papéis sociais diferentes implicavam. Em um jogo, ele seria um guerreiro; em outro, um médico; em outro, um chefe de cozinha — imaginando como as pessoas nesses papéis pensam, representando teorias sobre as mentes de outras pessoas.

Muitas das histórias de Harold eram sobre sua vida futura e sobre como ele ganharia honra e fama. Rob, Julia e seus amigos adultos às vezes fantasiavam sobre dinheiro e conforto, mas Harold e seus companheiros de brincadeira fantasiavam sobre glória.

Em um sábado à tarde, Harold recebeu alguns amigos em casa para brincar. Estavam no quarto dele com os brinquedos dele. Harold anunciava que eram bombeiros e logo se ocupavam imaginando um incêndio na casa e reunindo ferramentas para combatê-lo — uma mangueira, um caminhão, um monte de machados. Cada criança se designava um papel dentro da história central. Rob subiu sorrateiramente e ficou em pé à porta observando. Para sua decepção, Harold era um pequeno Napoleão dizendo aos convidados quem ia dirigir o caminhão e quem ia carregar a mangueira. Entravam em negociações elaboradas sobre o que era legítimo fazer no mundo de mentirinha, no espaço mental compartilhado que haviam construído. Até mesmo no mundo de forma livre de suas imaginações, parece que ainda era necessário ter regras, e eles passaram tanto tempo falando sobre elas que Rob teve a impressão de que eram mais importantes do que a história em si.

Rob percebeu que cada menino tentava se afirmar e que os jogos tinham certo arco narrativo, de calmo a crítico a calmo. Primeiro, faziam uma cena feliz. Depois, alguma coisa terrível acontecia e eles ficavam excitados e a enfrentavam juntos. Depois, após a vitória, retornavam ao seu estado anterior de tranquilidade emocional. Toda história terminava em triunfo, um tipo de momento "está tudo melhor agora", com fama e glória para todos os envolvidos.

Depois de cerca de vinte minutos fazendo o Benjamin Spock* e observando as crianças, Rob sentiu vontade de se juntar a elas. Ele se sentou com os meninos, pegou alguns bonequinhos e se uniu ao time de Harold.

Foi um grande erro. Foi mais ou menos o equivalente a um ser humano comum pegar uma bola de basquete e se convidar a trocar arremessos com o Los Angeles Lakers.

No decorrer de sua vida adulta, Rob havia treinado sua mente para se sobressair em um certo tipo de pensamento. É o tipo de pensamento

* Famoso pediatra norte-americano que inovou o campo da pediatria com ideias da psicanálise. (N. da T.)

que o psicólogo Jerome Bruner chamou de "pensamento paradigmático". Esse modo de pensamento é estruturado por lógica e análise. É a linguagem de um sumário jurídico, um memorando comercial ou um ensaio acadêmico. Consiste em distanciar-se de uma situação para organizar fatos, para deduzir princípios gerais e para fazer perguntas.

Todavia, o jogo que Harold e seus amigos estavam jogando contava com uma maneira diferente de pensar, que Bruner chama de "modo narrativo".[22] Harold e seus amigos agora se transformaram em uma equipe de fazendeiros em um rancho. Simplesmente começavam a fazer coisas baseadas nisso — cavalgar, lançar cordas, construir e brincar. Conforme suas histórias cresciam e evoluíam, o que fazia sentido e o que não fazia dentro do roteiro da história ficava claro.

Os caubóis começaram a trabalhar juntos e a discutir. Perderam-se vacas. Construíram-se cercas. Os caubóis formavam equipes quando os tornados vinham e se separavam quando o perigo passava.

Então vieram os Invasores. O modo narrativo é um modo mítico. Contém outra dimensão, que o pensamento paradigmático geralmente não contém — a dimensão do bem e do mal, do sagrado e do profano. O modo mítico ajuda as pessoas não só a contar uma história, mas a entender as emoções e sensações morais geradas pela história.

Os meninos reagiram aos Invasores de forma alarmada e com medo. Moveram-se no carpete e alinharam seus cavalos de plástico contra eles, mas berravam uns com os outros: "São muitos deles!" Tudo parecia estar perdido. Então Harold fez um cavalo branco gigante, dez vezes maior do que os outros brinquedos com os quais estavam brincando. "Quem é esse?" exclamou e respondeu sua própria pergunta: "É o Cavalo Branco!" E partiu para cima dos Invasores. Dois dos outros meninos mudaram de time e começaram a atirar Invasores no Cavalo Branco. Uma batalha apocalíptica irrompeu . O Cavalo esmagou os Invasores. Os Invasores dilaceraram o Cavalo Branco. Logo, os Invasores estavam mortos, mas o Cavalo Branco estava morrendo também. Eles colocaram um pano sobre seu corpo e tiveram um funeral triste, e a alma do Cavalo foi para o céu.

Rob era como um javali em uma algazarra de gazelas. A imaginação deles dançava enquanto a dele caminhava lentamente. Eles viam bem e mal enquanto ele via plástico e metal. Depois de cinco minutos, a intensidade emocional deles produziu uma leve dor em sua nuca. Estava exausto tentando acompanhá-los.

Presume-se que um dia Rob teve a habilidade de realizar essa ginástica mental. Mas depois, refletiu ele, a maturidade ocupou lugar. Conseguia focar melhor sua atenção, mas não conseguia mais unir justaposições estranhas da maneira que antes conseguia. Sua mente não era mais capaz de pular de associação em associação. Mais tarde, quando disse para Julia que não era capaz de pensar na maneira aleatória que Harold pensava, ela simplesmente respondeu: "Talvez ele vá crescer e parar com isso."

Rob tentou concordar. Enquanto isso, pelo menos as histórias de Harold sempre acabavam bem. Dan P. McAdams argumenta que as crianças desenvolvem um tom narrativo que influencia suas histórias para o resto de suas vidas.[23] As crianças gradualmente adotam uma suposição duradoura de que tudo vai acabar bem ou mal (dependendo de sua infância). Elas criam um alicerce de histórias nas quais objetivos são alcançados, feridas são curadas, a paz é restaurada e o mundo é compreendido.

Depois da hora de dormir, Harold ficava em seu quarto conversando com seus personagens. Seus pais ficavam no andar de baixo, exaustos e incapazes de ouvir exatamente o que ele estava dizendo. Mas conseguiam ouvir a voz dele aumentar e diminuir conforme as histórias dançavam no ar acima deles. Ouviam-no explicando alguma coisa com calma. Reagindo com alarme. Reunindo seus amigos imaginários. Estava no que Rob e Julia costumavam chamar de modo Rain Man, perdido em seu próprio mundo de sonho. Eles se perguntavam quando exatamente Harold ia começar a se unir à raça humana, se é que isso ia acontecer. E, no andar de cima, enquanto ensinava seus macacos, Harold caiu no sono.

CAPÍTULO 5

APEGO

UM DIA, QUANDO HAROLD ESTAVA NO SEGUNDO ANO, JULIA O CHAMOU do quarto de brinquedos para a mesa da cozinha. Juntou energia e disse para ele que era hora de fazer o dever de casa. Harold proclamou seu evangelho usual de esquiva. Primeiro, disse que não tinha dever de casa. Quando essa pequena mentira se quebrou, disse que já tinha feito o dever na escola. Isso veio seguido de uma série de alegações cada vez menos plausíveis. Tinha feito o dever no ônibus. Tinha deixado a tarefa na escola. Era muito difícil e a professora disse para a turma que não precisava fazer. O dever era impossível porque a professora não tinha dado a matéria. Era para entregar só na outra semana e ele faria amanhã, e por aí vai.

Após completar sua liturgia noturna, foi instruído a se dirigir à sala da frente e pegar a mochila. Ele o fez com a energia de um assassino condenado em direção à câmara de execução.

A mochila de Harold era uma enciclopédia de interesses de menino e sugeria que Harold estava caminhando para a promissora carreira de mendigo. Dentro da mochila, se procurassem bem fundo através das várias camadas geológicas, achariam *pretzels* velhos, caixas de suco, carros de brinquedo, cartas de Pokémon, jogos de Play Station portátil, maçãs, pedrinhas, jornais, tesouras e tubos de cobre. A mochila pesava um pouco menos do que um Volkswagen.

Julia puxou a pasta de tarefas de Harold do meio dos destroços. Dizem que a história se move em ciclos, e isso é verdade quando se trata da filosofia da organização da pasta de tarefas de casa. Em alguns anos, o fichário de três elos está em moda. Em outros, a pasta de cartolina de dois lados prevalece. Os maiores educadores do mundo debatem os méritos de cada sistema e suas preferências parecem alternar de acordo com algum ciclo astrológico.

Julia encontrou a folha do dever e, com o coração murcho, percebeu que os próximos 65 minutos seriam gastos completando uma tarefa de dez minutos. Os requerimentos do projeto eram mínimos — Harold precisaria apenas de uma caixa de sapatos, seis canetinhas coloridas, cartolina, um painel de 90 centímetros, óleo de linhaça, ébano, a unha do dedão de um bicho-preguiça de três dedos e um pouco de cola com brilho.

Julia suspeitou levemente, e uma pesquisa de Harris Cooper da Universidade Duke confirma, que há uma conexão somente tênue entre quanto dever os alunos do ensino fundamental fazem e o sucesso que têm nos testes sobre a matéria ou em outras medições de êxito.[1] Também suspeitava que essa agonia do dever de casa noturno servia a outros propósitos — convencer os pais de que seus filhos estão recebendo uma educação propriamente rigorosa, apresentar às crianças suas vidas futuras como um trabalhador monótono espiritualmente inferior; ou, com visão mais positiva, apresentar às crianças os hábitos de estudo que necessitariam mais tarde na vida.

Em todo caso, Julia, presa na vida parental de alta pressão que todos em sua classe social ridicularizam mas à qual poucos renunciam, preparou-se para o suborno e a bajulação que se seguiriam. Nos próximos minutos, presentearia Harold com incentivos cada vez mais elaborados — estrelas douradas, pequenos pedaços de doce, BMWs —, tudo para induzi-lo a fazer o dever de casa. Quando isso não dava certo, como inevitavelmente acontecia, ela descarregava os desincentivos — ameaças de cortar privilégios relacionados à TV, de tirar todos os jogos de computador e os vídeos, de tirá-lo de seu testamento, de prendê-lo em uma caixa de cartolina com nada para comer exceto pão e água.

Harold conseguia resistir a todas as ameaças e incentivos, seja porque ainda não tinha capacidade de calcular dor de longa duração versus inconveniência temporária, seja porque sabia que sua mãe não tinha intenção de cortar privilégios relacionados à TV, colocando-se, dessa forma, na posição de ter de entretê-lo durante a semana toda.

De qualquer maneira, Julia fez com que Harold se sentasse à mesa da cozinha com o trabalho de casa. Virou-se de costas para pegar um copo de água e 7,82 segundos depois Harold entregou-lhe uma folha de papel dizendo que o dever estava feito. Julia olhou para a folha, que parecia conter três ou quatro marcações indecifráveis que davam a impressão de estar em sânscrito antigo.

Isso marcaria o começo da fase de refazer o dever de casa, quando Julia explicava que era necessário fazer o dever devagar, com cuidado e em inglês, se possível. Harold fez seus protestos usuais, caiu em outro ciclo de infelicidade e caos interno, e Julia sabia que seriam mais 15 minutos de agitação e desordem antes de ele ficar em qualquer estado mental propício ao dever de casa. Era como se ela e Harold tivessem de aturar uma fase de revolta interna e protesto antes que Harold capitulasse e ficasse em um estado passível de trabalho regular.

Uma visão moderna dessa situação é que a liberdade de Harold estava sendo esmagada pelas restrições absurdas da civilização. A inocência e a criatividade da infância estavam sendo impingidas e confinadas pelas conformidades de uma sociedade extremamente agitada. O homem nasce livre, mas está acorrentado em todos os cantos.

Porém, olhando para seu filho, Julia não sentia de verdade que o Harold sem supervisão, o Harold do não dever de casa, o Harold descontrolado, era realmente livre. Esse Harold, que alguns filósofos celebram como o epítome da inocência e da alegria, era na verdade um prisioneiro de seus impulsos. Liberdade sem estrutura é sua própria escravidão.

Harold queria fazer o dever de casa. Ele queria ser um bom aluno e agradar as professoras e sua mãe e seu pai. Mas era simplesmente incapaz. De alguma forma, não conseguia evitar que sua mochila fosse uma bagunça e que sua vida fosse desorganizada. Sentado à mesa, não conseguia controlar sua própria atenção. Alguma coisa acontecia perto da pia e ele dava uma olhada. Algum pensamento errante o dirigia para a geladeira ou para um envelope que por acaso estava perto da máquina de café.

Longe de estar livre, agora Harold era uma vítima das reminiscências de sua própria consciência-lanterna, distraído por um lembrete errante, incapaz de regular suas respostas. Era esperto o suficiente para sentir que estava saindo do controle. Não tinha como reverter a turbulência que crescia dentro de si. Então, ficava frustrado e achava que era mau.

Em algumas noites, honestamente, Julia fazia com que esses momentos ficassem piores ao perder a paciência. Nesses momentos cansativos, frustrantes, ela simplesmente mandava Harold se esforçar e terminar logo. Por que não conseguia completar essas tarefas simples, que ele sabia fazer, que deveriam ser tão fáceis para ele?

Isso nunca funcionava.

Mas Julia tinha outros recursos. Quando era nova, sua família se mudava bastante. Trocava de escolas e de vez em quando tinha dificuldade para fazer novos amigos. Nessas horas, ela se jogava à própria mãe e contava com sua companhia. Elas faziam longas caminhadas juntas e saíam para tomar chá juntas, e sua mãe, que também estava solitária na nova vizinhança e que não tinha com quem conversar, se abria. Contava para a jovem Julia sobre sua ansiedade no novo lugar, o que gostava nele e o que não gostava, do que sentia falta e o que estava aguardando. Julia se sentia privilegiada quando sua mãe se abria dessa maneira. Era apenas uma pequena menina na época, mas tinha acesso a um ponto de vista adulto. Sentia que estava sendo admitida em um reino especial.

Julia vivia uma vida bem diferente da que sua mãe viveu. Era mais fácil em vários aspectos. Passava uma quantidade insana de tempo com superficialidades — comprando as toalhas de mão certas para o quarto de hóspedes, acompanhando fofoca de celebridade. Porém, ainda tinha um daqueles modelos internos de trabalho em sua cabeça. Sem pensar nisso, sem nem perceber que estava replicando o comportamento da mãe, às vezes Julia compartilhava suas próprias experiências especiais com Harold. Ela nem pensava nisso, mas várias vezes quando ambos estavam no limite, quando os momentos eram difíceis, ela simplesmente se via falando sobre alguma aventura que vivenciou quando era jovem. Dava acesso privilegiado a ele para dentro de sua vida.

Nessa noite em especial, Julia viu Harold sozinho de um jeito estranho, lutando com os estímulos e com os impulsos aleatórios dentro de si. Instintivamente, ela o puxou e o trouxe um pouco para dentro de sua própria vida.

Contou uma história para ele. Contou, dentre tantas coisas, sobre uma viagem de carro que fez através do país com alguns amigos depois da faculdade. Descreveu os ritmos daquela viagem, onde ficaram noite após noite, como os Apalaches abriram caminho para as planícies e depois para as Montanhas Rochosas. Descreveu como era acordar de manhã e ver as montanhas ao longe e depois dirigir por horas e ainda não alcançá-las. Descreveu a fila de Cadillacs que viu plantados ao longo da estrada.*

Ao fazer isso, os olhos dele ficaram presos nela, arrebatados. Ela o estava tratando com respeito e deixando-o entrar naquela região mais misteriosa — a zona escondida da vida de sua mãe que existiu antes de seu nascimento. Seu horizonte de tempo aumentou sutilmente. Recebeu intimações sutis da juventude de sua mãe, sua maturidade, a chegada dele, o crescimento dele, momento de agora e as aventuras que ele teria um dia.

E enquanto Julia falava, estava fazendo uma arrumação. Estava abrindo espaço nas bancadas, removendo caixas e cartas perdidas que se empilhavam durante o dia. Harold se inclinou na direção dela, como se ela estivesse lhe oferecendo água depois de uma caminhada sedenta. Com o passar dos anos, Harold aprendeu a usá-la como uma ferramenta para se organizar, e durante essa pequena conversa aleatória, ele começou a fazer exatamente isso.

Julia olhou para Harold e percebeu que o lápis estava pendurado em sua boca. Ele não estava exatamente mordendo o lápis, mas apenas mantendo-o pendurado suavemente entre os dentes na maneira automática que fazia quando estava pensando em alguma coisa. De repente, pareceu estar mais feliz e mais composto. Com sua história, Julia ativou alguma coisa — uma memória implícita de como ser calmo e controlado. Ela o envolveu no tipo de conversa que ele ainda era incapaz de realizar sozinho. Foi como um milagre, e Harold logo fez seu dever de casa com facilidade.

No entanto, é claro que não foi um milagre. Se tem uma coisa que psicólogos do desenvolvimento aprenderam ao longo dos anos é que os pais não precisam ser psicólogos brilhantes para ter sucesso. Não precisam ser professores de talento supremo. A maioria das coisas que os pais fazem

---

* Refere-se ao Rancho do Cadillac em Amarillo, Texas, uma instalação artística criada em 1974. (N. da T.)

com figuras e exercícios de repetição e tutoriais para aperfeiçoar seus filhos para que sejam máquinas perfeitas de realização não tem absolutamente efeito algum. Em vez disso, os pais têm apenas de ser bons o suficiente. Têm de fornecer ritmos estáveis e previsíveis aos seus filhos. Precisam ser capazes de se sintonizar com as necessidades de seus filhos, combinando calor e disciplina. Precisam estabelecer os laços emocionais seguros aos quais as crianças podem voltar perante o estresse. Precisam estar lá para prover exemplos vivos de como lidar com os problemas do mundo para que suas crianças possam desenvolver modelos inconscientes dentro de si.

Apegados com firmeza

Cientistas sociais fazem o possível para chegar a algum entendimento limitado do desenvolvimento humano. Em 1944, o psicólogo britânico John Bowlby fez um estudo chamado *Forty-Four Juvenile Thieves* (Quarenta e quatro ladrões juvenis) sobre um grupo de jovens delinquentes. Ele notou que uma alta percentagem de meninos havia sido abandonada quando jovem e sofria de sentimentos de raiva, humilhação e inutilidade. "Ela se foi porque eu não sou bom", explicavam.[2]

Bowlby notou que os meninos recusavam afeições e desenvolviam outras estratégias para lidar com o senso de abandono que os atormentava. Teorizou que o que as crianças mais precisam é de segurança e de exploração. Precisam se sentir amados por aqueles que os querem bem, mas também precisam sair para o mundo e cuidar de si mesmos. Bowlby argumentou que essas duas necessidades, mesmo que por vezes conflitantes, também são conectadas. Quanto mais segura a pessoa se sente em casa, mais provável que ela se aventure de forma ousada para explorar novas coisas. Ou, como Bowlby mesmo coloca: "Todos nós, do berço ao túmulo, somos mais felizes quando a vida está organizada como uma série de excursões, longas ou curtas, a partir da base segura provida por nossas figuras de apego."[3]

O trabalho de Bowlby ajudou a mudar o pensamento sobre a infância e sobre a natureza humana. Até a sua época, psicólogos tendiam a estudar o comportamento individual, não os relacionamentos. O trabalho de Bowlby enfatizou que a relação entre uma criança e uma mãe ou cuidadora primária molda de maneira poderosa como essa criança vai enxergar ela mesma e o mundo.

Antes da era de Bowlby, e até mesmo nos anos que se seguiram, muitas pessoas se focaram nas escolhas conscientes que as pessoas faziam. A suposição era a de que as pessoas olham para o mundo, o que é simples, e depois tomam decisões, que são complicadas e difíceis. Bowlby focou-se nos modelos inconscientes que carregamos em nossa cabeça, os quais organizam a percepção em primeiro lugar.

Por exemplo, um bebê nasce com certa característica inata, como a irritabilidade. Mas ele é sortudo o suficiente por ter uma mãe que consegue decifrar seus estados de espírito. Ela o abraça quando ele quer abraços e o deixa ir quando ele quer ser deixado. Ela o estimula quando ele quer estimulação e se freia quando ele precisa de tranquilidade. O bebê que é uma criatura que existe em diálogo com outras. Ele começa a ver o mundo como uma coleção de diálogos coerentes. Ele também aprende que, se mandar sinais, eles provavelmente serão recebidos. Ele vai aprender a obter ajuda quando está encrencado. Vai desenvolver uma série de suposições sobre como o mundo funciona e vai contar com essas suposições ao se projetar e conhecer outras pessoas (onde essas suposições serão validadas ou violadas).

Crianças que nascem em uma teia de relacionamentos harmônicos sabem como participar de conversas com pessoas novas e como ler sinais sociais. Veem o mundo como um lugar acolhedor. Crianças que nascem em uma teia de relacionamentos ameaçadores podem ser medrosas, retraídas ou muito agressivas. Percebem ameaças com frequência, mesmo quando não existe nenhuma. Talvez não sejam capazes de ler sinais ou de ter um senso de si próprias como alguém digno de ser escutado. Esse ato de construção inconsciente da realidade determina de maneira poderosa o que vemos e a que prestamos atenção. Molda da mesma forma o que vamos fazer.

Há várias maneiras de definir relações parentais, mas Mary Ainsworth, a protegida de Bowlby, deduziu que um momento crucial acontecia quando uma criança era separada de sua figura de apego e compelida, mesmo que por alguns minutos, a explorar o mundo sozinha. Ainsworth criou o Teste de Situação Estranha para examinar esses momentos de transição entre estar segura e explorar. Em uma permutação típica do teste, Ainsworth colocava uma criança pequena (geralmente de 9 a 18 meses) e sua mãe em uma sala cheia de brinquedos convidativos à exploração. Então um estranho entrava na sala. Depois a mãe deixava o bebê com o estranho. Depois a mãe retornava. Depois a mãe e o estranho deixavam o bebê sozinho. Depois o estranho retornava. Ainsworth e seus colegas de trabalho observaram a criança atentamente em cada uma dessas transições: o quanto protestava quando a mãe saía? Como reagia quando a mãe retornava? Como reagia ao estranho?

Nas décadas subsequentes, o Teste da Situação Estranha foi aplicado em milhares e milhares de crianças no mundo todo.[4] Cerca de 2/3 das crianças choram um pouco quando suas mães as deixam e depois correm para ela quando retorna à sala. Considera-se que essas crianças apresentam apego seguro. Cerca de 1/5 das crianças não apresenta nenhuma demonstração externa quando suas mães saem e nem correm para ela quando retorna. Considera-se que essas crianças apresentam apego evitativo. O grupo final não apresenta reações coerentes. Podem voltar correndo para a mãe quando ela retorna, mas podem também dar-lhe um soco de raiva quando se aproxima. Considera-se que essas crianças apresentam estilos de apego ambivalente ou desorganizado.

Essas categorias têm as mesmas falhas de todas as tentativas de categorizar seres humanos. Não obstante, há uma montanha de pesquisa, conhecida como teoria do apego, que explica como diferentes tipos de apego são relacionados a diferentes estilos de comportamento parental, e com que força os apegos da infância moldam relacionamentos e êxitos no decorrer de uma vida. O resultado é que o apego, até mesmo no primeiro ano de idade, se correlaciona razoavelmente bem com a maneira como as pessoas se sairão na escola, como vão avançar na vida e como mais tarde vão desenvolver relacionamentos. Os resultados de um teste na infância não determinam um curso de vida. Ninguém está preso a um destino durante a infância. Todavia, eles dão uma ideia dos modelos internos de trabalho que foram criados pela relação entre pais e criança, modelos que serão usados então para navegar no mundo afora.

Crianças que apresentam apego seguro têm pais que são antenados com seus desejos e espelham seus estados de espírito. Suas mães as acalmam quando estão alarmadas e brincam com elas alegremente quando estão em júbilo. Essas crianças não têm pais perfeitos ou relacionamentos perfeitos. Crianças não são frágeis. Seus pais podem fazer besteira, perder a paciência e às vezes ignorar as necessidades de seus filhos, mas ainda assim se o padrão geral de cuidado é confiável, então os filhos ainda se sentem seguros em sua presença. Outra lição é que não há um estilo certo de criação. Os pais podem expedir punições inflexíveis e, contanto que a criança ache que a conversa é coerente e previsível, então o apego provavelmente ainda vai ser seguro.

Quando os pais atingem essa sintonia com seus filhos, uma onda de oxitocina inunda seus cérebros. Alguns cientistas, com aquele jeito especial deles, chamam a oxitocina de "neuropeptídeo da afiliação". Ela eclode quando as pessoas estão desfrutando de laços sociais próximos; quando a mãe está dando à luz ou dando de mamar; depois de um orgasmo, quando duas pessoas apaixonadas se olham nos olhos; quando amigos ou parentes se abraçam. A oxitocina dá às pessoas um sentimento poderoso de satisfação. Em outras palavras, é a maneira que a natureza tem de entrelaçar os indivíduos.

Crianças que apresentam apego seguro tendem a lidar bem com situações de estresse. Um estudo de Megan Gunnar, da Universidade de Minnesota, descobriu que quando dão uma vacina em uma criança de 15 meses de idade que apresenta apego seguro, ela vai chorar por causa da dor, mas o nível de cortisol em seu corpo não vai aumentar. Crianças que apresentam apego inseguro podem chorar no mesmo volume, mas talvez não chamem por seu cuidador e seus níveis de cortisol são mais passíveis de se elevarem, porque estão acostumadas a sentir mais estresse existencial.[5] Crianças que apresentam apego seguro tendem a ter mais amigos na escola e durante as férias. Na escola, elas sabem como usar professores e outros adultos para obter sucesso. Não se sentem compelidas a apoiar-se em professores ou a ficar perto deles o tempo todo. Também não ficam distantes deles.[6] Vêm e vão — estabelecendo contato e se libertando. Tendem também a ser mais honestas durante a vida, a sentir menos necessidade de mentir para crescer aos olhos dos outros.[7]

Crianças que apresentam apego evitativo tendem a ter pais que são emocionalmente fechados ou psicologicamente indisponíveis. Não se comunicam bem com seus filhos nem estabelecem compatibilidade emocional. Às vezes, vão dizer a coisa certa, mas suas palavras não são acompanhadas de nenhum gesto físico que comunica afeição. Em resposta, seus filhos desenvolvem um modelo interno de trabalho no qual deduzem que têm de cuidar de si próprios. Aprendem a não contar com os outros e se retraem com preempção. Nos Testes da Situação Estranha, eles não protestam (pelo menos não no lado de fora) quando suas mães saem da sala, apesar de sua frequência cardíaca aumentar e de estarem todos estressados internamente.[8] Quando deixados a sós, tendem a não chorar, mas continuam com seu jogo e exploração solitários.

Conforme crescem, essas crianças parecem ser, em uma primeira impressão, incrivelmente independentes e maduras. Durante as primeiras semanas de escola, seus professores as avaliam positivamente. Mas aos poucos fica claro que não estão desenvolvendo relações próximas com amigos e adultos. Sofrem de níveis mais elevados de ansiedade crônica e são inseguras em situações sociais. No livro *The Development of the Person* (O desenvolvimento da pessoa), de L. Alan Sroufe, Byron Egeland, Elizabeth A. Carlson e W. Andrew Collins, há uma descrição de uma criança que apresenta apego evitativo ao entrar na sala de aula: "Ele caminhava em uma série de ângulos, como um veleiro mudando de direção de acordo com o vento. Por aproximação, ele acabava perto da professora; depois, virando as costas, esperava até que ela o contatasse."[9]

Adultos que apresentam apego evitativo tendem a não se lembrar muito da infância.[10] Podem descrever sua infância em termos gerais, mas pouca coisa foi poderosa o suficiente para se alojar na memória. Têm problemas frequentes em desenvolver compromissos íntimos. Podem ser excelentes em discussões lógicas, mas reagem com desconforto profundo quando a conversa se encaminha para as emoções, ou quando pedem que se revelem. Passam seus dias dentro de uma extensão emocional estreita e ficam mais calmos quando a sós. De acordo com o trabalho feito por Pascal Vrticka, da Universidade de Genebra, adultos que apresentaram apego evitativo mostram menos ativação nas áreas de recompensa do cérebro durante interação social.[11] São três vezes mais propensos a ser solitários aos 70 anos de idade.[12]

As crianças com padrões de apego ambivalente ou desorganizado tendem a ter pais que são inconstantes.[13] Em um minuto estão lá, no outro se foram. Podem ser exageradamente intrusos em um momento e depois friamente distantes. Os filhos têm dificuldade em desenvolver modelos consistentes de trabalho. Sentem uma necessidade simultânea de correr ao encontro da mãe e do pai e de correr na direção oposta.[14] Quando são colocados no topo de um declive assustador, ainda bem jovens, como aos 12 meses de idade, eles não buscam ajuda em suas mães, como bebês seguros fazem. Desviam o olhar delas.[15]

Mais tarde, essas crianças têm mais medo que outras.[16] Têm mais propensão a perceber ameaças e dificuldade de controlar seus impulsos. Esses tipos de estresse podem ter influências a longo prazo. Meninas que crescem em um lar sem pai tendem a menstruar cedo, mesmo depois de controlar outros fatores. Tendem, no geral, a ser mais promíscuas na adolescência.[17] As crianças com padrões desorganizados de apego tendem a ter maiores índices de psicopatologia aos 17 anos de idade.[18] As com lares desorganizados têm cérebro menor, de conexões menos densas, porque o choque traumático de sua infância retardou o desenvolvimento sináptico.[19]

Novamente, isso tudo não significa que o apego inicial determina o curso da vida. Os resultados na vida adulta não seguem os padrões de apego rigorosamente. Em parte, isso se dá porque algumas pessoas parecem ter um temperamento bastante resiliente que lhes permite superar desvantagens iniciais.[20] (Até mesmo entre as pessoas que sofrem abuso sexual quando crianças, aproximadamente 1/3 mostra poucas consequências sérias na vida adulta.) Em parte, isso se dá porque a vida é complicada. Uma criança com padrão pobre de apego com sua mãe pode encontrar um mentor ou uma tia que vai ensinar como se relacionar. Algumas crianças têm a habilidade de "usar" outras pessoas, de atrair figuras de apego mesmo se seus pais não estão fazendo o que devem. No entanto, esses apegos parentais iniciais abrem, sim, um caminho; eles promovem um modelo inconsciente de trabalho relacionado à maneira como o mundo funciona.

Vários estudos demonstraram como padrões iniciais de apego influenciam as pessoas durante o curso de suas vidas. Descobriram, por exemplo, que a Alemanha tem mais bebês evitativos do que os Estados Unidos, e que o Japão tem mais bebês ansiosos.[21] Um dos estudos mais impressionantes tem base em Minnesota e é resumido em *The Development of the Person* (O desenvolvimento da pessoa), de Sroufe, Egeland, Carlson e Collins.

Sroufe e sua equipe acompanharam 180 crianças e suas famílias por mais de três décadas. Começaram os testes cerca de três meses antes do nascimento das crianças (para avaliar as personalidades dos pais) e as observaram, mediram e testaram de maneiras incontáveis, em todos os aspectos de suas vidas e sempre com observadores múltiplos rigorosos e independentes.

O resultado desse estudo não derruba o senso comum, mas, ao contrário, o reforça de maneira impressionante. A primeira descoberta mais impactante é que a maioria das flechadas casuais fluem dos pais para os filhos. É obviamente verdade que crianças irritadiças e cheias de cólicas dificultam o apego e é mais difícil acalmá-las, e que crianças alegres facilitam o apego. Entretanto, o fator-chave é a sensibilidade parental. Pais com personalidades comunicativas e interativas tendem a produzir crianças que apresentam apego seguro. Pais com memórias de bons relacionamentos com seus próprios pais também. Pais sensíveis conseguem se apegar de maneira segura às crianças difíceis e vencer desvantagens genéticas.

Outra descoberta impactante é que as pessoas se desenvolvem coerentemente. As crianças que foram avaliadas como apegadas de forma segura no primeiro ano de vida tenderam a receber a mesma avaliação em outra idade, a não ser que algum evento horrível interferisse, como a morte de um pai ou o abuso no lar. "Em geral, nosso estudo corrobora fortemente o poder previsível da experiência da infância", escrevem os autores.[22] O cuidado inicial sensível previu a competência em toda idade subsequente.

Em terceiro lugar, os padrões de apego se correlacionaram bem com a performance na escola. Alguns pesquisadores acham que, se medirem o QI de uma criança, podem prever com facilidade em que medida vai avançar academicamente. O estudo Sroufe sugere que fatores social e emocional também são incrivelmente poderosos. Medições da segurança do apego e da sensibilidade do cuidador foram relacionadas às notas de leitura e de matemática durante os anos de escola.[23] As crianças que apresentavam apego inseguro ou evitativo eram muito mais propensas a desenvolver problemas de comportamento na escola. As que tinham cuidadores dominadores, intrusos e imprevisíveis aos 6 meses de idade eram muito mais propensas a ser desatentas e hiperativas na escola.[24]

Observando medidas de qualidade de cuidado aos 42 meses, os pesquisadores de Sroufe puderam prever, com 77% de precisão, quem largaria o ensino médio.[25] A inserção de informações sobre QI e de testes de aproveitamento não permitiu que os pesquisadores aprimorassem a precisão daquela previsão. As crianças que permaneceram na escola em geral sabiam como construir relacionamentos com seus professores e colegas. Aos 19 anos de idade, reportaram ter pelo menos um professor "especial" que estava "do lado delas". Aquelas que largaram a escola não sabiam como construir relações com adultos. A maioria reportou que não tinha um professor especial e "muitas delas olhavam para o entrevistador como se uma pergunta incompreensível tivesse sido feita".[26]

Padrões de apego na primeira infância também ajudaram a prever a qualidade (porém não a quantidade) de outras relações mais tarde, especialmente relações amorosas. Predizem com firmeza se a criança vai se tornar um líder na escola. Predizem níveis de autoconfiança adolescente, envolvimento social e competência social.

Crianças também tendem a replicar o comportamento de seus pais quando elas mesmas têm filhos. Quarenta por cento dos pais que sofreram abuso quando jovens abusaram de seus próprios filhos, ao passo que todas as mães, com exceção de uma, com histórias de cuidados compreensivos forneceram cuidados adequados para suas próprias crianças.[27]

Sroufe e sua equipe observaram crianças com seus pais, enquanto brincavam, e tentaram resolver alguns enigmas. Depois, passados vinte anos, observaram seus sujeitos de pesquisa, agora pais, brincando com seus próprios filhos. Às vezes, os resultados eram estranhamente parecidos, como descreveram em um dos casos:

> Quando Ellis busca a ajuda da mãe ao se debater com um problema, ela rola os olhos para cima e ri.[28] Quando ele finalmente consegue resolver o problema, sua mãe diz: "Está vendo como você foi teimoso." Duas décadas depois, conforme Ellis observa seu filho Carl se debater com o mesmo problema, ele se distancia da criança, rindo e balançando a cabeça. Depois ele zomba do menino fingindo erguer o doce para fora da caixa e deixando-o cair quando a criança vem pegá-lo. No final, ele tem de resolver o

problema para Carl e diz: "Você não fez isso, eu fiz. Você não é tão esperto quanto eu."

A complexidade da vida

Se fosse perguntado a Harold, quando adulto, qual estilo de apego seus pais estabeleceram, ele teria respondido que foi o apego seguro. Ele se lembrava das férias felizes e dos laços com a mãe e o pai. E é verdade; na maior parte do tempo os pais estavam sintonizados com suas necessidades e Harold desenvolveu modelos seguros. Harold se tornou um rapaz aberto e confiante. Sabendo que havia sido amado no passado, presumiu que seria amado no futuro. Tinha uma fome tremenda por interação social. Quando as coisas davam errado, quando caía em um de seus estados de espírito de autodepreciação, ele não se retraía (muito) nem se descontrolava (muito). Apoiava-se em outras pessoas e esperava que fossem lhe receber em suas vidas e ajudá-lo a resolver seus problemas. Falava com os outros e pedia ajuda. Entrava em novos ambientes confiante de que conseguiria fazer amigos.

Mas a vida real nunca pode ser completamente reduzida a uma tipologia. Harold também sofria de certos terrores e sentia certas necessidades que seus pais nunca conseguiram compreender. Eles simplesmente não tinham experiência com algumas das coisas pelas quais ele estava passando. Era como se tivesse uma camada espiritual escondida que eles não tinham, terrores que não conseguiam entender e aspirações das quais não conseguiam compartilhar.

Quando Harold tinha 7 anos de idade, começou a temer os sábados. Acordava pela manhã ciente de que seus pais sairiam naquela noite, como quase sempre faziam. Com o passar das horas, dizia para si mesmo que não devia chorar quando fossem embora. Rezava a Deus durante a tarde: "Por favor, Deus, não me deixe chorar. Por favor, não me deixe chorar."

Ficava no jardim olhando as formigas ou em seu quarto brincando, mas pensamentos de apocalipse nunca estavam afastados. Sabia que os pais deviam sair à noite e que os meninos deviam aceitar isso bravamente e sem chorar. Mas sabia que era uma regra que não conseguia obedecer, por mais desesperadamente que tentasse. Semana após semana, se derramava em lágrimas e corria na direção deles quando fechavam a porta e saíam. Durante anos, babás o agarravam e lutavam e se esforçavam para segurá-lo.

Seus pais lhe diziam que fosse destemido e corajoso. Ele conhecia e aceitava o código que devia seguir, e tinha conhecimento extenso sobre sua própria desgraça. O mundo era dividido entre meninos que não choravam quando os pais saíam e ele, sozinho — que não conseguia fazer o que devia.

Rob e Julia tentaram várias estratégias para evitar esses colapsos. Lembravam que ele ia para a escola todo dia sem nenhum medo ou ansiedade. Mas isso não abrandou a certeza que Harold tinha de que ia chorar e errar mesmo que quisesse desesperadamente acertar.

Certa tarde, Rob pegou Harold se esgueirando furtivamente pela casa, acendendo todas as luzes e fechando todas as portas de armários. "Você fica com medo quando saímos?", perguntou ele. É claro que Harold disse "não", querendo dizer "sim". Rob decidiu levá-lo em um pequeno passeio pela casa para mostrar que não havia nada o que temer. Entraram em todos os cômodos e Rob mostrou que estavam vazios. Rob viu os pequenos cômodos vazios como prova inquestionável de que tudo era seguro. Harold viu as grandes câmaras desabitadas como prova inquestionável de que alguma força maligna pairava ali. "Viu? Não há nada com o que se preocupar" disse Rob. Harold entendeu que esse era o tipo de coisa que adultos dizem quando olham para algo realmente aterrorizante. Consentiu com melancolia.

Julia se sentou com ele para uma conversa e disse que queria que ele fosse valente. Ele estava perdendo a mão nessas cenas de sábado, disse ela. E isso levou a um daqueles mal-entendidos cômicos que são bordados no tecido da infância. Harold nunca tinha ouvido falar na expressão "perder a mão", e por alguma razão ele imaginou que sua punição por chorar seria que eles cortariam suas mãos. Imaginou um homem alto e magro de casaco cumprido e cabelo desarrumado com pernas como pernas de pau entrando depressa com tesouras enormes. Algumas semanas antes, ele havia decidido — de novo, por razões confusas que só uma criança pode ter — que chorava quando seus pais saíam porque ele comia muito rápido. E agora ia perder as mãos. Pensou em sangue jorrando de seus punhos. Pensou em tentar jantar com dois cotocos e se ainda conseguiria comer rápido demais. Tudo isso estava passando na cabeça dele enquanto Julia conversava pacientemente, e ele assegurou para ela que não choraria. Como um assessor de imprensa, ele sabia que havia uma posição oficial que ele devia repetir em público. Por dentro, tinha certeza de que choraria.

À tarde, ele escutaria o secador de cabelo da mãe — um sinal de que o fim estava próximo. Uma panela solitária de água fervia no fogão para o macarrão com queijo que ele comeria sozinho. A babá chegou.

Rob e Julia colocaram seus casacos e seguiram para a porta. Harold ficou no corredor. O choro em si começou como uma série de pequenos tremores em seu peito e estômago. Depois, ele sentiu o torso movendo ao tentar ficar parado. A pressão das lágrimas se acumulou nos olhos e ele fingiu que não eram visíveis ao sentir o nariz coçar e o queixo tremer. Aí suas vísceras se libertaram. Ele entrou em convulsões pelo choro, lágrimas respingando no chão sem que ele tentasse escondê-las ou limpá-las. Dessa vez não moveu os pés ou correu para eles. Apenas ficou sozinho no corredor tremendo de medo com seus pais à porta e a babá atrás dele.

"Eu sou mau. Eu sou mau", pensou ele. Sua vergonha cresceu e o tomou por inteiro. Ele era o menino que chora. E no meio da agitação entendeu a causalidade de maneira errada. Parecia que seus pais estavam saindo porque ele estava chorando.

Alguns minutos após a saída dos pais, Harold pegou a coberta de sua cama, cercou-se de seus animais de pelúcia e construiu uma fortaleza ao seu redor. Crianças projetam almas dentro de seus animais de pelúcia preferidos e comungam com eles da forma como adultos fazem com ícones religiosos. Anos depois, ele se lembraria de uma infância feliz, mas ela estava entrelaçada com separações dolorosas, confusões, equívocos, traumas e mistérios. É por isso que todas as biografias são inadequadas; nunca conseguem capturar as correntes internas. É por isso que o autoconhecimento é limitado. Apenas algumas pessoas notáveis conseguem sentir a maneira como a experiência inicial construiu modelos no cérebro. Mais tarde, construímos ficções e teorias para esconder o mistério do que está acontecendo lá dentro, mas na infância o teor inexplicável do mundo ainda é vívido e novo, e às vezes eclode com força aterrorizante.

CAPÍTULO 6

APRENDENDO

Crianças populares, bonitas e atléticas são alvo de abuso incansável. Quando ainda jovens e impressionáveis, são forçadas a entrar em uma dieta de fábulas sobre patinhos feios com as quais não conseguem se identificar. São obrigadas a aturar filmes intermináveis da Disney que lhes dizem que a verdadeira beleza está no interior. No ensino médio, os professores mais interessantes preferem os alunos inteligentes que são considerados ambiciosos por ressentimentos sociais e que nas noites de sábado têm tempo de ficar em casa e de se interessarem por Miles Davis ou Lou Reed, agradando adultos. Depois da formatura, os populares e bonitos têm poucos modelos a seguir a não ser o homem que apresenta a previsão do tempo ou apresentadores de game-shows, ao passo que os nerds podem emular um número de magnatas modernos, de Bill Gates a Sergey Brin.* Conforme está escrito, os últimos serão os primeiros e os *geeks* vão herdar a Terra.**

E no entanto Harold, sempre alegre, lidou com o peso da sua aparência adolescente e da popularidade de forma leve. Teve seu pico de crescimento cedo e foi um astro nas brincadeiras de criança durante o final do ensino fundamental. As outras crianças o alcançaram em tamanho e o superaram em habilidade, mas ele ainda jogava com uma

---

* Cofundador do Google. (N. da T.)

** Refere-se ao livro *The geeks shall inherit the Earth* (Os *geeks* vão herdar a Terra), de Alexandra Robbins. (N. da T.)

confiança que inspirava deferência e respeito. Juntos, ele e seus amigos de cintura fina e ombros quadrados eram notáveis por sua habilidade de produzir barulho. O som radiava por seus poros. Eles se cumprimentavam de maneira explosiva pelos corredores da escola. Se havia uma garrafa de água à mão, faziam um jogo exuberante de arremesso no refeitório e todo mundo tinha de se curvar quando a garrafa passava zunindo. Trocavam piadas sobre boquete com as meninas bonitas, o que transformava professores do sexo masculino em espectadores excitados e reduzia os segundanistas a poças de veneração voyeurística. Tinham orgulho delicioso do fato, nunca expressado mas entendido universalmente, de que eram os reis da escola.

As relações de Harold com seus amigos envolviam máximo contato corporal e mínimo contato visual. Estavam sempre lutando, empurrando ou então fazendo pequenas competições que demandavam destreza. Às vezes, parecia que amizades inteiras naquele grupo eram construídas em torno de usos cômicos da palavra "escroto", e eram desbocados da mesma maneira com as amigas. Harold saiu com uma série de meninas bonitas — sucessivamente, no final das contas, do Egito, do Irã, da Itália e de uma antiga família protestante* da Inglaterra. De vez em quando parecia que estava usando a série *A história da civilização*, de Will e Ariel Durant, como manual de namoro.

Ainda assim, era apreciado pelos adultos. Com os amigos era sempre "E aí! Retardado!", mas, em companhia dos pais e de adultos educados, usava uma linguagem e um grupo de maneirismos baseados na pretensão de que nunca havia passado pela puberdade. Ao contrário de vários adolescentes, conseguia ser sensível e polissilábico e, às vezes, parecia sinceramente tocado pelo espírito escolar de conscientização sobre o aquecimento global, tão querida pelos professores e orientadores.

A escola de Harold era estruturada como um cérebro. Havia uma função executiva — nesse caso, o diretor e o resto dos administradores — que operava sob a ilusão de que comandava a escola. Mas no fundo, no meio dos armários e nos corredores, acontecia o trabalho

* No original: "a WASP family from England". WASP: White Anglo-Saxon Protestant (protestante branco anglo-saxão). (N. da T.)

real do organismo — a troca de bilhetes, saliva, paixões, rejeições, amizades, rixas e fofocas. Havia cerca de mil alunos e, portanto, aproximadamente mil vezes mil relacionamentos, a substância real da vida do ensino médio.

As pessoas em seus escritórios de luxo acreditavam que a escola existia para cumprir algum processo socialmente produtivo de transmissão de informação — geralmente envolvendo projetos de ciência em cartazes. Mas na realidade, é claro, o ensino médio é uma máquina de ordenação social. O objetivo dessa fase escolar é dar aos jovens um senso de onde se encaixam na estrutura social.

Em 1954, Muzafer Sherif conduziu um famoso experimento sociocientífico.[1] Reuniu um grupo homogêneo de 22 alunos de Oklahoma e os levou a um acampamento no parque estadual Robbers Cave. Dividiu os meninos de 11 anos de idade em dois grupos, que se autonomearam os Cascavéis e os Águias. Depois de uma semana separados, o grupo de pesquisa organizou uma série de jogos competitivos entre os dois grupos. Os problemas começaram imediatamente. Os Cascavéis colocaram sua bandeira na barreira do campo de beisebol "deles". Os Águias a arrancaram e a queimaram.

Depois de uma partida de cabo de guerra, os Cascavéis atacaram as cabanas dos Águias, destruíram sua propriedade e roubaram algumas roupas. Os Águias se armaram com paus e destruíram a unidade dos Cascavéis. Quando retornaram, prepararam-se para a retaliação inevitável. Colocaram pedras em meias para que pudessem acertar seus inimigos no rosto.

Os dois grupos desenvolveram culturas opostas. Os Cascavéis xingavam, então os Águias baniram o xingamento. Os Cascavéis posavam de durões, então os Águias organizaram sessões de orações. O experimento sugeriu o que dezenas de outros posteriormente confirmaram: pessoas têm tendência a formar grupos, mesmo com base nas características mais arbitrárias imagináveis, e quando os grupos são adjacentes, vai emergir fricção.

Na escola de Harold, ninguém colocava pedras em meias. Lá, a vida era dominada por uma luta universal por admiração. Os alunos se dividiam nos inevitáveis grupinhos, e cada grupo tinha seu próprio padrão invisível de comportamento. A fofoca era usada para propagar informação sobre como cada pessoa em um grupo devia se comportar e para conferir aprovação social àqueles que violavam as regras. A fofoca é a forma como grupos estabelecem normas sociais.[2] A pessoa que a espalha ganha status e poder demonstrando seu conhecimento superior das normas. A pessoa que ouve recebe informação valiosa sobre como não se comportar no futuro.

A princípio, a preocupação primária de Harold era ser um bom membro desse grupinho. A vida social absorveu suas energias mais intensas. O medo da exclusão foi sua fonte primária de ansiedade. Entender as regras movediças do grupo era seu desafio cognitivo mais exigente.

Os alunos ficariam exaustos se forçados a passar o dia inteiro no meio da intensidade social do refeitório e do corredor. Felizmente, as autoridades da escola também programavam períodos inativos, chamados de aulas, durante os quais alunos podiam descansar as mentes e dar um tempo das pressões da categorização social. Alunos entendem corretamente, apesar de adultos parecerem não entender, que a socialização é a coisa mais exigente em termos intelectuais e mais importante em termos morais que vão fazer no ensino médio.

O prefeito

Certo dia na hora do almoço, Harold parou para dar uma olhada no refeitório da escola. O ensino médio acabaria em breve, e ele queria absorver essa cena. Ao redor, observou as estruturas primordiais da vida escolar. Alunos em particular iam e vinham, mas a geografia do refeitório era para sempre. Desde tempos imemoriais, a Realeza da escola, o grupo ao qual agora pertencia, sentava-se à mesa no centro do salão. Os alunos de Honra sentavam-se à janela; as Meninas Dramáticas, à porta, com os Jovens Roqueiros Espinhentos passeando esperançosamente por ali. Os Falsos Hippies tendiam a ficar à estante de troféus; os Normais, nas mesas perto dos murais de anúncios, logo à direita de uma mistura de grupos menos favorecidos: os Brigadistas da Maconha e os Brutamontes Pacíficos — os alunos ásio-americanos que fingiam não fazer seu dever de casa.

Harold era amigo de Facebook de duas ou três pessoas em cada um desses grupos, pois sua qualidade gregária fazia dele uma espécie de embaixador desde a Nação Atlética até o resto da escola, e ele passava boa parte de seu período de almoço no refeitório trocando cumprimentos ao longe e em todas as direções. No começo do ensino médio, andava com quem quer que estivesse por perto. Depois, ficou firmemente ligado ao seu grupinho. No terceiro ano, no entanto, encontrou-se livre dele, tanto por tédio com os mesmos amigos de sempre, quanto porque estava se tornando seguro o suficiente com sua própria identidade para vaguear e curtir pessoas de todos os tipos.

Dava praticamente para ver sua mudança de postura conforme perambulava pelo refeitório, cruzando de uma vizinhança cognitiva a outra e sendo incluído no dialeto de cada grupo e nos seus rituais sociais. Assumia o estado de espírito da ansiedade quando estava com as alunas de Honra, que eram prostitutas extracurriculares que sempre tinham de estar em algum outro lugar. Colocava os braços em volta da cintura do líder dos alunos negros e fazia o tipo de piada racista que deixa todo adulto tenso, mas com a qual os alunos parecem não se importar. Os calouros atletas, que tinham de almoçar no chão perto dos armários, ficavam tímidos perto dele, e consequentemente ele era gentil. As meninas de olhos pintados, que cultivavam uma parede defensora feita de desdém hostil, de fato pareciam ficar alegres, pelo menos uma vez.

"O verdadeiro grande homem é aquele que faz com que todos os homens se sintam grandes", escreveu o autor britânico G. K. Chesterton. Harold distribuía uma pequena gota de bom ânimo onde quer que chegasse. Se houvesse um grupo de adolescentes sentados em círculo, cabeças baixas enquanto silenciosamente passavam bilhetes uns para os outros pela mesa, e de repente Harold aparecesse das alturas, todos olhariam para cima, radiantes. "E aí, prefeito!", berra um deles de maneira jocosa antes de Harold continuar seu caminho. Ele havia desenvolvido uma reputação para esse tipo de angariação de votos de refeitório.

O senso social

Harold tinha a habilidade de examinar uma sala e automaticamente captar centenas de pequenas dinâmicas sociais. Todos nós temos uma determinada maneira de examinar um mar de rostos. Por exemplo, o olhar fixo da maioria de nós vai pairar em uma pessoa ruiva em qualquer multidão, porque somos naturalmente atraídos pelo incomum. A maioria das pessoas vai presumir que quem tem olhos grandes e bochechas fofas é mais fraco e mais submisso do que é.[3] (Talvez em compensação, soldados com rostos infantis na Primeira Guerra Mundial e na Guerra da Coreia tinham muito mais propensão a receber condecoração do que soldados com feições menos finas.)

Harold conseguia intuir quais grupos permitiam o uso de drogas e quais não permitiam. Sabia dizer quais grupos iriam tolerar que escutassem música country no meio deles e os que iriam considerar isso motivo para exclusão simbólica. Sabia dizer, em cada grupo, com quantos meninos uma menina era capaz de sair por ano sem ser considerada uma vagabunda. Em alguns, o número era três; em outros, sete.

A maioria das pessoas deduz automaticamente que os grupos aos quais não pertencem são mais homogêneos do que os outros.[4] Harold conseguia enxergar os grupos por dentro. Quando ele se sentava com, digamos, os jovens da Simulação das Nações Unidas conseguia não apenas se ver com um bando de crânios, mas adivinhar qual deles queria emigrar do quadrante *geek* para o quadrante de Honra/Atletismo. Conseguia perceber quem era o líder de qualquer grupo, quem era o piadista e quem cumpria os papéis de apaziguador, fanfarrão, organizador e membro da plateia modesto.

Conseguia discernir quem tinha qual papel em qualquer trio feminino. Como observou o romancista Frank Portman, o trio é a unidade natural da amizade feminina no ensino médio.[5] Menina 1 é a gostosa; Menina 2 é sua companheira; e Menina 3 é a menos atraente, o objeto da condescendência carinhosa das outras duas. Por certo tempo, Meninas 1 e 2 vão ajudar Menina 3 com maquiagem e roupas e tentar aproximá-la de um dos amigos menos atraentes de seu namorado. Porém, mais cedo ou mais tarde, Meninas 1 e 2 vão deixar claro o quão mais gostosas do que Menina 3 elas são, e a amargura subsequente delas em relação à outra vai ficar cada vez mais óbvia até que finalmente expulsem Menina 3 e a substituam por uma nova. As Meninas 3 nunca têm consciência de classe suficiente para formar um grupo, conjugar seus poderes e descartar o jugo de sua opressão.

Harold tinha uma consciência social impressionante. E, ainda assim, quando vagueou pelo corredor e entrou na sala de aula, uma pequena mudança veio a ele. Harold se sentia perfeitamente sob controle no corredor. Seu talento não parecia resultar em talento acadêmico. Contudo, de alguma maneira, não conseguia obter tal maestria em sala com o material de leitura. E, de fato, as partes do cérebro que usamos para cognição social são diferentes das partes que usamos para pensar sobre objetos, abstrações e outros tipos de fatos.[6] Pessoas com síndrome de Williams têm habilidades sociais impressionantes, mas são severamente incapazes quando lidam com outras tarefas. A pesquisa de David van Rooy sugere que não mais de 5% da perceptividade emocional de uma pessoa pode ser explicada pelo tipo de inteligência cognitiva geral que traçamos com uma medição de QI.[7]

Sentado na sala de aula, esperando que a aula começasse, Harold perdia o senso de comando que possuía no corredor. Olhava para os crânios na frente da sala e decidia que não era um deles. Conseguia tirar de 7,5 a 8,5 e dizer coisas produtivas nas discussões de sala, mas raramente eram suas as respostas que faziam os professores irradiarem. Em algum momento, Harold concluiu que conseguia se sair decentemente bem na escola, mas que não era inteligente, apesar de que se lhe fosse perguntado o que significa ser inteligente, ele não conseguiria dar uma resposta precisa.

Tesão pela professora

Harold se ajeitou na cadeira na aula de inglês. Verdade seja dita, estava meio apaixonado pela professora, o que era constrangedor porque ela não fazia seu tipo.

A srta. Taylor ressentia os atletas de sua própria escola. Foi mais o tipo artista sensível nos anos da adolescência. Formou sua identidade adulta de acordo com a regra do oposto no ensino médio, de Tom Wolfe. Essa regra diz que, no ensino médio, todos nos encaixamos em círculos sociais e nos tornamos intensamente conscientes de quais tipos de personalidade são nossos aliados sociais e quais são nossos opostos sociais. A personalidade adulta — incluindo visões políticas

— é para sempre definida em oposição aos inimigos naturais da pessoa no ensino médio.

A srta. Taylor estava, portanto, destinada para sempre a ficar no campo da sensibilidade artística e oposta ao campo da assertividade atlética. Estava na área do observador distante e oposta ao campo do energético irracional. Estava na área do mais-emocional-que-tu em vez de no campo do mais-popular-que-tu. Isso significava que estava quase sempre primorosamente afinada com suas emoções superiores, e também significava, infelizmente, que se não estivesse passando por nenhum drama emocional interessante em um dia qualquer, teria de inventar um.

No começo da maioridade, passou por suas fases de Alanis Morissette, Jewel e Sarah McLachlan. Participava de passeatas e reciclava e se unia aos boicotes dos virtuosos. Podiam contar com ela para ser ranzinza em grandes eventos — formaturas, casamentos, semana de formatura* na praia — de uma maneira que a destacasse das hordas festeiras da juventude imatura. Escrevia recados vergonhosamente sentimentais nos anuários das pessoas e, de maneira impressionante, encontrou seu caminho até Hermann Hesse e Carlos Castaneda, mesmo que ninguém de sua idade já tivesse ouvido falar neles. Era uma espécie de prodígio quando se tratava de ficar consternada.

No entanto, ela cresceu. Fumou na faculdade, o que lhe permitiu fazer alguma coisa impassível e cínica. Também teve seus anos de *Teach for America*.** Durante esse período, viu o que é ser realmente ferrado, e isso a tornou menos enamorada por suas próprias crises.

Quando Harold a conheceu, estava perto dos 30 e ensinava inglês. Ela escutava Feist, Yael Naïm e Arcade Fire. Lia Dave Eggers e Jonathan Franzen. Era viciada em higienizador de mão e Coca Zero. Usava o cabelo bem longo e bem natural para mostrar que não estava na carreira de entrevistas de trabalho ou de advogada associada. Amava cachecóis

---

* No original, *senior week*, semana dos alunos sênior. Evento tradicional em alguns estados do nordeste dos Estados Unidos, no qual alunos prestes a terminar o ensino médio passam uma semana juntos em uma praia. (N. da T.)

** Programa de recrutamento de universitários para lecionarem em comunidades carentes. (N. da T.)

e escrevia cartas com letra cursiva. Decorava suas paredes, até mesmo acima de sua mesa em casa, com máximas didáticas, em sua maioria nos moldes da observação de Richard Livingstone: "Normalmente se pensa no fracasso moral como resultado da fraqueza de caráter: ele é muito mais resultado de um ideal inadequado."

Ela podia ter virado uma pessoa normal se não tivesse sido submetida ao currículo de inglês do ensino médio. Uma coisa é ter de ler, durante alguns anos da vida de uma pessoa, *Uma ilha de paz*, *O apanhador no campo de centeio*, *Ratos e homens*, *As bruxas de Salém*, *A cor púrpura*, *A letra escarlate*, *O Sol é para todos*. Outra coisa é ter de ensinar esses livros, semestre após semestre, dia após dia, ano após ano. Não se sai disso ilesa.

Eles a seduziram e ganharam acesso à sua mente. E logo ela se tornou uma casamenteira. Decidiu que seu papel na vida era olhar fundo nas almas de seus alunos, diagnosticar o desejo central e depois unir essa pessoa à obra literária de pretensões intelectuais medianas que mudaria sua vida. Parava seus alunos no corredor, depositava um livro em suas mãos e, com voz trêmula, dizia: "Você não está só!"

Nunca havia ocorrido a esse alunos que estavam sós. Porém, a srta. Taylor, talvez generalizando de forma exagerada a partir de sua própria vida, deduziu que por trás de toda animadora de torcida, por trás de todo membro de banda, por trás de todo estudioso de mérito havia uma vida de desespero silencioso.

Portanto, ela oferecia livros como forma de salvação. Enxergava os livros como uma maneira de escapar do isolamento e de se sentir em comunhão com Os Que Sentem. "Este livro salvou minha vida", dizia aos seus alunos, um por um, em sussurros apressados depois da aula. Ela os convidava para a igreja dos que são redimidos pelas listas de leitura do ensino médio. Ela os fazia lembrar que quando os momentos são obscuros, quando o sofrimento é insuportável, ainda há Holden Caulfield para trilhar esse caminho com você.

Depois, se regozijava. Seus olhos se enchiam. Seu coração era tocado. Às vezes, só olhar para ela nesse estado meloso era o suficiente para causar diabete em um adulto normal. Mas havia um outro fato sobre a srta. Taylor que era inegável. Era uma ótima professora. Sua carência emocional era toda direcionada à tarefa de alcançar adolescentes, e nesse assunto sutileza e reticência não têm lugar. Todas as qualidades sentimentais que a faziam ser difícil de aguentar em companhia adulta a faziam ser um astro na escola.

Seu método

A srta. Taylor era uma daquelas professoras que entendem que escolas são estruturadas com base em uma visão falsa dos seres humanos. São estruturadas na pressuposição de que alunos são tábulas rasas a serem preenchidos com informação.

Não conseguia esquecer o fato de que as outras pessoas são mais estranhas e mais complexas do que jamais podemos imaginar. Ensinava para adolescentes, então os cérebros de seus alunos estavam passando por um período de tumulto que é quase como uma segunda infância. Com o começo da puberdade, humanos entram em um período de poda sináptica impiedosa. Como resultado desse tumulto, as capacidades mentais dos adolescentes não evoluem em uma linha reta. Em alguns estudos, indivíduos de 14 anos de idade são menos hábeis em reconhecer as emoções de outras pessoas do que indivíduos de 9 anos de idade.[8] Leva-se mais alguns anos de crescimento e estabilidade antes de finalmente alcançarem seus antigos eus.

Depois, é claro, há os furacões hormonais. As glândulas pituitárias em suas alunas estão se debatendo para ganhar vida.[9] Assim como na primeira infância, o estrogênio está inundando seus cérebros. Esse dilúvio produz um salto repentino tanto em habilidades de pensamento crítico quando em sensibilidade emocional. Alguns adolescentes de repente ficam sensíveis à luz e ao escuro. Seus estados de espírito e percepções mudam de minuto a minuto, dependendo dos surtos hormonais.

Nas primeiras duas semanas do ciclo menstrual de uma adolescente, por exemplo, níveis de estrogênio em explosão tornam o cérebro excitado e alerta.[10] Depois, nas semanas finais, uma onda de progesterona seda a atividade do cérebro. Você pode dizer a uma adolescente que seu jeans tem o cós muito baixo, escreve Louann Brizendine, e em um dia ela vai ignorar. "Mas surpreenda-a no dia errado do ciclo e o que ela escuta é você chamando-a de vadia ou dizendo que está muito gorda para aquele jeans. Mesmo que você não tenha dito ou sugerido isso, é como seu cérebro interpreta o comentário."

Como resultado dos surtos hormonais, meninos e meninas começam a reagir de maneira diferente ao estresse.[11] Elas reagem mais ao estresse do relacionamento, e eles, com dez vezes mais testosterona bombeando em seus corpos, reagem a atentados ao seu status. Ambos têm a tendência de enlouquecerem nos períodos mais estranhos. Em outros momentos, podem ser incrivelmente desajeitados. A srta. Taylor se perguntava por que seus alunos eram, no geral, incapazes de sorrir naturalmente em frente a uma câmera. Incomodados pela insegurança, vestiam esses meios-sorrisos desconfortáveis que faziam com que parecessem que estavam indo ao banheiro.

Sua percepção geral era a de que, enquanto está tentando ensinar inglês, cada menino na turma está pensando secretamente sobre masturbação. Cada menina em sua turma está secretamente se sentindo sozinha e isolada.

A srta. Taylor olhava para o mar de rostos na turma. Tinha de lembrar a si mesma que aquelas expressões plácidas e entediadas eram enganadoras. Havia caos interno. Quando coloca uma informação na frente de um aluno, o cérebro dele não apenas a absorve de uma maneira facilmente compreensível. Como escreve John Medina, o processo é mais "como um liquidificador ligado sem a tampa.[12] A informação é literalmente dilacerada em pedaços distintos quando entra no cérebro e é jogada em todas as partes internas da nossa mente". "Não exagere na organização de seus pensamentos", dizia ela para si. O máximo que podia esperar era mesclar padrões antigos já existentes com padrões novos provenientes daquilo que estava tentando ensinar. Enquanto jovem professora, ela encontrou um livro chamado *Peixe é peixe*.[13] É sobre um peixe que se torna amigo de um sapo. O peixe pede ao sapo que descreva as criaturas que existem na terra. O sapo descreve, mas o peixe não consegue realmente apreender o que o sapo está dizendo. Para pessoas, o peixe imagina peixes que andam sobre rabatanas. Para pássaros, o peixe imagina peixes com asas. Vacas são peixes que têm tetas. Os alunos da srta. Taylor eram assim. Tinham modelos, impostos por sua experiência, que os faziam criar suas próprias construções de tudo que ela dizia.

Não pensem que os métodos que os adolescentes usam para pensar hoje são os mesmos que usarão amanhã. Alguns pesquisadores costumavam acreditar que as pessoas tinham estilos diferentes de aprendizado — algumas são lado direito do cérebro e outras são lado esquerdo; algumas são auditivas e outras são aprendizes visuais. Não há quase nenhuma evidência crível que defenda essa visão. Em vez disso, todos nós oscilamos de um a outro dentre modelos diferentes, dependendo do contexto.

A srta. Taylor, é claro, queria passar conhecimento, o tipo de coisa que aparece nos testes. Mas dentro de semanas, os alunos acabam esquecendo 90% do conhecimento que aprendem na aula. A única razão para ser um professor é fazer mais do que passar fatos; é moldar a maneira como os alunos percebem o mundo, ajudá-los a absorver as regras de uma disciplina. Os professores que fazem isso são lembrados.

Ela fazia mais do que ensinar, ela os transformava em aprendizes.[14] Um aprendizado muito mais inconsciente acontece por meio da imitação. Ela exibia uma forma de pensar sobre um problema e depois esperava que seus alunos participassem com ela.

Ela os forçava a cometer erros. A dor de entender da maneira errada e o esforço necessário para superar o erro cria uma experiência emocional que ajuda a gravar coisas na mente.

A srta. Taylor tentava fazer com que os alunos interrogassem suas próprias opiniões inconscientes. Tomar decisões, acreditava ela, não é como construir uma parede. É mais um processo de descobrir a ideia que já existe inconscientemente. Ela queria que experimentassem fantasias intelectuais novas para ver qual ficava melhor.

Também os forçava a trabalhar. Apesar de todo seu sentimentalismo, não acreditava na noção de que alunos deviam apenas seguir sua curiosidade natural. Passava deveres de casa que não queriam fazer. Aplicava testes com frequência, sentindo de maneira intuitiva que o ato de reter conhecimento para um teste fortalece as redes relevantes no cérebro. Cobrava para valer dos alunos. Estava disposta a ser odiada.

O objetivo da srta. Taylor era transformar seus alunos em autodidatas. Almejava dar-lhes uma amostra do prazer emocional e sensual que a descoberta traz — o choque de prazer que acontece quando você trabalha muito, sofre um pouco e depois alguma coisa estala. Almejava que seus alunos ficassem viciados nesse processo. Eles se tornariam, graças a ela, professores de si mesmos para o resto de seus dias. Era com essa grandiosidade que a srta. Taylor concebia seu ofício.

A caça

Harold achou a srta. Taylor tola nas primeiras semanas e depois inesquecível para todo o sempre. O momento mais importante do relacionamento deles se deu em uma tarde quando Harold estava indo da aula de educação física para o almoço. A srta. Taylor esteve espiando no corredor, camuflada em seus tons de terra encostada nos armários. Avistou sua presa se aproximando em velocidade normal. Por alguns segundos, ela o seguiu com uma calma e paciência profissionais, e depois, por um segundo, quando os grupos do corredor se dividiram e Harold ficou vulnerável e sozinho, ela atacou. Colocou um volume fino na mão de Harold. "Isso vai elevá-lo à grandeza!", dramatizou ela, e logo em seguida foi embora. Harold olhou para baixo. Era uma cópia usada de um livro chamado *The Greek Way* (A maneira grega), de uma mulher chamada Edith Hamilton.

Harold se lembraria daquele momento para sempre. Mais tarde, aprenderia que *The Greek Way* tem uma reputação manchada entre os classicistas, mas no ensino médio ele o introduziu a um novo mundo. Era um mundo alienígena, porém familiar. Na Grécia clássica, Harold encontrou um mundo de combate, competição, equipes e glória. Ao contrário de seu próprio mundo, encontrou um no qual a coragem estava entre as virtudes mais elevadas, a raiva de um guerreiro podia impulsionar a história e as pessoas pareciam viver audaciosamente. Havia pouca coisa em torno de Harold que o ajudavam a adquirir sua própria masculinidade, mas a Grécia clássica lhe forneceu uma linguagem e um conjunto de regras.

O livro de Edith Hamilton também o apresentou a uma sensação que não havia experimentado antes, a de estar conectado a alguma coisa ancestral e profunda. Hamilton cita uma passagem de Ésquilo: "Deus, cuja lei é tal que aquele que aprende deve sofrer. E mesmo em nosso sono, a dor que não se esquece cai gota a gota sobre o coração, e apesar de nós mesmos, contra nossa vontade, vem a sabedoria a nós pela terrível graça de Deus."[15] Harold não entendeu a passagem completamente, mas sentiu que, de alguma maneira, ela carregava um peso impressionante.

Ele deu continuidade ao livro de Hamilton com outros, lendo por conta própria em busca daquela sensação de conectar-se com algo místico através dos tempos. Sempre estudou e foi atento como um estudante profissional para entrar no tipo de universidade que ficaria orgulhoso de mencionar nas festas. Porém, começou a ler sobre a Grécia de forma diferente, com um anseio romântico de descobrir alguma coisa verdadeira e importante. Viu filmes sobre a vida na Grécia Antiga (a maioria ruim), como *300* e *Troia*. Da maneira típica de um aluno do ensino médio, ele mergulhou em Homero, Sófocles e Heródoto.

A srta. Taylor observava tudo isso com atenção exuberante, e um dia eles se encontraram no intervalo para traçar um plano de estudo.

Começou, é claro, sob luzes fluorescentes, em uma sala de aula normal, quando ela e Harold se sentaram às mesas ligeiramente pequenas para suas pernas. Harold havia decidido, ou sido persuadido, a fazer seu trabalho final do ensino médio em algum aspecto ainda indeterminado da vida na Grécia Antiga, e a srta. Taylor ia ser sua orientadora. Sendo assim, Harold ficou sentado escutando enquanto a professora falava com animação sobre o projeto adiante. Seu entusiasmo era contagioso. Era divertido falar com ela em particular. Estudos de aquisição de língua descobriram que a maneira mais rápida de se aprender vem do ensino face a face. O aprendizado mais lento vem das fitas de vídeo ou de áudio. Além disso, havia alguma coisa fascinante em ter uma mulher mais velha inteligente e atraente falando sobre um mistério de intenso interesse para ele.

Na teoria da srta. Taylor sobre Harold, ele era um menino popular e atlético do ensino médio que também mostrava lampejos de idealismo. Notou isso nas discussões de aula — um desejo por exaltação, um desejo por fazer parte de algo mais elevado do que a vida normal. A srta. Taylor deu aquele livro de Hamilton para Harold, porque os gregos antigos oferecem aos meninos uma visão de grandiosidade que parecia inspirá-los. Quando se encontraram, ela sugeriu que Harold escrevesse o trabalho final ligando a vida na Grécia Antiga a alguns aspectos da vida no ensino médio. A srta. Taylor era grande partidária da ideia de que a criatividade vem quando dois campos díspares se encontram em uma mente, como duas galáxias fundindo-se no espaço. Era grande adepta da noção de que todo mundo devia ter duas carreiras, duas perspectivas de olhar para o mundo, cada uma fornecendo percepções sobre a outra. Em seu caso, era professora de dia e, com menos sucesso mas não menos importante, cantora e letrista à noite.

Primeiro passo

O primeiro estágio do projeto de Harold seria a aquisição de conhecimento. A srta. Taylor pediu que ele continuasse a ler livros sobre a vida grega e que trouxesse para ela uma lista de cinco livros que leu. Ela não forneceu um currículo organizado; queria que ele encontrasse esses livros da forma que adultos os encontram quando se interessam por um assunto, pesquisando na Amazon e na livraria — por indicação e por acaso. Queria que ele obtivesse informação de diferentes tipos de livros e diferentes tipos de autores para que seu inconsciente trabalhasse ativamente para juntar tudo.

No primeiro estágio, não importava se a pesquisa de Harold era um pouco diletante. Benjamin Bloom descobriu que o ensino não precisa ser brilhante imediatamente: "O efeito dessa primeira fase do aprendizado parecia ser o de deixar o aprendiz envolvido, cativado, interessado, e o de fazer com que o aprendiz precisasse, e quisesse, de mais informação e perícia."[16] Contanto que Harold ficasse curioso e desfrutasse sua busca, estaria desenvolvendo uma sensibilidade para a vida grega, um certo nível básico de conhecimento sobre como os atenienses e os espartanos viviam, lutavam e pensavam. Esse conhecimento concreto serviria como o gancho sobre o qual todo o ensinamento subsequente se prenderia.

O conhecimento humano não é como uma informação armazenada nos bancos de memória de um computador. Um computador não se aprimora em lembrar as coisas conforme seu banco de dados se torna mais repleto. O conhecimento humano, por outro lado, é faminto e vivo. As pessoas com conhecimento sobre um tópico tornam-se mais rápidas e melhores em adquirir mais conhecimento e em lembrar o que aprendem.

Em um experimento, pediram que alunos do terceiro ano e da faculdade memorizassem uma lista de personagens de quadrinhos. Os alunos do terceiro ano lembraram melhor, porque eram mais familiarizados com o assunto. Em outro experimento, pediram que um grupo de pessoas de 8 a 12 anos de idade classificadas como tendo aprendizado lento e um grupo de adultos com inteligência normal se lembrassem de uma lista de artistas populares. Novamente, os aprendizes mais novos e "mais lentos" se saíram bem melhor.[17] Seu conhecimento de base aprimorou a performance.

A srta. Taylor estava ajudando Harold a estabelecer algum conhecimento de base. Harold lia sobre os gregos sempre que podia. Em casa. No ônibus. Depois do jantar. Isso fazia diferença. Muitas pessoas acreditam que deveríamos estipular um lugar específico para fazer leituras, mas um grande corpo de pesquisa mostra que as pessoas retêm informação melhor quando alternam de ambiente para ambiente. Os cenários diferentes estimulam a mente e criam teias de memória mais densas.

Depois de algumas semanas, ele voltou com cinco livros que tinha lido — histórias populares das batalhas de Maratona e das Termópilas, uma biografia de Péricles, uma tradução moderna da *Odisseia* e um livro comparando Atenas a Esparta. Esses livros, quer queira ou não, forneceram uma imagem da vida, dos valores e do mundo da Grécia Antiga.

Segundo passo

Na segunda sessão, a srta. Taylor elogiou Harold pelo trabalho árduo. A pesquisadora Carol Dweck descobriu que quando você elogia um aluno por ter trabalhado arduamente, reforça sua identidade como uma alma diligente.[18] Um aluno nesse estado de espírito está disposto a aceitar tarefas desafiadoras e a perceber erros como parte do processo de trabalho. Por outro lado, quando você elogia um aluno por ser inteligente, passa a impressão de que o êxito é um traço inato. Alunos nesse estado de espírito querem continuar a parecer que são inteligentes. São menos propensos a tentar coisas desafiadoras, porque não querem cometer erros e parecer que são burros.

Depois, a srta. Taylor mandou Harold voltar e examinar tudo o que tinha lido até ali, começando com o livro de Edith Hamilton, que foi sua primeira entrada na vida grega. A srta. Taylor queria que Harold automatizasse seu conhecimento. O cérebro humano é construído para pegar o conhecimento consciente e transformá-lo em conhecimento inconsciente. A primeira vez que você dirige um carro, tem de pensar sobre cada movimento. Mas depois de alguns meses, ou anos, o ato de dirigir é realizado quase automaticamente. Aprender consiste em tomar coisas que são estranhas e não naturais, como a leitura e a álgebra, e absorvê-las de maneira tão constante que se tornam automáticas. Isso liberta a mente consciente para que trabalhe em novas coisas. Alfred North Whitehead viu esse processo de aprendizado como um princípio do progresso: "A civilização avança por meio da ampliação do número de operações que podemos realizar sem que pensemos nelas."[19]

O automatismo é alcançado por meio da repetição. A primeira jornada de Harold pelos livros gregos pode tê-lo introduzido ao assunto, mas na segunda, na terceira e na quarta jornadas, ele começaria a fixá-lo profundamente. A srta. Taylor havia dito para seus alunos cem vezes que é muito melhor dar uma pequena olhada na matéria repetidas vezes por cinco noites consecutivas do que acumular tudo em uma longa sessão na noite anterior a um teste. (Não importava quantas vezes ela repetisse, essa era uma lição que seus alunos pareciam nunca automatizar.)

A srta. Taylor queria que Harold entrasse no melhor ritmo de aprendizagem. Uma criança em um quarto de brinquedos entende instintivamente como explorar. Começa com mamãe e depois se aventura em busca de novos brinquedos. Volta à mamãe para segurança e depois repete a aventura. Aí volta à mamãe e sai novamente para explorar.

O mesmo princípio se aplica ao aprendizado no ensino médio e depois. É um processo que Richard Ogle, autor de *Smart World* (Mundo inteligente), chama de abrangência e reciprocidade.[20] Comece com o conhecimento de base em um campo depois aventure-se e aprenda algo novo. Depois retorne e reintegre o dado novo ao que você já sabe. Depois, aventure-se de novo. Depois retorne. Vá e volte. Repetidas vezes. Conforme argumenta Ogle, muita reciprocidade e você acaba em uma rotina insular. Muita abrangência e seus esforços ficam dispersos e infrutíferos. A srta. Taylor queria colocar Harold nesse ritmo de expansão e integração.

Harold resmungou quando ela mandou que lesse tudo de novo. Achou que fosse ficar completamente entediado voltando e lendo os mesmos livros que já havia terminado. Ficou surpreso ao descobrir que na segunda vez eles eram livros diferentes. Percebeu pontos e argumentos inteiramente distintos. As frases que ele havia sublinhado pareciam extremamente supérfluas agora, ao passo que as que ele havia ignorado antes pareciam cruciais. As notas que havia escrito para si nas margens dos livros agora pareciam embaraçosamente simplórias. Ou ele havia mudado, ou os livros.

O que aconteceu, é claro, é que, conforme ele lia mais, reorganizava inconscientemente a informação em seu cérebro. Graças a uma série de conexões internas, novos aspectos do assunto pareceram importantes, e aspectos antigos, que um dia pareceram fascinantes, agora pareciam mundanos. Ele havia começado a habitar o conhecimento de maneira diferente e a vê-lo de um novo jeito. Ele havia começado a desenvolver especialização sobre o tema.

Harold não era um especialista de verdade em história da Grécia Antiga, é claro, nem estava pronto para seus exames em Oxford. Contudo, havia cruzado a faixa branca da especialidade. Passou a ver que o aprendizado não é inteiramente linear. Há certos momentos de ruptura nos quais você começa a pensar e a ver o campo de forma diferente.

A maneira mais fácil de entender isso é examinar a perícia que grandes mestres do xadrez possuem. Em um exercício, uma série de jogadores altamente habilidosos e uma série de não jogadores foram expostos a vários tabuleiros de xadrez por aproximadamente cinco a dez segundos cada. Em cada tabuleiro, vinte a 25 peças foram arrumadas como se fosse em um jogo de verdade. Pediu-se mais tarde que os participantes se lembrassem das posições no tabuleiro. Os grandes mestres conseguiam se lembrar de todas as peças em todos os tabuleiros.[21] Os jogadores comuns se lembraram de cerca de quatro ou cinco peças por tabuleiro.

Não é que os grandes mestres fossem simplesmente muito mais inteligentes que os outros. O QI não é, surpreendentemente, um grande previsor da performance no xadrez.[22] Também não é verdade que os grandes mestres possuem memória incrível. Quando o mesmo exercício foi repetido de uma maneira que não se relacionava a nenhuma situação de jogo, os grandes mestres não tinham memória melhor do que ninguém.[23]

Não, a verdadeira razão de os grandes mestres conseguirem lembrar os tabuleiros de jogo tão bem é que, depois de muitos anos de estudo, eles viam os tabuleiros de maneira diferente. Quando jogadores comuns viam os tabuleiros, viam grupos de peças individuais. Quando os mestres olhavam os tabuleiros, viam formações. Em vez de ver um bando de letras em uma página, viam palavras, parágrafos e histórias. Uma história é mais fácil de lembrar do que um bando de letras individuais. Perícia tem a ver com formar conexões internas de modo que pequenos pedaços de informação se tornem maiores e mais conectados. O aprendizado não tem a ver apenas com acumular fatos. Tem a ver com internalizar as relações entre pedaços de informações.

Cada campo tem sua própria estrutura, seu próprio esquema de grandes ideias, princípios organizadores e padrões recorrentes — em suma, seu próprio paradigma. Um especialista absorve essa estrutura e tem um conhecimento tácito de como operar dentro dela. Economistas pensam como economistas. Advogados pensam como advogados. Primeiro, o especialista decide entrar em um campo de estudo, mas logo o campo entra nele. A linha do crânio, a suposta barreira entre ele e o objeto de sua análise, se desfaz.

O resultado é que o especialista não pensa mais sobre um assunto, pensa menos. Não tem de computar os efeitos de uma gama de possibilidades porque tem perícia de domínio, antecipa a maneira como as coisas vão se encaixar.

Terceiro passo

O terceiro passo da srta. Taylor foi ajudar a trazer o conhecimento tácito de Harold sobre a vida grega à superfície. Depois das semanas de leitura, e depois de mais semanas de releitura, ela pediu que ele fizesse um diário. Nele, Harold descreveria tanto seus pensamentos sobre a vida grega quanto seu próprio tempo no ensino médio. Ela pediu que deixasse sua mente correr livre, que deixasse seus pensamentos borbulharem e emergirem desde o inconsciente e que não se preocupasse por enquanto com o que estava escrevendo ou se estaria bom.

Sua regra básica era que um aluno devia ter 75% de um trabalho pronto antes de se sentar para escrevê-lo. Antes de a composição começar, devia haver um grande período de gestação, quando enxerga o material de maneiras e em estados de espírito diferentes. Devia dar à mente tempo para conectar as coisas de maneiras diversas. Devia pensar sobre outras coisas e permitir que percepções brotassem em sua cabeça. O cérebro na verdade não precisa de muito impulso consciente para fazer isso. Ele é uma tremenda máquina de previsão, está sempre e automaticamente tentando construir padrões a partir de informações. Um telefone transmite apenas 10% dos tons de uma voz, e ainda assim, a partir disso, qualquer criança pode construir facilmente uma representação da pessoa no outro lado da linha.[24] É isso que o cérebro faz com facilidade e destreza.

A srta. Taylor queria que Harold escrevesse um diário porque queria que ele retivesse o conhecimento que estava enterrado no interior da maneira mais tranquila possível. Queria que ele entrasse em um devaneio e convertesse as intuições que havia desenvolvido em linguagem. Era uma seguidora tenaz do ditado de Jonah Lehrer, que diz "Você sabe mais do que sabe".[25] Queria dar para ele um exercício que lhe permitiria vaguear pelo problema de uma forma que pudesse parecer aleatória e não econômica, pois a mente é frequentemente mais produtiva quando está mais despreocupada.

Harold guardaria aquele diário para o resto de sua vida, apesar de estar sempre tentado a queimá-lo porque não queria que seus descendentes vissem suas consternadas divagações adolescentes. Primeiro, escrevia apenas uma palavra no centro da página e depois rabiscava ideias ou pensamentos que surgiam na cabeça em um aglomerado em volta dela, e às vezes um pensamento periférico viraria o centro de seu próprio aglomerado.

Escreveu bastante sobre as paixões dos heróis gregos. Comparou a raiva de Aquiles à sua própria em várias situações, e em seu conto ele saía como o personagem um pouco mais heroico dos dois. Escreveu bastante sobre coragem e copiou a passagem que Edith Hamilton escreveu sobre Aquiles: "A vida para ele era uma aventura, de fato perigosa, mas os homens não são feitos para paraísos seguros."[26]

Escreveu sobre orgulho, copiando a própria passagem de Ésquilo: "Toda arrogância ceifará uma safra rica em lágrimas. Deus convoca os homens a uma pesada prestação de contas por uma soberba presunçosa."[27] Tendia a ser o herói de suas próprias histórias, sentindo mais e vendo melhor do que seus amigos de classe. Porém, quando estava em seus melhores dias, as passagens gregas realmente o elevavam e davam um senso de conexão profunda com uma era há muito passada e homens e mulheres há muito mortos. "Faço coisas honráveis serem agradáveis para crianças", vangloriou-se um professor espartano, e esse contato com a excelência inspirou Harold. Ele vivenciou um sentimento de êxtase histórico em determinada noite lendo e escrevendo um registro no diário sobre a oração fúnebre de Péricles. Começou a compartilhar do sentimento grego de dignidade e significância da vida. Começou também, principalmente nas últimas passagens do diário, a fazer julgamentos e conexões. Escreveu uma passagem sobre a diferença entre o guerreiro Aquiles e o sutil Odisseu. Começou a notar as maneiras como ele era diferente dos gregos. Havia passagens desconfortáveis em que eles pareciam carecer de toda simpatia. Eram ótimos em expressar as virtudes competitivas — como buscar a glória —, mas não eram tão bons quando se tratava de virtudes de compaixão — como estender a mão solidária aos que estão sofrendo ou têm necessidade. Pareciam carecer de uma consciência da generosidade, do amor de Deus até mesmo para aqueles que não o mereciam.

Depois de algumas semanas, a srta. Taylor pediu para ver o diário de Harold. Ele ficou relutante em compartilhá-lo porque muitos pensamentos pessoais encontraram seu caminho ali. Com um professor homem nunca teria se permitido essa vulnerabilidade. Mas confiava nela, e certo fim de semana a deixou levar o diário para casa.

Ela ficou surpresa com sua qualidade quase esquizofrênica. Às vezes, Harold escrevia com uma voz solene aos moldes de Gibbon.* Em

---

* Eduard Gibbon, historiador iluminista inglês, autor de *Declínio e queda do império romano* (Companhia das Letras, São Paulo, 2003), publicado entre 1776 e 1788. (N. da T.)

certos momentos, escrevia como uma criança. Às vezes era cínico, às vezes, literário e às vezes, científico. "A mente gira", escreveu Robert Ornstein.[28] "Ela gira de condição a condição, da emergência à tranquilidade, da alegria à preocupação. Conforme gira por entre estados diferentes, seleciona os vários componentes da mente que operam naquele estado."

Não parecia haver um Harold representado nesse diário, mas dezenas deles, e a srta. Taylor não sabia ao certo qual encontraria ao virar a página. A Faculdade de Educação não a havia preparado para a multiplicidade dentro da mente de um único aluno. "Como dar aula em uma sala de Sybils",* perguntou-se a srta. Taylor, "que estão se esfacelando e se reformando a cada momento diante de você?". Ainda assim, estava emocionada. Isso acontecia apenas uma vez de tantos em tantos anos — ter um aluno que agarra sua sugestão e dá um salto tão grande para a frente.

Quarto passo

Depois de algumas semanas, a srta. Taylor decidiu que Harold estava pronto para ir para o quarto e último estágio do exercício. Os melhores aprendizes levam tempo para codificar informação antes de começar a trabalhar em seus projetos. E agora Harold havia passado meses codificando e recodificando informação. Era hora de criar um argumento e levar tudo a um propósito.

Harold desenhou uma figura chamada "Péricles na formatura" em um de seus registros no diário. Mostrava um rapaz vestindo uma toga no meio de jovens de ternos e becas. A srta. Taylor sugeriu que ele usasse isso como título de seu trabalho. Ela notou que o diário de Harold parecia alternar entre passagens sobre seus estudos da Grécia e passagens sobre sua vida no ensino médio. No entanto, a criatividade consiste em mesclar duas redes discordantes de conhecimento. Ela queria que ele integrasse seus pensamentos sobre a Grécia aos seus pensamentos sobre si próprio.

Harold se sentou em casa com seus livros e páginas do diário espalhados no chão e na cama à sua frente. Como transformar aquilo tudo

---

* *Sybil* é um livro escrito pela norte-americana Flora Rheta Schreiber, que trata de um dos casos mais famoso de personalidade múltipla já registrado.

em um trabalho de 12 páginas? Leu, com um pouco de vergonha, alguns registros antigos do diário. Mergulhou em alguns de seus livros. Nada estava se formando. Mandou mensagens para amigos. Jogou algumas partidas de paciência. Entrou no Facebook. Mergulhou novamente em alguns de seus velhos livros. Ficou se interrompendo e começando de novo. Uma pessoa que é interrompida enquanto realiza uma tarefa leva 50% mais tempo para completá-la e comete 50% mais erros.[29] O cérebro não realiza bem várias tarefas ao mesmo tempo. Precisa entrar em um fluxo coerente, com uma rede de disparos levando coerentemente à próxima.

O problema era que Harold não estava comandando a informação. Ela estava comandando ele. Ele estava pulando de um fato a outro, mas não encontrava um esquema geral com o qual pudesse organizá-los. Em menor escala, estava temporariamente como Solomon Shereshevskii, o jornalista russo nascido em 1886, que conseguia se lembrar de tudo. Em um experimento, pesquisadores mostraram para Shereshevskii uma fórmula complexa de trinta letras e números em um pedaço de papel.[30] Depois, colocaram o papel em uma caixa e a selaram por quinze anos. Quando tiraram o papel, Shereshevskii conseguiu se lembrar da fórmula exatamente.

Shereshevskii era capaz de lembrar mas não de elaborar. Vivia em uma nevasca aleatória de fatos, mas não conseguia organizá-los em padrões repetidos. A certa altura, não conseguia nem compreender metáforas, símiles, poemas ou até frases complexas.

Em menor escala, Harold estava no meio daquele tipo de impasse. Tinha um certo paradigma que usava quando pensava sobre o ensino médio. Tinha outro paradigma que usava quando pensava sobre os gregos. Contudo, não estavam se engrenando. Ele não tinha nenhum argumento de base para seu trabalho. Sendo um menino comum de 17 anos de idade, ele desistiu, não ia mais tentar naquela noite.

Na noite seguinte, desligou o telefone e fechou o navegador de internet. Resolveu focar a atenção, exilar-se do nevoeiro de informação usual da vida conectada ao mundo cibernético e fazer alguma coisa.

Em vez de começar com sua própria escrita, ele retornou à oração fúnebre de Péricles em *História da guerra do Peloponeso*. A vantagem de ler autores clássicos é que são mais propensos a deixar sua mente acelerada, e de todas as coisas que Harold leu, aquele discurso foi o que mais disparou sua imaginação. Em uma passagem, por exemplo, Péricles celebrava a cultura ateniense: "Cultivamos o refinamento sem extravagância, e o conhecimento sem efeminação; empregamos a riqueza mais para o uso do que para exibição e situamos a desgraça real da pobreza não no reconhecimento do fato, mas na recusa de combatê-la."[31]

Harold estava convidativo e animado. Não era nem tanto a substância, mas as cadências altivas e o tom heroico. O espírito do discurso entrou em sua mente e seu estado de espírito mudou. Ele começou a pensar sobre heroísmo, sobre homens e mulheres alcançando glória imortal por meio de valor, dedicando suas vidas a serviço da nação. Péricles celebrou excelência e ofereceu modelos para imitação.

Harold começou a pensar nos diferentes tipos de heróis gregos sobre os quais havia lido: Aquiles, o furioso da guerra; Odisseu, o líder astuto que busca retornar para sua esposa e família; Leônidas, que entregou a vida nas Termópilas; Temístocles, que salvou seu país por meio de falsidade e manipulação; Sócrates, que deu a vida pela verdade; e Péricles, um cavalheiro e estadista.

Durante as próximas horas, Harold pensou sobre esses diferentes sabores de grandiosidade. Intuiu que em algum lugar a chave de seu trabalho estava na comparação dos estilos deles ou na descoberta de algum traço em comum. De alguma maneira, sua mente inconsciente estava lhe dizendo que estava no caminho certo. Teve aquela sensação que temos quando uma resposta está na ponta da língua.

Pela primeira vez desde que começou o estágio de escrita, sua atenção estava verdadeiramente concentrada na tarefa em questão. Debruçou-se em seus livros e registros de diário novamente, procurando por exemplos de diferentes tipos de heroísmo. Estava possuído pelo que Steven Johnson chama de "palpite lento". Tinha uma sensação vaga, difícil de explicar, de que estava indo na direção correta, mas levaria muitas delongas e muitos movimentos circulares até que a solução brotasse em sua mente.

Estamos sempre cercados de pedaços diferentes de informações concorrendo por atenção. Mas em seu estado excitado, Harold calou tudo o que não tinha a ver com ideias gregas de heroísmo. Músicas que poderiam tê-lo atordoado de repente ficaram mudas. Sons e cores desapareceram. Os cientistas chamam isso de "fase preparatória". Quando o cérebro está devotando atenção séria a uma coisa, então outras áreas, como o córtex visual e as regiões sensoriais, ficam escurecidas.

No decorrer das próximas uma ou duas horas, Harold se esforçou. Procurou por uma maneira de escrever um trabalho sobre heroísmo, tanto na Grécia quanto na vida contemporânea. Seu foco havia se afunilado, mas ele ainda não tinha um argumento. Então analisou seus livros e registros de diário novamente para ver se algum propósito ou argumento lhe saltava aos olhos.

Era um trabalho árduo e frustrante, como empurrar uma série de portas e esperar que uma se abra. Ainda assim nenhum dos padrões que surgiram na cabeça de Harold restringiram seus pensamentos. Começou a escrever notas para si. Tinha uma ideia, depois via um pedaço de papel e percebia que já havia tido a mesma ideia algumas horas antes e já havia se esquecido dela. A fim de compensar as limitações de sua memória de curto prazo, começou a organizar suas notas e registros de diário em pilhas no chão. Tinha esperança de que esse processo de misturar suas notas traria alguma coerência. Colocou notas sobre coragem em uma pilha e notas sobre sabedoria na outra, mas com o passar do tempo as pilhas começaram a parecer arbitrárias. Estava soltando sua imaginação. Às vezes, uma resposta parecia pender apenas a alguns milímetros de seu alcance. Ele seguia um palpite, um sinal sutil das regiões mentais abaixo da consciência. No entanto, ainda não tinha um conceito geral. Harold tinha abrangências, mas nenhuma reciprocidade. Estava cansado e num impasse.

Mais uma vez, ele parou o que estava fazendo e foi para a cama. Acabou sendo a coisa mais inteligente que podia ter feito. Há uma controvérsia entre cientistas sobre o que o sono realiza, mas vários pesquisadores acreditam que, durante o sono, o cérebro consolida memórias, organiza as coisas que foram aprendidas naquele dia e reforça as mudanças que foram introduzidas pelas atividades do dia anterior. O cientista alemão Jan Born deu a um grupo de pessoas uma série de problemas de matemática e pediu que descobrissem a regra necessária para resolvê-los.[32] As pessoas que dormiram por oito horas entre as sessões de trabalho foram duas vezes mais propensas a resolver os problemas do que aquelas que trabalharam sem parar. A pesquisa de Robert Stickgold e outros sugeriu que o sono melhora a memória em pelo menos 15%.[33]

Harold ficou deitado na cama depois de sua noite de sono vendo a luz do sol cintilar nas copas das árvores fora da janela. Sua mente vagou, pensando sobre seu dia, seu trabalho, seus amigos e uma série aleatória de outras coisas. Nesses tipos de estados matinais, o hemisfério direito das pessoas estão excepcionalmente ativos.[34] Isso significa que a mente dele vagou por domínios remotos, e não de modo firmemente focado em uma coisa. Seu estado mental estava frouxo e casual. Então algo aconteceu.

Se cientistas nesse momento tivessem o cérebro dele conectado a fios, teriam percebido um salto nas ondas alfa emanando do hemisfério direito. Joy Bhattacharya, da Universidade de Londres, descobriu que essas ondas saltam cerca de oito segundos antes de a pessoa ter um estalo para resolver um enigma. Um segundo antes de um estalo, de acordo com Mark Jung-Beeman e John Kounios, a área que processa informação visual se escurece, impedindo a distração.[35] Três milhões de milissegundos antes do estalo há um pico de ritmo gama, a frequência mais alta produzida pelo cérebro. Há uma erupção de atividade no lobo temporal direito, logo acima da orelha direita. Essa é uma área, argumentam Jung-Beeman e Kounios, que une pedaços de informações vindas de áreas radicalmente diferentes do cérebro.

Harold vivenciou uma explosão de ideia, seu momento "eureca!". Alguma coisa grandiosa havia acabado de estourar de dentro dele. Seus olhos se arregalaram. Sentiu uma explosão de êxtase intensa e instantânea. Sim, é isso! Sua mente pulou através de algum vazio inexplorado e integrou seu pensamento de uma nova forma. Ele soube em um instante que havia resolvido o problema, que tinha um tema para seu trabalho, antes mesmo de poder dizer qual era a solução. Padrões que não se encaixaram de repente pareciam se encaixar. Era mais uma sensação do que um pensamento, um sentimento quase de contato religioso.[36] Como escreveu Robert Burton em seu livro *On Being Certain* (Sobre estar certo): "Os sentimentos de *saber*, *estar correto*, *convicção* e *certeza* não são conclusões deliberadas e escolhas conscientes. São sensações mentais que *acontecem* conosco."[37]

Seu estalo central envolvia motivação. Por que Aquiles arriscou a vida? Por que os homens nas Termópilas deram as suas? O que Péricles buscava para si e para Atenas? O que Harold procura para si na escola? Por que ele quer que seu time ganhe os campeonatos estaduais?

A resposta para todas essas perguntas é uma palavra grega com a qual havia se deparado em suas leituras: *thumos*. Em toda a vida, Harold esteve cercado de pessoas com um grupo de motivações aprovadas socialmente: ganhar dinheiro, tirar boas notas, entrar em uma boa universidade. Mas nada disso explicava realmente por que Harold fazia o que fazia ou por que os heróis gregos faziam o que faziam.

Os gregos antigos tinham uma estrutura motivacional diferente. *Thumos* era o desejo por reconhecimento, o desejo de que as pessoas reconheçam sua existência, não apenas agora mas para sempre. *Thumos* incluía o desejo pela chama eterna — atrair e merecer admiração de uma maneira que era mais profunda do que o mero reconhecimento. A cultura de Harold não tinha exatamente uma palavra para esse desejo, mas essa palavra grega ajudava a explicar Harold para si mesmo.

Por toda a vida, na sua imaginação Harold era um jogador. Havia se imaginado como um menino vencendo a série mundial de beisebol, dando o passe perfeito, protegendo seus professores preferidos do perigo mortal. E em cada fantasia, seu triunfo era testemunhado com delírio por família, amigos e pelo mundo ao seu redor. Esse fantasiar, em sua maneira infantil, era o produto do *thumos*, do desejo por reconhecimento e união, que sustentava as outras vontades de ter dinheiro e sucesso.

O mundo do *thumos* era mais heroico do que o mundo burguês e ambicioso que Harold via ao seu redor. No mundo moderno no qual vivia, a suposição comum é que todos os seres humanos são conectados no nível mais inicial e mais baixo. Todos os seres humanos são descendentes de ancestrais comuns e compartilham certos traços primitivos. Mas os gregos tendiam a pressupor o oposto, que os seres humanos eram unidos no nível mais alto: há certas essências ideais, e quanto mais perto uma pessoa chega de tomar posse da excelência eterna, mais perto fica dessa humanidade comum. *Thumos* é a motivação para erguer-se a essas alturas. É o sonho do sucesso perfeito, quando tudo que há de melhor dentro de uma pessoa se mescla a tudo que é eterno no universo em perfeita sincronia.

O estalo de Harold consistia em pegar o vocabulário da motivação grega — *thumos*, *arete*, Eros — e aplicá-lo à sua vida. Harold estava realmente combinando dois espaços de ideia, tornando o mundo grego mais compreensível para ele e seu próprio mundo mais heroico.

Começou a fazer anotações furiosamente, anotações que usaria no trabalho, descrevendo como a motivação do *thumos*, essa motivação por reconhecimento, explicava todos os tipos de comportamento no ensino médio. Fez conexões que nunca havia feito e combinou antigas informações de novas maneiras. De vez em quando, sentia como se o trabalho estivesse se escrevendo sozinho. As palavras simplesmente jorravam dele de forma espontânea. Quando estava imerso na tarefa, sentiu quase como se não existisse. Apenas a tarefa existia, e ela estava acontecendo com ele, e não por causa dele.

Editar e polir o trabalho também não foi fácil, mas ele conseguiu. A srta. Taylor ficou satisfeita com o produto. Era um pouco inflamado demais em alguns lugares, e havia partes dolorosamente sérias. Contudo, o êxtase de Harold aparecia em cada parágrafo. O processo de escrever esse trabalho lhe ensinou como pensar. Sua ideia forneceu uma nova forma de entender a si próprio e a seu mundo.

Presentes de grego

A srta. Taylor guiou Harold por um método que o fez surfar para dentro e para fora de sua inconsciência, fazendo com que processos conscientes e inconscientes trabalhassem juntos — controlando o conhecimento de base, deixando esse conhecimento se temperar de forma divertida em sua mente, tentando intencionalmente impor-lhe ordem, permitindo que a mente consolidasse e mesclasse a informação, retornando até que algum estalo mágico brotasse em sua consciência, e depois levando esse estalo a um produto final. O processo não foi fácil, mas cada grama de esforço e cada momento de frustração e luta impulsionaram a construção interna do projeto mais um passo à frente. No final, ele estava vendo o mundo ao seu redor de um jeito novo. Havia, como observou o matemático Henri Poincaré, "um parentesco insuspeitado... entre fatos há muito conhecidos, porém creditados de forma errada como estranhos entre si".[38] Harold não tinha mais de aplicar qualidades como *thumos* ao mundo em torno de si; elas simplesmente se tornaram categorias automáticas em sua mente, a maneira como percebia novas situações.

Quando estava no jardim de infância e no primeiro ano, Harold lutou para aprender a ler, mas depois conseguiu naturalmente. De repente, ler não era mais uma questão de juntar palavras; podia se concentrar nos significados. No último ano do ensino médio, ele havia internalizado algum pensamento grego de maneira similar, e agora podia aplicá-lo automaticamente à sua vida momento a momento.

Podia ir para a faculdade e se sentaria nas aulas, como requerido, mas entendia que essas aulas seriam apenas o primeiro estágio para seu aprendizado. Teria de passar noites escrevendo pensamentos aleatórios em seu diário. Organizaria seus pensamentos no chão. Teria de se debater e lutar e depois, talvez algumas vezes na vida, enquanto tomava banho ou ia ao mercado, algum estalo viria a ele e faria toda a diferença. Esse seria seu método para escapar do aprendizado institucional passivo. Seria a maneira como construiria para si uma mente que não está presa em uma rotina herdada, mas que salta de perspectiva em perspectiva, aplicando padrões diferentes a novas situações para ver o que funciona e o que não funciona, o que vai se unir e o que não vai se unir, o que provavelmente vai emergir da confusão da realidade e o que provavelmente não vai emergir. Esse seria seu caminho para a sabedoria e o sucesso.

CAPÍTULO 7

NORMAS

ERICA, QUE PASSARIA TANTO DE SUA VIDA ENTRELAÇADA COM HAROLD, começou em um lugar muito diferente do dele. Aos 10 anos de idade, quase foi presa.

Ela e sua mãe haviam se mudado para o apartamento de uma amiga em um conjunto habitacional. A vizinhança tinha uma escola pública independente* chamada New Hope, que ficava em um prédio novo com novas cestas de basquete com redes e novos estúdios de arte. Os alunos usavam elegantes uniformes marrom e cinza. Erica estava desesperada para entrar lá.

Sua mãe a levou em uma agência da Previdência Social e esperou no corredor por mais de uma hora. Quando finalmente entraram, a assistente social disse que Erica não podia nem entrar no sorteio para ir para a escola porque não tinha residência legal no bairro.

Os assistentes sociais passavam seus dias cercados de pedidos impossíveis. Para facilitar suas vidas, desenvolveram uma maneira brusca e imperiosa de falar. Mantinham os olhos focados nos papéis e apressavam-se no atendimento dos suplicantes que transbordavam pelas portas.

---

* No original, *charter school*. Uma escola *charter* recebe dinheiro público, mas não segue todas as regras que outras escolas seguem, pois compromete-se em atingir alguns resultados específicos. O processo de admissão de alunos ocorre por meio de sorteios e de lista de espera. (N. da T.)

Falavam em jargão do governo municipal que ninguém conseguia entender e desafiar. Seu primeiro instinto era sempre dizer não.

As mães não tinham confiança em lugares como esse — em um escritório com pessoas usando trajes executivos. Na metade do tempo, não conseguiam entender o que o assistente estava falando e tinham medo de revelar que sabiam pouco sobre as regras. Colocavam uma máscara de apatia e mau humor para disfarçar o nervosismo. Na maior parte do tempo, aceitavam qualquer parecer que o assistente declarasse e iam embora. Inventavam alguma história para explicar a humilhação para seus amigos mais tarde.

A mãe de Erica estava seguindo o padrão. Haviam se mudado para aquela vizinhança três meses antes, mas a verdade é que não tinham status legal ali. Era o apartamento de uma amiga, e a mãe de Erica não queria fazer estardalhaço sobre a escola e arriscar ser despejada de seu lar. Quando a assistente continuou repetindo que ela "não tinha autorização" para entrar na escola do distrito, a mãe de Erica se levantou e se preparou para ir embora.

Erica se recusou a se mexer. Já conseguia imaginar como sua mãe ficaria no ônibus de volta para casa — xingando a assistente, cuspindo a ira que deveria ter soltado ali mesmo no escritório. Além disso, a assistente era uma vaca — mascando chiclete, olhando para elas com desdém. Mal tirou os olhos dos papéis para fazer o mínimo de contato visual. Nem tentou sorrir.

Erica segurou a cadeira com força enquanto sua mãe se levantou e caminhou para a saída. "Quero ir para a New Hope", disse com teimosia.

"Você não tem residência legal no distrito", repetiu a assistente. "Você não tem autorização."

"Quero ir para a New Hope." Erica não tinha argumento ou lógica, tinha apenas um senso furioso de que sua mãe não devia aceitar aquela merda. A mãe, agora alarmada, pediu que ela se levantasse e saísse. Erica não saía. Segurou a cadeira com mais força. A mãe a puxou. Erica não soltava. A mãe chiou com fúria branda, desesperada para evitar uma cena. Erica não se mexia. A mãe a puxou com força e a cadeira caiu com Erica ainda nela.

"Quer que eu chame os guardas?", disse a assistente. "Quer ir para o outro lado da rua?" O centro de detenção para menores ficava lá.

Erica se segurou e logo três ou quatro pessoas estavam puxando-a ao mesmo tempo, incluindo um tipo de vigia.

"Quero ir para a New Hope!"

Estava chorando agora, o rosto era uma máscara de lágrimas e raiva. Acabaram soltando-a da cadeira. O vigia gritou com ela. A mãe levou a menininha furiosa de volta para casa.

Sua mãe não brigou com ela nem falou uma palavra. Voltaram para casa em silêncio. Naquela noite, a mãe de Erica lavou seu cabelo na pia e elas conversaram docemente sobre outras coisas.

A MÃE DE ERICA, Amy, era o membro mais decadente da família. Seus pais haviam emigrado da China e todos os seus parentes estavam indo bem. Todavia, Amy sofria de longas fases recorrentes de euforia e de depressão. Quando estava para cima, tinha energia fenomenal e saía por aí fazendo o papel de minoria-modelo.* Aos 20 e poucos anos, passou vários meses em faculdades, escolas de formação ou centros de aprendizado diferentes. Treinou como técnica da área médica. Aprendeu sobre programas de computador na esperança de se tornar uma profissional de TI. Trabalhava em dois empregos e persistia com uma determinação que disse ter herdado de seus antecedentes chineses camponeses.

Nesses meses prósperos, levava Erica para o bufê livre em Golden Corral e lhe comprava roupas e sapatos novos. Tentava também comandar a vida de Erica. Dizia o que ela podia vestir e quais de seus amigos não tinha permissão para ver (a maioria deles — tinham germes). Passava a Erica exercícios extra de leitura para que pudesse "estar na frente" das outras crianças. Amy até lhe ensinou caligrafia chinesa com pincéis que tinha guardado no armário. Havia uma leveza e um ritmo nas pinceladas que Erica não sabia que sua mãe possuía. "Quando você faz caligrafia, deve pensar de uma maneira diferente", dizia sua mãe para ela. Por uns dois anos, Erica fez até aula de patinação.

Entretanto, havia os momentos para baixo. Amy ia de carrasco à nulidade em questão de dias, deixando que Erica fizesse o papel de

---

* Componentes de grupos minoritários que se destacam da média normal de seus iguais. Termo geralmente usado para se referir aos imigrantes asiáticos. (N. da T.)

mãe. Era normal encontrar garrafas de Bacardi e vinho Manischewitz, maconha e espelhos com traços de cocaína pelo apartamento. Amy não tomava banho ou colocava desodorante. Nada era feito em casa. Quando Erica era um bebê e a depressão batia, sua mãe colocava Pepsi na mamadeira só para fazê-la calar a boca. Mais tarde, dava-lhe cereal para o jantar. Passavam dias em uma dieta de mortadela do botequim da esquina. Quando tinha 9 anos de idade, Erica aprendeu a chamar um táxi para que pudesse levar a mãe à emergência por causa das palpitações — era o que dizia para todo mundo. Aprendeu a viver no escuro, porque sua mãe lacrava as janelas.

Nesses momentos, seu pai não aparecia. Ele era mexicano-americano. (A combinação genética explicava sua aparência impactante.) O pai de Erica era uma mistura — charmoso e inteligente, mas não exatamente o sr. Confiável. No lado negativo, parecia ser incapaz de apreender a realidade em sua mente. Se estava dirigindo bêbado e batia em um hidrante, inventava uma história extravagante para explicar que seu carro tinha sido atingido por um ônibus descontrolado. Para estranhos, contava versões inventadas de sua história de vida. Contava mentiras tão óbvias que até a jovem Erica conseguia perceber.

Ademais, falava constantemente sobre sua dignidade, que o impedia de aceitar qualquer trabalho que envolvesse servir os outros. Sua dignidade o fazia fugir sempre que Amy ficava dominadora. Ele desaparecia por semanas e meses e depois aparecia com fraldas Pampers, mesmo quando Erica tinha 5 ou 6 anos. Ele aparecia e desaparecia e ainda reclamava que Amy e Erica sugavam todo seu dinheiro.

Por outro lado, Erica não o odiava da maneira como algumas de suas amigas odiavam seus pais que sumiam. Quando estava por perto, era engraçado e compassivo. Ele continuou próximo dos pais, irmãos e primos e frequentemente incluía Erica em grandes reuniões familiares. Levava Erica e seus vários meios-irmãos para piqueniques e festas. Tinha muito orgulho dela, então, e contava para todo mundo o quanto era esperta. Nunca foi preso e nunca abusou dela, mas de alguma maneira nunca conseguia manter-se centrado na tarefa. Tinha entusiasmos momentâneos, mas nada nunca virava algo.

Ambos os pais de Erica eram desesperadamente apaixonados por ela. No começo, queriam se casar e construir um lar tradicional. Segundo o

Estudo sobre Famílias Frágeis,* 90% dos casais que moram juntos quando seu filho nasce planejam se casar algum dia. Mas, como é típico, os pais de Erica nunca realizaram o feito. De acordo com o Estudo Sobre Famílias Frágeis, apenas 15% dos casais solteiros que planejam se casar realmente se casam até o aniversário de primeiro ano de seu filho.[1]

Houve várias razões pelas quais eles nunca se casaram de verdade. Lidavam com muito pouca pressão social para de fato fazê-lo. Não confiavam um no outro inteiramente. Nunca podiam bancar o casamento glorioso de seus sonhos. Tinham medo de divórcio e da dor que se espalharia. Mais importante, o cinturão de transmissão cultural havia se rompido. Por pelo menos algumas décadas na vida norte-americana, foi simplesmente deduzido que casais com filhos se casariam — que isso era parte de entrar na vida adulta. Porém, de alguma maneira, esses roteiros de vida não passaram mais adiante, pelo menos em certas subculturas, portanto uma decisão que um dia foi automática e canalizada no cérebro agora requer intenção consciente. O casamento não era mais a opção-padrão. Demandava iniciativa específica. Para os pais de Erica, isso nunca aconteceu.

Qual era o status socioeconômico de Erica? Dependia do mês. Havia momentos em que a mãe era produtiva e o pai estava por perto; era quando ela vivia uma vida de classe média. Mas em outros anos, eles voltavam à pobreza e para um meio cultural diferente. Essas descidas os arremessavam de volta a bairros desorganizados. Um mês estariam morando em um bairro com famílias intactas e com pouco crime. Mas aí não conseguiam pagar o aluguel e tinham de lutar para encontrar um lugar em outro bairro, com terrenos baldios, muito crime e um leque variado de esquemas de vida que mudavam de apartamento para apartamento.

Erica se lembraria dessas cenas a vida toda — as pequenas sacolas de plástico levando as coisas, dar adeus aos confortos da classe média, ficar apertada no quarto extra de algum parente ou amigo, e depois a primeira visita abominável ao apartamento vazio decrépito em alguma vizinhança quase abandonada que seria o novo lar temporário deles.

---

* "The Fragile Families and Child Wellbeing Study" (Estudo sobre Famílias Frágeis e Criação de Filhos), Universidade de Princeton, 1998-2000. (N. da T.)

Havia menos empregos nessas novas vizinhanças. Havia menos dinheiro. Havia menos homens, porque muitos deles estavam na prisão. Havia mais crime. Todavia, não eram apenas as coisas materiais que eram diferentes. Os modos de pensar e os hábitos de comportamento também o eram.

As pessoas em bairros mais pobres queriam as mesmas coisas que todo mundo — casamentos estáveis, bons empregos, hábitos organizados. Mas viviam em um ciclo de estresse material e psicológico. A falta de dinheiro mudava a cultura, e a cultura autodestrutiva levava à falta de dinheiro. Circuitos de reação mental e material levavam a estados psicológicos distintos. Algumas pessoas nesses lugares tinham poucas aspirações ou aspiração nenhuma. Algumas haviam perdido a fé em sua habilidade de controlar seus próprios destinos. Outras tomavam decisões inexplicáveis que sabiam que teriam consequências terríveis a longo prazo, mas as tomavam de qualquer maneira.

Muitas pessoas nesses bairros estavam exaustas o tempo todo por causa do trabalho e do estresse. Muitas não tinham autoconfiança, mesmo quando faziam uma ótima encenação de que a tinham de sobra. Muitos viviam no limite, lidando com uma crise após a outra. Havia muitas histórias horrorosas. Uma menina que Erica conhecia esfaqueou e matou um colega de classe em um momento passional, efetivamente arruinando sua vida aos 15 anos de idade. Erica decidiu que nessas vizinhanças jamais podia mostrar fraqueza. Jamais podia ceder ou se comprometer. Não podia aceitar merda de ninguém.

Para lidar com a desordem, as mães organizavam redes de compartilhamento e se ajudavam com o cuidado dos filhos, comida e qualquer outra coisa. Cuidavam umas das outras dentro das redes, mas eram alienadas de quase tudo além disso — do governo, do mundo de empregos de classe média. Radiavam desconfiança — merecida em grande parte. Presumiam que todos as estavam boicotando: todo vendedor queria dar troco a menos; todo assistente social tiraria alguma coisa delas.

Em suma, cada vizinhança cognitiva tinha um grupo de regras diferentes de conduta, um grupo diferente de normas inconscientes sobre como devia-se andar, dizer oi, enxergar estranhos e ver o futuro. Erica lidou com as mudanças entre essas duas culturas distintas com calma surpreendente, pelo menos na superfície. Era como pular de um país para outro. No país da classe média, homens e mulheres viviam em esquemas relativamente estáveis, mas no país da pobreza, não. No país da classe média, as crianças eram criadas para ir para a faculdade. No país da pobreza, não.

Annette Lareau, da Universidade da Pensilvânia, é a principal estudiosa das diferentes normas culturais que prevalecem em diferentes níveis da sociedade norte-americana. Ela e seus assistentes de pesquisa passaram mais de duas décadas sentados em chãos de salas e passeando em assentos traseiros de carros, observando como famílias funcionam. Lareau descobriu que famílias de classe culta e famílias de classes mais baixas não têm estilos de cuidados paternos que estão em extremos opostos de uma mesma sequência contínua. Em vez disso, têm teorias e modelos completamente diferentes sobre como criar seus filhos.

As crianças de classe culta, como Harold, são criadas em uma atmosfera que Lareau chama de "cultivo orquestrado". Isso envolve inscrever as crianças em um grande número de atividades supervisionadas por adultos e levá-las de carro de um lugar a outro. Os pais estão profundamente envolvidos em todos os aspectos da vida de seus filhos. Fazem esforços orquestrados para prover um fluxo constante de experiências de aprendizado.

O ritmo é exaustivo. Brigas acerca de dever de casa são normais. Porém, as crianças criadas dessa forma sabem como percorrer pelo mundo de instituições organizadas. Sabem como conversar casualmente com adultos, como atuar diante de grandes plateias, como olhar as pessoas nos olhos e dar uma boa impressão. Às vezes, sabem até conectar ações a consequências.

Quando Lareau mostrou aos pais de classes mais baixas a programação que uma de suas famílias de classe culta seguia, eles ficaram horrorizados com o ritmo e o estresse. Concluíram que crianças de classes educadas deviam ser incrivelmente tristes. A educação de filhos em classes mais baixas, descobriu Lareau, é diferente. Nesses lares, a tendência é haver um limite mais despojado entre o mundo adulto e o mundo da criança. Os pais tendem a achar que as preocupações da vida adulta virão em breve e que as crianças devem organizar sozinhas o seu próprio horário de brincar. Quando uma menina que Lareau estava observando chamou a mãe para ajudá-la a construir uma casa de bonecas com caixas, a mãe disse que não, "casualmente e sem culpa" — porque a hora da brincadeira era considerada inconsequente, uma esfera de criança e não de adulto.

Lareau descobriu que crianças de classes mais baixas pareciam mais relaxadas e vibrantes. Tinham mais contato com suas famílias estendidas. Devido ao fato de seus pais não poderem levá-las de carro de uma atividade a outra, seu tempo de lazer era menos organizado. Podiam correr lá fora e brincar com qualquer grupo de crianças que achassem pela vizinhança. Eram mais inclinadas a brincar com crianças de todas as idades. Eram menos propensas a reclamar de estarem entediadas. Até pediam permissão às mães para pegar comida da geladeira. "Queixar-se, um ato disseminado nos lares de classe média, era raro nos lares de classes operárias e pobres", escreveu Lareau.[2]

A infância de Harold se encaixa na primeira categoria de Lareau. A infância de Erica era tão caótica que ela meio que oscilava entre os estilos — às vezes sua mãe demonstrava amor; às vezes não tinha mãe, apenas uma paciente de quem tinha de cuidar e tratar para que voltasse da beira do abismo.

O modo da classe mais baixa tem várias virtudes, mas não prepara as crianças tão bem para a economia moderna. Em primeiro lugar, não cultiva habilidades verbais avançadas. A linguagem, como escreveu Alva Noë, "é uma prática cultural compartilhada que só pode ser aprendida por uma pessoa que é uma no meio de muitas outras em um tipo especial de ecossistema cultural".[3] O lar de Erica, assim como os da maioria das crianças de classes operárias, era simplesmente mais silencioso. "A quantidade de fala nesses lares varia", escreveu Lareau, "mas em geral é consideravelmente menor do que nos lares de classe média".[4]

Os pais de Harold mantinham uma conversa constante quando ele estava por perto. Na casa de Erica, era mais provável que a TV estivesse ligada o tempo todo. A mãe de Erica estava simplesmente muito exausta para gastar energia em conversas de criança. Cientistas fizeram cálculos elaborados para medir a diferença entre fluxos de palavras em lares da classe média e da classe mais baixa. Um estudo clássico de Betty Hart e Todd Risley, da Universidade do Kansas, descobriu que aos 4 anos de idade, crianças criadas em famílias pobres ouviram 32 milhões de palavras a menos do que crianças criadas em famílias de classe alta.[5] A cada hora, crianças de nível elevado ouviam cerca de 487 "enunciados".[6]

Crianças crescendo em lares que recebiam ajuda do governo ouviam cerca de 178.

E não era apenas a quantidade; era o tom emocional. Harold era sempre banhado de aprovação. Cada conquista minúscula era saudada com um panegírico eufórico para suas habilidades magníficas. Erica escutava quase a mesma quantidade de frases de desencorajamento e de frases de encorajamento. Os pais de Harold o questionavam constantemente. Brincavam de trívia e entravam em duelos elaborados com zombarias. Estavam constantemente explicando para ele por que tomaram certas decisões e impunham certas restrições, e Harold se sentia livre para argumentar com eles e oferecer razões pelas quais estavam errados. Os pais de Harold também corrigiam sua gramática, de modo que quando chegou a hora de fazer testes padronizados, não teve de aprender realmente as regras da língua. Simplesmente optou por qualquer resposta que soasse melhor. Essas diferenças em ambiente verbal foram conectadas, estudo após estudo, às diferenças em medições de QI e ao êxito acadêmico.

Resumidamente, os pais de Harold não lhe deram apenas dinheiro. Passaram adiante hábitos, conhecimentos e traços cognitivos. Harold fazia parte de uma classe meritocrática hereditária que se reforça por meio de genes e do cultivo estrênuo geração após geração.

Erica não tinha a maior parte dessas vantagens invisíveis. Vivia em um mundo muito mais desorganizado. De acordo com Martha Farah, da Universidade da Pensilvânia, os níveis de hormônio do estresse são maiores em crianças pobres do que em crianças da classe média. Isso afeta uma variedade de sistemas cognitivos, incluindo memória, consciência de padrões, controle cognitivo (a habilidade de resistir a respostas óbvias mas erradas) e facilidade verbal.[7] Crianças pobres são muito menos propensas a viver com dois pais biológicos em casa. Uma pesquisa com pequenos mamíferos descobriu que animais criados sem um pai presente são mais lentos para desenvolver conexões neurais do que aqueles criados com um pai presente, e consequentemente têm menos controle de impulso.[8] Não é apenas uma carência de dinheiro e de oportunidade. A pobreza e a falta de estrutura familiar podem alterar o inconsciente — a maneira como as pessoas percebem e entendem o futuro e o seu mundo.

Os efeitos cumulativos dessas diferenças estão aí para que todos vejam. Alunos do ¼ mais pobre da população têm 8,6% de chance de conseguir um diploma de nível superior.[9] Alunos no ¼ superior têm 75% de chance de conquistar um diploma de nível superior. Como descobriu o economista vencedor do Prêmio Nobel James J. Heckman, 50% da desigualdade dos ganhos ao longo de uma vida é determinada por fatores presentes na vida da pessoa até os 18 anos de idade.[10] A maioria dessas diferenças tem a ver com habilidades inconscientes — isto é, atitudes, percepções e normas. O abismo entre elas se expande rapidamente.

Emersão

Quando Erica estava no oitavo ano — não na escola New Hope, mas em uma escola pública antiquada —, dois jovens alunos do *Teach for America* começaram um novo ensino médio público independente nas redondezas, chamado simplesmente de Academy. Seu objetivo era aproveitar os alunos que se formavam na New Hope, e tinha um éthos similar — com uniformes, disciplina e programas especiais.

Os fundadores começaram com uma teoria sobre a pobreza: não sabiam o que a causava. Deduziram que nascia de alguma mistura de perda de emprego na área de manufatura, discriminação racial, globalização, transmissão cultural, má sorte, políticas governamentais ruins e mil outros fatores. Porém, eles tinham, sim, algumas observações úteis. Não achavam que havia alguém que soubesse o que causava a pobreza. Acreditavam que era fútil tentar descobrir uma alavanca para retirar as crianças da pobreza, porque não havia uma única causa para ela. Acreditavam que se você quisesse confrontar o ciclo de pobreza entre as gerações, teria de fazer tudo de uma só vez.

Quando conceberam a Academy, prepararam uma apresentação para doadores, que depois descartaram porque quase nenhum dos doadores a compreendeu. No entanto, a premissa por trás da apresentação ainda lhes era prezada. A premissa era que a pobreza é um sistema emergente.

Ao longo de grande parte da história humana, as pessoas tentaram entender seu mundo por meio de um raciocínio redutivo. Isto é, inclinaram-se a fragmentar as coisas para ver como funcionam. Como escreveu Albert-László Barabási em seu influente *Linked*:

> O reducionismo foi a força motora por trás de grande parte da pesquisa científica do século XX. Para compreender a natureza, ele nos diz, devemos decifrar seus componentes. A suposição é a de que, uma vez que entendamos as partes, será fácil compreender o todo. Divida e conquiste; o diabo está nos detalhes. Portanto, fomos forçados durante décadas a ver o mundo por meio de seus constituintes. Fomos treinados a estudar átomos e supercordas para entender o universo; moléculas para compreender a vida; genes individuais para entender comportamentos complexos; profetas para vislumbrar as origens das modas passageiras e das religiões.[11]

Esse modo de pensar induz as pessoas a acharem que podem entender um problema dissecando-o em várias partes. Conseguem entender a personalidade de uma pessoa se simplesmente extraírem e investigarem seus traços genéticos e ambientais. Esse modo dedutivo é a especialidade da cognição consciente — o tipo de cognição que é linear e lógico.

O problema com essa abordagem é que tem dificuldade em explicar a complexidade dinâmica, a característica essencial de um ser humano, uma cultura ou uma sociedade. Então recentemente houve uma maior apreciação pela estrutura de sistemas emergentes. Eles existem quando diferentes elementos se unem e produzem alguma coisa que é maior do que a soma de suas partes. Ou, para dizer de outra forma, as partes de um sistema interagem, e de sua interação alguma coisa inteiramente nova emerge. Por exemplo, coisas benignas como ar e água se unem e, às vezes, por meio de um certo padrão de interação, surge um furacão. Sons e sílabas se unem e produzem uma história que tem um poder emocional que é irredutível às suas partes constituintes.

Sistemas emergentes não contam com um controlador central. Em vez disso, a partir do momento em que um padrão de interação é estabelecido, ele tem uma influência descendente sobre o comportamento dos componentes.

Por exemplo, digamos que uma formiga em uma colônia esbarre em uma nova fonte de comida. Nenhuma formiga ditadora tem de mandar a colônia se reorganizar para colher essa fonte. Em vez disso, uma formiga, no curso de sua busca normal por comida, esbarra nela. Aí uma formiga por perto vai perceber a mudança de direção de outra, e aí uma formiga por perto desta vai notar a mudança e, logo, como coloca Steven Johnson: "A informação local pode levar à sabedoria global."[12] A colônia inteira vai ter uma enorme estrada de feromônio para colher a nova fonte de comida. Uma mudança foi rapidamente comunicada pelo sistema, e toda a mente da colônia se reestruturou para tirar vantagem dessa nova circunstância. Não houve uma decisão consciente de fazer uma mudança. Todavia, um novo grupo de arranjos surgiu e, uma vez estabelecido o costume, futuras formigas vão conformar-se automaticamente.

Sistemas emergentes são muito bons para passar costumes adiante através de centenas ou milhares de gerações. Conforme descobriu Deborah Gordon, da Stanford, se colocarem formigas em uma grande bandeja de plástico, construirão uma colônia.[13] Vão construir também um cemitério para as formigas mortas, e ele vai ficar o mais longe possível da colônia. Vão construir também um grande depósito de lixo que vai ficar o mais longe possível tanto da colônia quanto do cemitério. Não foi uma única formiga quem montou a geometria. Na verdade, cada formiga em si pode ser cega em relação à estrutura toda. Em vez disso, cada formiga seguiu as indicações locais. Outras se ajustaram às indicações de algumas formigas, e logo a colônia inteira estabeleceu um precedente de comportamento. Uma vez que esse precedente foi estabelecido, milhares de gerações podem nascer e a sabedoria vai perdurar. Uma vez estabelecidos, os precedentes exercem sua própria força descendente.

Há sistemas emergentes em todo lugar. O cérebro é um desses sistemas. Um único neurônio no cérebro não contém uma ideia, digamos, de uma maçã. No entanto, a partir do padrão de disparo de milhares de neurônios, a ideia de uma maçã emerge. A transmissão genética é um sistema emergente. A partir da interação complexa de vários genes e ambientes diferentes, certos traços como a agressividade podem emergir.

Um casamento é um sistema emergente. Francine Klagsbrun observou que quando um casal vai para a terapia, há três pacientes na sala — o marido, a mulher e o casamento em si. O casamento é a história viva de todas as coisas que aconteceram entre marido e mulher. Uma vez que os precedentes são estabelecidos e permeiam ambos os cérebros, o casamento em si começa a moldar seus comportamentos individuais. Apesar de existir no espaço entre eles, tem uma influência própria.

Culturas são sistemas emergentes. Não há uma pessoa única que incorpora as características da cultura americana ou francesa ou chinesa. Não há um ditador determinando os padrões de comportamento que criam a cultura. Contudo, a partir das ações e dos relacionamentos de milhões de indivíduos, certas regularidades de fato aparecem. Uma vez que esses hábitos afloram, então os indivíduos futuros os adotam inconscientemente.

A pobreza, acreditavam os dois fundadores da Academy, também é um sistema emergente. As pessoas que vivem na extrema pobreza são enredadas em ecossistemas complexos que ninguém consegue ver e entender por completo.

Em 2003, Eric Turkheimer, da Universidade da Virgínia, publicou um estudo que mostrava que crescer na pobreza pode levar a um QI baixo. Os jornalistas naturalmente perguntaram para ele o que pode ser feito para estimular o desenvolvimento do QI em crianças pobres. "A resposta honesta à pergunta é que não acho que *exista* nada em particular no ambiente que seja responsável pelos efeitos da pobreza", escreveu mais tarde.[14] "Não acho que haja uma coisa sozinha em um ambiente empobrecido que seja responsável pelos efeitos deletérios da pobreza."

Turkheimer passou anos tentando encontrar quais partes do crescimento em ambiente pobre produziam os resultados mais negativos. Conseguia mostrar facilmente os resultados totais da pobreza, mas quando tentava medir o impacto de variáveis específicas, descobria que não havia nada. Conduziu uma meta-análise de 43 estudos que analisavam com cuidado quais elementos específicos da experiência da criança moldavam de forma mais poderosa as deficiências cognitivas. Os estudos não conseguiram demonstrar o poder de nenhuma variável específica, apesar de o efeito total de todas as variáveis juntas ter sido muito claro.

Isso não significa que nada deve ser feito para aliviar os efeitos da pobreza. Significa que não se deve tentar reduzir esses efeitos a partes constituintes. É o sistema emergente total que tem seus efeitos. Como nota Turkheimer:

> Nenhum comportamento complexo em humanos livres é causado por um grupo linear e aditivo de causas. Qualquer resultado importante, como comportamento adolescente delinquente, tem uma miríade de causas inter-relacionadas, e cada uma dessas causas tem uma miríade de efeitos potenciais, induzindo-a ao quadrado de complexidades ambientais antes mesmo de chegar-se à certeza de que efeitos ambientais se codeterminam entre si ou de que o pacote interage com o mesmo número de miríades de efeitos de genes.[15]

Para cientistas, essa circunstância leva ao que Turkheimer chama de "Prospecto Sombrio". Não há como definir e esclarecer as causas do comportamento humano ou de traçar as fontes desse ou daquele comportamento. É possível mostrar de que forma as condições emergentes, como a pobreza ou a monoparentalidade, podem afetar mais ou menos os grupos grandes. É obviamente possível mostrar correlações entre uma coisa e outra, e elas são valiosas. Mas é difícil ou impossível mostrar como A causa B. A causalidade fica obscurecida no breu do Prospecto Sombrio.

Para os fundadores da Academy, a lição era fixar-se em culturas inteiras, não em pedaços específicos de pobreza. Nenhuma intervenção específica vai reverter a vida de uma criança ou de um adulto de nenhuma forma consistente. Entretanto, se você puder cercar a pessoa com uma nova cultura, uma teia diferente de relacionamentos, então vão absorver novos hábitos de pensamento e novos comportamentos de maneiras que nunca poderão medir ou entender. E se você realmente cercar essa pessoa com uma cultura nova, enriquecedora, então é melhor continuar cercando-a dessa forma porque, se voltarem à cultura diferente, a maioria dos ganhos vai se dissipar.

Os fundadores entenderam que iam começar não só uma escola, mas uma contracultura. A escola deles seria um ambiente de imersão que daria acesso a um éthos de êxito para crianças de classe baixa. Não podia ser totalmente hostil à cultura na qual viviam, senão elas a rejeitariam. Porém, insistiria no tipo de normas, hábitos e mensagens que haviam permitido aos fundadores, filhos de médicos e advogados, que fossem para a faculdade. A escola deles reconheceria imediatamente que vivemos em uma sociedade desigual e polarizada. Declararia de maneira franca que crianças pobres precisam de tipos diferentes de apoio institucional comparadas às crianças de classe média.

A escola deles seria "neutra em relação aos genitores", que era uma maneira educada de dizer que iam apagar a cultura que os pais das crianças pobres passavam adiante inconscientemente. O sociólogo James Coleman descobriu certa vez que pais e comunidade têm maior efeito no êxito do que a escola. Os fundadores da Academy decidiram que sua escola não seria apenas um bando de salas de aula nas quais ensinavam matemática e inglês. Seria também um bairro e uma família. A escola que os fundadores vislumbraram treinaria as crianças a ver a infância como uma escada para a faculdade, uma escada para fora.

O difícil em relação à emersão é que é muito penoso encontrar a "causa raiz" de qualquer problema em sistemas emergentes. O lado positivo é que se você tem cascatas negativas produzindo maus resultados, também é possível ter cascatas positivas produzindo bons resultados. Uma vez que você tenha um grupo positivo de indicações sociais, consegue ter uma avalanche feliz, visto que influências produtivas se alimentam umas das outras e se reforçam.

Não havia possibilidade de Erica não entrar nessa escola. No oitavo ano, Erica estava maior e mais bonita, mas não menos teimosa. Alguma insatisfação profunda havia entrado em seu sangue. Berrava com a mãe e a amava ferozmente, um caos complexo demais para qualquer pessoa entender. Nas ruas com suas amigas, ela discutia, reagia com exagero e, às vezes, brigava. Na escola, era tanto uma aluna excelente quanto um problema. De alguma maneira, a ideia de que a vida é uma batalha entrou em sua cabeça, e ela vivia em pé de guerra, antagonizando as pessoas sem nenhum motivo.

Às vezes, era uma vaca com pessoas que estavam tentando ajudá-la. Sabia que estava sendo uma vaca e sabia que era errado, mas não parava. Quando olhava no espelho, seu lema era "Sou forte". Ela se convenceu de que odiava a escola, mas não odiava. Ela se convenceu de que odiava o bairro, e em parte odiava. Aqui estava seu verdadeiro gênio. De alguma forma, ela entendia que não tinha como se modificar sozinha. Não podia continuar em seu ambiente atual e simplesmente transformar suas perspectivas por força de vontade individual. Seria sempre sujeita às mesmas indicações sociais. Elas superariam a intenção consciente.

Todavia, ela podia tomar uma decisão — mudar seu ambiente. E, se pudesse mudar seu ambiente, estaria sujeita a um grupo diferente de indicações e influências culturais inconscientes. É mais fácil mudar o meio do que mudar o interior. Mude seu ambiente e aí deixe que as novas indicações façam efeito.

Ela passou a primeira parte do oitavo ano aprendendo sobre a Academy, falando com alunos, fazendo perguntas para a mãe e interrogando professores. Certo dia em fevereiro, ouviu dizer que os diretores da escola tinham chegado para uma reunião e decidiu, no seu jeito peculiar de guerreira-mirim, que exigiria que eles a deixassem ingressar.

Entrou escondida na escola quando um grupo de alunos saía pela porta dos fundos para a aula de educação física e foi até a sala de reuniões. Bateu na porta e entrou na sala. Havia um grupo de mesas empurradas para o meio da sala com cerca de 25 adultos sentados ao redor. Os dois fundadores da Academy estavam sentados no meio, no lado mais distante das mesas.

"Eu gostaria de estudar na sua escola", disse ela alto o suficiente para que todo mundo ouvisse.

"Como você entrou aqui?", bradou alguém da mesa.

"Posso, por favor, estudar na sua escola no ano que vem?"

Um dos fundadores sorriu.

"Sabe o que é, temos um sistema de loteria. Se você colocar o seu nome, tem um sorteio em abril..."

"Eu gostaria de entrar para a sua escola", interrompeu Erica, disparando o discurso que havia ensaiado em sua cabeça durante meses. "Eu tentei entrar na New Hope quando eu tinha 10 anos, mas não deixaram. Fui até a agência e falei com a moça, mas ela não deixou. Precisaram de três guardas para me tirar de lá, mas tenho 13 agora e me esforcei muito. Tiro boas notas. Conheço o comportamento certo.

Sinto que mereço entrar na sua escola. Pode perguntar para qualquer pessoa. Tenho referências." Ela mostrou um pedaço de papel de fichário com os nomes de seus professores.

"Qual seu nome?", perguntou o fundador.

"Erica."

"Sabe o que é, temos regras em relação a isso. Muitas pessoas gostariam de vir para a Academy, então decidimos que a coisa mais justa a se fazer é um sorteio toda primavera."

"Isso é só uma maneira de dizer não."

"Você vai ter a mesma chance justa que todo mundo."

"Isso é só uma maneira de dizer não. Eu preciso entrar na Academy. Preciso ir para a faculdade."

Erica não tinha mais nada para falar. Apenas ficou em pé em silêncio. Precisariam de mais guardas para levá-la embora.

Sentado do outro lado dos fundadores estava um homem grande e gordo. Era gerente de um fundo multimercado que havia lucrado bilhões de dólares e em grande parte fundado a escola. Era brilhante, mas tinha as graças sociais de um mosquito. Tirou uma caneta do bolso e escreveu alguma coisa em um pedaço de papel. Olhou para Erica mais uma vez, dobrou o papel e o passou pela mesa até os fundadores. Eles abriram o papel e leram o recado. Dizia: "Manipule a porra do sorteio."

Os fundadores ficaram em silêncio por um momento e se olharam. Finalmente, um deles levantou a cabeça e disse em voz baixa.

"Você disse que seu nome é qual mesmo?"

"Erica."

"Escute, Erica, na Academy temos regras. Temos um grupo de regras para todo mundo. Seguimos essas regras ao pé da letra. Exigimos disciplina. Disciplina total. Então só vou falar isso para você uma vez. Se você algum dia contar para alguém que invadiu esta sala e falou conosco dessa maneira, vou expulsar você pessoalmente da nossa escola. Estamos entendidos?"

"Sim, senhor."

"Então escreva seu nome e endereço em um pedaço de papel. Coloque-o na mesa e vejo você em setembro."

O homem gordo se levantou da cadeira e deu a caneta e o bloco para Erica. Ela nunca tinha visto uma caneta como aquela, exceto na

TV. Escreveu seu nome, endereço e número do seguro social, só para garantir, e saiu.

Quando já tinha saído, os membros da diretoria simplesmente se olharam. Depois, passados alguns segundos, todos tinham certeza de que ela não poderia mais ouvi-los. O cara do fundo multimercado soltou uma risada. A sala irrompeu em uma onda de gargalhada feliz.

CAPÍTULO 8

AUTOCONTROLE

A ACADEMY CERTAMENTE FOI UM CHOQUE PARA ERICA. EM PRIMEIRO lugar, não tinha fim. As aulas na Academy duravam de oito da manhã às cinco da tarde. Erica também tinha de ir aos sábados e durante várias semanas no verão. Alunos com performance abaixo da média passavam duas vezes mais tempo na escola do que outros alunos do país, e até mesmo alunos com performance na média passavam 50% mais tempo ali. Em segundo lugar, a escola provia tudo. Havia as aulas usuais de matemática e de inglês — na verdade, tinha duas aulas separadas de inglês por dia. Mas também havia uma clínica de saúde, acompanhamento psicológico, refeições completas e atividades noturnas.

No entanto, o maior choque foi a ênfase em comportamento. A Academy começava do zero. Ensinava aos seus alunos a olhar para quem estava falando com eles, a se sentar na aula, a fazer que sim com a cabeça para mostrar concordância, a apertar mãos e a dizer oi no primeiro encontro. Erica e seus colegas de classe passaram a primeira sessão inteira da aula de música aprendendo a entrar em fila na sala e a tomar seus lugares. Durante as primeiras semanas de escola, foram ensinados a andar no corredor, a carregar livros, a dizer "com licença" se esbarrassem uns nos outros. Os professores lhes disseram que, se fizessem as pequenas coisas corretamente, as grandes coisas seriam muito mais fáceis de serem conquistadas mais tarde. Alunos da classe média podem ter aprendido essas lições automaticamente, mas muitos dos alunos da Academy tinham de ser ensinados.

Outro grande choque foram os cânticos.[1] Todo dia escolar começava com o que chamavam de “escola unida, círculo unido”. Todos os alunos se reuniam no ginásio e entoavam raps e canções juntos. Tinha o Canto do Respeito. Tinha o Conhecimento é Poder, um canto no estilo chamada e resposta. Tinha o Canto da Faculdade, no qual berravam os nomes de universidades proeminentes e juravam entrar em uma delas. No final de cada reunião, o professor de educação física lhe fazia as perguntas: por que vocês estão aqui? Para receber educação! Como a recebem? Com muito trabalho! O que vocês fazem? Trabalhamos muito! O que usam? Autodisciplina! Para onde vão? Para a faculdade! Por quê? Para ser o dono do meu próprio destino! Como vocês vão chegar lá? Conquistando! O que é conquistado? Tudo é conquistado!

Cada turma tinha seu próprio dia de formatura. Só que o ano não era aquele em que iam terminar a Academy. Era quando iam se formar na faculdade, quatro anos depois. Cada sala de aula tinha uma identidade, mas não era Sala 215 ou Sala 111. Era o nome da universidade na qual o professor que ensinava ali havia estudado: Michigan, Claremont, Indiana ou Wellesley. A universidade era a Terra Prometida. A universidade era o círculo elevado do qual esses alunos um dia fariam parte.

Na aula, Erica aprendeu coisas sobre as quais nunca nem tinha ouvido falar — vida na Tailândia e na antiga Babilônia. Era testada e avaliada a cada seis semanas, e os testes eram usados para marcar seu progresso. Se superasse as expectativas, ganhava Dólares Escolares, com os quais podia comprar privilégios como tempo livre e excursões de campo. Sua aula preferida era a de orquestra, na qual aprendeu a ler música e começou a tocar os Concertos de Brandenburgo. Chegou à lista de honra no segundo período, o que significava que podia vestir uma blusa azul para a escola em vez de a blusa branca que era o uniforme-padrão. Colocar aquela camisa pela primeira vez, em uma assembleia na frente da escola inteira, foi o evento único de maior orgulho de sua vida até aquele momento.

Depois da escola, jogava tênis. Erica nunca havia jogado um esporte organizado antes. Nunca havia nem segurado uma raquete. Todavia, dois anos antes, duas estrelas de tênis afro-americanas foram à escola e doaram dinheiro para construir quatro quadras de tênis nos fundos. Um treinador vinha todo dia para ensinar o jogo. Erica decidiu que queria estar no time.

Erica se tornou uma aluna muito mais séria na Academy, mas havia alguma coisa feroz na maneira como lidou com o tênis. Ficou obcecada. Durante a tarde, passava horas lançando uma bola contra a parede. Colocou pôsteres de tênis nas paredes de seu quarto em casa. Aprendeu a geografia do mundo pesquisando onde as estrelas do tênis nasceram e onde os torneios aconteciam. No primeiro e no segundo ano, em especial, organizou sua vida em torno da bolinha amarela.

O tênis estava servindo para algum grande objetivo cósmico em sua mente. Walter Lippmann escreveu certa vez que "acima de todas as outras necessidades da natureza humana, acima da satisfação de qualquer outra necessidade, acima da fome, do amor, do prazer, da fama — até da própria vida —, o que o homem mais precisa é da convicção de que está contido na disciplina de uma existência ordenada".[2] Por alguns anos, o tênis organizou a identidade de Erica.

Erica era forte e rápida e, apesar de nunca ter admitido para ninguém, se convenceu, mesmo que por aqueles dois anos apenas, de que o tênis podia ser seu caminho para a riqueza e para a fama. Ela se via em Wimbledon. Ela se via no Roland-Garros. Ela se via de volta à escola contando para futuros alunos como tudo havia começado.

Seu endereço de e-mail era tennisgirl1. Suas senhas on-line tinham a ver com tênis. Os rabiscos em seus cadernos eram sobre tênis. Dia após dia, assimilava dicas do treinador, lia sites sobre tênis e assistia a partidas na TV. E, dia após dia, seu tênis melhorava. Mas havia uma raiva em seu jogo que assustava todo mundo. Ela era uma pessoa determinada e um tanto séria na maioria dos domínios de sua vida, mas não raivosa. Na quadra, era impulsionada por impaciência por tudo e por todos. Nunca falava na quadra ou provocava seus parceiros. Quando estava ganhando, as pessoas relaxavam perto dela, mas quando estava perdendo, mantinham-se afastadas. Se tinha um treino ruim na quadra, o resto do dia estava arruinado e ela ia para casa suja e irritada.

No início, o treinador a chamava de Pequena Mac, pois sua atitude era como a de John McEnroe. No entanto, um dia a coisa ficou assustadora. Era a primavera de seu segundo ano e sua equipe estava jogando em uma escola de classe média alta. Nesse momento, Erica era a segunda melhor da equipe, jogando uma partida individual no final da tarde. Seu treinador assistiu ao primeiro saque e logo teve uma péssima sensação. O saque foi longo. O segundo saque atingiu a base da rede. Quando estava perdendo por três games a zero, sua forma estava desalinhada. Nos voleios, o ombro estava muito aberto. Nos saques, o braço estava muito baixo e ela estava praticamente servindo de lado, atirando a bola em qualquer lugar menos na outra quadra.

O treinador lhe disse para contar até dez, relaxar e retomar a compostura, mas ela olhou para ele como um animal selvagem, sobrancelhas franzidas de ira e frustração. Logo, estava com os dois pés inteiros no chão esperando pelo saque, prestando mais atenção em sua própria frustração do que na bola. Suas rebatidas batiam na rede, eram muito longas ou abertas, e depois de cada uma delas ela latia um "Merda!" para si.

O treinador começou a bombardeá-la com conselhos. Encaixe o ombro. Mexa os pés. Melhore o arremesso. Corra para a rede. Mas ela estava presa em alguma espiral de desorganização. Batia na bola o mais forte possível, e cada erro parecia vindicar uma onda de ódio por si crescendo dentro dela. Por razões que nunca ficariam claras, começou a sabotar seu próprio jogo, atirando voleios no fundo da cerca atrás da quadra, sem nem tentar receber saques que podia ter acertado. Saiu furiosa da quadra na troca de lados e jogou a raquete no chão embaixo da cadeira. Depois de um voleio ruim, se virou e jogou a raquete contra a cerca. O treinador não perdoou:

"Erica! Vire gente ou vá embora!"

Erica fez um ace no serviço seguinte e encarou o treinador. Seu próximo saque entrou, mas disseram que foi fora. "Tá maluco, porra?", berrou Erica. O jogo todo parou. Erica jogou a raquete no chão. "Tá maluco, porra?"

Ela bateu na rede e parecia que ia estrangular qualquer pessoa que se metesse. Sua oponente, o juiz de linha, suas colegas de equipe — todo mundo se retraiu fisicamente. Estava transbordando de energia e fúria.

Soube naquele exato momento que estava agindo errado, mas aquilo fez tão bem. Queria dar um soco em alguém e ver um rosto explodir em um raio de sangue. Sentiu um surto de poder e dominação enquanto olhava para as pessoas se afastando com nervosismo ao seu redor. Estava procurando alguém para humilhar.

Por vários longos segundos, ninguém se aproximou. No final, ela se retirou da quadra e se sentou no banco, olhando para baixo. Culpou todos menos a si. Os babacas do mundo todo, a bola, a raquete, sua oponente. Finalmente, seu treinador se aproximou, tão furioso quanto ela. Ele segurou seu braço e vociferou: “Você está fora. Vamos.”

Ela o empurrou. “Não toca em mim, porra!” No entanto, ela se levantou e começou a andar em direção ao ônibus, três passos na frente dele. Bateu o punho contra o lado metálico do ônibus ao entrar e andou com raiva pelo corredor. Jogou seu equipamento contra a parede e se jogou no banco de trás. Ficou lá sentada por uma hora e meia enquanto o resto das partidas acabavam, e depois ficou emburrada em silêncio conforme todos voltavam para a escola.

NÃO HOUVE COMO se comunicar com ela naquela tarde. Ela não sentia remorso. Nenhum medo de ficar encrencada na Academy ou em casa. Foi teimosa, inflexível e dura quando qualquer pessoa tentou falar com ela.

Quando o time voltou à escola, todos estavam falando sobre como Erica tinha ficado louca na quadra. No dia seguinte, pararam a escola, que é o que os administradores faziam quando alguma coisa terrível acontecia. Aulas foram canceladas e todos os alunos e professores se reuniram por uma hora no ginásio para uma assembleia sobre conduta esportiva. Não mencionaram o nome de Erica, mas todos sabiam que ela havia causado aquilo. Professores e administradores a chamaram para conversar — alguns com firmeza, outros com delicadeza —, mas nada do que disseram surtiu efeito.

Temperamento

Na noite seguinte, no entanto, o episódio todo estava começando a parecer diferente. Erica chorou no travesseiro, sentiu uma onda de humilhação e de vergonha.

Naquela idade, sua mãe, Amy, não chegava aos pés de Erica. Sua personalidade não era tão forte. Contudo, ela sabia como era se comportar de maneira que era inexplicável para si própria. Ela se perguntou se havia simplesmente passado esses genes para a filha, e todas as boas qualidades de Erica estavam prestes a ser obscurecidas pelas características sombrias que herdou de sua velha querida mãe.

Também se perguntou se eram apenas as tempestades da adolescência de Erica ou se essa seria sua vida agora e para sempre. Todos os seres humanos herdaram do passado distante uma habilidade automática de responder a surpresas e ao estresse, a chamada reação de luta ou fuga. Algumas pessoas, até mesmo desde a mais tenra idade, parecem fugir do estresse e da dor. Algumas, como Erica, lutam.

Alguns recém-nascidos se assustam com mais facilidade do que outros.[3] A frequência cardíaca fica mais acelerada do que em outros quando confrontados com situações estranhas, e a pressão arterial deles aumenta. Seus corpos reagem de maneira mais nítida. Em 1979, o psicólogo Jerome Kagan e seus colegas apresentaram uma série de estímulos não familiares para quinhentas crianças.[4] Cerca de 20% dos bebês choraram vigorosamente e foram denominados "de alta reatividade". Outros 40% mostraram pouca resposta e foram denominados "de baixa reatividade". O resto estava no meio-termo.

Por volta de uma década mais tarde, Kagan submeteu as mesmas crianças a uma bateria de experiências que foram elaboradas para induzir performance de ansiedade. Cerca de 1/5 daquelas que haviam sido denominadas "de alta reatividade" ainda respondiam ao estresse de forma acentuada. Um terço dos "de baixa reatividade" ainda mantinham o senso de calma. A maioria das crianças havia amadurecido e estava agora no escopo mediano. Muito poucas crianças haviam pulado de alta reatividade para baixa reatividade e vice-versa.

Em outras palavras, as crianças nascem com um certo temperamento. Esse temperamento não é uma trilha que vai guiá-las pela vida. Ele é, como argumentou E. O. Wilson, uma coleira. Erica, assim como todas as crianças, nasceu com uma certa disposição, seja ela tensa ou extraordinariamente calma, seja ela naturalmente alegre ou naturalmente taciturna. Sua disposição evoluiria durante o curso da vida, dependendo de como a experiência conectou seu cérebro, porém o escopo dessa evolução teria limites. Poderia evoluir de tensa para de temperamento moderado, mas sua personalidade provavelmente não mudaria de um extremo a outro. E uma vez que esse estado inicial fosse estabelecido, seus estados de espírito oscilariam em torno desse meio. Poderia ganhar na loteria e ficar feliz por algumas semanas, mas depois de um tempo retornaria àquele estado inicial, e sua vida não seria mais feliz do que se nunca tivesse ganhado. Por outro lado, poderia perder um marido ou um amigo, mas voltaria, depois de algum tempo de dor e agonia, ao estado inicial.

Amy estava preocupada. Erica tinha um fogo perigoso dentro de si. Mesmo quando pequena, era claro que os estados de espírito de Erica oscilavam de maneira mais extrema que os da maioria. Parecia assustar--se intensamente quando alguma coisa inesperada acontecia (as pessoas que se assustam com facilidade vivenciam mais ansiedade e medo durante a vida). Alguns pesquisadores fazem a distinção entre crianças dente-de-leão e crianças orquídea.[5] Crianças dente-de-leão têm temperamento mais homogêneo e são mais duronas. Elas se saem bem onde quer que você as coloque. Crianças orquídea são mais variáveis. Podem florescer de maneira espetacular no local certo ou de maneira deplorável no errado. Erica era uma orquídea, localizada perigosamente entre sucesso e catástrofe.

Sentada, divagando inexpressivamente sobre o futuro de Erica, Amy estava vivenciando a profundidade impregnante da preocupação que todos os pais de adolescentes conhecem. Ela mesma havia sido uma dessas jovens que se tornaram demasiadamente ofensivas ao primeiro sinal de frustração, que confundem situações normais com situações ameaçadoras, que percebem raiva quando não há, sentem ofensas que não foram intencionais, que são vítimas de um mundo interno imaginário, um mundo mais perigoso do que o mundo externo no qual realmente habitam.

Pessoas que vivem com esse tipo de estresse crônico sofrem perda de célula em seu hipocampo e, com isso, perda de memória, principalmente das coisas boas que aconteceram com elas. Seu sistema imunológico fica mais fraco. Têm menos minerais nos ossos. Acumulam gordura corporal com mais facilidade, especialmente ao redor da cintura. Vivem com déficits que causam debilitações a longo prazo. Um grupo de engenheiros que trabalhou até noventa horas semanais durante seis meses em um projeto extremamente estressante teve níveis mais elevados de cortisol e epinefrina, duas substâncias químicas associadas ao estresse, por até 18 meses depois, apesar de todos terem tirado férias de quatro a cinco semanas depois do fim do projeto.[6] Os efeitos do estresse podem durar muito e ser corrosivos.

Naquela noite, exatas trinta horas depois do ataque de fúria no jogo de tênis, Amy ainda não tinha certeza do quanto podia aliviar o estresse e a vergonha de sua filha. Então ela apenas se sentou com a mão nas costas de Erica e, com muita pena, ajudou-a a superar. Depois de uns 15 minutos, ambas estavam um pouco inquietas, se levantaram e começaram a fazer o jantar. Erica fez uma salada. Amy pegou a massa da despensa. Ela e Erica estavam fazendo alguma coisa juntas. Estavam fazendo algo que acalmava suas mentes e restabelecia o equilíbrio. De algum modo, Erica estava vendo o mundo com calma de novo. Enquanto cortava tomates, Erica levantou a cabeça e perguntou para a mãe: "Por que sou uma pessoa que não consigo controlar?"

Essa era, na verdade, uma pergunta bem importante. Uma pesquisa de Angela Duckworth e Martin Seligman descobriu que o autocontrole é duas vezes mais importante do que o QI em prever a performance no ensino médio, a assiduidade na escola e as notas finais.[7] Outros pesquisadores discordam que o autocontrole seja mais importante que o QI, mas não há dúvida de que é um dos ingredientes essenciais para uma vida gratificante.

"Parece que nem fui eu", disse Erica para a mãe durante uma de suas conversas sobre o evento. "Foi como se fosse uma pessoa estranha com raiva que tivesse sequestrado meu corpo. Não entendo de onde veio essa pessoa ou no que estava pensando. Tenho medo que ela volte e faça alguma coisa terrível."

O famoso marshmallow

Por volta de 1970, Walter Mischel, em Stanford então e agora na Columbia, lançou um dos experimentos mais famosos e encantadores da psicologia moderna. Colocou uma série de crianças de 4 anos de idade sentadas em uma sala e um marshmallow na mesa. Disse que podiam comer o marshmallow imediatamente, mas que ele ia embora e que, se esperassem até que retornasse, ele lhes daria dois marshmallows. Nos vídeos do experimento, é possível ver Mischel saindo da sala e depois as crianças se retorcendo, chutando, escondendo os olhos e batendo a cabeça na mesa, tentando não comer o marshmallow na mesa na frente delas. Um dia, Mischel usou um biscoito recheado em vez de um marshmallow. Uma criança pegou o biscoito, comeu o recheio cremoso furtivamente e o colocou de volta no lugar com cuidado. (Essa criança provavelmente é um senador dos Estados Unidos agora.)

Contudo, o significativo é o seguinte: as crianças que conseguiram esperar vários minutos saíram-se muito melhor na escola e tiveram menos problemas comportamentais do que as crianças que conseguiram esperar apenas alguns minutos. Apresentaram habilidades sociais melhores no ensino médio. As crianças que conseguiram esperar por 15 minutos inteiros receberam, treze anos depois, notas de SAT 210 pontos mais altas do que as das crianças que conseguiram esperar apenas trinta segundos. (O teste do marshmallow acabou virando um previsor de notas de SAT mais eficiente do que os testes de QI feitos com crianças de 4 anos de idade.[8]) Depois de vinte anos, apresentaram percentagens de conclusão de faculdade mais altas, e trinta anos depois tinham salários muito melhores. As crianças que não conseguiram esperar nada apresentaram percentagens muito mais altas de encarceramento. Foram muito mais propensas a sofrer os problemas do vício em drogas e álcool.

O teste apresentou as crianças ao conflito entre impulso a curto prazo e recompensa a longo prazo. O teste do marshmallow mediu se as crianças tinham aprendido estratégias para controlar seus impulsos. Os que aprenderam a fazer isso se saíram bem na escola e na vida, os que não, acharam a escola eternamente frustrante.

As crianças que possuíam essas habilidades de controle de impulso na verdade cresceram em lares organizados.[9] Em sua criação, ações levaram a consequências previsíveis. Possuíam um certo nível de autoconfiança, a premissa de que podiam ter sucesso no que se lançassem para fazer. As crianças que não conseguiram resistir ao marshmallow vinham, em muitos casos, de lares desorganizados. Eram menos propensas a ver a conexão entre ações e consequências e menos propensas a ter aprendido estratégias que as ajudavam a controlar tentações imediatas.

Porém, a descoberta crucial dizia respeito à natureza das estratégias que funcionaram. As crianças que se saíram mal direcionaram sua atenção diretamente ao marshmallow. Acharam que se olhassem para ele, poderiam comandar sua tentação de comê-lo. As que conseguiram esperar, se distraíram do marshmallow. Fingiram que não era real, que não estava lá ou que não era um marshmallow de verdade. Tinham técnicas para ajustar sua atenção.

Em experimentos posteriores, Mischel pediu que as crianças colocassem uma moldura mental em volta do marshmallow — para imaginar que o que estavam vendo era a foto de um marshmallow. Essas crianças conseguiram esperar cerca de três vezes mais tempo do que as que não imaginaram a foto.[10] As crianças que foram instruídas a imaginar que o marshmallow era uma nuvem fofa conseguiram esperar muito mais. Usando a imaginação, codificaram suas percepções do marshmallow de maneira diferente. Distanciaram-se dele e ativaram modelos distintos e menos impulsivos em suas cabeças. As crianças que conseguiram controlar seus impulsos acionaram maneiras frescas de perceber o marshmallow. As crianças que não conseguiram, acionaram maneiras quentes: só conseguiam vê-lo como a tentação deliciosa que realmente era. Uma vez que as do último grupo engajassem essas redes quentes em seu cérebro, tudo estava acabado. Não havia como não colocarem o marshmallow na boca.

A implicação do experimento do marshmallow é que o autocontrole não é realmente uma questão de força de vontade de ferro comandando paixões ocultas. A mente consciente simplesmente carece de força e de conscientização para controlar diretamente processos inconscientes. Em vez disso, é uma questão de ativação. A qualquer momento, há várias operações diferentes acontecendo ou capazes de acontecer em um nível inconsciente. Pessoas com autocontrole e autodisciplina desenvolvem hábitos e estratégias para ativar os processos inconscientes que lhes permitem perceber o mundo de maneiras produtivas e prudentes.

Caráter reconsiderado

A tomada de decisão humana tem três passos básicos. Primeiro, percebemos uma situação. Segundo, usamos o poder de razão para calcular se realizar essa ou aquela ação é de nosso interesse a longo prazo. Terceiro, usamos o poder de vontade para executar nossa decisão. No decorrer dos séculos, teorias diferentes do caráter surgiram, e com elas novas formas de incutir caráter nos jovens. No século XIX, a maioria dos modelos de construção do caráter focavam o Passo 3 do processo de tomada de decisão — força de vontade. Moralistas vitorianos tinham uma concepção quase hidráulica do comportamento apropriado. As paixões são uma torrente selvagem e as pessoas de boa moral usam a força de ferro da vontade para barrá-la, reprimi-la e controlá-la.

No século XX, a maioria dos modelos de construção do caráter focaram o Passo 2 do processo de tomada de decisão — o uso da razão para calcular interesses. Moralistas do século XX enfatizaram técnicas de elevação da consciência para lembrar as pessoas sobre os riscos de longo prazo do mau comportamento. Lembravam que sexo inseguro leva à doença, à gravidez indesejada e a outros resultados negativos. Fumar pode levar ao câncer. O adultério destrói famílias e mentir destrói a confiança. A presunção era a de que, uma vez que você lembrasse as pessoas da idiotice de seu comportamento, elas ficariam motivadas a parar.

Tanto razão quanto vontade são obviamente importantes para se tomar decisões morais e exercer o autocontrole. Entretanto, nenhum desses dois modelos de caráter provaram-se muito eficazes. Você pode dizer para as pessoas não comerem batata frita. Pode distribuir panfletos sobre os riscos da obesidade. Pode dar sermões convocando-as a exercitar o autocontrole e a não comer batata frita. E no seu estado sem fome, a maioria vai prometer não comer. Contudo, quando o eu faminto delas aparece, o eu bem-intencionado vai embora e elas comem a batata frita. A maioria das dietas fracassa porque as forças conscientes da razão e da vontade simplesmente não são poderosas o suficiente para submeter com consistência a compulsão inconsciente.

E se isso é verdade para comer batata frita, também é verdade para coisas mais significativas. Pastores pregam lamentações contra os males do adultério, mas isso parece não ter efeito no número de pessoas do rebanho que cometem o ato — ou no número dos próprios pastores que o cometem. Milhares de livros foram escritos sobre o pecado da avareza, mas de anos em anos a avareza fica descontrolada de maneira autodestrutiva. Há concordância quase universal de que gastar em coisas materiais não produz alegria e realização, e no entanto milhões de pessoas acumulam uma dívida enorme no cartão de crédito. Todo mundo sabe que matar é errado, e no entanto o genocídio acontece. Terroristas se convencem de que é honrado matar o inocente.

Há décadas as pessoas vêm tentando dar informação aos usuários de drogas sobre os perigos do vício; aos adolescentes, informação sobre os riscos de se envolver em sexo sem proteção; aos estudantes, sobre as consequências negativas de abandonar a escola. E, no entanto, a pesquisa é clara: só programas de informação não são muito eficazes em mudar o comportamento. Por exemplo, uma enquete de 2001 acerca de mais de trezentos programas de educação sexual descobriu que, em geral, eles não tinham efeito no comportamento sexual ou no uso de contraceptivos.[11] O ensinamento de sala de aula e a criação de consciência de grupo têm pouco efeito direto em impulsos inconscientes. Sermões também não ajudam.

As evidências sugerem que razão e vontade são como músculos, e não particularmente músculos fortes. Em alguns casos e nas circunstâncias propícias, podem resistir à tentação e controlar seus impulsos. No entanto, em vários casos, são simplesmente muito fracas para impor autodisciplina por si mesmas. Em vários casos, o autoengano toma o controle.

Os modelos de construção do caráter usados nos séculos XIX e XX eram limitados porque compartilhavam de uma suposição: a de que o Passo 1 no processo de tomada de decisão — o ato de percepção — é uma questão relativamente simples de absorver uma cena. A ação real envolvia o cálculo sobre o que fazer e a força de vontade necessária para realmente fazê-lo.

Porém, como deve estar claro agora, isso está errado. O primeiro passo é, na verdade, o mais importante. Perceber não é apenas uma maneira transparente de absorver. É um processo pensante e habilidoso. Ver e avaliar não são dois processos separados, são conectados e basicamente simultâneos. Pesquisas dos últimos trinta anos sugerem que algumas pessoas ensinaram a si mesmas a perceber com mais habilidade que outras. A pessoa com bom caráter se ensinou, ou recebeu ensinamento dos que estão ao seu redor, a ver situações da maneira correta. Quando vê alguma coisa da maneira correta, manipula o jogo. Ativa uma rede inteira de julgamentos inconscientes e de respostas em sua mente, que a influenciam a agir de uma determinada forma. Uma vez manipulado o jogo, a razão e a vontade terão uma tarefa bem mais fácil. Serão encarregadas de guiar o comportamento apropriado.

Por exemplo, alguns alunos entram em uma sala de aula sem nenhum respeito inato pelo professor que podem encontrar lá dentro. Quando ficam com raiva ou frustrados, vão xingar o professor, ignorá-lo, humilhá-lo ou até socá-lo ou jogar uma cadeira nele. Outros alunos, por outro lado, realmente entram na sala com um respeito inato pelo professor. Sabem, sem pensar nisso, que devem ter deferência em relação a ele — que há certas formas de agir aceitáveis perante o professor e certas formas que não são. Podem ficar com raiva ou irritados, mas vão expressar esses sentimentos fora da sala. Berrar, xingar ou jogar uma cadeira em um professor nunca passaria pela cabeça deles. Se alguém fizesse isso na sua frente, ficariam boquiabertos, chocados e horrorizados.

De onde veio esse respeito inato? Como foi que o mero ato de ver o professor ativou certos parâmetros em suas mentes? As respostas estão perdidas no Prospecto Sombrio. As respostas estão perdidas no rio noturno do inconsciente. Mas, de alguma maneira, no decorrer de suas vidas, eles tiveram algumas experiências. Talvez tenham começado a respeitar a autoridade de seus pais e agora estendem esse contexto mental às figuras de autoridade em geral. Talvez tenham absorvido certas histórias nas quais observaram pessoas tratando professores de um certo modo. Talvez tenham absorvidos certos pequenos hábitos e normas sobre comportamento em sala de aula que controlam o tipo de comportamento que consideram inaceitáveis. Dentre essa miríade de influências, um certo padrão de percepção surgiu, uma certa maneira de ver. Após aprender a ver um professor de um determinado jeito, nem sequer considerariam dar um soco no rosto dele, a não ser no mundo da fantasia distante, que sabem que nunca vão estabelecer.

De maneira similar, as pessoas honradas aprendem a ver os bens de outras pessoas de uma maneira que reduz a tentação de roubar. Aprendem a ver uma arma de uma maneira que reduz a tentação de usá-la da forma errada. Aprendem a ver jovens meninas de uma maneira que reduz a tentação de abusar delas. Aprendem a ver a verdade de uma maneira que reduz a tentação de mentir.

Esse modelo de aprender a ver enfatiza que não é um único momento crucial que molda o caráter. O caráter emerge gradualmente da interação misteriosa de milhões de boas influências. Esse modelo enfatiza o poder da comunidade para moldar o caráter. É muito difícil construir autocontrole sozinho (e se você está em uma comunidade de pessoas obesas, é muito difícil ficar magro sozinho).[12] Também enfatiza o poder da ação pequena e repetitiva para refazer os mecanismos fundamentais do cérebro. Pequenos hábitos e uma etiqueta apropriada reforçam certas maneiras positivas de ver o mundo. O bom comportamento fortalece certas redes. Aristóteles estava certo quando observou: "Adquirimos virtudes quando primeiro as colocamos em ação." O pessoal do Alcoólicos Anônimos apresenta esse sentimento de maneira mais prática com seu lema "Finja até que consiga fazer". Timothy Wilson, da Universidade da Virgínia, coloca de forma mais científica: "Uma das lições mais duradouras da psicologia social é que a mudança de comportamento geralmente precede a mudança de atitudes e de sentimentos."[13]

Revanche

As pessoas olhavam para Erica com estranheza nos dias e semanas depois da explosão. Erica se olhava com estranheza. Mas meses passaram. A vida na Academy significava seguir milhares de pequenas regras. Não comece a comer antes que todos na mesa do refeitório estejam sentados. Sempre coloque seu guardanapo no colo primeiro. Sempre se levante quando um professor entrar no recinto. Nunca masque chiclete quando estiver usando uniforme, mesmo que esteja apenas andando para casa. Não é como os alunos da Academy se portam.

Essas milhares de regrinhas viraram naturais para Erica, assim como para quase todos os alunos. Ela viu sua dicção mudar, principalmente quando se dirigia a estranhos. Viu sua postura evoluir, de modo que adotou uma conduta quase militar.

Essas pequenas rotinas eram quase sempre sobre autodisciplina de uma forma ou de outra. Eram sobre adiar a gratificação ou sobre exercitar algum pequeno ato de autocontrole. Ela não pensava realmente sobre elas dessa forma. As regras eram apenas a estrutura normal da vida para um aluno como ela. No entanto, tinham um efeito penetrante na maneira como ela vivia na escola, mais tarde em casa e até na quadra de tênis.

No terceiro ano, Erica não estava mais tão obcecada com o tênis, mas havia desenvolvido uma forma de se preparar mentalmente para cada partida. Estava usando o que se pode chamar de Doutrina do Autocontrole Indireto. Estava manipulando pequenas coisas para acionar as reações corretas relacionadas às grandes coisas.

Ela se sentava no banco antes de uma partida e evocava em silêncio as vozes de pilotos de avião que tinha escutado, na maioria das vezes em filmes. Eles sempre tinham uma maneira tão deliberadamente calma quando falavam ao sistema de comunicação. Isso a colocava no estado mental adequado. Depois, passava por certos truques e hábitos, partida após partida: sempre coloque sua garrafa de água no mesmo lugar perto da rede. Sempre coloque a capa da raquete embaixo da cadeira com o mesmo lado virado para cima. Sempre use as mesmas munhequeiras desparelhadas no pulso. Sempre pise nas linhas a caminho da quadra. Sempre faça uma linha com o tênis direito no local de onde vai sacar. Sempre pense em fazer cinco aces um atrás do outro. Se você realmente não sentir que vai fazer aces, apenas finja. Se o corpo começa a personificar uma atitude por tempo suficiente, a mente começa a adotá-la.

Quando na quadra, Erica tinha regras rigorosas para si. Havia dois lugares no seu universo: dentro da quadra e fora da quadra. Fora da quadra é para pensar sobre o passado e o futuro; dentro da quadra é para pensar sobre o presente. Quando Erica estava prestes a servir, pensava em três coisas: giro, localização e velocidade. Caso se pegasse pensando em outra coisa, andava para trás, quicava a bola algumas vezes e voltava.

Erica não se permitia formar uma concepção sobre a oponente. Não se permitia pensar em pedir o tira-teima para ver se a bola foi na linha. Sua performance seria julgada pela maneira como a bola deixou a raquete, e nada mais estava sob seu controle. Sua própria personalidade não estava no centro. Seu talento não estava no centro. Seu ego e autoestima não estavam no centro. Era a tarefa que estava no centro.

Colocando a tarefa no centro, Erica conseguia aquietar o eu consciente. Conseguia direcionar sua atenção para longe de suas próprias qualidades — suas expectativas, seu atrevimento, sua reputação — e conseguia se soltar no jogo. Conseguia evitar que pensasse muito, o que é a morte para o desempenho máximo. Conseguia se misturar com os padrões do ofício. Conseguia confiar nas várias horas de treino, quando havia feito a mesma coisa repetidas vezes e guardado alguns modelos em sua mente. E quando fazia isso, seu autocontrole era simplesmente incrível e nada podia perturbá-la.

Ao jogar um jogo como tênis, beisebol ou futebol, os cérebros dos atletas estão envolvidos em ciclos complicados de percepção, re-percepção e correção. A pesquisa de Claudio Del Percio, da Universidade Sapienza, em Roma, descobriu que, quando estão engajados em tarefas difíceis, os cérebros de atletas consagrados estão na verdade mais calmos do que os de não atletas. Eles prepararam suas mentes para realizar esses tipos de tarefas, então é necessário muito menos trabalho mental para se superarem. Também veem o que está acontecendo com muito mais clareza. Salvatori Aglioti, também da Sapienza, juntou um grupo de jogadores e de não jogadores de basquete para assistir a vídeos de lançamentos livres. Os vídeos paravam logo após a bola ser lançada da mão, e os atletas tinham de adivinhar se a bola ia para dentro da cesta. Os jogadores de basquete eram muito melhores na adivinhação. Faziam isso ativando as partes de seus cérebros que controlam o movimento da mão e do músculo. Reinterpretavam o lançamento livre e o sentiam como se eles mesmos estivessem realizando a tarefa. Em suma, jogadores peritos vivenciam os esportes de maneiras diferentes dos não peritos.[14]

Em 95% das vezes, o regime de Erica funcionava. Ela se preocupou menos no terceiro ano e jogou melhor. Havia ocasiões, no entanto, nas quais sua compostura dava uma escorregada. Sentia o demônio da raiva abrindo a corrente e prestes a sair por aí.

Também tinha um ritual para isso. Pensava na raiva e dizia para si mesma: "Essa não é quem eu sou. Isso é uma experiência que está acontecendo dentro de mim." Imaginava um campo de grama. De um lado estava o cão feroz de sua raiva. Mas do outro lado estava a jogadora de tênis que havia vencido as últimas cinco partidas. Ela se imaginava saindo de perto do cão e indo para a jogadora de tênis.

Estava tentando estabelecer a distância certa entre ela e o mundo. Estava praticando a forma de automonitoramento que Daniel J. Siegel chama de "visão da mente".[15] Estava reforçando para si própria que tinha poder de decisão no acionamento de qual eu interior dominaria seu comportamento. Tudo o que tinha de fazer era focar sua atenção em um personagem interno em vez de em outro. Não era fácil. Às vezes, o ato de focar atenção requeria uma exposição enorme de força mental. Mas era possível. William James esteve entre os primeiros a entender os investimentos envolvidos nesses tipos de decisões: "[O] drama todo da vida voluntária gira em torno da quantidade de atenção, um pouco mais ou um pouco menos, que ideias motores rivais podem receber.[16][...] O esforço de atenção é, assim, o fenômeno essencial da vontade." Aqueles que têm hábitos e estratégias para podem controlar sua atenção controlar a vida.

Conforme Erica envelhecia, se aprimorava em mudar a atenção de um impulso a outro e em acionar modelos diferentes em sua cabeça. Tudo indicava que a mais provável a desabrochar era a orquídea.

Inspiração

Depois de alguns anos na Academy, ela estava diferente. A desvantagem era que agora estava um tanto distanciada de suas antigas amigas da vizinhança e até de seus pais. Achavam que ela tinha entrado para um culto. A boa notícia era que tinha descoberto como trabalhar.

Certo dia, uma latina de meia-idade visitou a Academy. Essa mulher tinha aberto uma empresa de restaurantes e agora tinha uma cadeia de restaurantes espalhados pelo país. Era magra, bem-vestida em seu terno conservador e extremamente calma. Erica ficou fascinada. Imaginou o caminho entre a vida atual que tinha e o tipo de vida elevada que a mulher levara. Afinal de contas, aquela mulher havia trilhado o mesmo caminho.

Erica de repente ficou consumida por um desejo ardente de ser uma líder de negócios. Em pouco tempo, foi de aluna normal e dedicada da Academy a membro do clube dos extremamente ambiciosos. Comprou uma agenda organizadora e repartiu seu dia em blocos de códigos coloridos. Foi mudando seu guarda-roupa gradualmente. Sua vestimenta era tão cerimoniosa, precisa e arrumada que começou a se parecer com uma Doris Day do gueto. Conseguiu de algum jeito pegar um set de escritório usado e dividiu seus trabalhos em uma caixa de entrada e uma caixa de saída. Era como se todo seu ser tivesse sido ocupado repentinamente pelo éthos da Suíça. Era meticulosa, disciplinada e pronta para triunfar. Alguma coisa acendeu a fornalha do pequeno motor da ambição, que desse dia em diante nunca mais descansaria.

CAPÍTULO 9

CULTURA

Pesquisadores passaram vários anos explorando as selvas da mente humana à procura da fonte da ambição. Acharam alguns traços que pessoas muito determinadas tendem a compartilhar, e Erica tinha vários deles.

Pessoas ultradeterminadas são frequentemente incomodadas por um senso profundo de perigo existencial. Historiadores notaram há tempos que uma percentagem incrível dos grandes escritores, músicos, artistas e líderes viram um dos pais morrer ou abandoná-los quando tinham entre 9 e 15 anos de idade: a lista inclui Washington, Jefferson, Hamilton, Lincoln, Hitler, Gandhi e Stalin, para nomear alguns. Erica não tinha perdido um dos pais. Todavia, sua mãe desaparecia psicologicamente de tempo em tempo e seu pai, fisicamente. Como tantas outras pessoas ambiciosas, ela era assombrada por um entendimento de que a vida é precária. Caso não disputasse algum lugar seguro no mundo, tudo podia ser destruído por um golpe repentino.

Pessoas muito ambiciosas geralmente conheceram alguém como elas que atingiu grande sucesso. Pode ser uma pessoa de sua cidade, de seu contexto étnico ou com alguma outra conexão, alguém que mostrava o caminho e atiçava seu sentido de possibilidade.

É impressionante como atiçar o instinto da imitação custa pouco. Há alguns anos, dois pesquisadores, Geoff Cohen e Greg Walton, deram aos alunos da Yale uma pequena biografia de um homem chamado Nathan Jackson, que se tornou um matemático bem-sucedido.[1] Contudo, alteraram um detalhe-chave em algumas biografias. Em metade dos casos, os pesquisadores se certificaram de que a data do nascimento de Jackson correspondia ao do aluno que estava lendo a biografia. Depois, Cohen e Walton deram a todos os alunos alguns problemas de matemática para resolver. Os alunos que leram os textos com datas de nascimento correspondentes às suas dedicaram-se aos problemas por 65% mais tempo do que os alunos sem datas de nascimento correspondentes. Esses alunos tiveram um sentimento repentino de parentesco com Jackson e foram motivados a imitar seu sucesso.

Pessoas altamente ambiciosas muitas vezes possuem algum talento inicial que lhes deram um senso de distinção. Não tinha de ser um grande talento. Talvez estivessem entre os melhores interlocutores de sua turma do quinto ano. Talvez estivessem entre os melhores matemáticos de sua pequena cidade. Mas era o suficiente para que o êxito fosse o cerne de sua identidade.

Pessoas ambiciosas geralmente têm uma visão de um círculo elevado ao qual possam se juntar. Há um preconceito comum de que elas são motivadas a superar seus iguais, a ser melhor do que todo mundo. Na verdade, as pessoas mais ambiciosas são motivadas a conseguir fazer parte de algum grupo ou clube exclusivo.

Erica havia conhecido a dona da empresa de restaurantes na Academy, e esse encontro abriu uma convicção de que tudo era possível para ela. Ela ia à banca de jornal e comprava cópias da *Fast Company*, da *Wired* e da *Bloomberg Businessweek*. Ela se imaginava trabalhando em uma pequena nova companhia, parte de um grupo de irmãos trabalhando juntos por uma causa comum. Recortava anúncios de outras revistas mostrando pessoas em festas em Manhattan ou reunidas em uma casa em Santa Mônica ou Saint-Tropez. Prendia os anúncios nas paredes de seu quarto. As imagens se tornaram os objetos cintilantes de seu desejo, os lugares aos quais um dia pertenceria.

Os professores de Erica a elogiavam por ser dedicada, por ser eficiente e meticulosa. Ela começou a se perceber como uma pessoa que pode realizar coisas.

Em 1997, Gary McPherson estudou 157 crianças selecionadas aleatoriamente conforme escolhiam e aprendiam um instrumento musical. Algumas tornaram-se bons músicos e outras hesitaram.

McPherson procurou pelos traços que separavam os que progrediram dos que não progrediram. O QI não era um previsor eficiente. Nem a sensitividade aural, as habilidades matemáticas, a renda ou o senso de ritmo. O único previsor individual foi uma pergunta que McPherson fez aos alunos antes de selecionarem seus instrumentos: Por quanto tempo você acha que vai tocar? Os alunos que planejaram tocar por pouco tempo não se tornaram muito proficientes. As crianças que planejaram tocar por alguns anos tiveram sucesso modesto. Entretanto, havia algumas crianças que efetivamente responderam: "Quero ser músico. Vou tocar pela vida inteira." Essas crianças prosperaram. O senso de identidade que trouxeram à primeira aula foi a fagulha que dispararia toda a evolução que aconteceria subsequentemente.[2] Foi uma visão do seu eu futuro.

Trabalho

Algumas pessoas vivem em eras românticas. Tendem a acreditar que o gênio é produto de uma faísca divina. Acreditam que existiram, ao longo dos tempos, certos modelos de grandiosidade — Dante, Mozart, Einstein —, cujos talentos excediam em muito a compreensão normal e que tinham um acesso de outro mundo à verdade transcendental; a melhor maneira de abordá-los é com temor reverencial.

Nós, é claro, vivemos em uma era científica. Vastas quantidades de pesquisas já foram conduzidas a respeito do sucesso precoce e colecionadas em volumes como o *Cambridge Handbook of Expertise and Expert Performance* (Manual Cambridge sobre perícia e performance especializada). A visão que prevalece é a de que os gênios são, principalmente, construídos, e não inatos. Na visão dura e demasiadamente prosaica que é dominante agora, nem as habilidades precoces de Mozart foram produtos de um dom sobrenatural. Suas primeiras composições não eram atos de um gênio, argumentam os pesquisadores. Mozart era um excelente músico quando pequeno, mas não se destacaria no meio dos melhores intérpretes-mirins de hoje.

O que Mozart tinha, e manteve, era a mesma coisa que vários intérpretes extraordinariamente precoces têm — muita habilidade inata, a habilidade de se concentrar por longos períodos de tempo, e uma intenção adulta de melhorar suas habilidades. Mozart tocava muito piano quando muito pequeno, portanto teve cedo suas 10 mil horas de treino e depois começou a se desenvolver muito a partir daí.

Pesquisas mais recentes sugerem uma visão prosaica, democrática e até puritana de como o sucesso fantástico é alcançado. O fator-chave separando os gênios dos meramente realizados não é uma chama divina. Em vez disso, o que realmente importa é a habilidade de ficar cada vez melhor, gradualmente, ao longo do tempo. Como demonstrou K. Anders Ericsson, da Universidade do Estado da Flórida, é a prática deliberada. Intérpretes de ponta passam mais horas (muito mais horas) aprimorando rigorosamente sua arte. Como notou Ericsson, intérpretes de ponta devotam cinco vezes mais horas a se tornarem grandiosos do que intérpretes medianos devotam a se tornarem competentes.[3]

John Hayes, da Carnegie Mellon, estudou quinhentas obras de arte da música clássica.[4] Apenas três delas foram lançadas dentro dos dez primeiros anos da carreira do compositor. Para o resto todo, foi necessária uma década de trabalho sólido e constante antes de conseguirem criar algo magnífico. A mesma regra se aplica a Einstein, Picasso, T. S. Eliot, Freud e Martha Graham.

Não é apenas a quantidade de horas, é o tipo de trabalho que se faz nessas horas. Intérpretes medíocres treinam na maneira mais agradável possível. Grandes realizadores treinam na maneira mais deliberada e autocrítica. Frequentemente, quebram sua arte em suas menores partes constituintes e depois trabalham em um pedacinho da atividade inúmeras vezes. Na Meadowmount,* os alunos passam três horas estudando uma página de música. Tocam a música cinco vezes mais lenta do que o normal. Se alguém por perto consegue ouvir a música e reconhecê-la, não estão tocando lento o suficiente.[5] No clube Spartak Tennis Club,** os alunos jogam sem bola.[6] Simplesmente dedicam-se a partes da técnica.

---

* Escola de música para instrumentos de corda localizada nas montanhas Adirondack, em Nova York. (N. da T.)

** Aclamado clube de tênis na Rússia. (N. da T.)

Benjamin Franklin ensinou a si mesmo a escrever da seguinte maneira: lia um artigo na *Spectator*, a revista mais bem-escrita da sua época.[7] Escrevia notas sobre cada frase do artigo em um papel separado. Depois, embaralhava as notas e voltava a elas passadas algumas semanas. Então, tentava organizar as notas na ordem correta e usá-las para recriar o artigo original. Foi assim que ensinou estrutura a si mesmo. Quando descobria que seu vocabulário estava aquém do de autores originais da *Spectator*, trocava a técnica. Traduzia cada artigo, frase por frase, em poesia. Depois de algumas semanas, tentava converter a poesia em prosa.

Como observa Daniel Coyle em seu livro *O código do talento*: "Cada habilidade é uma forma de memória." Internalizar essas estruturas demanda trabalho árduo e esforço. Dessa maneira, a pesquisa acerca do cérebro reforça a ética ultrapassada do trabalho.

Execução

O trabalho escolar estruturou a vida de Erica durante os anos do ensino médio. Foi a ativação de alguma natureza interna. Ela não teve uma professora incrível que mudou sua vida. Em vez disso, a atmosfera da Academy inculcou sutilmente certos hábitos de ordem, disciplina e regularidade. Erica amava organizar seu livro de tarefas. Amava fazer listas de checagem e marcar cada tarefa ao terminá-la. Se na formatura do ensino médio lhe pedissem para ela listar um traço marcante que possuía, ela teria dito: "Sou uma pessoa organizada." Tinha uma necessidade desesperada de fazer as coisas da maneira certa. Dessa forma, estava moldada para o mundo dos negócios. Pessoas bem-sucedidas tendem a encontrar esses meios em que os talentos que possuem têm valor mais alto.

Todos nós podemos apontar líderes carismáticos de negócios que lideram como heróis a cavalo. Porém, a maioria dos líderes de negócios não é desse tipo. É, ao contrário, do tipo calmo, disciplinado e determinado que Erica queria ser.

Em 2009, Steven Kaplan, Mark Klebanov e Morten Sorenson completaram um estudo chamado "Which CEO Characteristics and

Abilities Matter?" (Quais características e habilidades de um CEO importam?[8]) Basearam-se em avaliações detalhadas da personalidade de 316 CEOs e mediram o desempenho de suas empresas. Não há um estilo único de personalidade que leva ao sucesso corporativo ou de qualquer outro tipo. Mas eles descobriram que os traços que se correlacionavam de maneira mais poderosa com o sucesso eram atenção ao detalhe, persistência, eficiência, meticulosidade analítica e a habilidade de trabalhar por longas horas. Isto é, a habilidade de organizar e de executar.

Esses resultados são coerentes com muitos dos trabalhos que foram feitos nas últimas décadas. Em 2001, Jim Collins publicou um estudo que virou best-seller chamado *Good to Great: empresas feitas para vencer*.[9] Ele descobriu que muitos dos melhores CEOs não eram visionários exibicionistas. Eram humildes, modestos, diligentes e almas resolutas que encontraram uma coisa na qual eram muito boas e a fizeram repetidas vezes. Não passavam muito tempo em campanhas internas motivacionais. Demandavam disciplina e eficiência.

No mesmo ano, Murray Barrick, Michael Mount e Timothy Judge analisaram uma quantidade enorme de pesquisas sobre liderança nos negócios.[10] Também descobriram que extroversão, amabilidade e abertura a novas experiências não se correlacionavam bem com o sucesso do CEO. Em vez disso, o que importava era estabilidade emocional e meticulosidade — ser confiável, fazer planos e ir até o fim.

Esses tipos de traços obstinados mas tímidos não se correlacionam bem com níveis de educação. Os CEOs que cursaram Direito ou que têm MBA não se saem melhor do que os CEOs que fizeram cursos técnicos. Esses traços não se correlacionam com salário ou gratificações, muito menos com fama e reconhecimento. Pelo contrário, um estudo de Ulrike Malmendier e Geoffrey Tate descobriu que CEOs tornam-se menos eficazes conforme ficam mais famosos e recebem mais prêmios.[11]

Erica não sonhava em se tornar chamativa e glamorosa. Ansiava por controle. Prezava a persistência, a ordem e a atenção no detalhe.

* * *

Família e tribo

Entretanto, há muitas mentes rodando no inconsciente. Durante seu último ano, Erica se viu inesperadamente sugada por um turbilhão. Deparou-se com os chamados primitivos do lar, da família e da tribo buscando e clamando por ela de maneira que ela nunca previu.

As complicações começaram quando se candidatou à decisão antecipada* para a Universidade de Denver e foi aceita. Os SATs dela não eram bons o suficiente para merecer a admissão, mas seu histórico ajudou.

Quando a carta de admissão chegou de Denver, Erica ficou animada, mas de uma maneira diferente da que alguém na classe social de Harold ficaria. A atitude de Erica foi a de quem veio de uma vizinhança onde os durões sobrevivem e os fracos são engolidos. Para ela, a admissão em Denver não era um símbolo de mérito em honra ao seu maravilhoso eu. Não era um adesivo de janela prestigioso que sua mãe poderia colar no carro. Era a próxima frente na batalha da vida.

Ela levou a carta de admissão separadamente para a mãe e para o pai. Foi quando começou o inferno. É preciso lembrar que Erica tinha descendência mista, metade mexicana, metade chinesa. Ela tinha duas famílias estendidas e passava um tempo com cada uma delas.

De certa maneira, ambas as famílias eram as mesmas. As pessoas em ambos os lados eram ferozmente leais aos seus familiares. Quando perguntam para pessoas ao redor do mundo se concordam com a frase "Independentemente das qualidades e das falhas dos nossos pais, temos de amá-los e respeitá-los", 95% dos asiáticos e 95% dos latinos concordam, comparados a, digamos, apenas 31% de respondentes holandeses e 36% de dinamarqueses.[12]

Ambas as famílias estendidas de Erica faziam piqueniques longos e grandes nos parques nas tardes de domingo, e apesar de a comida ser diferente, a atmosfera era similar. Os avós se sentavam nos mesmos tipos de cadeiras dobráveis azuis à sombra. As crianças formavam pequenos grupos.

---

* Forma de ingresso em universidades dos Estados Unidos, na qual o aluno pede prioridade e, caso aceito, recebe uma resposta em um prazo mais curto. (N. da T.)

Contudo, havia diferenças. Era difícil colocá-las em palavras. Toda vez que ela tentava explicar os contrastes entre seus parentes mexicanos e chineses, acabava caindo em clichês étnicos caducos. A família estendida paterna habitava um mundo de Univision,* futebol, merengue, arroz e feijão, pés de porco e El Dieciséis de Septiembre.** A família estendida materna habitava um mundo de *woks,* histórias de antepassados, horários de lojistas, caligrafia e ditados ancestrais.

Mas diferenças importantes eram tão profundas quanto elusivas. Havia tipos diferentes de bagunças na cozinha, cheiros diferentes a saudavam na porta da frente. As famílias contavam tipos diferentes de piadas sobre seu próprio povo. Os parentes mexicanos de Erica faziam piadas sobre como estavam atrasados para tudo. Seus parentes chineses faziam piadas sobre qual primo bronco cuspiu no chão.

Erica assumia uma personalidade distinta dependendo de qual casa visitava. Com os parentes mexicanos do pai, ficava mais perto das pessoas. Era mais espalhafatosa. Os braços ficavam mais soltos ao redor do corpo. Com os parentes da mãe, era mais deferente, mas quando chegava a hora de pegar uma travessa na mesa do jantar, era mais agressiva. Era chata para comer com seus parentes mexicanos, mas comia as coisas mais nojentas que se pode imaginar com seus parentes chineses. Nos contextos diferentes, tinha idades diferentes. Com a família paterna, agia como uma mulher sexualizada por completo. Com a família materna, ainda agia como uma menina. Anos mais tarde, depois de ter concluído sua educação e conquistado seu caminho para o mundo, ela voltaria e visitaria esses parentes, e imediatamente retornaria às suas velhas personas da infância. "Um homem tem tantos eus sociais quanto o número de indivíduos que o reconhecem e que carregam uma imagem dele na mente", escreveu William James certa vez.[13]

A carta de admissão de Denver criou problemas nos dois grupos de lares. Todo mundo nas famílias de Erica ficou, em certo nível, contente por ela ter entrado em uma instituição tão boa. Mas seu orgulho era um orgulho possessivo, e, embaixo da felicidade, havia camadas de

---

* Rede de televisão em espanhol nos Estados Unidos. (N. da T.)

** Dia da Independência do México. (N. da T.)

suspeita, medo e ressentimento que levaram um bom tempo para se descompactar.

A Academy já havia aberto fendas entre ela e seus parentes. A escola havia comunicado certas mensagens inconscientes. Você é seu próprio projeto, e seu objetivo na vida é preencher suas próprias capacidades. Você é responsável por você mesmo. O sucesso é um êxito individual. Os membros das famílias estendidas dela não necessariamente compartilhavam essas pressuposições.

Seus parentes mexicanos já estavam ressabiados com as mudanças que já haviam tomado a personalidade dela. Assim como a maioria dos mexicanos-americanos, os parentes de Erica estavam sendo assimilados na vida convencional americana. Quando completam trinta anos vivendo nos Estados Unidos, 68% dos latinos possuem casa própria. Na terceira geração, 60% dos imigrantes mexicanos-americanos falam apenas inglês em casa.[14] Contudo, os parentes latinos de Erica tinham pouca experiência com o mundo da educação superior de elite. Suspeitavam, provavelmente de maneira correta, que se Erica fosse para Denver nunca mais seria um deles novamente.

Tinham um senso de barreiras culturais. Dentro de seu próprio mundo, tinham sua herança e cultura, que eram entranhadas, enriquecedoras e profundas. Fora das barreiras, sentiam que não havia herança. A cultura era fina e espiritualmente inerte. Por que alguém ia querer viver nesse solo esparso?

Os parentes chineses de Erica também temiam que ela estivesse prestes a se distanciar para algum mundo frouxo e imoral. Queriam que ela tivesse sucesso mas por meio da família, perto da família e entre a família.

Começaram a pressioná-la a ir para uma faculdade perto de casa, para instituições que fossem menos prestigiosas do que a de Denver. Erica tentou explicar a diferença. Tentou explicar como era útil ir para uma instituição competitiva. Eles pareciam não entender. Pareciam não compreender a alegria que sentiu com o prospecto de se mudar e começar sozinha. Erica começou a perceber que, apesar de se parecer com eles e amá-los, entendia a topografia da realidade de maneira sutilmente diferente.

Acadêmicos como Shinobu Kitayama, da Universidade de Kyoto, Hazel Markus, da Stanford, e Richard Nisbett, da Universidade de Michigan, passaram anos estudando as formas diferentes como asiáticos e ocidentais pensam e percebem o mundo. A lição central do trabalho de Nisbett está contida em um experimento famoso no qual ele mostrou fotos de um aquário para americanos e japoneses e pediu que eles descrevessem o que viam.[15] Em caso após caso, os americanos descreviam o peixe maior e mais proeminente no aquário. Os japoneses fizeram 60% mais referências ao contexto e aos elementos da cena, como a água, as pedras, as bolhas e as plantas no aquário.

A conclusão de Nisbett é que, no geral, os ocidentais tendem a focar de maneira restrita em indivíduos realizando ações, ao passo que asiáticos são mais propensos a focar em contextos e relações. Seu argumento é que desde pelo menos o tempo da Grécia Antiga, o pensamento ocidental enfatizou ação individual, traços permanentes de caráter, lógica formal e categorias claramente delineadas. Por um período ainda mais longo, o pensamento asiático enfatizou contexto, relações, harmonia, paradoxo, interdependência e influências radiantes. "Portanto, para os asiáticos", escreve Nisbett, "o mundo é um lugar complexo, composto por substâncias contínuas, compreensíveis em termos do geral em vez de em termos das partes, e mais sujeito ao controle coletivo do que pessoal".[16]

Essa é obviamente uma generalização ampla, mas Nisbett e vários outros pesquisadores a elaboraram com resultados experimentais e observações convincentes. Pais nativos da língua inglesa enfatizam substantivos e categorias quando falam com seus filhos. Pais coreanos enfatizam verbos e relações.[17] Solicitados a descrever videoclipes de uma cena complexa de aeroporto, alunos japoneses escolhiam muito mais detalhes de fundo do que alunos americanos.[18]

Quando lhes era mostrada a foto de uma galinha, uma vaca e um pouco de grama e solicitados a categorizar os objetos, alunos americanos geralmente aglutinam a galinha e a vaca porque ambas são animais. Alunos chineses são mais propensos a aglutinar a vaca e a grama porque vacas comem grama, e portanto têm uma relação com ela.[19] Quando solicitados a falar sobre seu dia, norte-americanos de 6 anos fazem três vezes mais referências a si mesmos do que chineses com a mesma idade.[20]

Os experimentos nessa linha de pesquisa são diversos. Quando apresentados a um diálogo de mãe e filha discutindo, sujeitos norte-americanos se mostraram propensos a escolher um lado, o da mãe ou o da filha, e descrever quem estava certa. Sujeitos chineses foram mais propensos a ver mérito em ambas as posições.[21] Quando indagados sobre si mesmos, norte-americanos tendem a exagerar a maneira como são diferentes e melhores do que o resto, ao passo que asiáticos exageram os traços que têm em comum e a maneira como são interdependentes.[22] Quando solicitados a escolher entre três computadores — um com mais memória, outro com processador mais rápido e outro que ficava entre os dois —, consumidores norte-americanos tendem a decidir qual característica mais valorizam para si e depois escolhem o computador com maior performance nessa característica.[23] Consumidores chineses tendem a escolher o computador que tem um desempenho mediano em ambas as características.

Nisbett descobriu que chineses e norte-americanos usam padrões diferentes na maneira como enxergavam o mundo. Quando olham para algo como a *Mona Lisa*, norte-americanos tendem a passar mais tempo observando seu rosto. Os olhos chineses realizam mais sacadas, movimentos oculares rápidos, entre o objeto em foco e os objetos de fundo.[24] Isso lhes fornece um senso mais holístico da cena. Por outro lado, uma pesquisa separada descobriu que asiáticos do Leste têm mais dificuldade em distinguir expressões de medo de expressões de surpresa e expressões de nojo de expressões de raiva, porque passam menos tempo focados nessas expressões em torno da boca.[25]

Os parentes mexicanos e chineses de Erica não conseguiriam lhes dizer como a cultura os influenciou, não mais que os estereótipos vagos, mas tinham, sim, um senso de que as pessoas em seu grupo possuíam uma forma distinta de pensar, que sua forma de pensar incorpora certos valores e leva a certas realizações. Deixar isso para trás é a morte espiritual.

Autenticidade

Parentes de ambos os lados imploraram para que Erica ficasse perto de casa. Qualquer jovem na classe social de Harold teria ignorado esses pedidos. É óbvio, ele iria para a faculdade. Para as pessoas no círculo de Harold, o crescimento pessoal tinha mais importância. Mas para os membros das culturas de Erica, a família tinha mais importância. Erica descobriu que estava apegada a essas pessoas de um jeito que precedia a escolha individual. Os preconceitos deles também estavam implantados no cérebro dela.

E havia seus amigos de infância. Vários dos mais antigos haviam rejeitado os valores da Academy. Ela foi por um caminho cultural e eles foram por outro na direção de grupos de rap, drogas e joias ostentosas. Decidiram — conscientemente ou não — preservar sua integridade como excluídos. Em vez de se vender à cultura convencional, viviam em oposição a ela. Esses jovens — brancos, negros, marrons e amarelos — dividiam seu mundo entre cultura branca, que era chata, repressora e idiota, e cultura negra rapper, que era glamorosa, sensual, perigosa e maneira. Seu sentido de integridade era mais importante para eles do que a renda futura (ou então simplesmente não queriam ser inscritos e estavam racionalizando). Em qualquer caso, passavam por uma espiral de oposição contracultural. A maneira como se vestiam, andavam, se sentavam, agiam perto de adultos — todas essas coisas faziam com que fossem admirados pelos seus iguais, porém impediam o sucesso na escola. Por questões de respeito próprio, eram rudes com qualquer adulto que pudesse querer ajudá-los. Disseram para Erica que ela era uma tola por ir embora para aquele clubinho, onde todo mundo olharia para ela com desprezo. Disseram que ela voltaria para a área vestindo os pulôveres rosa da escola e seu short cáqui. Eles queriam ser ricos, mas odiavam os ricos ao mesmo tempo. Ela sabia que eles estavam meio que caçoando, mas ela estava mais do que meio chateada.

Nas semanas depois da formatura, Erica pensou sobre sua vida. Mal conseguia se lembrar das horas que havia passado estudando. Suas memórias mais vívidas envolviam ficar na rua e no parque — ficar de bobeira com seus amigos, sair com os meninos pela primeira vez, ficar bêbada atrás dos depósitos, brincar de pular duas cordas ao mesmo tempo enquanto estava chapada no Clube Meninos & Meninas. Havia passado tantas horas tentando sair desse lugar, mas ela o amava mesmo assim, com mais força porque era tão feio.

O verão depois da formatura do ensino médio devia ter sido um momento de relaxamento e celebração, mas Erica se lembraria dele para sempre como o Verão da "Autenticidade". Seus amigos a chamavam de "Poindexter"* ou apenas de "Denver": "Lá vem a Denver! Ela não está atrasada para a partida em dupla?"

---

* Menino gênio do desenho animado *Gato Félix*. (N. da T.)

Então é claro que fumou mais maconha naquele verão do que antes. É claro que saiu com mais garotos. É claro que ouviu mais Lil Wayne e mais música mexicana e fez de tudo para refutar a impressão do bairro de que ela esqueceu suas raízes. As coisas ficaram ruins em casa com a mãe. Ela ficava fora até as três horas da manhã, dormia na casa de outras pessoas sem avisar e aparecia ao meio-dia do dia seguinte. Sua mãe não sabia nem se tinha o direito de controlar Erica. A menina tinha 18 anos. Mas estava mais preocupada do que nunca. Seus sonhos para a filha de repente estavam em perigo. Alguma coisa terrível podia acontecer — um tiroteio, uma prisão por causa de drogas. Era como se a cultura da rua tivesse saído do túmulo e estivesse puxando sua filha de volta para lá.

Em uma tarde de domingo, Erica voltou para casa e encontrou a mãe arrumada, furiosa e em pé à porta. Erica havia prometido chegar em casa cedo para que fossem em um piquenique familiar juntas, mas tinha esquecido. Ela ficou com raiva quando sua mãe a lembrou do compromisso e subiu com pressa e de mau humor para o quarto para se vestir.

"Muito ocupada para mim!", berrou a mãe. "Não muito ocupada para os manos!" Erica ficou se perguntando onde a mãe aprendeu essa palavra.

Havia cerca de vinte tias, tios, primos e avós no piquenique. Estavam felizes de ver Erica e sua mãe. Abraços em todos. Um homem deu-lhe uma cerveja, o que nunca tinha acontecido antes. O piquenique foi divertido. Os expansivos falaram e falaram. Histórias foram contadas. Como sempre, a mãe de Erica ficou meio apagada no fundo. Ela era a decepção da família, portanto era relegada a um canto silencioso da vida familiar. Mas ela parecia estar acompanhando e assimilando a companhia.

Depois de umas três horas, os mais velhos estavam sentados ao redor de algumas mesas enquanto as crianças ainda corriam. Alguns dos tios e tias começaram a falar sobre Denver. Contaram para ela sobre outros jovens que iam para faculdades locais. Contaram sobre a maneira chinesa, o negócio da família, os empréstimos que passavam de parente a parente. Contaram sobre suas próprias realizações e suas próprias vidas e, com o passar dos minutos, aumentavam a pressão. Não vá para

Denver. Fique aqui. O futuro é promissor aqui. Não foram nem sutis. Eles discursaram e insistiram. "É hora de voltar para o seu povo", disse um tio.

Erica olhou para seu prato vazio. Família — eles conseguem se entranhar sob a pele como ninguém mais consegue. Lágrimas começaram a brotar nos olhos dela.

Aí uma voz calma pôde ser ouvida no outro lado da mesa. "Deixem ela em paz", era sua mãe. A mesa do piquenique ficou em silêncio. O que se seguiu não foi nem sequer um discurso. Sua mãe estava tão nervosa e ainda assim tão furiosa que apenas emitiu uma série de enunciados desconexos. "Ela se esforçou muito... É o sonho dela... Ela conquistou o direito de ir... Vocês não a veem no quarto noite após noite. Vocês não veem o quanto ela superou, o que aconteceu em casa." Finalmente, ela apenas deu uma olhada em seus parentes. "Eu nunca quis tanto uma coisa na minha vida quanto quero que ela vá para esse lugar e faça esse negócio."

O pequeno discurso não parou toda a discussão. Os tios ainda achavam que ela estava errada e ainda discursaram. No entanto, o equilíbrio das forças havia mudado na cabeça de Erica. Sua mãe a havia defendido na frente da família. O senso de convicção de Erica voltou, e quando ela se colocava em uma posição, não tinha como tirá-la de lá.

O clube

Mesmo assim, ir embora não foi fácil. Deixar o lar da infância nunca o é. Em 1959, quando a escritora Eva Hoffman tinha 13 anos, sua família emigrou da Polônia para o Canadá. A Polônia pairou para sempre nos confins de sua mente. "O país da minha infância vive dentro de mim com uma primazia que é uma forma de amor", escreveu anos depois.[26] "Ele me alimentou de linguagem, percepções, sons, da raça humana. Ele me deu as cores e as rugas da realidade, meus primeiros amores. O teor absoluto desses amores nunca pode ser recapturado. Nenhuma geometria da paisagem, nenhuma neblina no ar vai viver em nós tão intensamente quanto as paisagens que vimos como as primeiras e aos quais nos entregamos por inteiro, sem reserva."

Entretanto, Erica realmente foi, e no começo de setembro se viu em um dormitório em Denver.

Universidades de elite são ótimas máquinas de desigualdade. São nominalmente abertas a todos os candidatos, independentemente da renda. Têm pacotes excessivos de financiamento para os que não podem pagar. Mas a realidade é que a competição elimina a maioria daqueles que não são da classe média alta. Para preencher os requerimentos da admissão, realmente ajuda ter crescido na atmosfera do refinamento conjunto. Ajuda ter tido todo o tempo de leitura em família, os tutores, os treinadores e a supervisão extracurricular.

Denver deu à Erica a chance de estar perto de pessoas influentes e de ver como se comportavam umas com as outras. Aprendeu como socializavam, como se cumprimentavam, como dormiam uns com os outros, o que um cara naquela cultura dizia quando queria transar com você e o que uma menina naquela cultura dizia para mantê-lo a distância. Denver foi como um programa de intercâmbio cultural. Ela não conhecia essa expressão quando chegou lá, mas, em Denver, Erica adquiriu o que o grande sociólogo Pierre Bourdieu chamou de "capital cultural" — esses gostos, opiniões, referências culturais e estilos de conversa que vão lhe permitir crescer na sociedade educada.

Na verdade, não foi a riqueza dos alunos que chocou Erica e estremeceu sua confiança. Ela descobriu que tinha facilidade em menosprezar um cara que destruía sua BMW um dia e vinha com o Jaguar da família no dia seguinte. Foi o conhecimento. Ela trabalhou arduamente na Academy para se preparar para Denver. No entanto, alguns desses alunos vinham se preparando a vida toda. Estiveram no local onde a Batalha de Agincourt teve lugar. Estiveram na China e passaram um verão durante o ensino médio dando aula para crianças no Haiti. Sabiam quem era Lauren Bacall e em qual escola F. Scott Fitzgerald tinha estudado. Pareciam entender todas as referências que os professores lançavam. Um professor fazia referência a Mort Sahl ou a Tom Lehrer e eles riam indicando conhecimento. Sabiam estruturar os trabalhos de maneira que ela nunca havia aprendido. Ela deu uma olhada naqueles alunos e pensou em seus amigos de seu antigo bairro que ainda estavam trabalhando no shopping ou passeando na rua. Seus amigos em casa não estavam defasados apenas quatro anos em relação a esse pessoal em Denver. Estavam defasados uma eternidade.

Erica teve aulas de economia, ciência política e contabilidade. Passava o dia na Faculdade de Administração e estava presente quando palestrantes visitantes apareciam. Era muito realista e prática. Porém, alguma coisa a incomodava nessas aulas. Em várias delas, Erica tinha aulas com economistas e cientistas políticos que presumiam que seres humanos são mais ou menos iguais. Você coloca alguns incentivos na frente deles, independentemente de suas diferenças culturais, e vão responder de formas previsíveis, governadas por lei e racionais.

Essa presunção faz da ciência social uma ciência. Se comportamento não é governado por leis e regulamentações imutáveis, então modelos quantitativos se tornam impossíveis. A disciplina perde seu valor previsor. É tudo apenas subjetividade embaçada e motivada pelo contexto.

E, no entanto, Erica cresceu no meio de várias pessoas que não respondiam de maneira previsível aos incentivos. Muitos de seus amigos largaram o ensino médio quando todos os incentivos apontavam para a outra direção. Muitos deles tomaram decisões que eram simplesmente inexplicáveis, ou não tomaram decisão alguma porque eram reféns de vícios, doenças mentais ou outras impulsões. Ademais, as diferenças culturais simplesmente tinham um papel muito grande em suas vidas. O que realmente importava, de acordo com a impressão que Erica tinha, era a autointerpretação. A maneira como as pessoas se definiam tinha um grande impacto em como se comportavam e respondiam a situações. Nada disso parecia ter nenhum papel nos cursos que estava fazendo.

Então Erica estava voltada, apesar de seus planos bem-estruturados, para uma direção acadêmica diferente. Não abandonou todos os cursos do tipo pré-MBA, mas os suplementou. Viu-se atraída, entre tantas opções, pela antropologia. Queria estudar culturas — o quão diferentes eram e como se chocavam.

À primeira vista, era uma matéria absurdamente impraticável para uma aspirante a magnata estudar. Mas Erica, sendo Erica, rapidamente transformou isso em um plano estratégico de negócios. Toda sua vida teve a ver com culturas em choque — mexicana/chinesa, classe média/classe baixa, o gueto/a Academy, a rua/a universidade. Ela já entendia como era mesclar culturas diferentes. Em um mundo globalizante, esse conhecimento provavelmente seria útil. Na faculdade, aprenderia como algumas empresas criaram culturas corporativas bem-sucedidas e como algumas fracassaram nessa tarefa. Aprenderia sobre como corporações globais lidavam com diversidade cultural. Em um mundo de negócios repleto de engenheiros e pessoas de finanças, ela saberia de cultura. Essa seria sua proposição ímpar de venda. Sempre haveria um mercado para habilidades como essa. Afinal de contas, quantas mulheres chinesas-chicanas viciadas em trabalho vindas do gueto as pessoas conhecem?

A mente estendida

Há milhões de anos, animais vagavam pela Terra. Como argumentou Michael Tomasello, animais mais espertos, como os símios, são na verdade muito bons em inventar soluções inovadoras para problemas comuns.[27] O que não fazem bem é passar suas descobertas para gerações futuras. Animais não humanos parecem não ter o impulso de ensinar. Você pode ensinar a linguagem dos sinais a um chimpanzé, mas ele não vai ensinar a linguagem dos sinais para seus companheiros ou filhos para que possam falar uns com os outros.[28]

Os humanos são diferentes. Os humanos começam a vida bem atrás de outros animais. Eles têm um grupo difuso de instruções genéticas, então quando nascem, e por anos depois disso, não conseguem sobreviver sozinhos. Como colocou o grande antropólogo Clifford Geertz, o homem é um "animal incompleto. O que o distingue mais graficamente dos não homens", continuou Geertz, "é menos sua simples habilidade de aprender (não importa quão grande seja) do que quanto e que espécie particular de coisas *tem* de aprender antes de poder de fato funcionar".[29]

Os humanos têm êxito porque possuem a habilidade de desenvolver culturas avançadas. A cultura é uma coleção de hábitos, práticas, crenças, argumentos e tensões que regulam e guiam a vida humana. A cultura transmite certas soluções práticas para problemas diários — como evitar plantas venenosas, como formar estruturas familiares bem-sucedidas. A cultura também educa as emoções, como observou Roger Scruton. Consiste em narrativas, feriados, símbolos e obras de arte que contêm mensagens implícitas e por vezes despercebidas sobre como sentir, como reagir, como predizer significado.

Uma única mente humana não conseguiria lidar com a vasta variedade de estímulos fugazes que são jogados perante ela. Conseguimos funcionar no mundo apenas porque estamos inseridos no andaime da cultura. Absorvemos culturas étnicas, culturas institucionais, culturas regionais, que se encarregam da maior parte do pensamento para nós.

A raça humana não é impressionante porque gênios eminentes produzem obras-primas individuais. A raça humana é impressionante porque grupos de pessoas criam andaimes mentais que guiam o pensamento futuro. Nenhum indivíduo conseguiria construir um avião moderno, mas empresas modernas contêm o conhecimento institucional que permite que grupos os projetem e os construam.

"Construímos 'ambientes de projeto' nos quais a razão humana é capaz de ultrapassar em muito o âmbito computacional do cérebro biológico diminuído", escreve o filósofo Andy Clark.[30] Ao contrário de outros animais, continua ele, os humanos têm a habilidade de dissipar o raciocínio — de construir arranjos sociais que contêm os corpos do conhecimento.

Clark acredita que cérebros humanos

> não são tão diferentes dos órgãos fragmentados, de objetivo especial, orientados para a ação que outros animais e robôs autônomos possuem. Mas nos sobressaímos em um ponto crucial: somos mestres em estruturar nossos mundos físicos e sociais a fim de extrair comportamentos complexos e coerentes dessas fontes indisciplinadas. Usamos a inteligência para estruturar nosso ambiente a fim de que possamos ter sucesso com menos inteligência. Nossos cérebros fazem o mundo ser inteligente para que possamos ser burros em paz! Ou, para ver de outra forma, é o cérebro humano e mais esses pedaços de andaimes externos que finalmente constituem a máquina de inferência esperta e racional que chamamos de mente. Visto dessa maneira, no final somos inteligentes — mas nossas fronteiras se estendem para mais longe no mundo do que poderíamos ter suposto inicialmente.[31]

* * *

Culturas que dão certo

Erica fez cursos de sociologia, psicologia, história, literatura, marketing e economia comportamental — tudo que achou que pudesse ajudá-la a entender os andaimes compartilhados da mente humana.

Todas as culturas compartilham certos atributos em comum guardados em nossa herança genética. Os antropólogos nos dizem que todas as culturas distinguem cores. Ao fazê-lo, todas as culturas começam com palavras para branco e preto. Se a cultura adiciona uma palavra para uma terceira cor, é sempre o vermelho.[32] Todos os humanos, por exemplo, registram as mesmas expressões faciais básicas para medo, nojo, felicidade, desprezo, raiva, tristeza, orgulho e vergonha. Crianças que nascem cegas mostram emoção em seus rostos da mesma maneira que as crianças que nasceram com visão.[33] Todos os humanos dividem o tempo em passado, presente e futuro. Quase todos temem, pelo menos a princípio, aranhas e cobras, criaturas que ameaçavam seus ancestrais da Idade da Pedra. Todas as sociedades humanas produzem arte. Todas desaprovam, pelo menos em teoria, o estupro e o assassinato. Todas sonham com a harmonia e veneram a Deus.

Em seu livro *Human Universals* (Universais humanos), Donald E. Brown lista traços que as pessoas de todos os lugares compartilham.[34] A lista não tem fim. Todas as crianças têm medo de estranhos e preferem soluções com açúcar do que água pura desde o nascimento. Todos os humanos gostam de histórias, mitos e provérbios. Em todas as sociedades, os homens se envolvem mais em violência em grupo e viajam para mais longe de casa do que as mulheres. Em todas as sociedades, os maridos são em geral mais velhos do que suas esposas. Pessoas em todos os lugares se classificam de acordo com o prestígio. Pessoas de todos os lugares dividem o mundo entre aqueles dentro de seu grupo e aqueles fora. Essas tendências estão todas armazenadas bem abaixo da consciência.

Contudo, ninguém vive em uma coisa universal chamada cultura. Vivem apenas em culturas específicas, cada uma das quais se difere das outras. Peças escritas e produzidas na Alemanha são três vezes mais propensas a ter finais trágicos ou infelizes do que peças escritas e produzidas nos Estados Unidos.[35] Metade de todas as pessoas na Índia e no Paquistão diz que se casaria sem amor, mas apenas 2% das pessoas no Japão fariam isso.[36] Quase 1/4 dos norte-americanos diz que frequentemente teme dizer as coisas erradas em situações sociais, ao passo que 65% de todos os japoneses dizem temer isso com frequência.[37] Em seu livro *Drunken Comportment* (Postura bêbada), Craig MacAndrew e Robert B. Edgerton descobriram que, em algumas culturas, homens bêbados entram em brigas, mas em outras quase nunca fazem isso.[38] Em algumas culturas, homens bêbados ficam mais amorosos, mas em outras culturas isso não ocorre.

Pesquisadores da Universidade da Flórida observaram casais tomando café em cidades diferentes do mundo.[39] Em Londres, os casais raramente se tocam. Em Paris, 110 toques foram observados por café. Em San Juan, Porto Rico, foram 180.

Como reportam Nicholas A. Christakis e James H. Fowler em *O poder das conexões*, 10% dos norte-americanos em idade ativa reportam sofrer de dores nas costas, assim como 45% das pessoas na Dinamarca, que reportam o mesmo, e 62% das pessoas na Alemanha. Algumas culturas asiáticas têm índices bem baixos de dores nas costas, mas várias pessoas daquela região sofrem de *koro*, uma condição na qual homens são atingidos pelo sentimento de que seu pênis está se retraindo para dentro do corpo. O tratamento envolve pedir que um membro confiável da família segure o pênis 24 horas por dia até que a ansiedade vá embora.

Se você esbarrar com um homem na rua no norte dos Estados Unidos, o nível de testosterona em seu fluxo sanguíneo não vai subir notavelmente. Mas se você esbarrar com um homem na rua no sul dos Estados Unidos, onde a cultura da honra prevalece mais, provavelmente vai haver um forte pico de produção de cortisol e de testosterona.[40] Cidades do sul são duas vezes mais propensas a ter palavras como "*gun*" (arma) em seus nomes (Gun Point, Flórida), ao passo que cidades do norte têm mais do que o dobro de propensão de ter palavras como "*joy*" (alegria) em seus nomes.[41]

Um constructo cultural como a linguagem pode mudar a maneira como as pessoas veem o mundo.[42] Guugu Yimithirr, uma língua aborígene na Austrália, é uma das línguas de referencial geográfico do mundo. As pessoas não dizem "Erga sua mão direita" ou "Dê um passo para trás". Elas dizem "Erga sua mão norte" ou "Dê um passo para o leste". As pessoas que falam línguas de referencial geográfico têm incrível senso de orientação. Sempre sabem onde fica o norte, mesmo em cavernas. Um falante da língua tzeltal do México foi vendado e rodado vinte vezes. Ainda assim não teve dificuldade em apontar norte, sul, leste e oeste.

Dessa maneira, culturas imprimem alguns padrões em nosso cérebro e dissolvem outros. Devido ao fato de Erica ter nascido nos Estados Unidos, ela tinha um senso nítido de quando alguma coisa era cafona, apesar de que não teria conseguido definir com facilidade o que a tornava cafona. Sua cabeça estava repleta do que Douglas Hofstadter chama de "padrões abstratos confortáveis mas um tanto impossíveis de definir", que eram implantados pela cultura e organizavam seu pensamento em conceitos como: desprezível, jogo limpo, sonhos, bobeira, excêntrico, despeito, objetivos e você e eu.[43]

Erica aprendeu que uma cultura não é um livro de receitas que cria uniformidade. Cada cultura tem seus próprios debates e tensões internas. Alasdair MacIntyre ressalta que cada cultura vital contém uma continuidade de conflito, o que abre espaço para comportamentos divergentes. Além disso, na era da globalização as culturas não são convergentes. Parecem estar ficando mais distantes.[44]

Também aprendeu que nem todas as culturas são iguais. Sabia que não devia achar que são. Estava em Denver há tempo suficiente para saber que devia achar todas as culturas maravilhosas e que eram todas maravilhosas na sua maneira única. Mas ela não era uma menina rica de escola particular. Não tinha tempo para esse tipo de besteira. Precisava saber o que levava ao sucesso e o que levava ao fracasso. Olhou para o mundo e para a história procurando por dicas e lições úteis que pudesse usar.

Ela se deparou com um professor da Stanford chamado Thomas Sowell, que escreveu uma série de livros denominados *Race and Culture* (Raça e cultura), *Migrations and Cultures* (Migrações e culturas) e *Conquests and Cultures* (Conquistas e culturas). Ele falou algumas das coisas que ela precisava saber. Erica tinha noção de que não devia aprovar Sowell. Nenhum de seus professores o aprovava. Porém, suas descrições iam ao encontro do mundo no qual ela se via todos os dias. "As culturas não existem como simples 'diferenças' estáticas, para serem celebradas", escreveu

Sowell.[45] Elas "competem umas com as outras como formas melhores ou piores de conseguirmos fazer coisas — melhores ou piores não do ponto de vista de algum observador, mas do ponto de vista dos povos em si, conforme administram e aspiram em meio às realidades ásperas da vida".

Erica percebeu que alguns grupos pareciam superar seus vizinhos e colegas. Haitianos e dominicanos compartilham uma ilha, mas os dominicanos têm um PIB per capita quase quatro vezes maior do que o de seus vizinhos.[46] A expectativa de vida entre os dominicanos pode ir a 18 anos a mais e os índices de leitura chegam a ser 33 pontos percentuais maiores. Judeus e italianos ambos viviam no Lower East Side de Manhattan durante a primeira metade do século XX, mas os judeus cresceram mais rápido.

Ela notou que alguns grupos se faziam vitoriosos sempre que colonizavam. Os libaneses e os indianos gujarati tornaram-se mercadores de sucesso em diferentes sociedades com diferentes condições ao redor do mundo. No Ceilão, em 1969, a minoria tâmil forneceu 40% de todos os universitários no campo das ciências, incluindo 48% de todos os alunos de engenharia e 49% de todos os alunos da área médica.[47] Na Argentina, 46% dos empresários no *Who's Who** eram estrangeiros. No Chile, 3/4 dos diretores de grandes empreendimentos industriais eram imigrantes ou filhos de imigrantes.[48]

Em escolas norte-americanas, crianças sino-americanas disparavam na frente. Quando entram no jardim de infância, sino-americanos estão quatro meses na frente de crianças latinas no reconhecimento de letras e outras habilidades de pré-leitura.[49] Fazem cursos de ensino médio mais exigentes do que o aluno norte-americano comum. Fazem muito mais dever de casa toda noite. São mais propensas a punições em casa se tirarem nota inferior a 6,5. Aproximadamente 54% dos ásio-americanos entre 25 e 29 anos de idade se formaram em faculdades, comparados a 34% de norte-americanos brancos nascidos nos Estados Unidos.[50]

Essas diferenças culturais podem produzir desigualdades incríveis. Ásio-americanos têm uma expectativa de vida de 87 anos comparados aos 79 anos dos brancos e aos 73 anos dos afro-americanos. Em

---

* Publicações que mostram dados biográficos sobre um grupo específico de pessoas. É um título em domínio público que nomeia compilações ao redor do mundo. (N. da T.)

Michigan, um estado com economia em crise, a expectativa de vida do ásio-americano é de 90, enquanto que a do branco comum é de 79 e a do afro-americano comum é de 73. Renda e níveis de educação também são muito mais altos. O ásio-americano comum em Nova Jersey vive incríveis 26 anos a mais e é 11 vezes mais propenso a ter um diploma do que o indiano-americano comum em Dakota do Sul.[51]

Erica também percebeu que algumas culturas são mais corruptas do que outras. No estudo *Cultures of Corruption* (Culturas da corrupção), Raymond Fisman e Edward Miguel tiraram vantagem de um experimento natural.[52] Até 2002, diplomatas na cidade de Nova York podiam evitar multas de estacionamento. Fisman e Miguel analisaram os dados de 1.700 trabalhadores consulares e suas famílias para ver quem tirava vantagem de sua imunidade e quem não tirava. Descobriram que diplomatas de países que estão no topo da lista de corrupção da Transparência Internacional acumulavam grandes números de multas não pagas, ao passo que diplomatas de países no final da lista mal tinham multas. Entre 1997 e 2002, diplomatas do Kuwait acumularam 246 violações de estacionamento por diplomata. Diplomatas do Egito, Chade, Nigéria, Sudão, Moçambique, Paquistão, Etiópia e Síria também tinham números incríveis de violações. Enquanto isso, diplomatas da Suécia, Dinamarca, Japão, Israel, Noruega e Canadá não tinham violação alguma. Mesmo a milhares de quilômetros de casa, os diplomatas ainda levavam suas normas culturais domésticas dentro da cabeça. Os resultados não eram influenciados por salário, idade ou nenhum outro dos controles medidos.

Erica percebeu, em suma, que certas culturas são mais bem-adaptadas para o desenvolvimento moderno do que outras. Em uma determinada aula, teve de ler um livro chamado *The Central Liberal Truth* (A verdade liberal central), de Lawrence E. Harrison. As pessoas no que ele chama de culturas com tendências ao progresso pressupõem que são capazes de moldar seu próprio destino.[53] Pessoas em culturas resistentes ao progresso são mais fatalistas.[54] Pessoas em culturas com tendências ao progresso pressupõem que a riqueza é o produto da criatividade humana e é expansível. Pessoas em culturas resistentes ao progresso têm pressuposição de soma zero de que aquilo que existe agora existirá para sempre.

Pessoas em culturas com tendências ao progresso vivem para trabalhar, argumenta ele. Pessoas em culturas resistentes ao progresso trabalham para viver. Pessoas em culturas com tendências ao progresso compartilham outros valores: são mais competitivas; são mais otimistas; valorizam a organização e a pontualidade; depositam ênfase incrível na educação; não veem suas famílias como uma fortaleza em um mundo hostil, elas a veem como uma passagem para a sociedade maior; internalizam a culpa e se responsabilizam pelo que acontece; não externalizam culpa nem acusam os outros.

Erica estava convencida de que essa subestrutura cultural moldava decisões e comportamentos mais do que a maioria dos economistas e a maioria dos líderes de negócios percebiam. Era ali que estava a ação.

Memorando para si mesma

Mais tarde em sua carreira universitária, Erica abriu o laptop e escreveu um memorando para si mesma. Tentou escrever algumas lições ou regras que a ajudariam a resumir o que havia aprendido estudando diferenças culturais. A primeira máxima que escreveu foi "Pense em redes".

A sociedade não é definida por classes, como acreditavam os marxistas. Não é definida por identidade racial. E não é uma coleção de individualistas rudes, como acreditam alguns libertários econômicos e sociais. Ao contrário, concluiu Erica, a sociedade é uma superposição de redes.

Quando estava entediada, ela realmente se sentava e desenhava gráficos de redes para si e para os amigos. Às vezes, colocava o nome de um amigo no meio de um pedaço de papel e então desenhava traços para todas as conexões principais na vida daquela pessoa, e depois desenhava traços mostrando com que força esses centros eram conectados uns aos outros. Se saía com amigos na noite anterior, talvez desenhasse um gráfico mostrando como todas as pessoas no grupo eram conectadas socialmente.

Erica tinha a certeza de que entenderia melhor as pessoas se as visse conectadas e em um contexto. Queria se treinar a pensar sobre as pessoas como criaturas inseridas, cujas decisões emergiam de um ambiente mental específico.

"Seja a cola", escreveu Erica a seguir. Olhava para os gráficos de suas redes e se perguntava: "Do que consistem esses traços conectando as pessoas?" Em poucos casos específicos, é o amor. Mas na maioria dos locais de trabalho, e na maioria dos grupos sociais, os laços não eram tão passionais. A maioria dos relacionamentos é estabelecida pela confiança.

Confiança é reciprocidade habitual que se torna revestida de emoção. Cresce quando duas pessoas iniciam voleios de comunicação e cooperação e lentamente aprendem que podem confiar umas nas outras. Logo, membros de uma relação de confiança se tornam dispostos a não só cooperar entre si, mas a sacrificar-se um pelo outro.

Confiança reduz fricção e custos de transação. Pessoas em empresas repletas de confiança se movem com flexibilidade e coesão. Pessoas que vivem em culturas confiantes formam mais organizações comunitárias. Pessoas em culturas confiantes acham mais fácil organizar e operar grandes corporações. Confiança cria riqueza.

Erica percebeu que há níveis diferentes de tipos diferentes de confiança em comunidades diferentes, escolas diferentes, dormitórios diferentes e universidades diferentes. Em seu estudo clássico *The Moral Basis of a Backward Society* (A base moral de uma sociedade atrasada), Edward Banfield percebeu que camponeses no sul da Itália compartilhavam uma grande parcela de confiança com membros de sua própria família, mas eram muito desconfiados de pessoas fora de suas fronteiras familiares. Isso dificultava que formassem grupos comunitários ou que construíssem empresas que fossem maiores do que a unidade familiar. Alemanha e Japão têm altos níveis de confiança social, permitindo que construam empresas industriais fortemente unidas.[55] Os Estados Unidos são uma sociedade coletiva que acha que é individualista. Se você pedir que um norte-americano descreva seus valores, eles darão as respostas mais individualistas de todas as nações do mundo. No entanto, se vocês realmente observarem como os norte-americanos se comportam, verão que confiam uns nos outros instintivamente e formam grupos de forma espontânea.

Erica decidiu que nunca trabalharia em um lugar onde as pessoas não confiassem umas nas outras. Assim que arrumasse um emprego, seria a cola. Seria a que organiza saídas, faz conexões, constrói confiança. Levaria informação de uma pessoa a outra. Conectaria um trabalhador ao outro. Se todo mundo ao seu redor desenhasse um gráfico das redes de sua vida, ela estaria em todos.

A máxima final que Erica escreveu para si naquele dia foi: "Seja uma integradora de ideia e espaço." Erica percebeu que os artistas mais formidáveis frequentemente combinam o que Richard Ogle chama em seu livro *Smart World* (Mundo esperto) de dois espaços mentais. Picasso herdou as tradições da arte ocidental, mas também respondeu às máscaras da arte africana. A mescla desses dois espaços de ideias criou *Les Demoiselles d'Avignon* e o surto criativo do pintor.[56]

Erica resolveu que sempre tentaria se posicionar na junção entre dois espaços mentais. Em organizações, tentaria se posicionar na junção de dois departamentos ou preencher os vazios entre eles. Ronald Burt, da Universidade de Chicago, tem um conceito que chama de buracos estruturais.[57] Em qualquer sociedade, há grupos de pessoas fazendo certas tarefas. Todavia, há buracos entre esses grupos, lugares intermediários onde não há pessoas e não há estrutura. Esses são os lugares onde o fluxo de ideias para, os buracos separando uma parte da empresa da outra. Erica ocuparia espaço nesses buracos. Ela abrangeria a distância de um grupo de pessoas ao outro — buscaria grupos discordantes e uniria suas ideias. Em um mundo de redes e culturas discordantes, ela encontraria seu destino e seu papel.

CAPÍTULO 10

INTELIGÊNCIA

Erica não teve de achar seu caminho nos negócios. Os negócios a encontraram. Recrutadores a perseguiam desde o terceiro ano até o final da Faculdade de Administração, e ela os evitou como uma herdeira em um romance vitoriano, resguardando-se cuidadosamente para o pretendente adequado.

Flertou com finanças, ficou para valer por um tempo com uma empresa de tecnologia, mas eventualmente decidiu começar sua carreira com uma das firmas de consultoria de elite. A empresa lhe ofereceu uma escolha. Podia juntar-se ao que chamavam de "grupos de capacidade funcional" ou a um dos grupos de "setor indústria-clientela". Não era uma escolha de verdade porque ela não sabia ao certo o que cada um fazia.

Escolheu um GCF, porque de alguma maneira soava mais legal, e acabou trabalhando para um homem chamado Harrison. Três vezes por semana, Harrison reunia sua equipe para uma reunião sobre os projetos de pesquisa nos quais estavam trabalhando. As reuniões não aconteciam ao redor de uma mesa com um viva voz no meio como um altar, como nas reuniões normais. Harrison, com suas ideias excêntricas e peculiares, havia contratado alguns designers de interior para construir um espaço de conversa diferente. A equipe se sentava em cadeiras baixas acolchoadas em uma vasta área aberta que parecia uma grande sala de estar.

A organização tinha a intenção de ser flexível e permitir que pequenos grupos se amontoassem, porém permitia que grandes grupos de homens se evitassem mutuamente. Entravam às dez horas da manhã e jogavam seus cafés e papéis no chão, sutilmente ajustando-os para que ficassem um pouco desorganizados. As cadeiras ficavam em um círculo irregular, e cada uma ficava levemente desalinhada, de modo que um cara estaria olhando para a janela, outro cara estaria olhando para uma peça de arte corporativa na parede, e um terceiro estaria de frente para a porta. Os membros da equipe podiam passar uma hora inteira sem nunca fazer contato visual, mesmo quando estavam falando juntos prazerosa e produtivamente.

Harrison tinha cerca de 35 anos, era pálido, grande mas não atlético e completamente brilhante. "Qual é a sua lei de potência preferida?", perguntou para Erica durante uma de suas primeiras reuniões com a unidade. Erica realmente não sabia o que era isso.

"É um polinômio com invariância de escala. Como a Lei de Zipf." A Lei de Zipf, Erica foi informada mais tarde, diz que a palavra mais comum em qualquer língua vai aparecer com exatamente duas vezes mais frequência do que a próxima palavra mais comum, e assim por diante até a menos comum. A maior cidade em qualquer grande nação vai ser duas vezes mais populosa do que a próxima maior cidade, e por aí vai.

"Ou a Lei de Kleiber!", concordou outro funcionário. A Lei de Kleiber diz que há uma relação constante entre massa e metabolismo em qualquer animal. Animais pequenos têm metabolismo mais rápido e animais grandes têm metabolismo mais lento, e você pode representar graficamente a proporção de massa em relação ao metabolismo de todos os animais em uma linha reta, da menor bactéria ao maior hipopótamo.

A sala inteira de repente estava em polvorosa com as leis de potência. Todos, menos ela, tinham suas favoritas. Erica se sentiu incrivelmente retardada perto daqueles caras, mas feliz porque trabalharia com eles. As reuniões diárias eram outra amostra de grandes exibições intelectuais. Eles se jogavam em suas cadeiras — cada vez mais estirados conforme a reunião prosseguia até que estavam praticamente na horizontal com a barriga para cima e os sapatos sociais cruzados à frente — e cerca de uma vez por reunião haveria alguma intervenção brilhante. Certo dia, passaram uma hora discutindo se "jazz" era a melhor palavra de todas para um jogo da forca.

"Imagine se as peças de Shakespeare tivessem títulos como os livros de suspense do Robert Ludlum?", perguntou-se uma pessoa da equipe certo dia.

"A sanção de Rialto", sugeriu alguém imediatamente.

"A vacilação de Elsinore", piou outra pessoa, para *Hamlet.*

"O reflorestamento de Dunsinane", exclamou outra, para *Macbeth.*[1]

Esses caras foram definidos como gênios antes de andar. Era como se todos tivessem sido especialistas em College Bowl* ou em debates universitários. Harrison mencionou certa vez que tinha largado a Faculdade de Medicina porque era muito fácil. Se alguém mencionasse que uma pessoa em outro país era inteligente, perguntavam: "Mas é inteligente como nós?"

Erica fez uma aposta com ela mesma. Ela se permitia comer um M&M para cada segundo que passava entre o momento em que Harrison mencionava o nome de alguém até o momento em que indicava se foi ou não para Harvard, Yale ou para o MIT.

E havia os silêncios. Se não estivessem tendo debates ferozes sobre metodologias e conjuntos de dados, o grupo todo ficava perfeitamente satisfeito em se sentar em silêncio — por segundos e minutos. Para a Erica urbana-étnica, isso era tortura. Ela se sentava ereta em sua própria cadeira, olhando para os pés, repetindo um mantra silenciosamente: "Não vou quebrar esse silêncio. Não vou quebrar esse silêncio. Não vou quebrar esse silêncio."

Erica se perguntava como esses gênios conseguiam ficar em silêncio desse jeito. Talvez a questão fosse apenas que eles eram homens em sua maioria e as poucas mulheres no grupo tinham aprendido a se adaptar à cultura masculina ao longo do tempo. Erica, é claro, tinha crescido com a noção popular de que os homens são menos comunicativos e empáticos do que as mulheres. E há bastante evidência científica para sustentar isso. Bebês do sexo masculino fazem menos contato visual com suas mães do que bebês do sexo feminino, e quanto maior o nível de testosterona no útero durante o primeiro trimestre de gravidez, menor o contato visual.[2] Simon Baron-Cohen, de Cambridge,

---

* Programa de perguntas e respostas que começou no rádio e depois foi para a televisão, estrelando alunos de universidades norte-americanas. (N. da T.)

analisou a literatura de pesquisa sobre comunicação e sentimentos masculinos e concluiu que homens são mais curiosos sobre sistemas e menos curiosos sobre emoções. São, na média, mais inclinados a análises baseadas em regras acerca de como objetos inanimados se encaixam. As mulheres são, na média, melhores em sentirem empatia. Saem-se melhor em experimentos nos quais recebem dicas parciais e têm de adivinhar o estado emocional de uma pessoa.[3] Geralmente são melhores em memória verbal e fluência verbal.[4] Não necessariamente falam mais do que os homens, mas parecem se alternarem mais quando falam, e são mais propensas a falar sobre os outros enquanto os homens são muito mais propensos a falar sobre eles mesmos.[5] As mulheres são muito mais propensas a procurar a ajuda de alguém quando estão em situação de estresse.

Entretanto, Erica já havia estado em grupos de homens e não foi sempre assim. Essa cultura era peculiar e moldada de baixo para cima. Harrison havia transformado estranheza social em uma forma de poder. Quanto mais se tornava enigmático, mais todos tinham de prestar atenção nele.

Comia o mesmo almoço todo dia: sanduíche de *cream cheese* com azeitona. Quando menino, desenvolveu uma fórmula para ajudá-lo a prever o vencedor de corridas de cães, e agora sua função era se ater a padrões ocultos. "Você leu as notas de rodapé no relatório da empresa?", perguntou misteriosamente para Erica depois que o grupo ganhou um novo cliente. "Elas estão prestes a passar por um momento de transição." Ela leu as notas com toda atenção e ainda assim não fazia ideia do que ele estava falando.

Ele estudava gráficos por horas e horas — preços de ações, níveis anuais de produção de cacau, padrões de clima e produção de algodão.

Podia ser profundamente impressionante. Clientes o respeitavam mesmo que não o amassem. CEOs eram humildes em sua presença. Todo mundo acreditava que Harrison podia olhar para uma página com números e dizer-lhes se estariam falidos ou em expansão dali a cinco anos. Harrison compartilhava essa atitude reverencial em relação a sua intelegência. Tinha certeza de várias coisas — de tudo, na verdade —, mas tinha mais certeza de duas proposições: ele era muito inteligente, e a maioria das pessoas do mundo não era.

Por alguns anos, Erica gostou de trabalhar com esse homem, mesmo com toda a estranheza que vinha junto. Gostava de observá-lo falar sobre filosofia moderna. Ele era muito bom no bridge. Amava qualquer jogo intelectual com um grupo fixo de regras. Às vezes, ela o ajudava a converter suas ideias, que eram sempre incrivelmente complexas, para a linguagem da realidade quotidiana. Mas, gradualmente, ela começou a notar uma coisa. O departamento não estava indo muito bem. Os relatórios eram brilhantes, mas os negócios estavam péssimos. Clientes novos vinham, mas raramente duravam. As pessoas usavam os serviços deles para projetos específicos, mas nunca levavam a equipe para uma empreitada como consultores confiáveis.

Erica demorou um tempo surpreendentemente longo para chegar a essa conclusão, mas quando chegou, ela olhou para seu grupo com um olhar diferente e mais crítico. As reuniões se estendiam por toda a eternidade, percebeu ela, mas havia pouco debate de verdade. Em vez disso, todo mundo trazia pequenos pedaços de informação que confirmavam teorias que Harrison havia inventado anos antes. Erica sentiu como se estivesse vendo cortesãos levando balas para o rei e vendo-o saboreá-las na presença de todos.

A locução favorita de Harrison era: "Isso é tudo o que você precisa saber!" Fazia alguma observação precisa e sentenciosa sobre uma situação complexa e depois vociferava: "Isso é tudo o que vocês precisam saber!" Ocorreu a Erica que às vezes não era tudo o que precisavam saber, mas a conversa tinha efetivamente terminado.

E tinha o Modelo. Muitos anos antes, Harrison tivera um grande sucesso reestruturando um banco. Era uma lenda na comunidade bancária. Agora, toda vez que um banco ia até ele, tentava implementar o Modelo. Tentava em bancos grandes e bancos pequenos, bancos urbanos e bancos rurais. Quando tentou implementar esse modelo em nações diferentes, Erica apresentou seu conhecimento cultural. Em uma reunião, tentou explicar a abordagem *Varieties of Capitalism* (Variedades do capitalismo) desbravada por Peter Hall e David Soskice.[6] Culturas nacionais diferentes, disse ela, têm sistemas motivacionais diferentes, relações diferentes com autoridade e com o capitalismo. A Alemanha, por exemplo, tem fortes instituições complementares, como conselhos de trabalhadores. Também tem mercados de trabalho que dificultam a contratação e a demissão de pessoal. Esses arranjos significam que a Alemanha se sobressai em inovação incremental — os tipos de melhorias contínuas que são comuns em metalurgia e manufatura. Os Estados Unidos, por outro lado, têm redes econômicas mais frouxas. É relativamente fácil contratar, demitir e começar novos negócios. Os Estados Unidos, portanto, se sobressaem em inovação radical, nos tipos de mudanças rápidas de paradigma prevalente em software e tecnologia.

Harrison a ignorou com um aceno de mão. Países diferentes se sobressaíam em coisas diferentes em razão de diferentes regulamentações governamentais. Mude as regulamentações e você muda as culturas. Erica tentou argumentar que regulamentações emergem de culturas, que são mais profundas e duram mais. Harrison se virou. Erica era uma boa funcionária, mas não inteligente o suficiente para que ele tivesse o incômodo de argumentar com ela.

Harrison não tratava somente ela dessa forma. Tratava clientes dessa forma também. Ignorava argumentos que não se encaixavam em sua estrutura mental. Fazia com que seu grupo preparasse longas apresentações nas quais ousavam dar sermões para pessoas sobre as indústrias que haviam passado suas vidas comandando. Faziam apresentações deliberadamente opacas como forma de demonstrar sua própria perícia. Não entendiam que empresas diferentes têm tolerâncias diferentes ao risco. Não entendiam que um CFO específico pode estar em uma luta de forças com um CEO específico e que deviam ter cuidado para não dificultar ainda mais a vida desse último. Não havia uma política óbvia de trabalho que não ignorassem, uma tentativa de precisão empática que conseguissem não fracassar. Para Erica, nenhum dia estava completo antes que Harrison e sua equipe tivessem cometido alguma gafe. Ela passou os últimos cinco meses em sua ocupação na empresa indo para casa todos os dias com uma pergunta na mente: Como pessoas tão inteligentes podiam ser tão imbecis?

Além do QI

Esta acaba sendo uma questão reveladora. Harrison havia construído todo um estilo de vida e uma carreira em torno da reverência pelo

QI. Geralmente contratava pessoas com base na inteligência; socializava com pessoas com base na inteligência. Impressionava clientes dizendo que libertaria uma equipe da Ivy League* para lidar com seus problemas.

E até certo ponto, a fé de Harrison na inteligência era justificada. Pesquisadores estudaram o QI de maneira bastante extensiva durante várias décadas e sabem muito sobre ele. Os valores de QI que uma pessoa atinge na infância são razoavelmente previsores dos valores que ele ou ela vão atingir quando adultos. Pessoas que são boas em um tipo de habilidade intelectual tendem a ser boas em várias outras.[7] Pessoas que são muito boas em analogias verbais tendem a ser boas também em resolver problemas matemáticos e em compreensão de texto, embora possam ser piores em outras habilidades mentais, como na memória de reconhecimento.

A habilidade de se sair bem nesses tipos de testes é influenciada de maneira significante pela hereditariedade. O previsor mais importante do QI de uma pessoa é o QI de sua mãe.[8] Pessoas com QI elevado se saem melhor na escola e em cenários parecidos com o da escola. Como notam Dean Hamer e Peter Copeland: "Em estudo após estudo, o QI é o melhor previsor da performance escolar."[9]

Se você quer liderar um negócio, ter um QI acima de 100 provavelmente ajuda. Se você quer trabalhar com física nuclear, ter um QI acima de 120 provavelmente ajuda.

Contudo, há também alguns problemas com a ênfase de Harrison no QI. Em primeiro lugar, ele é surpreendentemente maleável. Fatores ambientais podem exercer um grande papel em moldar o QI. Um estudo sobre crianças negras em Prince Edward County, na Virgínia, descobriu que elas perdiam uma média de seis pontos de QI por cada ano perdido na escola.[10] A atenção parental também parece ser importante. Os primeiros filhos tendem a ter QI mais elevado do que os segundos filhos, que tendem a ter QI maior do que os terceiros filhos. Esse efeito desaparece, no entanto, quando há mais de três anos de intervalo entre

* Grupo das oito universidades de maior prestígio científico no nordeste dos Estados Unidos. São elas: Brown, Columbia, Cornwell, Dartmouth, Harvard, Universidade da Pensilvânia, Princeton e Yale. (N. da T.)

as crianças. A teoria é a de que as mães falam mais com seus primeiros filhos e usam frases mais complicadas. Precisam dividir sua atenção quando têm filhos pequenos que nasceram com pouco intervalo entre um e outro.[11]

A evidência mais ampla da maleabilidade do QI é o Efeito Flynn. Entre 1947 e 2002, os níveis de QI entre países desenvolvidos cresceram de maneira estável em cerca de três pontos percentuais por década.[12] Isso foi constatado em vários países, entre vários grupos etários e em vários cenários diferentes, e é evidência clara de um componente ambiental no QI.

De forma curiosa, os valores não cresceram em todas as sessões do teste de QI. As pessoas em 2000 não foram melhores nas porções do teste referentes a vocabulário e compreensão de texto do que as pessoas em 1950. Todavia, foram muito melhores em sessões elaboradas para medir raciocínio lógico. "As crianças de hoje", escreve James R. Flynn, "são muito melhores em resolver problemas de imediato sem um método previamente aprendido para fazê-lo".[13]

A explicação de Flynn é que eras diferentes provocam habilidades diferentes. A sociedade do século XIX recompensava e requeria mais habilidades de pensamento concreto. A sociedade contemporânea recompensa e requer mais habilidades de pensamento abstrato. Pessoas que têm uma capacidade genética de raciocinar de maneira abstrata usam essas habilidades cada vez mais e mais, e portanto tornam-se cada vez melhores nelas. Suas habilidades herdadas são multiplicadas por suas experiências sociais, e o resultado é valores muito, muito mais altos de QI.

Entretanto, uma vez fora do ambiente da escola, ele não é um previsor muito confiável de performance. Controlando outros fatores, as pessoas com QI elevado não têm relacionamentos e casamentos melhores. Não são melhores em criar seus filhos.[14] Em um capítulo de *Handbook of Intelligence* (Manual da inteligência), Richard K. Wagner, da Universidade do Estado da Flórida, analisa a pesquisa acerca do QI e da performance no trabalho e conclui: "O QI prevê apenas cerca de 4% de variância da performance no trabalho."[15] Em outro capítulo do manual, John D. Mayer, Peter Salovey e David Caruso concluem que, na melhor das hipóteses, o QI contribui cerca de 20% para o sucesso da vida. Há grande incerteza em relação a esses tipos de números.[16] Como coloca Richard Nisbett: "O que a natureza uniu, a regressão múltipla não pode separar."[17] Mas a ideia geral é que, uma vez que você passe de algumas correlações bem óbvias (pessoas inteligentes são matemáticos melhores), há uma relação muito frouxa entre QI e resultados na vida.

Um famoso estudo longitudinal conhecido como Terman acompanhou um grupo de alunos com QI extremamente elevado (todos tiraram 135 ou mais). Os pesquisadores esperavam que esses jovens brilhantes fossem ter carreiras ilustres. Eles se saíram bem, tornando-se advogados e executivos de empresas em sua maioria. Mas não houve nenhum empreendedor superfamoso no grupo, nenhum vencedor do Prêmio Pulitzer ou vencedor do Prêmio MacArthur. Em um estudo subsequente de Melita Oden em 1968, as pessoas do grupo que pareciam estar se saindo melhor tinham QI apenas um pouco mais alto. O que tinham era ética de trabalho superior. Eram os que haviam mostrado mais ambição quando crianças.[18]

Uma vez que uma pessoa cruze o limiar do QI de 120, há pouca relação entre mais inteligência e melhor performance. Uma pessoa com QI 150 é em teoria muito mais inteligente do que uma pessoa com QI 120, mas esses trinta pontos adicionais produzem pouco benefício mensurável quando se trata de sucesso ao longo da vida. Como demonstrou Malcolm Gladwell em *Fora de série: Outliers*, os norte-americanos que receberam Prêmios Nobel em Química e Medicina não foram em sua maioria para Harvard ou para o MIT, as instituições no topo extremo da escada cognitiva.[19] Foi simplesmente suficiente que fossem para boas instituições — Rollins College, Universidade do Estado de Washington, Grinnell. Se você é inteligente o suficiente para entrar em uma boa instituição, é inteligente o suficiente para se sobressair — até mesmo em esferas acadêmicas como química e pesquisa médica. Não é importante que você esteja nos 0,5% do topo. Um estudo com 7.403 norte-americanos que participaram da Pesquisa Longitudinal Nacional da Juventude,*

* Os National Longitudinal Surveys são pesquisas desenvolvidas pelo Department of Labor (Departamento de Trabalho) dos Estados Unidos, com o objetivo de analisar eventos significativos na vida de cidadãos deste país. (N. da T.)

conduzido por Jay Zagorsky do estado de Ohio, não descobriu nenhuma correlação entre acúmulo de riqueza e QI elevado.[20]

O erro de Harrison foi equiparar QI com habilidade mental. A realidade é que a inteligência é uma parte de habilidade mental, mas não é a mais importante. Pessoas que se saem bem em testes de QI são boas em tarefas lógicas, lineares e computacionais. Mas para se sobressair no mundo real, a inteligência tem de estar aninhada em certos traços e disposições de caráter. Para traçar um paralelo, um soldado pode ser fenomenalmente forte. Se você lhe der um teste envolvendo flexões e exercícios de barra, ele vai se sair bem. Porém, a menos que ele possua coragem, disciplina, técnica, imaginação e sensibilidade, provavelmente não vai sobreviver em meio ao caos do campo de batalha. Da mesma forma, uma pensadora pode ser muito inteligente, mas ao menos que possua virtudes morais tais como honestidade, vigor e equidade, ela provavelmente não vai ter sucesso na vida real.

Em seu livro *What Intelligence Tests Miss* (O que os testes de QI não revelam), Keith E. Stanovich lista algumas das disposições mentais que contribuem para a performance no mundo real:

> A tendência de coletar informações antes de tomar uma decisão, a tendência de procurar por vários pontos de vista antes de chegar a uma conclusão, a disposição de pensar extensivamente sobre um problema antes de respondê-lo, a tendência de calibrar o grau de força das suas opiniões ao grau de evidências disponíveis, a tendência de pensar sobre consequências futuras antes de tomar atitude, a tendência de pesar explicitamente os pontos positivos e negativos de uma situação antes de tomar uma decisão e a tendência de buscar nuance e de evitar o absolutismo.[21]

Em outras palavras, há uma grande diferença entre força mental e caráter mental. Caráter mental é análogo a caráter moral. É forjado por experiência e esforço, é talhado no interior da mente.

* * *

Relógios e nuvens

O escritor científico Jonah Lehrer às vezes lembra seus leitores sobre as distinções de Karl Popper acerca de relógios e nuvens.[22] Relógios são sistemas limpos, ordenados, que podem ser definidos e avaliados usando metodologias redutivas. Você pode desmembrar um relógio, medir suas partes e ver como se encaixam. Nuvens são irregulares, dinâmicas e idiossincráticas. É difícil estudar uma nuvem porque mudam a cada segundo. Podem ser mais bem-descritas por meio de narrativa, não de números.

Como notou Lehrer, uma das maiores tentações da pesquisa moderna é fingir que todo fenômeno é um relógio que pode ser avaliado usando ferramentas mecânicas e técnicas regulares. Isso com certeza é verdade quanto ao estudo da inteligência. Pesquisadores passaram uma boa quantidade de tempo estudando o QI, que é relativamente estável e quantificável, e pouco tempo estudando o caráter mental, que é como uma nuvem.

A inteligência bruta é útil para ajudar a resolver problemas bem-definidos. O caráter mental ajuda a determinar que tipo de problema você tem na sua frente e que tipos de regras deve usar para abordá-lo. Como nota Stanovich, se você der às pessoas as regras que necessitam seguir para resolver um problema de raciocínio, as de QI mais elevado se saem melhor do que as de QI inferior. No entanto, se você não lhes der as regras, as pessoas com QI mais elevado não se saem melhor porque criar uma regra para resolver um problema e depois avaliar honestamente a sua performance são atividades mentais pouco relacionadas ao QI.

A força mental e o caráter mental são apenas ligeiramente correlacionados. Como coloca Stanovich: "Vários estudos diferentes envolvendo milhares de sujeitos indicaram que medições de inteligência mostram correlações apenas de moderadas a fracas (geralmente menos de .30) com algumas disposições de pensamento (por exemplo, pensamento ativamente aberto, necessidade de reconhecimento) ou correlações quase nulas com outras (como meticulosidade, curiosidade, diligência)."[23]

Vários investidores, por exemplo, são bastante inteligentes, mas se comportam de maneira autodestrutiva em razão da fé excessiva em sua inteligência. Entre 1998 e 2001, o fundo mútuo Firsthand Technology* produziu um retorno anualizado total de 16%.[24] O investidor individual comum desse fundo, no entanto, perdeu 31,6% de seu dinheiro nesse período. Por quê? Porque os gênios acharam que podiam entrar e sair do mercado no momento certo. Perderam os dias de alta importante e pegaram os dias de baixa devastadora. Essas pessoas, que são bem inteligentes, se saíram pior do que se fossem apáticos e burros.

Outras pessoas se saem bem nos testes de QI, mas não conseguem se manter em um emprego. James J. Heckman, da Universidade de Chicago, e outros compararam a performance no local de trabalho de pessoas que se formaram no ensino médio com a de pessoas que largaram o ensino médio, mas que fizeram o GED.** Os que passam no GED são tão inteligentes quanto os graduados do ensino médio que não vão para a faculdade, mas recebem menos dinheiro do que esses graduados. Na verdade, recebem menos por hora do que os que largaram o ensino médio, porque possuem menos dos chamados traços não cognitivos, como motivação e autodisciplina. Os que passam no GED são muito mais propensos a trocar de emprego.[25] Suas taxas de participação na força de trabalho são mais baixas do que os graduados do ensino médio.

No topo máximo do êxito intelectual, inteligência é quase inútil para separar gênios que se destacam de todo o resto. Os maiores pensadores parecem possuir habilidades mentais que vão além do pensamento racional definido de maneira estreita. Suas habilidades são fluidas e como uma nuvem. Albert Einstein, por exemplo, poderia parecer um perfeito exemplo de inteligência científica ou matemática. Contudo, ele abordava problemas brincando com sensações imaginativas, visuais e físicas. "As palavras da língua, ao serem escritas ou faladas, parecem não ter papel algum no meu mecanismo de pensamento", disse ele para Jacques Hadamard.[26] Em vez disso, ele falou que suas intuições procedem por meio de "certos sinais e imagens mais ou menos claras" que

* Investimento no setor de energia deliberado pela Firsthand Capital Management, Inc., empresa fundada em 1994 por veteranos da indústria da tecnologia. (N. da T.)

** GED: General Educational Development (Desenvolvimento Educacional Geral). Teste de cinco matérias que certifica que o aluno tem habilidades acadêmicas condizentes com um ensino médio nos Estados Unidos ou no Canadá. (N. da T.)

conseguia manipular e combinar. "Os elementos mencionados anteriormente são, no meu caso, do tipo visual e alguns do tipo muscular", observou Einstein.

"Só consigo pensar por imagens", declarou o físico e químico Peter Debye. "É tudo visual." Ele disse que quando se debruçava sobre um problema, só via imagens embaçadas, que tentava esclarecer de maneira progressiva em sua mente, e então no final, depois de o problema estar amplamente resolvido, esclarecia as figuras na forma de matemática. Outros procedem de maneira acústica, ensaiando certos sons associados a certas ideias.[27] Outros o fazem de maneira emocional: "Você tinha de usar seus sentimentos", explicou Debye, "o que o átomo do carbono *quer* fazer?".[28]

Sabedoria não consiste em conhecer fatos específicos ou possuir conhecimento de um campo. Consiste em saber como tratar o conhecimento: ser confiante mas não muito; aventureiro mas ancorado. É uma vontade de confrontar contraprovas e de ter tato para os vastos espaços além do que é conhecido. Harrison não se saía muito bem em nenhum desses traços do caráter.

Hora de partir

Erica estava em um escritório repleto de pessoas com cérebros impressionantes que, apesar disso, não conseguiam fazer as coisas mais óbvias. Com o passar dos meses, foi ficando cada vez mais impaciente com as fraquezas deles e mais perplexa com sua habilidade de perder oportunidades e de repetir erros. Ali, como em tantas outras vezes em sua vida nova, Erica se sentiu como uma semiexcluída. Talvez fosse porque sua criação tenha sido diferente, ou porque sua cor de pele era diferente, ou por alguma outra razão, mas ela parecia ser mais ciente do lado irracional, mais escuro e passional da vida. Um dia, quando estava no auge da irritação, decidiu, meio que brincando, que havia sido colocada no mundo para cumprir uma Missão de Deus: salvar o homem branco de si mesmo.

Devido ao fato de o Senhor ser um Deus que testa, Ele enviou ao mundo crianças de classe média alta que iam para escolas convencionais, faculdades de mauricinhos e graduações de administração cheias de frescura. Depois, eram cuspidas no mundo corporativo pasteurizado dos Estados Unidos e nunca se aproximavam da realidade mais do que em ataques ocasionais a paradas de descanso em estradas com pedágio. Suas visões de mundo se apoiavam em uma suposição de equilíbrio imaculado. Contanto que todos fossem civis e geniais, como eram, então sua maneira de pensar fazia sentido. Contanto que tudo fosse limpo e organizado, podiam se recolher e viver dentro das fórmulas que aprenderam na escola.

Porém, na maioria do tempo, devido ao fato de o mundo não ser limpo e gentil, eles eram os bebês do universo. Apaixonavam-se pelos esquemas de Bernie Madoff,* por hipotecas de alto risco e por derivadas que não compreendiam. Eram otários que iam atrás de qualquer moda idiota, qualquer bolha de loucura. Vagavam nas brumas impulsionados por forças mais profundas, que não conseguiam compreender.

Felizmente, Deus, em sua misericórdia infinita e redentora, também enviou uma mulher sino-chicana de abdômen definido e ossos pequenos para livrar os inocentes. Essa agenda organizadora em forma de mulher de bumbum duro, temperamento forte, hiperorganizada, liberaria as massas excessivamente protegidas das apresentações de PowerPoint com estrutura de tópicos e as apresentaria ao submundo da realidade. Deus criou sua serva no caos e na imundice para que pudesse estar armada com conhecimento, impulso e desembaraço suficientes em sua corrente sanguínea, para empurrar o Homem Branco para fora do conforto de suas categorias e ajudá-lo a ver as forças ocultas que realmente impulsionam a mente. Deus havia equipado Erica com a força e a má atitude que necessitaria para carregar o peso da mulher amarelada-marrom e pavimentar o caminho para a salvação da Terra.

Com o passar dos meses, ela ficou cada vez mais entediada e frustrada com o pensamento de grupo. Fazia longas caminhadas à noite, fantasiando sobre o que faria se tivesse seu próprio departamento ou sua própria empresa, e enquanto caminhava digitava furiosamente suas ideias na parte de anotações de seu iPhone. Durante essas caminhadas, ela se sentia quase eufórica, como se fosse destinada a fazer algo grande.

---

* Presidente de um dos maiores grupos de investidores de Wall Street. Foi preso pelo FBI em 2008 por fraude. (N. da T.)

Percebeu que sua imaginação tinha ido mais longe do que seu emprego atual. Estava agitada. Não tinha como voltar atrás.

Erica começou a pensar em criar sua própria empresa de consultoria. Decidiu pesar friamente os prós e os contras dessa aventura, mas com suas emoções disparadas adiante, ela fraudou o exercício desde o começo. Exagerou os prós, minimizou os contras e superestimou vastamente o quão fácil seria.

Erica falou para Harrison que estava indo embora. Organizou as sedes corporativas mundiais de sua nova empresa na mesa de jantar e trabalhou com um tipo de loucura que era incrível de assistir. Ligou para cada mentor, cliente e contato antigo. Quase não dormia. Estava inundada de ideias sobre coisas que poderia fazer com a empresa. Ela se sentava e lembrava a si mesma que era necessário achar um nicho restrito, mas não estava conseguindo se controlar — a enchente de ideias dispersas simplesmente continuou vindo. Ela se sentia livre por não ter de seguir os corrimãos do pensamento de outra pessoa. Ia criar uma firma de consultoria que seria diferente de qualquer outra. A empresa seria humanista no sentido mais profundo. Trataria as pessoas não como dados, mas como as criaturas totalmente formadas e idiossincráticas que são. Estava absolutamente convencida de que teria êxito.

CAPÍTULO II

ARQUITETURA DA ESCOLHA

EM ALGUM MOMENTO NOS TEMPOS DOS FARAÓS, UM COMERCIANTE descobriu que conseguia manipular os pensamentos inconscientes dos seus clientes simplesmente manipulando o ambiente de sua loja. Comerciantes têm seguido os passos dele desde então. Por exemplo, clientes em mercados geralmente confrontam a seção de frutas e legumes antes. Os vendedores sabem que clientes que compram produtos mais saudáveis primeiro vão se sentir tão exaltados que vão comprar mais comidas não saudáveis mais tarde durante as compras.[1]

Vendedores sabem que o cheiro de produtos assados estimula a compra, então vários deles fazem seu próprio pão com massa congelada na loja todo dia de manhã e depois liberam o cheiro do pão no estabelecimento durante o dia.[2] Também sabem que música vende produtos. Pesquisadores na Grã-Bretanha descobriram que quando música francesa era tocada em uma loja, a venda de vinhos franceses disparava.[3] Quando música alemã era tocada, a venda de vinhos alemães crescia.

No shopping, as lojas menos lucrativas geralmente ficam perto das saídas. As pessoas ainda não fizeram a transição do mundo exterior para o mundo interior das compras, então mal notam os primeiros estabelecimentos. Em lojas de departamento, a seção de sapatos femininos geralmente fica perto da seção de cosméticos femininos (enquanto o vendedor está indo buscar o tamanho certo do sapato, as clientes entediadas são propensas a vagar e encontrar alguma maquiagem que possam querer experimentar mais tarde).[4]

Os consumidores geralmente acreditam que os produtos colocados no lado direito de um mostruário são de melhor qualidade do que os do lado esquerdo. Timothy Wilson e Richard Nisbett colocaram quatro pares idênticos de meias-calças em uma mesa e pediram que clientes as classificassem.[5] Quanto mais para a direita estava uma meia, maior era a classificação que a mulher atribuía. A meia mais à direita foi classificada no ponto máximo por 40% das clientes; a meia do lado dessa, por 31%, a do lado por 17% e a mais à esquerda por 12%. Todas as clientes, menos uma (uma estudante de psicologia), negaram que a localização fez alguma diferença na seleção e nenhuma percebeu que o produto era exatamente o mesmo.

Em restaurantes, as pessoas comem mais dependendo de quantas pessoas estão comendo com elas.[6] Pessoas comendo sozinhas comem menos. Pessoas comendo com apenas uma outra pessoa comem 35% mais do que comem em casa. Pessoas jantando em um grupo de quatro comem 75% mais, e pessoas jantando com sete ou mais comem 96% mais.

Profissionais de marketing também perceberam que as pessoas têm dois grupos de gostos, um para coisas que querem usar agora e um para coisas que querem usar depois.[7] Por exemplo, quando pesquisadores perguntam aos consumidores que filmes gostariam de alugar para ver depois, eles em geral escolhem filmes de arte como *O piano*. Quando perguntam qual filme querem ver hoje à noite, escolhem sucessos de bilheteria como *Avatar*.

Até pessoas fazendo compras grandes às vezes não sabem o que querem. Corretores têm a frase "Clientes mentem" porque a casa que várias pessoas descrevem no começo da procura não tem nada a ver com a que realmente preferem e compram. Construtores sabem que várias decisões domésticas são feitas nos primeiros segundos quando se entra pela porta. Uma construtora californiana, a Capital Pacific Homes, estruturou suas casas-modelo mais sofisticadas de maneira que, ao entrar, o cliente visse o oceano Pacífico pelas janelas do andar principal e depois a piscina por uma escada aberta que leva ao nível mais baixo.[8] A visão instantânea da água nos dois andares ajudou a vender essas casas de 10 milhões de dólares. A cogitação que veio depois foi muito menos importante.

* * *

A luta

Erica amava esses tipos de padrões ocultos. (Como a maioria das pessoas, achava que se aplicavam aos outros e, claro, não a ela.) Concluiu que poderia construir seu negócio de consultoria reunindo informação sobre esses padrões comportamentais inconscientes, principalmente os ligados a diferenças culturais, e depois poderia vender a informação de volta para empresas.

Começou a coletar dados sobre compradores afro-americanos, hispânicos, da costa e do centro. Estava intrigada especialmente com a diferença entre compradores da alta sociedade e da baixa. Durante toda a história da humanidade, os ricos trabalharam menos horas do que os pobres, mas na última geração essa tendência se inverteu.[9] Atitudes relacionadas ao lazer também se inverteram. Enquanto compradores da classe média baixa queriam video games e filmes no fim de semana para que pudessem relaxar, os ricos queriam livros e regimes de exercícios para que pudessem ficar melhores.

Erica desenvolveu uma coleção de análises sobre essas tendências de consumo e estava pronta para lançar seu material a clientes em potencial. De início, montar esse negócio foi mais difícil do que previu. Escreveu para empresas que achou que pudessem ajudar, ligou para executivos que havia conhecido, perseguiu os assistentes deles. Pouquíssimos retornaram. Durante os primeiros meses por conta própria, a personalidade de Erica mudou. Até aqui, teve o conjunto usual de necessidades humanas: comida, água, sono, afeição, relaxamento e assim por diante. Agora, tinha apenas uma necessidade: clientes. Cada pensamento, cada conversa no jantar e cada encontro casual era avaliado nessa base. Estava ansiosa em relação a ser produtiva cada dia, mas quanto mais ansiosa ficava, menos produtiva se tornava. Ademais, caiu em uma espiral de ansiedade. Concentrava-se em dormir o suficiente cada noite, mas quanto mais se concentrava em dormir, menos conseguia. Trabalhava obstinadamente para absorver informações novas, mas quanto mais freneticamente lutava para absorver o novo conhecimento, menos conseguia realmente se lembrar.

Erica sempre foi notívaga. A maioria das pessoas está alerta pela manhã. Cerca de 10% estão mais alertas por volta do meio-dia. Mas cerca de 20% da população adulta fica mais alerta depois das seis horas da tarde, as notívagas.[10] Nesse período de sua vida, no entanto, o estado de alerta noturno de Erica virou insônia a noite toda. O tempo tomou outra forma. Ele costumava fluir de um jeito pacífico e uniforme. Agora, era uma corrente furiosa urrando. Quando encostava em um posto de gasolina, calculava em silêncio quantos e-mails podia enviar pelo BlackBerry enquanto o tanque enchia. Em qualquer pausa diante de um elevador, tirava o celular do bolso e mandava mensagens. Comia na mesa de trabalho para que pudesse mandar e-mails enquanto mastigava. Televisão e filmes saíram de sua vida. Seu pescoço começou a doer e suas costas estavam doloridas. Pela manhã, ficava olhando para os rabiscos furiosos que havia feito para si na noite anterior, completamente incapaz de decifrá-los.

Fez coisas que nunca achou que fosse fazer — ligar de maneira fria para clientes em potencial e depois engolir em silêncio o desdém desprezivo deles. Começou esse negócio com sonhos de sucesso, mas uma vez em andamento ela foi motivada primordialmente pelo medo do fracasso. O que a impulsionava era imaginar os olhares que receberia de amigos e colegas se seu negócio desse errado. Era o prospecto de ter de dizer para sua mãe que estava falida.

Ela era uma pessoa motivada desde a Academy, mas agora se tornou uma fanática por detalhe. Apresentava a clientes em potencial um pequeno fichário com suas ideias e propostas. Se uma página estivesse desalinhada, se um dos espirais de plástico estivesse torto, o alarme soava. O resto do mundo podia ser apático, mas não ela.

E Erica acreditava em seu produto. Acreditava que havia correntes ocultas de conhecimento e que, se ao menos conseguisse fazer com que seus clientes as vissem, ela mudaria o mundo. Forneceria às pessoas maneiras mais profundas de perceber a realidade, novos poderes para servir e para ter sucesso. Contudo, havia algumas barreiras em seu caminho. Quando falava sobre cultura, seus clientes em potencial não faziam a mínima ideia do que estava dizendo. Sabiam vagamente que cultura era importante. Usavam a expressão "cultura corporativa" com reverência. Mas ainda assim o conceito não tinha concretude para eles. Foram treinados para dominar planilhas e números. Não conseguiam realmente levar a sério categorias sociológicas e antropológicas. Para eles, era como moldar o ar.

Além disso, quando Erica falava sobre culturas étnicas diferentes, eles tinham ataque de urticária. Uma coisa era uma mulher sino-latina falar sobre as preferências de compra dos negros e dos brancos, dos judeus urbanos e dos protestantes rurais. Mas a maioria dos executivos brancos foram treinados por gerações de conscientização a nunca, nunca, nunca falar nesses termos. Nunca faça uma generalização sobre um grupo de pessoas, nunca faça observações sobre um grupo minoritário, e pelo amor de Deus, nunca faça nenhum comentário desse tipo em público! Era suicídio profissional. Podiam rir quando Chris Rock fazia piadas étnicas. Podiam escutar Erica apontando diferenças culturais. Mas eles mesmos nunca, jamais, conseguiriam entrar nessa esfera sem encarar acusações de racismo, processos de discriminação e boicotes. Quando Erica pedia que pensassem em termos étnicos e culturais, sentiam um impulso instantâneo de sair correndo aterrorizados.

Erica também teve a infelicidade de inaugurar sua empresa no auge dos neuromapeadores. Eles eram neurologistas glamorosos que iam de conferência de negócios em conferência de negócios com imagens coloridas de ressonância magnética funcional (RMf) do cérebro prometendo desvendar a fórmula sináptica secreta para vender papel higiênico ou barras energéticas.

O neuromapeador típico era um acadêmico descolado de 1,80 metro, cabeça raspada, que passeava nas convenções de marketing vestindo jaqueta de couro, jeans e botas, segurando um capacete de moto como se tivesse acabado de chegar de uma reapresentação de *Grease* feita por neurocientistas. Vinha seguido por uma equipe de filmagem para a televisão finlandesa que estava fazendo um documentário sobre sua vida e ideias. Sussurrava falsas intimidades aos seus clientes enquanto cobria o microfone de lapela que estava preso para sempre na camiseta.

Sua apresentação de PowerPoint era lapidada da mesma maneira que cromo fino. Começava com uma série de ilusões de ótica, como a das duas mesas que parecem ser totalmente diferentes mas que têm exatamente o mesmo tamanho e a mesma forma, ou a foto da senhora que de repente se torna uma linda mulher de chapéu. Quando terminava com as ilusões de ótica, os empresários estavam praticamente fazendo xixi nas calças de tão maravilhados. Isso era ainda mais maneiro do que os chaveiros como brinde antes de entrar e as sacolas que haviam recebido.

A seguir, ele mostrava imagens de RMf e começava a falar sobre as diferenças entres os lados direito e esquerdo do cérebro e suas teorias sobre impulsos do cérebro reptiliano. Em algum lugar no fundo dessa retórica havia alguma ciência séria, mas estava submergida em camadas de exibicionismo. As imagens do cérebro eram incríveis. Ele explicava que de cima para baixo o cérebro se parece com uma versão mais arredondada de Ohio. Ficava animado conforme as imagens passavam. Vejam, um gole de Pepsi faz com que a frente do cérebro — perto de Cleveland, Akron e Canton — se acenda. Vejam! Uma batata chips faz com que a área perto de Mansfield se acenda, com uma pequena atividade em Columbus também! Vejam o que acontece quando vocês mostram uma imagem do FedEx para as pessoas. Dayton fica laranja! Toledo fica vermelha!

Um cereal no café da manhã realmente deve excitar o córtex frontal medial, declarava ele. Comerciais com LeBron James devem deixar o córtex ventral pré-motor em chamas! Vocês querem alojar suas marcas, dizia ele para todos, no estriado ventral! Vocês têm de fazer com que o cliente fique envolvido emocionalmente!

Isso era ciência com sedução! Não era a conversa vaga de Erica sobre cultura. Eram cores em uma tela produzidas por uma maquinaria multimilionária, que você pode ver e medir. Os neuromapeadores tinham seu exclusivo Sistema de Percepção de Foco Neural ou seus serviços de Estratégia de Produto de Estrutura Neural. Conseguiam localizar com precisão as puras essências do cérebro que desvendariam o código de venda! Bem, é claro que os executivos amavam isso. É claro que toda vez que Erica entrava para expor seus serviços, batia em uma parede de apatia. Seus clientes em potencial queriam alguém que pudesse pintar sua ativação dorsolateral pré-frontal de verde brilhante! Erica estava fora de sintonia com as modas do marketing.

Um dia, Erica estava expondo sua perícia para o CEO de uma empresa de peças de automóveis. Ele a interrompeu depois de cerca de dez minutos: "Sabe de uma coisa, eu respeito você. Somos iguais", disse ele, "mas você está me entediando. Simplesmente não me identifico com o que você está oferecendo".

Erica não conseguiu pensar em nenhuma réplica.

"Por que não tenta uma abordagem diferente? Em vez de me falar o que você está oferecendo, por que não pergunta o que eu quero?" Erica se perguntou se ele estava dando em cima dela. Mas ele continuou. "Pergunte o que me deixa triste. Pergunte o que não me deixa dormir à noite. Pergunte de qual parte do meu trabalho eu gostaria que outra pessoa cuidasse para mim. Não se trata de você. Trata-se de mim."

Erica percebeu que isso não era uma frase de efeito. Era uma lição de vida. Ela não fez uma venda para aquele cara. Saiu do escritório confusa, sua mente atordoada. Mas a reunião realmente mudou tudo. Dali em diante, sua abordagem era "Farei o que você precisar". Encontraria uma maneira de usar suas ferramentas para resolver qualquer problema que os clientes apresentassem para ela. Iria até eles e diria: "O que quer que eu faça? Como posso ser útil?"

Erica foi dar uma caminhada um dia e pensou sobre isso. Estava fracassando em vender segmentação cultural. Não queria se juntar às filas dos neuromapeadores porque percebeu que a sugestão que derivava de sua ciência era na verdade bem banal. O que ela podia oferecer?

Nunca pensou em desistir. Como argumentou Angela Duckworth, da Universidade da Pensilvânia, pessoas que atingem o sucesso tendem a encontrar um objetivo no futuro distante e depois persegui-lo custe o que custar.[11] Pessoas que oscilam de um interesse a outro são muito, muito menos propensas a se sobressaírem em um deles. A escola pede que os alunos sejam bons em um leque de matérias, mas a vida pede que as pessoas encontrem uma paixão que vão seguir para sempre.

Economia comportamental

Erica concluiu que precisava encontrar uma área de especialização que pudesse levar aos problemas de seus clientes. Precisava de um corpo de conhecimento que se relacionasse com seus interesses em cultura e tomada profunda de decisão, mas que também fosse palatável no mercado de trabalho. Tinha de encontrar uma linguagem para descrever a psicologia do consumidor que os empresários pudessem entender — alguma coisa familiar e científica. E foi assim que achou a economia comportamental.

Na década anterior, um grupo de economistas havia trabalhado para aplicar as percepções da revolução cognitiva ao seu próprio campo. Seu argumento principal, que muito atraía Erica, era que a economia clássica percebia a natureza humana de maneira parcial ou inteiramente errada. O ser humano imaginado pela economia clássica era suave, brilhante, calmo e perpetuamente impassível aos eventos. Ele inspeciona o mundo com uma série de modelos estranhamente precisos em sua cabeça, prevendo o que vai acontecer a seguir. Sua memória é incrível; é capaz de reter uma miríade de opções de tomada de decisão em sua mente, e de pesar as trocas envolvidas em cada uma. Sabe exatamente o que quer e nunca oscila entre dois desejos contraditórios. Procura maximizar sua utilidade (seja lá qual for). Seus relacionamentos são todos contingentes, contratuais e efêmeros. Se um relacionamento não está ajudando a maximizar sua utilidade, então muda para outro. Tem autocontrole impecável e consegue restringir impulsos que podem evitar que ele compita. Não se envolve em contágios emocionais ou em pensamento de grupo, mas toma suas próprias decisões com base em incentivos.

Economistas clássicos admitem prontamente que esse tipo de pessoa não existe de verdade. Porém, argumentam que essa caricatura é próxima o suficiente da realidade para permitir que construam modelos que predizem com exatidão o comportamento humano real. Ademais, a caricatura lhes permite construir modelos matemáticos rigorosos, que são as medidas do verdadeiro gênio na carreira de economia. Ela lhes permite transformar a economia de um campo mole, esponjoso e confuso como a psicologia em um campo duro, rigoroso e resoluto como a física. Ela lhes permite formular leis que governam o estudo do comportamento e que lidam com as forças poderosas dos números. Como colocou M. Mitchell Waldrop: "Economistas teóricos usam sua destreza matemática da maneira como grandes veados da floresta usam suas galhadas: para travar batalhas uns com os outros e para estabelecer domínio.[12] Um veado que não usa sua galhada não é nada."

Economistas comportamentais argumentam que a caricatura não é precisa o suficiente para produzir previsões confiáveis acerca de eventos reais. Dois psicólogos, Daniel Kahneman e Amos Tversky, foram os pioneiros. Depois, suas percepções foram tomadas pelos próprios economistas: incluindo Richard Thaler, Sendhil Mullainathan, Robert Schiller, George Akerlof e Colin Camerer. Esses estudiosos investigam a cognição que acontece abaixo do nível da consciência. A racionalidade é restrita pela emoção. As pessoas têm uma grande dificuldade em exercer o autocontrole. Percebem o mundo de maneiras tendenciosas. São profundamente influenciadas pelo contexto. São inclinadas ao pensamento de grupo. Acima de tudo, as pessoas descontam o futuro; permitimos a satisfação presente para apagar a prosperidade futura.

Como escreve Dan Ariely em seu livro *Previsivelmente irracional*: "Se eu fosse destilar uma lição principal da pesquisa descrita neste livro, seria que somos peões em um jogo cujas forças fracassamos enormemente em compreender.[13] Em geral nos imaginamos sentados no banco do motorista, com controle supremo sobre as decisões que tomamos e sobre a direção que nossas vidas tomam; mas lamentavelmente essa percepção tem mais a ver com os nossos desejos — com a maneira como queremos nos ver — do que com a realidade."

Os economistas comportamentais argumentam que intuições isoladas, como uma sensação de justiça, têm efeitos econômicos poderosos. Tabelas salariais não são estipuladas apenas por aquilo que o mercado vai suportar. As pessoas demandam salários que parecem ser justos, e os gerentes têm de levar essas intuições morais em consideração quando estipulam uma tabela salarial.

Os economistas comportamentais procuram pelas maneiras como os seres humanos reais desviam do ideal racional. Há pressão entre colegas, confiança demasiada, preguiça e autoilusão. As pessoas às vezes escolhem garantias estendidas quando compram eletrodomésticos mesmo que essas garantias quase nunca justifiquem o custo. Agentes de saúde em Nova York acharam que se colocassem informações calóricas perto dos preços em redes de fast-food, as pessoas poderiam comer de maneira mais saudável.[14] Na verdade, os clientes pediram um pouco mais de calorias do que antes de a lei entrar em vigor.

Os economistas clássicos frequentemente acreditam que economias em geral tendem ao equilíbrio, mas os economistas comportamentais são mais propensos a analisar a maneira como as mudanças nos espíritos animais — na confiança, no medo e na cobiça — podem levar a bolhas, quebras de bolsas e crises globais. Alguns economistas comportamentais concordam que se os pais da economia clássica soubessem o que sabemos agora sobre os funcionamentos internos da mente humana, não haveria como terem estruturado o campo da maneira que está.

A economia comportamental chegou muito mais perto de explicar a realidade que Erica via ao seu redor todos os dias. Ela também reconheceu imediatamente que esse campo oferecia uma maneira de descrever os processos ocultos da mente em uma linguagem que seria familiar aos graduados de MBA em corporações nos Estados Unidos.

No fundo de seu coração, Erica não pensava da maneira que economistas comportamentais pensavam. Via culturas primeiro. Via a sociedade como uma criatura orgânica — um crescimento complexo de relacionamentos vivos. Os economistas comportamentais podiam ser comportamentais, mas ainda eram economistas. Isto é, eles reconheciam as complexidades e os erros que os economistas clássicos ignoravam, mas ainda argumentavam que erros humanos eram previsíveis, sistêmicos e representáveis por meio de fórmulas matemáticas. Erica suspeitava que estavam se adaptando às circunstâncias. Se reconheciam que o comportamento não era governado por leis — se era muito imprevisível para ser capturado pela matemática e por modelos —, então não seriam mais economistas. Não seriam publicados em periódicos sobre economia ou não iriam para conferências sobre economia. Teriam de mudar seus escritórios para os departamentos de psicologia, um grande passo para baixo dentro da estrutura acadêmica do poder.

Entretanto, assim como os economistas comportamentais tinham um incentivo para fingir que o que estavam fazendo ainda era ciência rigorosa e resoluta, Erica também tinha. Seus clientes respeitavam a ciência. Eles também haviam sido treinados a pensar sobre a sociedade como um mecanismo. Se ela tinha de adotar um pouco da mentalidade deles para que a escutassem, tudo bem.

Erica decidiu que ia construir seu negócio de consultoria não com base na segmentação cultural, uma área para a qual o mercado não estava preparado, mas com base na economia comportamental, que estava na moda e tinha demanda.

Heurística

Erica leu os maiores economistas comportamentais. Atrás de qualquer escolha, diziam eles, há um arquiteto de escolhas, um grupo inconsciente de estruturas que ajuda a emoldurar a decisão. Esse arquiteto de escolhas frequentemente aparece nas formas da heurística. A mente armazena certos princípios básicos "se... então..." que são ativados pelo contexto e podem ser expostos e aplicados em circunstâncias apropriadas ou quase apropriadas.

Primeiro, por exemplo, há o que chamamos de *priming*. Uma percepção incita uma cadeia de pensamentos corrente abaixo e essa cadeia altera o comportamento subsequente. Se vocês pedirem que sujeitos sendo testados leiam uma série de palavras que se relacionem vagamente a ser idoso ("bingo", "Flórida", "antigo"), quando saírem da sala vão se mover mais lentamente do que quando entraram.[15] Se vocês derem para eles um grupo de palavras que se relacionam à agressividade ("rude", "chato", "irromper"), vão interromper uma pessoa mais rapidamente na conversa depois do suposto fim do experimento.

Se vocês contarem histórias sobre grandes êxitos imediatamente antes de algum teste ou exercício, eles vão se sair melhor do que se vocês não tivessem contado essas histórias para eles. Se vocês meramente usarem as palavras "lograr", "dominar" e "conquistar" em uma frase, eles vão se sair melhor.[16] Se vocês descreverem como é ser um professor universitário, eles vão se sair melhor em testes de conhecimento. Por outro lado, se vocês brincarem com estereótipos negativos, vão se sair pior. Se vocês lembrarem a alunos afro-americanos que eles são afro-americanos logo antes de fazerem um teste, suas notas serão bem mais baixas do que se vocês não os tivessem lembrado.[17] Em certo caso, mulheres ásio-americanas foram lembradas de sua etnia antes de um teste de matemática.[18] Elas se saíram melhor. Depois foram lembradas que eram mulheres. Saíram-se pior.

Priming pode funcionar de todas as formas. Em um experimento, pediram que alguns alunos escrevessem os três primeiros dígitos de seus telefones e depois pediram para todos que estimassem o ano de morte de Genghis Khan.[19] Os alunos que escreveram os dígitos foram mais propensos a adivinhar que ele viveu no primeiro milênio, com um ano de morte com três dígitos.

Outra heurística envolve a ancoragem. Nenhuma informação é processada em isolamento. Padrões mentais são contagiosos e tudo é julgado em comparação com alguma outra coisa. Uma garrafa de vinho de trinta dólares pode parecer cara quando está cercada de garrafas de nove dólares, mas parece barata quando cercada de garrafas de 149 dólares (por essa razão lojas de vinho vendem aqueles vinhos supercaros que quase ninguém realmente compra). O gerente de uma loja de mesas Brunswick de sinuca tentou um experimento.[20] Em uma semana, mostrou aos clientes as mesas de sinuca mais baratas primeiro, custando 329 dólares, e depois mostrou as mais caras. Os que compraram qualquer mesa naquela semana gastaram uma média de 550 dólares. Na semana seguinte, mostrou aos clientes as mesas de 3 mil dólares primeiro e depois as mais baratas. Naquela semana, a média de venda bateu mil dólares.

Depois, há o enquadramento. Toda decisão é o enquadramento dentro de certo contexto linguístico. Se um cirurgião diz a seus pacientes que o procedimento pode ter uma taxa de 15% de fracasso, eles podem decidir não fazê-lo. Se dizem que o procedimento tem uma taxa de 85% de sucesso, os pacientes tendem a optar por fazê-lo. Se um cliente em um mercado vê algumas latas de sua sopa favorita em uma prateleira, provavelmente vai colocar uma ou duas no carrinho. Se tem um aviso que diz “Limite: 12 latas por pessoa”, é capaz de colocar quatro ou cinco no carrinho. Dan Ariely pediu que alunos escrevessem os dois últimos dígitos de seu número do seguro social e depois fizessem um lance para uma garrafa de vinho e outros produtos. Alunos com números altos (entre 80 e 99) ofereceram, em média, 56 dólares por um teclado sem fio.[21] Alunos com números mais baixos (1-20) ofereceram 16 dólares em média. Os alunos de dígitos elevados ofereceram 216% a 346% a mais do que os de dígitos baixos, porque estavam usando seus próprios números como base.

Depois, há as expectativas. A mente formula modelos do que acha que vai acontecer, o que colore suas percepções do que realmente está acontecendo. Se você der um creme de mãos para as pessoas e disser que ele vai reduzir a dor, está construindo um cenário de expectativas. As pessoas realmente sentem sua dor diminuir, mesmo que o creme seja apenas um hidratante. As pessoas que recebem um analgésico prescrito que, conforme são informadas, custa 2,50 dólares por comprimido vivenciam muito mais alívio da dor do que as pessoas que recebem um analgésico e são informadas de que custa dez centavos por comprimido (apesar de todos os comprimidos serem placebos).[22] Como escreve Jonah Lehrer: "Suas previsões se tornaram profecias que se autorrealizam."[23]

Depois, há a inércia. A mente é um avarento cognitivo. Não gosta de expandir energia mental. Como resultado, as pessoas têm uma propensão a manter o status quo. A TIAA-CREF* oferece a professores universitários um leque de opções de alocação de recursos para suas contas de aposentadoria. De acordo com um estudo, a maioria dos participantes desses planos faz zero mudanças de alocação durante suas carreiras profissionais inteiras. Simplesmente permanecem com qualquer que tenha sido sua primeira opção quando contrataram o serviço.[24]

Depois, há a excitação. As pessoas pensam de maneira diferente dependendo de seu estado de espírito. Um banco da África do Sul trabalhou com o economista de Harvard Sendhil Mullainathan para conduzir um experimento a fim de ver qual tipo de cartas de solicitação de empréstimo funcionava melhor. Mandaram cartas diferentes com fotos diferentes, e mandaram outras cartas oferecendo taxas diferentes de empréstimo. Descobriram que a carta com as fotografias de uma mulher sorrindo se saíram particularmente bem entre os homens.[25] A figura da mulher sorrindo aumentou a demanda por empréstimos entre os homens, bem como diminuiu a taxa de juros em cinco pontos percentuais.

Dan Ariely fez um grupo de perguntas para homens tanto em estado de ereção (laptops cobertos com filme plástico, sêmen, nem queiram saber) quanto em estado de não ereção. No último, 53% dos homens disseram que conseguiriam gostar do sexo com uma pessoa que odeiam. No estado de ereção, 77% disseram que conseguiriam.[26] No estado de não ereção, 23% disseram que conseguiam se imaginar fazendo sexo com uma menina de 12 anos de idade. No estado de ereção, 46% disseram que conseguiam imaginar isso. No estado de não ereção, 20%

---

* TIAA-CREF: Teachers Insurance and Annuity Association — College Retirement Equities Fund (Fundo de Pensão dos Professores Universitários). Organização norte-americana que provê aposentadorias a professores universitários. (N. da T.)

disseram que tentariam fazer sexo com uma pessoa mesmo depois de ela dizer não. No estado de ereção, 45% disseram que continuariam tentando.

Finalmente, tem a aversão à perda. Perder dinheiro traz mais dor do que ganhar dinheiro traz alegria. Daniel Kahneman e Amos Tversky perguntaram a pessoas se aceitariam certas apostas.[27] Descobriram que as pessoas precisavam da possibilidade de ganhar quarenta dólares se iam participar de uma aposta que pudesse custar-lhes vinte dólares. Em consequência de aversão à perda, investidores são mais rápidos em vender ações que lhes deram dinheiro do que em vender ações que vêm caindo. Estão tomando decisões autodestrutivas porque não querem admitir suas perdas.

Renascimento

Aos poucos, Erica adquiriu um novo vocabulário para definir propensões inconscientes. Porém, o trabalho que um economista comportamental faz no campus não se traduz automaticamente no tipo de trabalho que uma consultora faz em uma sala de reuniões. Erica precisava achar uma maneira de traduzir a pesquisa em sugestão aproveitável.

Por algumas semanas, enquanto suas economias se esvaíam, Erica escreveu memorandos para si mesma sobre como isso podia ser feito. Quando terminou, ela os releu e teve uma realização profunda. Esse não era o tipo de coisa na qual era boa. Precisaria contratar alguém que pudesse realmente brincar com ideias, que pudesse pegar descobertas acadêmicas e encontrar maneiras de aplicá-las ao mundo real.

Ela saiu perguntando. Perguntou a amigos no mundo da consultoria. Mandou e-mails em massa. Postou um pequeno recado no Facebook. Finalmente, por meio do amigo de um amigo, ela ouviu falar sobre um jovem rapaz que era bom com ideias, que estava disponível e cujo serviço ela provavelmente podia pagar. O nome desse homem, é claro, era Harold.

CAPÍTULO 12

LIBERDADE E COMPROMETIMENTO

Nos primeiros 18 anos de vida, Harold envolveu-se em um tipo de batalha altamente estruturada. Na infância, foi extremamente supervisionado, treinado e ensinado. Suas missões foram claramente marcadas: tirar boas notas, fazer parte do time titular, fazer adultos felizes.

A srta. Taylor introduziu um novo método na vida dele — um amor por grandes ideias. Harold descobriu que amava teorias históricas do mundo, quanto mais grandiosas melhor. Às vezes, ficava tão tomado por suas ideias que você tinha de persegui-lo com uma rede de caçar borboletas.

Na faculdade, Harold fez outra descoberta. Ele podia ser interessante. Na faculdade, havia duas economias de status diferentes. Havia a economia diurna, quando os alunos interagiam com adultos e estavam no melhor modo de florear o currículo e agradar professores. Harold não se destacava nesse mundo, onde estava cercado de alunos cujas conversas consistiam principalmente em quanto trabalho tinham de fazer.

Mas então havia a economia noturna, uma roda de alunos sarcásticos e de humor nojento relacionado ao sêmen. Nessa economia, êxitos mundanos eram irrelevantes e as recompensas sociais iam para aqueles com sensibilidades mais astuciosas.

Harold e seus amigos eram ginastas da sensibilidade. Conseguiam inventar quadros hilários de ironia, vulgaridade, ridicularização e pseudo-escárnio autorreferencial e pós-moderno. Nada do que diziam tinha um significado literal, e o truque para entrar no meio social deles consistia em saber exatamente quantas camadas de ironia cercavam cada conversa.

Ele e seus amigos sabiam quais eram os vídeos mais cruéis e engraçados do YouTube antes de todo mundo. Debatiam os filmes dos irmãos Coen e o significado cultural da série de filmes *American Pie*. Ficaram brevemente encantados com o movimento de software de código aberto como novo modo de organização social. Eles se perguntavam qual é o maior nível de fama — Brad Pitt ou Sebastian Junger? Preferiam o tipo de música que era mais divertido de discutir do que de escutar — música neo-house intelectual e eletrofunk retrô autoconsciente. Cultivavam os tipos de obsessões estranhas que só aparecem ao longo de meses de pesquisa on-line não relacionada aos trabalhos da escola. Compartilhavam um interesse pelo engenheiro de trânsito radical Hans Monderman.

Em outras gerações, a vanguarda do campus debatia Pauline Kael e o significado dos filmes de Ingmar Bergman, mas Harold e seus amigos presumiam que a tecnologia produziria mudanças sociais maiores do que arte e produtos culturais. Mudaram primeiro do iPod para o iPhone, depois para o iPad, e se Steve Jobs tivesse criado uma iEsposa, teriam se casado no dia do lançamento. Não eram apenas adeptos precoces; eram descartadores precoces, abandonando cada moda assim que chegava ao conhecimento geral. Terminaram a fase do colar de titânio na oitava série, e na faculdade já estavam de saco cheio dos móveis excêntricos. Debochavam dos alunos que tinham máquina de bolas de chiclete em seus quartos, apesar de Harold ter achado criativo quando um amigo usou um carrinho de serviço de avião como barzinho.

Harold era muito bom nessas competições de sensibilidade, mas no geral era obscurecido por seu companheiro de quarto. No formulário oficial para acomodação, ele pediu para ficar com um aluno que tirasse notas baixas, mas que tivesse uma pontuação alta no SAT. Quando entrou em seu quarto do alojamento, lá estava Mark, suando e vestindo uma daquelas camisetas sem manga como as que Marlon Brando usou em *Um bonde chamado desejo*.

Mark era de Los Angeles. Tinha 1,88 metro de altura, ombros largos e musculosos e um rosto moreno e bonito. Tinha uma barba desgrenhada de três dias sem fazer, e seu cabelo estava sempre bagunçado, como um daqueles escritores galãs e sensíveis do Iowa Writers' Workshop.* Já tinha colocado uma tábua inclinada no quarto, para exercícios improvisados tarde da noite, e tinha trazido sua própria cama para a faculdade — acreditava que solteiros deviam sempre investir em uma boa cama.

Mark estava disposto a passar por uma humilhação para se divertir e organizou a vida em uma série de aventuras picarescas, formuladas para produzir explosões de adrenalina. Por exemplo, no primeiro ano ele decidiu, do nada, entrar no torneio de boxe Golden Gloves, inscrevendo-se como Kosher Killer. Decidiu que não ia treinar para suas lutas, ia apenas postar sobre boxe em um blog. Foi escoltado por um batalhão de meninas de ringue, vestidas como coveiras, carregando um caixão enquanto ele entrava para a luta. Foi nocauteado por um lutador profissional em 89 segundos, mas não antes de sua história ser coberta por todos os noticiários da cidade.

Certo mês, Mark tentou entrar no *American Idol*. No outro, começou a fazer *kitesurfing* e acabou ficando amigo do dono de um time de basquete da NBA. Tinha 4 mil amigos no Facebook e nas noites em que saía, Mark passava metade da noite mandando mensagens de texto, fazendo malabarismo com as diferentes opções de socialização e de encontros amorosos. Vivia no que chamava de "Mundo Intenso", uma busca constante por adrenalina e memórias apaixonadas.

Harold nunca sabia ao certo o quanto devia levar seu colega de quarto a sério. Mark deixava pequenos bilhetes sarcásticos com Post-it no quarto — "Siga em frente! Seja um garoto de programa!" — elaborados para sua própria diversão. Fazia listas de tudo: mulheres com as quais dormiu, mulheres que viu peladas, pessoas que bateram nele, pessoas que fariam serviço comunitário mesmo que não precisassem. Um dia, Harold pegou uma edição da *Men's Health*, que Mark havia deixado jogada no apartamento, e encontrou um rabisco aparentemente sério ao lado de um artigo sobre esfoliação: "É verdade!... Exatamente!"

---

* Curso com duração de dois anos oferecido pela Universidade de Iowa. Fornece diploma de mestre em Belas-Artes. (N. da T.)

Líder no passado, Harold agora era um seguidor. Mark era Gatsby e Harold, que um dia tinha sido tão assertivo, era Nick Carraway, o narrador. Passava as horas vagas de sua juventude admirando-se com a energia maníaca de Mark e indo atrás para compartilhar a diversão.

A escritora Andrea Donderi argumenta que o mundo é dividido entre os Pedidores e os Conjecturadores. Os pedidores não sentem vergonha quando pedem coisas e estão dispostos a ouvir não sem se machucar. Eles se convidam a ser hóspedes por uma semana. Pedem dinheiro, o carro emprestado, um barco ou uma namorada. Não têm pudor em pedir e não ficam ofendidos quando são recusados.

Os conjecturadores odeiam pedir favores e se sentem culpados quando dizem não para os pedidos de outras pessoas. Na cultura da Conjecturação, escreve Donderi, você evita colocar uma pergunta em palavras a não ser que tenha certeza de que a resposta será sim. Na cultura da Conjecturação, você nunca diz não para alguém diretamente.[1] Você dá desculpas. Cada pedido, feito ou recebido, é carregado de perigo emocional e social.

Mark vivia na cultura dos Pedidores e Harold, na dos Conjecturadores. Isso ocasionalmente causava problemas entre eles. Às vezes, Harold até pensava em comprar alguns livros de autoajuda — um gênero inteiro destinado a ensinar Conjecturadores a serem Pedidores. Mas nunca chegou de verdade a esse ponto. Além disso, para um menino de 19 anos de idade, Mark era irresistível. Estava sempre feliz, sempre se movendo e era sempre divertido. Era como o menino modelo da vitalidade juvenil. Depois de se formar na faculdade, lançou-se em uma grande turnê pelo mundo, alegremente despreocupado em como organizaria o resto de sua vida. Presumiu desde o começo da adolescência que estava destinado a ser um Guardião Onívoro do Bom Gosto. Ele comandaria algum campo — cinema, TV, música, desenho, moda ou outra coisa — e imporia sua sensibilidade encantadora a um mundo agradecido.

"Ei! Pensamento Elevado!", chamou ele certo dia um pouco antes da graduação. Pensamento Elevado era seu apelido para Harold. "Quer dividir um apartamento enquanto viajo pelo globo?" E foi assim que Harold passou os próximos anos dividindo um apartamento com um homem que não estava lá. O quarto de Mark ficava vazio por meses, e então de vez em quando ele aparecia na cidade trazendo um rastro de herdeiras europeias e histórias de aventura.

Harold prosseguiu com o intuito de receber um diploma em economia global e relações internacionais. Também descobriu como se dar bem em entrevistas de emprego. Em vez de ser educado, deferente e falsamente modesto nessas entrevistas, ele era o seu eu noturno irreverente. Os entrevistadores entediados inevitavelmente amavam, ou pelo menos aqueles nos lugares onde ele realmente queria trabalhar amavam.

Depois da faculdade, ele passou por uma pseudofase Corpo de Paz de pesquisa em prol do bem. Trabalhou na Iniciativa de Mudança Social, na Fundação de Conscientização Global e no Preocupações Comuns antes de servir como membro sênior no Compartilhe, uma ONG de distribuição de água limpa fundada por uma estrela de rock idosa. Cansado da filantropia da alta sociedade, passou para sua fase de editor associado. Candidatou-se a empregos em *O interesse público*, *O interesse nacional*, *O interesse americano*, *O prospecto americano*, *Política exterior* e *Relações exteriores* e *Assuntos nacionais*. Enquanto trabalhava como editor associado, editou ensaios defendendo a extensão completa de grandes estratégias formadas por oximoros: idealismo prático, realismo moral, unilateralismo cooperativo, multilateralismo focado, hegemonia defensiva unipolar, e por aí vai. Esses ensaios eram comissionados por editores executivos que ficaram insanos porque foram em muitas conferências do Fórum Econômico Mundial em Davos.

Os empregos pareciam ser interessantes no todo, mas frequentemente envolviam bastante pesquisa desnecessária. Harold havia passado os anos antes da formatura em seminários de alto nível discutindo Tolstoi, Dostoiévski e a questão do mal. Passou os anos depois da graduação operando uma copiadora Canon.

Ficou óbvio para ele, em pé tentando não ficar hipnotizado pela luz verde oscilante da máquina de xerox, que havia se tornado uma quinquilharia Canon da era da informação. As organizações e os jornais para os quais trabalhou eram dirigidos por adultos barrigudos de meia-idade que tinham segurança no trabalho e um lugar na sociedade. As pessoas no grupo dele, por outro lado, eram novos objetos transitórios que pareciam estar lá principalmente para prover checagem de fatos e tensão sexual.

Seus pais estavam cada vez mais ansiosos porque o filho deles, há alguns anos fora da faculdade, parecia estar à deriva. O estado mental do próprio Harold era um pouco mais complicado. De um lado, ainda não sentia nenhuma pressão em especial de se estabilizar e virar um adulto. Nenhum de seus amigos estava fazendo isso. Estavam vivendo de uma maneira ainda mais descuidada do que ele — passando a década dos 20 anos dando algumas aulas, fazendo alguns bicos, servindo em bares. Pareciam mudar de cidade para cidade com promiscuidade incrível. As cidades se tornaram camarins de carreira para jovens adultos. Tornaram-se o lugar onde as pessoas vão aos 20 e poucos anos e experimentam identidades diferentes. Depois, quando descobrem quem são, vão embora. Trinta e oito por cento dos jovens norte-americanos dizem que gostariam de morar em Los Angeles, mas apenas 8% dos mais velhos morariam.[2] Os amigos de Harold apareciam em São Francisco em um ano e em Washington, D.C., no outro. Tudo mudava, menos o endereço de e-mail.

Do outro, Harold queria saber desesperadamente o que devia fazer com sua vida. Sonhava em encontrar um chamado que ia findar sua incerteza e dar-lhe um sentido na vida. Desejava algum tema que conectaria um evento em sua vida ao outro e que substituiria a sensação brusca de que cada um de seus momentos estava desconectado do que vinha antes e depois. Sonhava que um dia algum mentor onisciente o colocaria sentado e não apenas diria como viver, mas por que ele estava aqui. Mas seu Moisés nunca veio. É claro que não poderia vir porque você só descobre sua vocação exercendo-a e vendo se você sente que é a coisa certa. Não há substituto para o processo de experimentação de vidas diferentes e para a espera de encontrar uma que sirva.

Enquanto isso, Harold se viu evoluindo de maneiras que não gostava tanto. Desenvolveu uma personalidade baseada no esnobismo em relação à sensibilidade. Ainda não tinha conquistado nada, mas pelo menos podia se sentir bem com sua sensibilidade superior. Assistia aqueles programas de comédia que exploram a obsessão por status em pessoas jovens ridicularizando os famosos que são profissionalmente bem-sucedidos, mas pessoalmente inferiores.

Ao mesmo tempo, conseguia ser um puxa-saco descarado. Ele se pegava passando no meio de um coquetel para causar uma boa impressão em um superior. Descobriu que quanto mais alto as pessoas sobem no mundo, maior é a dose de bajulação diária de que precisam para manter o equilíbrio psíquico. Ele ficou muito bom em fornecê-la.

Harold também aprendeu que é socialmente aceitável bajular seus chefes de dia contanto que você seja debochado, com requintes de blasfêmia, em relação a eles quando estiver bebendo com os colegas à noite. Ficava maravilhado com os otários da faculdade que passaram quatro anos em isolamento sem amigos assistindo séries de TV, e que agora eram jovens produtores promissores e queridinhos de Hollywood. O mundo adulto parecia ser misterioso e perverso.

Os anos de odisseia

Harold fazia parte de uma geração que inaugurou uma nova fase de vida, os anos de odisseia. Antes, havia quatro fases de vida — infância, adolescência, maioridade e velhice. Agora, há pelo menos seis — infância, adolescência, odisseia, maioridade, aposentadoria ativa e velhice. Odisseia é a década de especulação que ocorre entre a adolescência e a vida adulta.

A maioridade pode ser definida por quatro conquistas: sair de casa, casar-se, começar uma família e tornar-se financeiramente independente. Em 1960, 70% dos norte-americanos de 30 anos de idade haviam conquistado essas coisas. Em 2000, menos de 40% fizeram o mesmo. Na Europa Ocidental, que vem liderando essa tendência, os números são ainda mais baixos.[3]

A existência desse novo estágio pode ser vista em uma série de números, que foram reunidos por estudiosos como Jeffrey Jensen Arnett em seu livro *Emerging Adulthood* (Maioridade emergente), Robert Wuthnow em *After the Baby Boomers* (Depois da geração do *baby boom*), Joseph e Claudia Allen em *Escaping Endless Adolescence* (Escapando da adolescência sem fim) e William Galston do Brookings Institution.*

* Organização sem fins lucrativos localizada em Washington, D.C., onde se desenvolvem pesquisas principalmente na área de economia. (N. da T.)

As pessoas ao redor do mundo estão indo morar juntas com mais frequência e adiando o casamento.[4] No começo da década de 1970, 28% dos norte-americanos haviam morado com parceiros antes do casamento. Na década de 1990, 65% dos norte-americanos haviam feito isso. Entre 1980 e 2000, a idade média para o primeiro casamento cresceu em torno de cinco ou seis anos na França, na Alemanha, nos Países Baixos e no Reino Unido, uma mudança de estilo de vida incrível para um tempo tão curto. Em 1970, 1/5 dos norte-americanos de 25 anos de idade nunca haviam se casado. Em 2005, 60% nunca haviam se casado.

Como demonstra Wuthnow, as pessoas no mundo desenvolvido estão passando mais anos na escola e levando mais tempo para concluir sua formação.[5] O graduando comum em 2000 levou 20% mais tempo para ganhar o diploma do que o aluno comum em 1970.

As mudanças foram causadas por vários fenômenos inter-relacionados. As pessoas estão vivendo mais, e portanto têm mais tempo para se estabilizar em um caminho na vida. A economia se tornou mais complicada, com um conjunto mais amplo de possibilidades de carreira, então leva certo tempo para que as pessoas encontrem a carreira certa. A sociedade se tornou mais segmentada, então leva mais tempo para que as pessoas encontrem seu nicho psicológico. As mulheres estudam mais do que antes e são mais propensas a trabalhar em tempo integral. Em 1970, apenas 26% das mulheres estavam trabalhando fora de casa cinquenta semanas por ano nos Estados Unidos.[6] Em 2000, a porcentagem era de 45%. Muitas dessas mulheres querem ou se sentem compelidas a adiar casamento e família até que estejam estabelecidas profissionalmente.

Finalmente, os jovens estão ambivalentes quanto à maioridade. Como argumenta Arnett, eles querem a segurança e a estabilidade que a maioridade traz, mas não querem cair em uma labuta diária. Não querem limitar sua espontaneidade ou colocar limites em seus sonhos.

Essas mudanças tiveram efeitos profundos na maneira como Harold e seu grupo imaginavam os rumos de suas vidas. Por exemplo, gerações mais antigas presumiam que uma pessoa jovem devia se casar e, depois de unida com alguém enquanto casal, devia sair e se estabelecer no mundo. Mas as pessoas na classe social de Harold tinham uma outra visão. Primeiro você se estabelecia. Depois, quando estava seguro e podia pagar um casamento, você se casava.

Harold e seus amigos não eram rebeldes. Geralmente, ainda queriam um casamento estável, dois filhos, uma casa no subúrbio e um salário seguro. As pessoas da geração atual são mais propensas do que as das gerações anteriores a dizer que os pais devem sacrificar sua própria felicidade pelos seus filhos. Porém, os primeiros foram criados na paz e (em sua maioria) na prosperidade, então tinham uma confiança espetacular em sua habilidade de realizar sonhos. Cerca de 96% de americanos entre 18 e 29 anos de idade concordam com a frase "Estou certo de que um dia vou chegar aonde quero na vida".[7] Eles eram muito, até loucamente, impressionados com sua própria singularidade. Em 1950, um teste de personalidade perguntou para adolescentes se se consideravam uma pessoa importante.[8] Doze por cento disseram que sim. No final da década de 1980, 80% responderam sim.

Apesar da suposição de que tudo acabaria bem, Harold se pegou vivendo em um mundo subinstitucionalizado. Devido ao fato de o estágio odisseia da vida ser tão novo, grupos e costumes ainda não haviam surgido para dar-lhe estrutura. Ele não pertencia a nenhuma congregação religiosa (jovens, hoje em dia, são muito menos propensos a ir à igreja do que jovens da década de 1970).[9] Não tinha uma identidade étnica clara. Sua visão de mundo não era moldada por nenhum jornal local ou pela opinião singular de um líder (ele usava internet). Sua visão de mundo não era moldada por nenhum evento histórico mundial como a Depressão ou a Segunda Guerra Mundial. Ele não era nem mesmo limitado por pressões econômicas agudas. Entre 18 e 34 anos de idade, o norte-americano comum recebe cerca de 38 mil dólares em subsídios da mamãe e do papai, e Harold também contava com alguma ajuda para pagar o aluguel.[10]

Vivia em um cenário social com um número incrivelmente pequeno de barreiras de segurança. Alguns dias, sentia-se como se estivesse esperando que um conjunto de opiniões, hábitos e objetivos se endurecesse em sua mente. O crítico social Michael Barone argumenta que os Estados Unidos produzem jovens de 20 anos de idade moderadamente impressionantes, mas pessoas de 30 anos de idade muito impressionantes.[11] Ele diz que as pressões e as escolhas duras que atingem as pessoas durante a década completamente aberta e sem supervisão dos 20 aos 30 forjam um tipo novo e melhor de pessoa.

Harold não tinha certeza disso, visto que passava uma quantidade preocupante de tempo no sofá maltrapilho de um amigo jogando Call of Duty: Black Ops. Mas pelo menos ele tinha, sim, momentos de prazer intenso, e tinha, sim, um bom grupo de amigos.

O Grupo

Nos anos entre morar com seus pais e viver com a esposa, Harold viveu com o Grupo. O Grupo era uma gangue de amigos que vivia no mesmo estado de limbo que ele. Tinham entre 22 e 30 anos de idade. O núcleo havia cursado a faculdade junto, mas acumulara uma gangue de amigos seletos no caminho, de modo que agora eram aproximadamente vinte pessoas transitando em seu círculo.

A maioria deles jantava junto uma vez por semana em um restaurante local, incluindo Mark quando estava na cidade. Formaram um time de *softball* e alguns deles jogavam voleibol juntos também. Tinham jantares de órfãos no Dia de Ação de Graças e no Natal para os membros do Grupo que não conseguiam ir para casa para ficar com seus parentes. Emprestavam dinheiro uns aos outros, levavam-se ao aeroporto de carro, ajudavam-se a fazer mudanças e em geral proviam todos os serviços que pessoas de uma família estendida podem prover uns aos outros em uma sociedade mais tradicional.

Harold tinha certeza de que esse grupo era preenchido pelos protogênios mais talentosos que já se reuniram. Um deles era cantor e letrista, outra estava fazendo residência médica, um terceiro fazia arte e desenho gráfico. Até os que tinham empregos chatos tinham adicionais interessantes — balonismo, esportes radicais ou ótimo potencial como futuro participante do *Jeopardy!*.* Havia uma proibição não oficial contra o Grupocesto — namorar dentro do grupo. Porém, uma exceção era feita se o casal envolvido começasse realmente a gostar um do outro.

---

* Jogo televisivo de perguntas e respostas muito tradicional nos Estados Unidos. (N. da T.)

As conversas com o Grupo eram a parte mais animadora da vida de Harold nessa época. Passavam horas conversando em cafeterias, bares e festas — repetindo diálogos dos episódios de *30 Rock*, reclamando dos chefes, treinando-se para entrevistas de emprego e debatendo seriamente questões importantes, como por exemplo se se devia ser permitido que pessoas com mais de 40 anos de idade usassem tênis em público quando não estivessem fazendo exercícios. Tinham conversas nostálgicas enérgicas sobre quem tinha vomitado em quem na faculdade. Mandavam-se filosogramas — pequenos textos pseudoprofundos do tipo "Você não acha que meu narcisismo é minha característica mais interessante?". Distribuíam *Whuffies*, uma moeda de reputação em um romance de Cory Doctorow que era atribuída às pessoas que faziam coisas que não lhes rendia dinheiro, mas que eram criativas e simplesmente agradáveis. Passavam bastante tempo discutindo perguntas cruciais como quem deles era inteligente ou cruel o suficiente para dar certo no mundo real.

Pesquisadores trabalharam muito nos últimos anos analisando redes sociais. A conclusão é que quase tudo é contagioso. Se seus amigos são obesos, você tem mais propensão a ser obeso. Se seus amigos são felizes, você é mais propenso a ser feliz. Se seus amigos fumam, você fuma. Se sentem-se sozinhos, você se sente sozinho. Na verdade, Nicholas Christakis e James H. Fowler descobriram que os amigos de uma pessoa influenciam mais se ela vai ser obesa do que o cônjuge dessa pessoa.

No entanto, honestamente, Harold amava passar tempo com o Grupo porque não precisava se preocupar se o Grupo tinha alguma utilidade ou não. Fazer parte dele era um fim em si mesmo. Mais tempo com seus amigos significava mais sensação de estar vivo, e não havia um objetivo maior envolvido. Ficavam juntos por horas em grandes momentos cíclicos de conversa. Dançavam com muita frequência. A maioria das sociedades tem alguma forma de dança ritual. A sociedade norte-americana moderna destruiu a maioria delas (exceto por quadrilhas e algumas outras especialidades). Agora, a maioria das danças é feita em duplas, como uma preparação para o sexo. Todavia, quando o Grupo se reunia, todos dançavam. Eles se reuniam em um bar ou em um apartamento e formavam esse grande aglomerado de dançarinos

— uma nuvem de pessoas sem pares definidos ou formações. Cada um se movia pelo aglomerado, dançando com um ou com outro, homem ou mulher, e depois iam para outra parte da nuvem mutante. A dança não era relacionada a nada. Não era um galanteio. Não tinha a ver com sedução. Era apenas a exuberância física de estarem juntos.

Destino

E então um dia, ou na verdade no decorrer de 48 horas, o destino interveio. Harold estava com Mark e alguns amigos do Grupo em um bar de esportes assistindo à Copa do Mundo. A partida estava chegando ao clímax, restavam poucos minutos, quando Mark o cutucou no ombro com o cotovelo com uma ideia que tinha acabado de surgir em sua cabeça: "Cara, você quer vir para Los Angeles e virar um produtor de TV comigo?"

Harold olhou para ele por um segundo e olhou de volta para o jogo. "Você pensou direito nisso?"

"Não preciso. É meu destino. Eu nasci para isso." A partida ia e vinha. Todo mundo no bar estava berrando e Mark rascunhou a vida que levariam. Produzir alguns shows precários no começo — talvez propagandas e programas sobre policiais. Então tirar uns anos de folga com o dinheiro que fariam e se divertir. Então fazer alguma coisa mais legítima. Então comprar algumas casas em várias partes do mundo e se divertir mais. Então fazer grandes séries dramáticas na HBO e mudar o mundo. O melhor, como descrevia Mark, é que você faria rios de dinheiro, teria liberdade total e nunca se fixaria em uma coisa ou em um projeto ou uma ideia. Era liberdade perfeita.

O engraçado é que Harold não duvidava que Mark conquistaria tudo que se propusesse a fazer. Tinha o que Harold chamou certa vez de "Superficialidade Universalmente Sincronizada". Isto é, Mark era exatamente tão raso quanto o mercado aguentava. Nunca ficava tentado a ser muito complicado ou muito experimental. As coisas das quais gostava, o mundo também gostava. As coisas que odiava, o mundo também odiava — ou pelo menos aquela porção do mundo que vivia e morria pela TV no final da tarde e pelo sábado à noite no cinema.

Ainda assim, Harold resistiu. "Isso não é maneira de se viver", respondeu ele. E então começou o debate para o qual estavam caminhando desde aquele dia, anos antes, quando Harold trombou com Mark pela primeira vez no dormitório. Era o debate entre liberdade e compromisso, sobre se a vida é mais feliz livre ou firmemente enraizada.

Mark apresentou seus argumentos, depois Harold expôs os seus, e nenhum dos dois sugeriu nada que fosse soar especialmente original para vocês. Mark evocou a imagem de distrações eternamente excitantes — viajar pelo mundo e experimentar coisas novas. Ele a contrastou com o mundo da rabugice de meia-idade, ir para o mesmo trabalho e para casa, para a mesma esposa, beber até dormir a fim de encobertar sua vida de desespero silencioso.

Harold ficou no outro lado. Evocou a imagem de relacionamentos amáveis e laços estáveis — velhos amigos no jantar, ver as crianças crescendo, fazer a diferença em uma cidade ou comunidade. Ele contrastou isso com uma vida de ostentação superficial — sexo casual, pertences sem sentido, luxos chamativos e uma velhice triste e solitária.

Esse é um debate antigo — o debate entre *Pé na estrada* e *A felicidade não se compra*. Até onde a ciência social consegue resolver debates como esse, os dados estão no lado de Harold.

Nos últimos anos, pesquisadores passaram bastante tempo investigando o que torna as pessoas felizes. Essa pesquisa é feita principalmente perguntando a elas se estão felizes e depois correlacionando suas respostas com outras características de suas vidas. O método parece ser frágil, mas produz resultados surpreendentemente estáveis e confiáveis.

A primeira coisa que descobriram é que a relação entre dinheiro e felicidade é complexa. Países mais ricos tendem a ser países mais felizes, e pessoas mais ricas tendem a ser mais felizes do que pessoas mais pobres, mas a relação não é tão forte assim; depende de como você define felicidade, e esse é o assunto de debates fervorosos entre os peritos. Como escreve Carol Graham em seu livro *Happiness Around the World* (Felicidade ao redor do mundo), nigerianos se consideram tão felizes quanto japoneses, apesar de o PIB per capita ser quase 25 vezes maior do que o deles. A percentagem de pessoas de Bangladesh que se dizem satisfeitas com suas vidas é duas vezes maior do que a percentagem de russos. O padrão de vida nos Estados Unidos cresceu dramaticamente nos últimos cinquenta anos. Todavia, isso não produziu nenhuma elevação mensurável na felicidade. Por outro lado, os Estados Unidos se tornaram uma sociedade muito mais desigual. Essa desigualdade parece também não ter reduzido a felicidade nacional, mesmo entre os pobres.[12]

Ganhar na loteria produz uma explosão de alegria de curto prazo, mas os efeitos a longo prazo são invisíveis.[13] O ganho de felicidade que você angaria mudando da classe pobre para a média é maior do que mudando da classe média para a alta; a curva de felicidade fica reta. As pessoas não são mais felizes nos anos da meia-idade, quando estão recebendo mais promoções. São mais felizes quanto têm 20 anos e 60 anos, quando suas carreiras estão apenas começando ou perdendo força. As pessoas que dão ênfase tremenda ao bem-estar material tendem a ser menos felizes do que as que não o fazem.

A próxima descoberta clara da pesquisa é que as pessoas são um tanto ruins em julgar o que vão lhes fazer felizes. Elas supervalorizam amplamente o trabalho, o dinheiro e imóveis. Subestimam amplamente os laços íntimos e a importância de desafios árduos. O norte-americano comum diz que, se pudesse ganhar apenas 90 mil dólares a mais por ano, conseguiria "realizar todos os seus sonhos".[14] No entanto, as evidências sugerem que estão errados.

Se a relação entre dinheiro e felicidade é complicada, a relação entre laços sociais e felicidade não é. Quanto mais profundos os relacionamentos que uma pessoa tem, mais feliz ele ou ela serão. Pessoas que estão em casamentos duradouros são muito mais felizes do que pessoas que não estão.[15] De acordo com um estudo, estar casado produz o mesmo ganho psíquico do que ganhar 100 mil dólares ao ano.[16] De acordo com outro estudo, fazer parte de um grupo que se reúne até mesmo apenas uma vez ao mês produz o mesmo ganho de felicidade do que dobrar seu salário.[17]

Pessoas que têm um parceiro sexual recorrente em um ano são mais felizes do que pessoas com vários parceiros no mesmo período.[18] Pessoas que têm mais amigos têm níveis menores de estresse e vidas mais duradouras.[19] Extrovertidos são mais felizes do que introvertidos. De acordo com a pesquisa de Daniel Kahneman, Alan B. Krueger, David Schkade e outros, as atividades diárias mais associadas à felicidade são todas sociais — fazer sexo, socializar depois do trabalho e jantar com amigos —, ao passo que a atividade diária mais prejudicial à felicidade — deslocar-se para o trabalho — tende a ser solitária.[20] As profissões que se correlacionam de maneira mais próxima com a felicidade também são sociais (ser um gerente corporativo, um cabeleireiro ou um prestador de serviços de saúde ou de cuidados), ao passo que as profissões mais prejudiciais à felicidade são ou perversamente sociais (ser uma prostituta) ou menos sociais (ser um operador de máquinas).[21]

Como Roy Baumeister resume as evidências: "O fato de uma pessoa ter uma rede de bons relacionamentos ou de ser sozinha no mundo é um previsor muito mais forte de felicidade do que qualquer outro previsor objetivo."[22]

No que se tornou um debate sem fim sobre Como Viver, Mark citou filmes e músicas de rock que celebravam liberdade e a estrada livre. Harold disse que todos esse filmes e letras de música eram apenas estratégias de marketing para adolescentes. Os adultos deviam querer duas coisas, disse ele, e eram essas as duas coisas que ele queria para sua própria vida: primeiro, ter um casamento bem-sucedido. Se está em um casamento bem-sucedido, não importa quantos infortúnios profissionais você suporta, você vai estar razoavelmente feliz. Se está em um casamento malsucedido, não importa quantos triunfos de carreira você registra, você vai permanecer significativamente não realizado.

Depois, continuou Harold, ele queria encontrar alguma atividade, seja um trabalho ou um hobby, que absorvesse todas as suas habilidades. Ele se imaginava trabalhando muito com alguma coisa, sofrendo infortúnios e frustrações, e depois vendo esse suor e trabalho levando ao sucesso e ao reconhecimento.

Ele sabia que seus dois objetivos estavam em conflito. O casamento pode sugar tempo de sua vocação, e esta pode roubar o tempo que poderia estar passando com seus amigos. Não tinha a menor ideia de como ia controlar esses problemas. Mas essas eram as coisas que queria, e nenhuma delas era compatível com o tipo de vida itinerante e despreocupada na qual Mark estava interessado. Harold cresceu em uma cultura que, durante quarenta anos, celebrou individualismo expressivo, autorrealização e liberação pessoal. Mas ele sentia que o que precisava era de mais comunidade, conexão e interpenetração. Não conseguia trazer seu melhor eu à tona sozinho. Só conseguia fazer isso em conjunção com outras pessoas.

Erica

A vida é repleta de correspondências estranhas. Você passa meses procurando por um bom trabalho e então dois aterrissam aos seus pés no mesmo dia. Você passa anos procurando por sua alma gêmea e então se vê atraído por duas pessoas simultaneamente. No dia seguinte em que Harold teve seu debate com Mark e efetivamente fechou um rumo de vida para si, ele se viu com outra oferta. Um rumo de vida diferente se abriu na frente dele.

Ele veio na forma de um e-mail. Havia um convite de almoço. Era de uma mulher chamada Erica, amiga de uma amiga. Ela dizia que estava procurando por alguém que a ajudasse a montar seu negócio e ouviu que ele podia ser a pessoa perfeita para fazer isso. Ele a buscou no Facebook e viu uma mulher latino-asiática pequena e atraente. Harold não sabia ao certo se ia trabalhar com ela. Mas não se importaria em conhecê-la. Respondeu a Erica e disse que adoraria encontrá-la para um almoço. Fingiu estar interessado no trabalho, mas todos os tipos de fantasias românticas já estavam correndo em sua mente.

CAPÍTULO 13

LIMERÂNCIA*

Harold e Erica tiveram seu primeiro encontro em uma Starbucks, onde ela organizou uma entrevista de emprego. Ela se certificou de que chegaria primeiro para que assumisse o papel de anfitriã. Ele chegou de terno, mas carregando uma mochila, o que a desagradou. Ela deixou um café esperando por ele na mesa, e ele se sentou e se apresentou. Ele parecia ser animado e agradável, apesar de suas maneiras serem um pouco casuais para o gosto dela.

"Vamos bater papo depois", disse Erica depois de cerca de um minuto, interrompendo-o. "Quero contar quem sou e o que estou procurando." Com desenvoltura, ela discorreu sobre sua história de vida e fez uma descrição da empresa de consultoria que havia começado. Foi completamente honesta sobre as dificuldades que tinha vivenciado até então. "Quero alguém que consiga mergulhar na economia comportamental e em pesquisas similares e que encontre uma proposição ímpar de venda: um conjunto de ferramentas para nos ajudar a atender às necessidades do cliente." Falou rápido porque, mesmo que nunca fosse admitir isso para si mesma, estava desconfortável e um pouco nervosa.

Harold era praticamente um entrevistado profissional. Já havia passado por dezenas de entrevistas e nessa altura já tinha seu truque

---

* Termo cunhado pela psicóloga Dorothy Tennov. É o estado cognitivo e emocional de estar apaixonado ou obcecado por outra pessoa; caracteriza-se por um forte desejo por reciprocidade. (N. da T.)

de desarmamento na ponta da língua. Não chegou a usá-lo dessa vez. Em vez disso, ficou rígido em resposta ao tom abrupto e eficiente dela. Ele gostou dela, no entanto. Estava encantado pela sua história e pela atitude rigorosa e compelida. Gostou principalmente do fato de ela não perguntar o que ele esperava estar fazendo dali a dez anos, ou nenhuma daquelas outras perguntas idiotas.

As perguntas dela eram precisas e práticas. Ele sabia quem era Daniel Kahneman? (Não.) Que tipo de projetos de pesquisa ele havia conduzido no passado? (Ele exagerou suas responsabilidades, mas não muito.) Já havia feito checagem de fatos? (Sim.) Só no final que ela fez algumas perguntas inusitadas. Pediu que ele descrevesse a cultura na faculdade dele. Qual era a diferença entre trabalhar em uma revista sobre políticas e para um negócio de fins lucrativos?

A entrevista durou apenas 25 minutos. Ela o contratou. Ele pediu 55 mil dólares por ano e ela disse que o trabalho pagaria 60 mil, com aumentos conforme o negócio desse certo.

Ela não tinha escritório, então eles se encontravam cerca de três vezes por semana na cozinha dela e depois ele ia trabalhar em casa. Ela mantinha a cozinha livre para que tivesse um pouco de atmosfera profissional e sempre mantinha a porta para o quarto fechada. Não havia ímãs na porta da geladeira. Não havia fotos de família e amigos, não que Harold pudesse ver. Por outro lado, ele estava impressionado com seus talheres e utensílios de cozinha. Harold ainda usava os utensílios que tinha adquirido na faculdade — a secadora de louças, as mesmas seis panelas e frigideiras, o abridor de garrafas que tinha ganhado de um distribuidor de cervejas. Erica, que tinha basicamente sua idade, tinha uma cozinha de adulto.

Havia partes do negócio que ele não via. Ela nunca deixava que ele conhecesse clientes em potencial. Ele não sabia quanto esforço era preciso para conseguir uma reunião. Ela mandava um e-mail com o nome de um possível cliente, a natureza do problema que estavam esperando resolver e uma lista de coisas que eles teriam de fazer para ganhar a conta. Harold mergulhava em sua pesquisa, dormindo de dia, trabalhando à noite, e depois combinava de ir à casa dela para apresentar o que tinha descoberto. Ela o recebia com delicadeza, mas de maneira firme, com chá chinês e cenouras fatiadas.

O negócio começou a engrenar. Houve um ritmo vigoroso de propostas e projetos de pesquisa. Uma empresa queria encontrar maneiras de quebrar a barreira entre seus engenheiros e o pessoal de marketing. Outra queria encontrar meios de fazer marketing bancário para jovens. Erica dava instruções para Harold sobre o que queria e dicas sobre onde encontrar a informação, e ele se sentia confortável com ela e realmente gostava do trabalho. Se havia um período em que a relação deles desabrochava, era durante a edição.

Erica garantia um cliente e fazia uma série de reuniões com eles. Mandava Harold fazer um projeto de pesquisa. Ele escrevia um monte de memorandos e ela os usava para rascunhar um relatório que iria para o cliente. Cerca de 2/3 do trabalho de Harold era fazer a pesquisa e escrever os memorandos, mas um bom terço era revisar os rascunhos dela e ajudá-la a aperfeiçoá-los.

Na primeira vez em que se sentaram juntos, Erica quase chorou de gratidão. Harold tinha a habilidade de ler alguma coisa e realmente ver aonde a pessoa estava querendo chegar. Quando ele entregou suas reações aos rascunhos dela, Erica teve uma sensação devastadora de estar sendo completamente escutada e profundamente compreendida. Harold conseguia pegar um fio vago de uma ideia e ser cativado por ele. Ele elogiava partes dos rascunhos, fazendo-a se sentir como uma estrela em absoluto. Ele sublinhava algumas partes três vezes e olhava para ela em total admiração por tê-las produzido. Depois, ele tratava das partes ruins como minas de ouro que apenas ainda não tinham aparecido. Erica tinha uma tendência de empilhar frases vagas e nobres como forma de encobertar um conceito que ainda estava nebuloso em sua mente. Harold as dissipava e cortava seções que simplesmente não funcionavam. Depois, ele preenchia as lacunas. Desenvolveu uma habilidade de escrever com a voz dela e de pensar com o estilo dela, e fez com que ela soasse mais inteligente do que realmente era. Era um editor tremendo. Tinha prazer em sublimar seu próprio ego e escrever sob o nome de outra pessoa.

Depois de seis meses, eles se falavam com um código próprio, com apenas algumas letras indicando o que ainda devia ser feito. Ela se soltou um pouco nas anotações de volta, fazendo algumas piadas. “Simplesmente não consegui”, escreveu certa vez, o que para ela era uma amostra enorme de vulnerabilidade. Se descobrisse algum fato novo, ele ligava para ela cheio de entusiasmo. Às vezes, saíam para comer asas de galinha e para editar os relatórios juntos. Uma vez, quando ela estava fora da cidade com um cliente, ele terminou um e-mail com "Saudades". Ela respondeu pelo BlackBerry: "Saudades também."

Ela não tinha nenhum interesse consciente em encontrar um homem naquela época, e Harold não tinha nada do homem com o qual ela um dia queria se envolver. Ele não era tão durão quanto ela. Não era destinado à grandeza corporativa. Era o tipo de cara que ela podia engolir vivo. Mas com o passar dos meses, ela descobriu que tinha afeição de verdade por ele. Ele era uma pessoa genuinamente boa. Do fundo de sua alma, ele queria que ela tivesse sucesso.

Uma noite, depois de um dia de trabalho duro, Harold sugeriu que fossem andar de bicicleta. Erica não andava de bicicleta havia anos e não tinha uma. Harold disse que eles podiam pegar a do colega de quarto dele. Eles foram de carro até o apartamento dele, onde Erica nunca havia estado, encontraram o colega de quarto forte e demasiadamente charmoso, que Erica nunca tinha visto, e depois foram dar uma volta. Erica vestia sua roupa de ginástica e Harold, apenas shorts normais, uma camiseta, e foi gentil o suficiente para deixar que Erica usasse o capacete menos brega. Pedalaram por cerca de 16 quilômetros e é claro que Erica teve de passar na frente dele subindo as colinas, só para mostrar que conseguia. Eles chegaram a uma colina íngreme com vista para a água e Erica começou a se distanciar de novo, rindo conforme o deixava para trás. Cerca de 30 metros depois, Harold voou na frente dela. Não foi simplesmente passar na frente dela. Ele passou que nem um foguete como se ela estivesse pedalando para trás. Tinha um sorriso enorme em seu rosto, e ele mal respirava. Ela não fazia ideia que ele tinha aquele poder dentro dele.

Harold parou no topo da colina e ficou olhando ela subir bufando. Ele ainda tinha um sorriso enorme no rosto e ela estava gargalhando por entre cada arfada quando seus olhos se encontraram enquanto parava ao lado dele. Erica olhou nos olhos de Harold de maneira mais profunda do que já havia olhado e enxergou, através deles, algumas das coisas que ele gostava e estimava: o *flag football*,* sua mochila repleta de Grandes Livros, a exaltação que sentia por ela e pelos projetos que tinham juntos.

Ficaram sobre suas bicicletas no topo da colina olhando para a vista, e Erica deu a mão para Harold. Ele ficou surpreso com quão áspera e dura a palma de Erica pareceu ao toque, e quão adorável.

Sonar de status

Algumas semanas depois, Harold estava sentado sozinho em seu apartamento sentindo que sua vida estava indo tremendamente bem. Todos os seres humanos vivem com um sonar de status completamente operacional. Enviamos ondas contínuas de medições de status e recebemos um fluxo de sinais de respostas positivas e negativas que, de maneira cumulativa, definem nosso lugar na sociedade. Harold olhou para seu loft. PIM. Um sinal positivo retornou. Ele adorava o espaço aberto e o teto alto. Contemplou seu abdômen. PIM. Um sinal negativo retornou. Realmente devia ir à academia mais vezes. Olhou para seu rosto no espelho. PIM. Um sinal neutro retornou. Não tinha a maçã do rosto definida, mas podia ser pior.

Durante todo o dia, o sonar de status fica zumbindo — um fluxo de sinais positivos, negativos e neutros se acumulando na mente, produzindo tanto felicidade quanto ansiedade e dúvida. O sonar de status não é sequer um processo consciente na maior parte do tempo; é apenas o tom hedônico da existência. Grande parte da vida, disse Mark para Harold, consistia em tentar maximizar o número de sinais positivos no fluxo e minimizar o número de sinais negativos. Grande parte da vida é uma série de ajustes para tornar o fluxo mais positivo.

O problema é que o sonar de status de ninguém é preciso. Algumas pessoas exageraram no status. Inflam largamente sua posição na escala social. Estão no seis, mas acham que estão no oito, e quando flertam com uma mulher acham que estão no nove, e se sentem perplexos

---

* Modalidade de futebol americano com contato limitado, em virtude da não utilização de equipamentos de proteção.

ao ser rejeitados. Outras pessoas são minimizadoras de status. Essas pessoas nunca vão se candidatar a empregos para os quais são amplamente qualificadas, porque presumem que serão esmagadas pela competição.

As pessoas mais bem-sucedidas são amplificadoras de status suavemente iludidas. Maximizam seus pontos positivos, produzindo assim autoconfiança, e decidem que seus pontos negativos não são tão importantes, eliminando assim a dúvida paralisante em relação a elas mesmas.

Depois de milênios de dominação masculina, os homens são grandes amplificadores de status. Uma pesquisa global de Adrian Furnham, da Universidade College, em Londres, descobriu que os homens em todo o mundo superestimam sua própria inteligência.[1] Outro estudo revelou que 95% dos homens norte-americanos acreditam que estão nos primeiros 50% em relação a habilidades sociais. As mulheres são mais propensas a ser minimizadoras de status. Elas subestimam suas pontuações de QI em uma média de cinco pontos.[2]

O sensor do sonar de Harold era como um relógio Swiss primorosamente criado. Era balanceado, sensível e apropriadamente complacente. Assim como a maioria das pessoas felizes, Harold julgava a si com base em suas intenções, os amigos com base em seus feitos e os rivais com base em seus erros. Os PIMs continuavam. Os sinais positivos fluíam.

E quando Harold se imaginava com Erica, bem, era como uma torrente avolumada de sinais positivos. Stendhal observou que o primeiro grande amor de cada pessoa é abastecido pela ambição. Harold não estava simplesmente animado com Erica como pessoa, mas com toda a aura de uma menina agressivamente determinada que foi da pobreza à riqueza. Estava animado de pensar nos lugares que iriam juntos. Ele os imaginava trocando deliciosos insultos de mentira em jantares, como Beatrice e Benedick em *Muito barulho por nada*.

Entretanto, havia também alguma coisa mais profunda acontecendo. Em toda a sua vida, Harold tinha vivido em certo nível, mas agora havia descoberto compulsões mais profundas. Chegar a essa percepção era como viver na mesma casa a vida toda e de repente cair em um alçapão e descobrir que sempre existiu um nível abaixo, e depois achar outro nível abaixo desse, e outro e outro. Como colocou Matthew Arnold:

* * *

Abaixo da corrente da superfície, rasa e clara,
Do que dizemos e sentimos — abaixo da correnteza,
Como Luz, do que achamos que sentimos — lá corre
Com forte corrente silenciosa, obscura e profunda,
*A corrente central do que sentimos de fato.**[3]

Harold não conseguia passar cinco minutos sem pensar em Erica. Se estava andando sozinho pela rua, achava que via o rosto dela na multidão a cada poucos quarteirões. Raramente comia, e negligenciava seus amigos. Todo o estado de espírito de Harold estava elevado. Coisas que costumavam entediá-lo, ele agora achava maravilhosas. Pessoas que costumavam aborrecê-lo, agora pareciam calorosas e gentis. Quando andorinhas se acasalam, flutuam freneticamente de galho em galho em um estado de delírio hiperintenso. Agora, Harold tinha energia para ficar acordado a noite toda, para trabalhar sem descanso.

Sua mente retornou rapidamente a certos episódios preciosos desde que ela colocou sua mão na dele pela primeira vez — jantar comida chinesa no apartamento dela, a primeira vez que fizeram amor. Quando corria, misturava fantasias elaboradas nas quais a salvava do perigo de maneira heroica (alguma coisa no ato de correr, e os elementos químicos primitivos que soltava em seu cérebro, trazia essas divagações à la Walter Mitty**).

Depois, em outro momento, talvez ficasse tomado por um medo de perdê-la. Há um poema do século XIX de um índio Kwakiutl que capta o choque das sensações doces e fortes de Harold: "O fogo atravessa meu corpo... / a dor de amar a ti.[4] / A dor atravessa meu corpo com as chamas de meu amor por ti. / A enfermidade ronda meu corpo com meu amor por ti. / ... / A dor como de uma pústula prestes a se romper com meu amor por ti. / Lembro-me do que disseste a mim. /

* No original: "*Below the surface-stream, shallow and light, / Of what we say we feel — below the stream, / As Light, of that we think we feel — there flows / With noiseless current strong, obscure and deep, / The central stream of what we feel indeed.*" (N. da T.)

** Personagem fictício de imaginação farta criado por James Thurber no conto "A vida secreta de Walter Mitty", de 1939. (N. da T.)

Estou pensando em teu amor por mim. / Eu me dilacero por teu amor por mim."*

De acordo com estudos de Faby Gagné e John Lydon, 95% das pessoas apaixonadas acreditam que seu parceiro atual está acima da média em aparência, inteligência, cordialidade e senso de humor (ao passo que descrevem seus amores anteriores como quadrados, emocionalmente instáveis e geralmente desagradáveis).[5] Harold não era diferente. Praticava a forma mais deliciosa de engano de si mesmo e via Erica como perfeita em todos os sentidos.

Harold estava vivenciando o que Stendhal chamou de "cristalização". Em seu ensaio *Do amor*, Stendhal descreve uma mina de sal perto de Salzburgo, na qual trabalhadores jogavam galhos sem folhas nas partes abandonadas da mina. Depois, quando retiravam os galhos dois ou três meses mais tarde, eles os encontravam com cristais reluzentes, como diamantes, de beleza maior do que se pode imaginar. "Chamo de cristalização", escreveu Stendhal, "a operação do espírito que extrai de tudo o que se apresenta a descoberta de que o objeto amado tem novas perfeições".[6]

É isso que as sentinelas do inconsciente fazem: revestem pessoas, lugares e objetos de significado emocional. Revestem os objetos de nosso amor de luz reluzente e irresistível. Induzem Harold a amar Erica cada vez mais. Isso significava que ele não tinha interesse em outra mulher. Significava que não tinha sonhos a não ser ela.

Motivação

Se tivessem perguntado a Harold o que Erica o fazia sentir, ele teria respondido que se sentia como se alguma força superior externa tivesse tomado sua vida. Agora entendia por que os pagãos conceberam o amor como um deus. A sensação era mesmo como se alguma entidade

---

* No original: "*Fires run through my body — / the pain of loving you. / Pain runs through my body with the fires of my love for you. / Sickness wanders my body with my love for you. / ... / Pain like a boil about to burst with my love for you. / I remember what you said to me. / I am thinking of your love for me. / I am torn by your love for me.*" (N. da T.)

sobrenatural tivesse penetrado em sua mente, reorganizado tudo e o elevado a algum reino superior.

E o curioso é que se olhássemos para o interior do cérebro de Harold enquanto estava em seu estado de encantamento, não teria encontrado uma parte separada e mágica em chamas. A pesquisa de Helen Fisher sobre a atividade cerebral de pessoas que estão profundamente e loucamente apaixonadas revela que são algumas das partes prosaicas do cérebro, parecidas com móveis, que na verdade estão mais ativas em momentos de sentimento romântico intenso — partes como o núcleo caudado e a área tegmental ventral (ATV). O núcleo caudado, por exemplo, nos ajuda a realizar tarefas extremamente mundanas. Preserva memória muscular para que nos lembremos de como digitar ou andar de bicicleta. Integra quantidades enormes de informação, incluindo memórias da infância.

Todavia, o núcleo caudado e a ATV também são partes de outra coisa, o sistema de recompensa da mente. Produzem elementos químicos poderosos, como a dopamina, que podem levar à atenção focada, aos desejos exploratórios e aos desejos fortes e frenéticos. A norepinefrina, uma substância derivada da dopamina, pode estimular sentimentos como euforia, energia, sonolência e perda de apetite.[7] A feniletilamina é uma anfetamina natural que produz sentimentos de excitação sexual e de exaltação emocional.[8]

Como escreveu Fisher em seu livro *Por que amamos*: "O núcleo caudado nos ajuda a detectar e perceber uma recompensa, discriminar entre recompensas, *preferir* uma recompensa específica, antever e esperar uma recompensa. Ele produz motivação para conseguirmos uma recompensa e planejar movimentos específicos para obtê-la. O caudado também está associado com os atos de prestar atenção e aprender."[9]

Em outras palavras, o amor não está separado da vida cotidiana. É membro de uma família mais abrangente de desejos. Arthur Aron, da Universidade de Stony Brook, argumenta que, em uma máquina de ressonância magnética, o cérebro de uma pessoa vivenciando a primeira explosão do amor se parece, em alguns aspectos, com o cérebro de uma pessoa em meio a uma onda de cocaína.[10] O neurocientista Jaak Panksepp argumenta que a experiência da dependência do ópio imita os prazeres que amantes sentem quando estão perto um do outro.[11] Em cada caso, as pessoas são atacadas por um desejo que comanda suas vidas. Inibições cessam. O objeto de desejo se torna o objeto de uma obsessão.

Aron argumenta que o amor não é uma emoção como a felicidade ou a tristeza. O amor é um estado motivacional, que leva a diversas emoções, variando de euforia à infelicidade. Uma pessoa apaixonada tem a ambição mais aguda possível para atingir um objetivo.[12] Uma pessoa apaixonada está em um estado de necessidade.

Harold não havia sido notavelmente ambicioso até então, mas agora estava nas garras de alguma força profunda e monumental. Em *Simpósio*, Platão trata o amor como uma tentativa de reunir duas metades de um único ser. E de fato o amor de Harold o fazia sentir-se incompleto. Mesmo quando brigavam, era melhor estar com Erica na tristeza do que sem ela na alegria. Mesmo que não fizesse mais nada, tinha de eliminar as fronteiras entre eles e unir suas almas.

O desejo pela fusão

Wolfram Schultz é um neurocientista da Universidade de Cambridge e fez pesquisas em macacos na esperança de entender o mal de Parkinson. Esguichava suco de maçã em suas bocas e observava um pequeno incremento nos neurônios produtores de dopamina em seus cérebros. Depois de alguns esguichos, notou que os neurônios produtores de dopamina começavam a disparar imediatamente antes de o suco chegar. Preparou um experimento no qual soava um tom e depois despejava o suco. Depois de apenas algumas rodadas, os macacos entenderam que o tom precedia o suco. Seus neurônios começam a disparar com o som, não com a chegada do suco. Schultz e seus colegas ficaram perplexos. Por que esses neurônios simplesmente não respondiam à recompensa em si, o suco?

Uma resposta crucial veio de Read Montague, Peter Dayan e Terrence Sejnowski.[13] O sistema mental é mais engrenado no sentido de prever recompensas do que no sentido das recompensas em si. A mente cria modelos previsores o dia todo — por exemplo, aquele tom vai levar a este suco. Quando um dos modelos prevê a realidade de maneira precisa, então a mente vivencia um pequeno surto de recompensa, ou pelo menos um sentimento assegurador de tranquilidade. Quando o modelo contradiz a realidade, então há tensão e preocupação.

A principal ocupação do cérebro é formar modelos, argumenta Montague.[14] Estamos continuamente construindo pequenos padrões de antecipação em nosso cérebro para nos ajudar a prever o futuro: se eu colocar minha mão aqui, então isso vai acontecer. Se eu sorrir, então ela vai sorrir. Se nosso modelo se enreda com o que realmente acontece, vivenciamos uma pequena gota de doce afirmação. Se não, então há um problema e o cérebro tem de entender qual é a falha técnica e ajustar o modelo.

Essa função é uma das estruturas fundamentais do desejo. Conforme os dias passam, a mente gera padrões de antecipação baseados em modelos de trabalho guardados dentro dela. Frenquentemente, há tensão entre modelos internos e o mundo exterior. Então tentamos criar conceitos que vão nos ajudar a entender o mundo, ou mudanças de comportamento que vão nos ajudar a viver em harmonia com ele. Quando compreendemos uma situação ou dominamos alguma tarefa, uma onda de prazer ocorre. Não é viver em perfeita harmonia que produz a onda. Se fosse assim, ficaríamos felizes em ficar na praia durante a vida inteira. É o momento em que alguma tensão é apagada. Sendo assim, uma vida feliz tem seu grupo recorrente de ritmos: da dificuldade à harmonia, da dificuldade à harmonia. E tudo é impulsionado pelo desejo por limerância, o desejo pelo momento em que os padrões internos e externos se enredam.

Esse anseio por harmonia, ou limerância, pode se manifestar de maneiras pequenas e mundanas. As pessoas vivenciam uma pequena fagulha de prazer quando resolvem uma palavra cruzada ou quando se sentam e encontram uma mesa perfeitamente arrumada que vai ao encontro de seu padrão de "em perfeita ordem".

O desejo por limerância também pode se manifestar de maneiras estranhas. As pessoas são instintivamente atraídas pelo familiar. Por exemplo, Brett Pelham, da Universidade do Estado de Nova York em Buffalo, mostrou que as pessoas chamadas Dennis e Denise são propensas de maneira desproporcional a se tornar dentistas.[15] As pessoas chamadas Lawrence e Laurie são propensas de maneira desproporcional a se tornar *lawyers* [advogados]. As pessoas chamadas Louis são propensas de maneira desproporcional a se mudar para Saint Louis, e as pessoas chamadas George mudam-se, de maneira desproporcional, para a Georgia. Essas são umas das escolhas mais importantes na vida de uma pessoa, e são influenciadas, mesmo que um pouco, pelo som do nome que por acaso recebem no nascimento e pela atração pelo familiar.

O desejo por limerância nos leva a buscar perfeição em nossos ofícios. Às vezes, quando estamos absortos em alguma tarefa, a barreira do crânio começa a desvanecer. Uma amazona experiente se sente uma unidade com os ritmos do cavalo que está montando. Um carpinteiro se mescla com a ferramenta em suas mãos. Uma matemática se perde no problema que está resolvendo. Nesses momentos sublimes, padrões internos e externos estão se misturando e um fluxo é conquistado.

O desejo por limerância nos impulsiona intelectualmente. Todos nós gostamos de ouvir que estamos certos (alguns gurus do rádio e da TV a cabo ganham milhões reforçando os modelos internos de sua audiência). Todos sentimos uma onda de prazer quando alguma teoria esclarecedora faz sentido. Todos gostamos de nos sentir em harmonia com nossos arredores. Como argumenta Bruce Wexler em *Brain and Culture* (Cérebro e cultura), passamos boa parte da primeira metade de nossas vidas tentando construir modelos internos que se encaixam no mundo e boa parte da última metade tentando ajustar o mundo para que se encaixe nos modelos internos.[16] Grande parte da conversa de bar na madrugada envolve alguém tentando fazer com que as pessoas vejam o mundo como vemos. Nações não se chocam apenas por conta de terra, riqueza e interesses; brigam para compelir os outros a verem o mundo como o veem. Uma das razões de o conflito entre israelenses e palestinos permanecer não resolvido com tamanha obstinação é que cada lado quer que o outro aceite sua narrativa histórica.

A maioria das pessoas fica profundamente emocionada quando retorna ao seu lar de infância, ao lugar onde seus modelos mentais foram forjados pela primeira vez. Quando retornamos ao lugar no qual crescemos, são os detalhes que mais importam — a maneira como a farmácia está no mesmo lugar de quando éramos novos, a mesma cerca ao redor do parque, o ângulo do sol no inverno, a faixa de pedestres onde costumávamos atravessar. Não amamos essas coisas por seus méritos, porque a faixa de pedestres é a melhor das faixas de pedestres. A mente reveste o lar com uma camada especial de afeição porque esses são os padrões que conhecemos. "A criança pode amar um velho jardineiro carrancudo que quase não nota sua presença e guardar distância do visitante que faz tudo para atraí-la", observou certa vez C. S. Lewis.[17] "Mas é preciso que seja um *velho* jardineiro, alguém que 'sempre' esteve ali — o curto mas aparentemente imemorial 'sempre' da infância."

O desejo por limerância aparece em seu estado mais profundo durante aqueles momentos transcendentes quando as pessoas se sentem fundidas com a natureza e com Deus, quando a alma se eleva e um sentimento de unidade com o universo permeia seu ser.

Mais importante, as pessoas buscam limerância umas com as outras. Com duas semanas de vida, bebês choram se ouvem outro bebê em agonia, mas não se escutam em uma gravação de seu próprio choro.[18] Em 1945, a médica clínica austríaca René Spitz investigou um orfanato americano.[19] O orfanato em si era meticulosamente limpo. Havia uma enfermeira para cada oito bebês. Os bebês eram bem-alimentados, mas eram deixados sozinhos o dia todo para reduzir, em teoria, a exposição aos germes. Havia lençóis pendurados entre os berços pelo mesmo motivo. Apesar de todas as precauções sanitárias, 37% dos bebês no orfanato morriam antes dos 2 anos de idade. Sentiam falta de uma coisa essencial para viver — contato empático.

As pessoas gravitam na direção de pessoas como elas. Quando conhecemos novas pessoas, instantaneamente começamos a casar nosso comportamento ao delas. Muhammad Ali, que era mais rápido que todo mundo, levava 190 milissegundos para detectar uma abertura nas defesas de seu oponente e começar a disparar um soco contra essa abertura. Uma universitária comum leva 21 milissegundos para começar a sincronizar inconscientemente seu movimento ao das amigas.[20]

Amigos que estão envolvidos em uma conversa começam a replicar os padrões de respiração um do outro. Pessoas que são instruídas a observar uma conversa começam a imitar a fisiologia das pessoas conversando, e quanto mais próxima é a mímica da linguagem corporal, mais perceptivas se tornam quanto à relação que estão observando. No nível mais profundo dos feromônios, mulheres que estão vivendo juntas frequentemente compartilham o mesmo ciclo menstrual.

Como nota o neurocientista Marco Iacoboni, "vicário" não é uma palavra forte o suficiente para descrever o efeito desses processos mentais.[21] Quando percebemos a alegria do outro, começamos a compartilhar o riso dessa pessoa como se fosse nosso. Quando vemos agonia, mesmo em uma tela de cinema, essa agonia é refletida em nosso cérebro, de forma mais pálida, como se fosse nossa.

"Quando seu amigo se torna um velho amigo, todas aquelas coisas nele que inicialmente nada tinham a ver com a amizade se tornam familiares e queridas com familiaridade", escreve C. S. Lewis.[22] O amor de um amigo, continua Lewis, "livre de todos os deveres menos dos que o amor assumiu livremente, quase totalmente livre de inveja, e livre por completo da necessidade de ser necessitado, é eminentemente espiritual. Trata-se da espécie de amor que podemos imaginar existir entre anjos".[23]

Uma vez que as pessoas se sentem parte de um grupo, há uma forte pressão institucional para entrarem em conformidade com suas normas. Solomon Asch conduziu um experimento famoso no qual mostrava às pessoas três linhas de tamanhos obviamente distintos.[24] Depois, rodeava os sujeitos do teste com um grupo de pessoas (secretamente trabalhando para Asch) que insistiam que as linhas tinham tamanhos iguais. Deparados com essa pressão de grupo, 70% dos sujeitos de pesquisa entraram em conformidade pelo menos uma vez reportando que as linhas tinham o mesmo tamanho. Apenas 20% se recusaram a entrar em conformidade com essa falsidade óbvia.

Felicidade

Não ensinamos essa habilidade na escola — a de harmonizar padrões, a de buscar limerância, a de fazer amigos. Mas a vida feliz é definida por esses tipos de conexões, e a vida infeliz é definida pela falta delas.

Emily Durkheim demonstrou que pessoas com poucas conexões sociais são muito mais propensas a cometer suicídio. Em *Amor e sobrevivência*, Dean Ornish analisou uma pesquisa sobre longevidade e concluiu que pessoas solitárias são três a cinco vezes mais propensas a morrer prematuramente do que pessoas engajadas socialmente.[25]

Atingir a limerância, por outro lado, pode produzir um sentimento impressionante de elevação. Quando o historiador William McNeill estava no Exército americano em 1941, aprendeu, no campo de treinamento, a marchar. Em pouco tempo, esse ato de marchar com seus companheiros começou a alterar sua própria consciência:

> Palavras são inadequadas para descrever a emoção despertada pelo movimento prolongado em uníssono que a instrução exigia.[26] Um sentimento penetrante de bem-estar é o que recordo; uma estranha sensação de engrandecimento pessoal; um tipo de inchação, de se tornar maior do que tudo, graças à participação em um ritual coletivo.

Milhões de soldados arriscaram e entregaram suas vidas na guerra por causa da conexão primordial que sentiam em relação aos seus companheiros. Famílias geralmente se mantêm unidas nos altos e baixos por esse sentimento. A vida social se mantém inteira pela versão inferior daquele sentimento que chamamos de confiança. E para a maioria de nós, a necessidade mais forte de limerância assume a forma daquele desejo intenso que temos de nos mesclarmos com o outro especial — o amor.

Esse impulso, esse desejo por harmonia, é um processo sem fim — modelar, ajustar, modelar, ajustar — que nos guia adiante.

Eros reconsiderado

Hoje, quando ouvimos a palavra "eros", pensamos em uma coisa bem distinta e compartimentalizada — sexo. A literatura erótica é separada de outros livros na livraria. Entretanto, esse é o significado restrito e talhado de eros que herdamos de uma cultura centrada no sexo. No entendimento grego, eros não é apenas o desejo por orgasmo, sexo ou até transmissão genética. Os gregos viam eros como um desejo generalizado por união com o belo e o excelente.

Pessoas impulsionadas pela luxúria querem ter orgasmos umas com as outras. Mas pessoas impulsionadas por eros querem ter uma fusão muito mais abrangente. Querem compartilhar as mesmas emoções, visitar os mesmos lugares, saborear os mesmos prazeres e replicar os mesmos padrões na mente umas das outras. Como escreveu Allan Bloom em *Amor e amizade*: "Animais fazem sexo e seres humanos fazem eros, e nenhuma ciência exata é possível se não fizer essa distinção."

As pessoas às vezes dizem que a neurociência está destruindo a alma e o espírito. Reduz tudo a neurônios, sinapses e reações bioquímicas. Mas na verdade, a neurociência nos fornece um vislumbre de eros em ação. Ela nos ajuda a ver a dança dos padrões entre amigos e amantes.

Harold e Erica nunca estiveram tão vivos quanto nas primeiras semanas de seu amor um pelo outro. Certa tarde, estavam sentados no sofá do apartamento de Harold vendo um filme antigo. "Eu conheço você", disse Erica depois de um carinho, a propósito de nada, olhando nos olhos de Harold. Então, alguns minutos mais tarde, ela caiu no sono sobre o peito de Harold. Ele continuou vendo o filme e mexeu um pouco na cabeça dela para que ele ficasse confortável. Ela emitiu um leve suspiro.

Depois Harold passou a mão sobre o rosto e o cabelo dela. A respiração dela ficava mais rápida e mais lenta com o ritmo do toque, mas seus olhos ainda estavam fechados e ela não se moveu. Harold nunca havia notado como ela conseguia dormir tão profundamente. Perdeu todo o interesse pelo filme e ficou apenas observando-a.

Ele pegou o braço dela e o colocou em volta de seu pescoço. Ela fez um doce gesto de franzir os lábios, mas continuou dormindo. Então, colocou seu braço de volta para baixo, ao lado de seu corpo. Ela se aninhou de novo no peito dele. Depois disso, apenas observou o cochilo dela, medindo a subida e a descida de seu peito, um sentimento de proteção tenra se estendendo por ele. "Lembre-se deste momento", pensou.

Não que tudo estivesse perfeito. Cada um descobriu que ainda tinha profundas inibições inconscientes que bloqueavam a união que mais procuravam. Ainda havia fricções e conflitos.

O desejo por limerância não produz automaticamente romances perfeitos ou harmonia global fácil. Passamos grandes partes de nossas vidas tentando fazer com que os outros aceitem nossos padrões — e tentando resistir a esse tipo de hegemonia dos outros. Em escala maior, as pessoas não se conectam apenas; elas competem para se conectar. Competimos uns com os outros para ganhar o prestígio, o respeito e a atenção que nos ajudarão a formar laços uns com os outros. Procuramos ultrapassar uns aos outros recebendo a aprovação uns dos outros. Tal é a lógica de nosso jogo complicado.

No entanto, especialmente naqueles primeiros 18 meses, Harold e Erica vivenciaram um tipo de mágica mundana. Trabalhavam juntos. Comiam juntos. Dormiam juntos e se encaixavam em quase todos os aspectos. Saboreavam a sincronia que é a essência de todas as grandes profissões de amor: "Amar você? Eu *sou* você."[28] "Somos um só, uma só carne; perder a ti era perder-me!"[29]

CAPÍTULO 14

A GRANDE NARRATIVA

Conforme a carreira de Erica ficava mais brilhante, sua casa ficava mais escura. Ela e Harold começaram a empresa de consultoria quando ambos tinham 28 anos de idade. Nos anos seguintes, tudo foi ótimo. Acumularam clientes. Contrataram novas pessoas — 18 ao todo. Compraram telefones novos e impressoras de boa qualidade. O tempo deles era consumido por projetos de consultoria — durante o dia, à noite e nos fins de semana. Ocasionalmente, arrumavam tempo para férias, para amigos e até mesmo para jantares românticos a sós. Contudo, nunca havia tempo para as tarefas do lar na casa que compraram. Tudo começou a perder força. Se uma lâmpada queimava, ficava no bocal por meses enquanto Erica e Harold aprendiam a transitar no escuro. O cabo saía da TV do andar de baixo, mas nenhum dos dois tinha tempo de ligar para a companhia de TV a cabo e cuidar disso. Janelas rachavam. Calhas ficavam cheias de folhas. Manchas se alojavam em carpetes. Eles se adaptavam a cada disfunção periférica, contentes em trocar êxito profissional por decadência doméstica.

Depois de cerca de quatro anos, no entanto, a empresa começou a se desmantelar. Houve uma recessão. Fisicamente, nada mudou. Os prédios e as pessoas, todos estavam lá. Mas a psicologia estava diferente. Em um momento, as pessoas falavam em tom heroico sobre abraçar os riscos; no seguinte, estavam aterrorizadas. Os contratos de consultoria, que haviam parecido essenciais para o crescimento a longo prazo, eram vistos agora como luxos inúteis. Empresas os cortaram.

Dezenas de amigos desapareceram da vida de Erica. Eram clientes com os quais havia jogado tênis, viajado, convidado para sua casa. Trabalhavam em empresas que ela aconselhava, e os laços de confiança e camaradagem entre eles eram reais.

Mas, quando os contratos foram anulados, as relações se dissolveram. Erica percebeu que seus e-mails espirituosos e sarcásticos não mais geravam respostas. Ligações não tinham retorno. Não que as pessoas tivessem parado de gostar dela. Apenas não queriam magoá-la. Estavam rescindindo o contrato e não queriam lhe causar dor falando isso, então simplesmente se retiravam. Erica começou a reconhecer a desonestidade da simpatia. O desejo de não causar dor era apenas uma má vontade de ter uma conversa desagradável. Era covardia, não consideração.

O escritório ficou mais quieto. Era difícil para a equipe de Erica vê-la indefesa dessa maneira. Ela não podia mostrar medo, mas todos o sentiam dentro dela. "Nada está acabado até que esteja acabado", ela lhes dizia, calma e focada. Mas o dinheiro não estava entrando. Os bancos estavam insatisfeitos. Linhas de crédito secaram. Ela estava pagando os empregados com o cartão de crédito e implorando trabalho a novos clientes.

Finalmente, o maior contrato desapareceu. Ela ligou para o CEO pedindo uma renovação. Era difícil ouvi-la vulnerável daquela forma, o trabalho de sua vida dependendo de uma ligação. E o CEO mentiu para ela com simpatia, assim como os outros. Era apenas uma pausa na relação, disse ele. Eles voltariam em cerca de um ano, blá-blá-blá. Ela não podia dizer que sem o contrato dele sua empresa não duraria uma semana. Foi a sentença de morte e, ainda assim, quando desligou o telefone, percebeu que não estava tremendo. Não estava com a respiração ofegante. "Então esta é a sensação de fracassar", pensou ela. O impacto emocional só veio cerca de uma hora depois. Ela foi para o banheiro feminino, soluçando de tanto chorar. Queria ir para casa e se enfiar na cama.

No final da semana, reuniu sua equipe. Sentaram-se na sala de conferências trocando comentários de humor negro sobre a situação. Erica olhou para eles, os indivíduos que logo estariam desempregados. Havia Tom, que carregava um laptop a todo momento e digitava todas as coisas significantes que ouvia em um arquivo. Havia Bing, que era tão hiperativa mentalmente que só conseguia chegar à metade de uma frase antes de começar outra. Havia Elsie, que não tinha nenhuma autoconfiança; Alison, que dividia a cama de um jeito platônico com o companheiro de quarto para economizar dinheiro; e Emilio, que mantinha comprimidos de antiácido em uma fileira em cima do computador. As pessoas eram mais estranhas do que vocês podem imaginar.

Em momentos de crise, ela ficava misteriosamente calma. Anunciou que não tinha escolha a não ser fechar a empresa. Acabou. Falida. Disse para eles que a economia nacional tinha dado errado e que não era culpa de ninguém, mas acabou falando muito e sua mente naturalmente começou a ensaiar coisas que ela podia ter feito de outra forma. Havia alguma coisa dentro dela que tinha problemas com a ideia de "culpa de ninguém". Queria designar uma culpa concreta, com ou sem justificativa. Começou a lançar o mantra do velho empresário dizendo que não existe fracasso. O fracasso é apenas um passo no processo de aprendizado. Ninguém se sentiu consolado.

Por algumas semanas depois disso, ainda havia coisas para fazer. Vender os materiais de escritório. Escrever cartas. Mas depois, não havia nada. Erica ficou chocada com a maneira como aquilo era desorientador. Havia trabalhado a vida toda. De repente, vivia em um universo sem caminho.

Havia pensado que talvez fosse realmente gostar de um pouco de tranquilidade. Mas era terrível. "Não existe necessidade ou demanda mais constante e insaciável na mente humana do que o exercício e a ocupação", escreveu o filósofo escocês David Hume, "e esse desejo parece ser a fundação da maioria de nossas paixões e buscas".[1]

Os pensamentos dela começaram a se desintegrar. Depois de algumas semanas, ela tinha dificuldade em organizar um argumento ou compor um memorando. Estava exausta o tempo todo, apesar de não fazer nada. Desejava alguma dificuldade para transpor.

Eventualmente, começou a criar apoios para seus dias. Era membro de uma academia havia tempos, mas quase nunca ia enquanto estava tentando salvar a empresa. Agora, malhava fervorosamente. Vestia-se todas as manhãs e ia à Starbucks, onde se sentava com sua pasta, telefone e laptop. Estar em meio aos que tinham emprego era difícil — era como ser uma pessoa doente no mundo dos saudáveis, uma exilada interna. Assistia a grande massa de bebericadores de café voltando para seus escritórios distraidamente. Eles tinham obrigações; ela não. Ela variava entre Starbucks diferentes para que não ficasse tão óbvio que não tinha para onde ir.

Em um ensaio para a *The Atlantic*, Don Peck resumiu as descobertas acerca dos custos psicológicos do desemprego. Pessoas que passam por longos períodos de desemprego ficam muito mais propensas a sofrer de depressão, até mesmo anos depois. Para o resto de suas vidas, agarram-se com mais força aos seus empregos e desenvolvem mais aversão a riscos. São muito mais propensas a se tornar alcoólatras e a bater em seus cônjuges. A saúde física delas deteriora. Pessoas que perderam seus empregos aos 30 anos de idade têm expectativas de vida de um ano e meio a menos do que pessoas que nunca perderam um emprego. O desemprego de longo prazo, descobriram alguns pesquisadores, é o equivalente psíquico da morte de um cônjuge.[2]

A relação de Erica com Harold sofreu. Tendo crescido da maneira que ele cresceu, Harold presumia que seu valor depende de quem você é. Erica presumia que seu valor depende do que você faz. Harold sempre teve esses interesses aleatórios sobre os quais estava feliz em se debruçar. Passou as primeiras semanas lendo. Erica precisava da escalada para cima, da missão. Harold estava disposto a aceitar qualquer emprego que parecesse interessante, e logo arrumou um como gerente de assuntos corporativos para uma sociedade histórica. Erica precisava de um emprego que a colocasse de novo no caminho para o domínio. Ela se sentava na Starbucks ligando para velhos contatos, procurando por uma vaga no nível de vice-presidente ou mais. As ligações quase nunca eram retornadas, e logo suas expectativas diminuíram. Começou a pensar em oportunidades ousadas. Podia abrir uma franquia de loja de sucos, um restaurante de comida grelhada, uma agência de babás, uma fornecedora para o Spicy Pickle.* Podia começar uma empresa de cuidadores de cães. Não eram exatamente carreiras que já havia considerado.

* Rede norte-americana de lanchonetes especializadas em *paninis*, sopas, saladas e pizza. (N. da T.)

Depois de alguns meses, um amigo lhe disse que a Intercom, a empresa de TV a cabo, estava procurando alguém para ajudar com planejamento estratégico. Ela sempre odiou essa empresa. O serviço era péssimo, os técnicos eram maltreinados, o atendimento ao consumidor era lento, o narcisismo do CEO era famoso. É claro que nada disso importava agora. Ela se candidatou.

O entrevistador a fez esperar e depois a cumprimentou com afabilidade condescendente. "Temos as pessoas mais brilhantes do mundo trabalhando aqui", disse ele. "É um prazer vir trabalhar todos os dias. É como o *The Best and the Brightest* [O melhor e o mais brilhante]."

Erica ficou se perguntando se o rapaz não tinha entendido as partes sobre o Vietnã do livro.

É claro que ele começou a falar de si mesmo. "Devo a mim viver de acordo com padrões mais altos. Devo a mim prover excelência lendária." Essa frase parecia ser o jargão que estava circulando na propaganda da empresa. Com o passar da sessão, ele virou uma pequena máquina de jargões. "No fim do dia, tentamos não abraçar o mundo com as mãos, mas apenas procurarmos pelas melhores vitórias", disse ele. Pelo visto, as pessoas dessa empresa estavam sempre examinando as coisas a fundo e propiciando o diálogo. Estavam gerando funcionalidade máxima com competência indispensável do começo ao fim para incentivar uma mudança de alto nível no oceano azul.*

Erica permaneceu sentada com um sorriso estampado no rosto. Parecia ansiosa e suplicante. Ela se rebaixou. Quando ele perguntou o que ela queria fazer na empresa, ela se valeu do jargão e lançou tudo de volta para ele. Guardaria a repugnância por si mesma para depois que conseguisse o emprego.

Ele disse que ligaria em uma semana, mas levou duas. Ela mantinha o celular no modo de vibração o tempo todo, e cada pequeno tremor, real ou imaginado, fazia com que ela pegasse o objeto. A ligação finalmente aconteceu. As próximas entrevistas foram agendadas e,

* No original, "blue-ocean change". O autor se refere à estratégia do oceano azul, termo cunhado por W. Chan Kim e Renée Mauborgne no livro *A estratégia do oceano azul*. O oceano azul é uma analogia para mercados não explorados que, consequentemente, não apresentam grande concorrência. (N. da T.)

depois de mais ou menos um mês, estava empregada de novo. Tinha um escritório agradável. Começou a ir a reuniões e se viu rodeada pelos senhores da autoestima.

Excesso de confiança

A mente humana é uma máquina de fabricar excesso de confiança. O nível consciente atribui crédito a si mesmo por coisas que na verdade não fez e confabula contos para criar a ilusão de que controla coisas que não determina de verdade. Noventa por cento dos motoristas acham que estão acima da média atrás do volante.[3] Noventa e quatro por cento dos professores universitários acham que são professores acima da média.[4] Noventa por cento dos empreendedores acham que seus novos negócios vão ser um sucesso.[5] Noventa e oito por cento dos alunos que fazem o SAT dizem que têm habilidades de liderança na média ou acima da média.[6]

Universitários superestimam em grande escala suas chances de conseguirem um emprego de salário alto, de viajarem para outros países e de permanecerem casados quando atingirem a maioridade.[7] Quando compram roupas, pessoas de meia-idade geralmente escolhem roupas que são muito apertadas com a justificativa de que estão prestes a perder alguns quilos, apesar de a vasta maioria das pessoas nessa faixa etária ficar cada vez mais larga ano após ano. Jogadores de golfe no torneio PGA estimam que 70% de suas tacadas para atingir o buraco a 2 metros de distância dão certo, quando na realidade 54% das tacadas nessa distância realmente caem no buraco.[8]

Esse excesso de confiança aparece de inúmeras formas. As pessoas superestimam sua habilidade de controlar suas tendências inconscientes. Se inscrevem em uma academia, mas depois são incapazes de produzir a força de vontade para ir. As pessoas superestimam o quanto entendem a si próprias. Metade das alunas na Universidade do Estado da Pensilvânia disse que daria um escândalo se alguém tecesse um comentário sexista em sua presença.[9] Quando pesquisadores fizeram com que isso realmente acontecesse, apenas 16% de fato disseram alguma coisa.

As pessoas superestimam o que sabem. Paul J. H. Schoemaker e J. Edward Russo deram questionários para executivos a fim de medir o quanto sabiam sobre seu trabalho. Gerentes na indústria da propaganda deram respostas que eles julgavam corretas com 90% de confiança. Na verdade, suas respostas estavam erradas em 61% das vezes. As pessoas na indústria da computação deram respostas que eles achavam que tinham 95% de chance de estarem certas; na verdade, 80% delas estavam erradas. Russo e Schoemaker entregaram seus testes para mais de duzentas pessoas e 99% superestimaram seu sucesso.[10]

As pessoas não só superestimam o que sabem, superestimam o que podem saber. Certas esferas da vida, como a bolsa de valores, são muito complexas e muito aleatórias para serem capazes de prever eventos de médio prazo com alguma certeza. Isso parece não ter efeito no comportamento em si, como demonstra toda a indústria da escolha de ações individuais. Brad Barber e Terrance Odean analisaram mais de 66 mil negociações de contas de corretores de desconto.[11] Os negociantes mais confiantes fizeram o maior número de negociações e tiveram performance aquém do mercado em geral.

As pessoas ficam intoxicadas com sua própria sorte. Andrew Lo, do MIT, demonstrou que, quando negociantes de ações vivenciam uma série de dias positivos, a dopamina lançada em seu cérebro cria um surto de excesso de confiança.[12] Acreditam que atingiram essa boa sorte por si próprios; desvendaram o mercado. Tornam-se cegos ao risco de queda.

As pessoas superestimam sua habilidade de entender por que estão tomando certas decisões. Inventam histórias para explicar suas próprias ações, mesmo quando não fazem ideia do que está acontecendo por dentro. Depois de tomarem uma decisão, mentem para si sobre por que a tomaram e se foi a decisão correta nas dadas circunstâncias. Daniel Gilbert, de Harvard, argumenta que temos um sistema imunológico psicológico que exagera informações que confirmam nossas boas qualidades e que ignora informações que as colocam em dúvida.[13] Em um estudo, pessoas que foram notificadas que tinham acabado de se sair mal em um teste de QI passaram muito mais tempo lendo artigos de jornal sobre as deficiências dos testes de QI. Pessoas que receberam um relatório irradiante de um supervisor, desenvolveram um interesse crescente em ler sobre o quão inteligente e sagaz aquele supervisor era.

E o mais impressionante é que a autoconfiança tem muito pouco a ver com a competência de fato. Um grande volume de pesquisa diz que pessoas incompetentes exageram suas próprias habilidades de maneira mais gritante do que seus colegas de melhor performance.[14] Um estudo descobriu que aqueles cujas notas se situavam no quartil inferior em testes de lógica, gramática e humor eram especialmente propensos a superestimar suas habilidades. Muitas pessoas são não apenas incompetentes, elas negam o quanto são incompetentes.

Portanto, é justo dizer que os seres humanos geralmente têm excesso de confiança. Os colegas de Erica na Intercom, no entanto, não apenas montavam no corcel da arrogância, eles desfilavam com ele. O CEO, Blythe Taggert, nunca se deparou com uma organização que não quisesse transformar. Quando veio para a empresa, declarou guerra contra a burocracia estabelecida e o "pensamento velho". O resultado foi que o fervor revolucionário dele às vezes se transformava em desprezo por gerentes experientes e práticas testadas ao longo do tempo. Enviava memorandos no meio da noite, frequentemente feitos sem muita reflexão, que causavam caos de departamento em departamento. Era guiado por aforismos e regras que soavam bem em discursos, mas que geralmente não tinham relação com situações da vida real. Ficava sentado impacientemente durante apresentações que levavam semanas para serem preparadas, e então observava distraído: "Essas ideias não fazem nem cócegas", e saía enquanto seus acólitos gargalhavam.

Desejava tanto ser visto como um inovador heroico que conduziu a empresa por uma série de aquisições em mercados e nichos que ninguém entendia de verdade. A empresa ficou muito grande para ser administrada, e em sua busca pelas técnicas mais recentes e de ponta, ele tolerava práticas de contabilidade e gráficos organizacionais que eram muito complexos para compreender.

Era o primeiro a falar em toda reunião. Tinha visões tão definitivas que poucos estavam dispostos a desafiá-lo ou questioná-lo depois que terminava. Enquanto isso, a equipe sênior de gerência incentivava essa diversificação em novos setores. A teoria parecia que, espalhando-se por vários mercados com vários produtos, seria possível diversificar os riscos. A realidade era que, em quanto mais setores entravam, menos sabiam sobre qualquer um deles.[15] Essa estratégia dotava executivos que faziam acordos e marginalizava executivos que haviam passado suas vidas em um mercado específico e tinham conhecimento concreto de como funcionava.

A empresa passava mais tempo gerenciando sua estrutura do que aprimorando seus produtos. Na esperança de encontrar uma medida única que pudesse ser usada para comparar resultados entre uma grande variedade de linhas de produto, os gerentes criaram um critério pseudo-objetivo de sucesso. Essas métricas do sucesso tinham relações apenas tangenciais com o crescimento a longo prazo. Os gerentes passavam mais tempo tentando conceber como podiam manejar as métricas do que de fato produzindo resultados sustentáveis.

Os departamentos de finanças e de contabilidade, com a aprovação do CEO, tornaram-se apaixonados por dispositivos enigmáticos de gerenciamento de risco que pareciam ser brilhantes aos pouquíssimos que diziam entendê-los, mas que turvavam a análise de risco na vida real. Erica percebeu que ninguém coloria o futuro nos gráficos de PowerPoint. Em todas as outras empresas, as informações do passado eram mostradas em um fundo branco e as projeções futuras eram diferenciadas com um fundo amarelo ou com uma linha pontilhada. Esses caras, a equipe de imbecis, eram tão confiantes em suas habilidades de previsão que nem se davam ao trabalho. Estavam inseridos em uma cultura machista na qual admitir que não sabiam alguma coisa não era uma opção.

O estranho era que, conforme a empresa se diversificava, mais conformistas tornavam-se os executivos. Havia pessoas em vários setores diferentes em escritórios espalhados pelo mundo. Era de esperar que tal configuração produziria uma gama de pontos de vista e expectativas que se balanceariam. Entretanto, comunicados instantâneos e julgamentos instantâneos baseados nesses comunicados criavam repetidamente uma mentalidade de rebanho e uma cultura impressionante de homogeneidade intelectual. Várias vezes, as pessoas faziam as mesmas apostas unilaterais no mesmo momento. Talvez seja isso que aconteça quando uma empresa inteira (ou uma economia global inteira) vive de seus BlackBerries e toma decisões com a rapidez dos elétrons.

Enquanto tudo isso estava acontecendo, o presidente e o CEO faziam alegações cada vez mais pródigas sobre o sucesso da empresa.

Durante as teleconferências, as reuniões de vendas e os retiros corporativos de autofelicitações, havia uma grandiosa demonstração após outra — que essa era a maior corporação nos Estados Unidos, que essa era a empresa mais inovadora do mundo.

O mais frustrante de tudo era que, reunião após reunião, Erica não tinha nada a adicionar. Não que não visse grandes problemas na empresa. Havia grandes monstros cabeludos em todas as direções que você olhava. É que o modo de análise era uma linguagem fechada. Erica tinha sua própria maneira de ver as coisas e seu próprio vocabulário, que enfatizava cultura, vida social e psicologia. Todos os seus novos colegas de trabalho tinham uma forma diferente de ver, baseada em amontoar pilhas enormes de informação e depois criar fórmulas e construir sistemas. Os dois modos pareciam não se sobrepor.

Talvez tivesse sido na faculdade de negócios, talvez em outro lugar, mas a equipe de imbecis havia sido treinada em certas metodologias. Foram preparados para transformar gerenciamento em uma ciência. Não cresceram imersos nas características de um produto específico. Eram treinados a estudar organizações. Alguns faziam Teoria de Sistemas Dinâmicos; outros, Análise Seis Sigma, ou Método Taguchi, ou Análise Campo-Substância. Havia a TRIZ, uma tecnologia russa baseada em modelos para produzir criatividade. Havia a Reengenharia de Processos de Negócios. Erica consultou esse último na Wikipedia. De acordo com um dos livros sobre gerenciamento citados na página, a RPN "escalona os esforços do JIT [*Just In Time*] e do GQT [Gerenciamento da Qualidade Total] para fazer da orientação do processo uma ferramenta estratégica e uma competência central da organização.[16] A RPN se concentra em processos centrais do negócio e utiliza técnicas específicas dentro da 'caixa de ferramenta' do JIT e do GQT como capacitadores, enquanto alarga a visão do processo".

Erica lia frases como essa, ou as ouvia em reuniões, e simplesmente não fazia ideia de como se aplicavam aos problemas iminentes. Os sons meio que ricocheteavam no cérebro dela. As pessoas que os emitiam pareciam dar valor à precisão e à clareza. Buscavam ser científicas. Mas o jargão parecia apenas flutuar no ar.

* * *

A versão racionalista

É claro que esses gênios do gerenciamento não brotaram acidentalmente. John Maynard Keynes tem uma frase que ficou famosa que diz: "Homens práticos que se creem isentos por completo de quaisquer influências intelectuais são frequentemente escravos de algum economista defunto."[17] As pessoas com as quais Erica trabalhava agora eram escravas de uma longa tradição filosófica. Essa tradição, o racionalismo, conta a história da história humana como a história do progresso da mente lógica e consciente. Percebe a história humana como um embate entre a razão, a mais elevada faculdade humana, e a paixão e o instinto, nossas naturezas animais. Na versão otimista dessa história, a razão gradualmente triunfa sobre a emoção. A ciência gradualmente substitui o mito. A lógica derrota a paixão.

Essa narrativa histórica normalmente começa na Grécia Antiga. Platão acreditava que a alma era dividida em três partes: racional, irascível e concupiscente. A racional busca a verdade e quer o melhor para a pessoa de modo geral. A irascível busca reconhecimento e glória. A concupiscente busca prazeres básicos. Para Platão, a razão é como um cocheiro que tem de dominar seus dois cavalos selvagens mal-emparelhados. "Se os melhores elementos da mente que levam à ordem e à filosofia prevalecerem", escreveu Platão, "podemos levar uma vida em felicidade e harmonia, mestres de nós mesmos".[18]

Na Grécia e na Roma clássicas, de acordo com essa narrativa, o partido da razão deu passos largos importantes. No entanto, depois da queda de Roma, as paixões se reafirmaram. A Europa caiu na Idade das Trevas. A educação sofreu, a ciência ficou dormente, a superstição floresceu. As coisas começaram novamente a melhorar durante o Renascimento, com os desenvolvimentos na ciência e na contabilidade. Depois, durante o século XVII, cientistas e tecnólogos criaram novas formas de maquinaria e novas maneiras de pensar sobre a sociedade. Grandes investigadores começaram a dissecar e entender seu mundo. A metáfora "o mundo é uma máquina" começou a substituir a metáfora "o mundo é um organismo vivo". A sociedade foi vista com frequência como um relógio com milhares de peças em movimento, e Deus como o Relojoeiro Divino, o autor de um universo primorosamente racional.

Grandes figuras como Francis Bacon e René Descartes ajudaram a criar uma forma diferente de pensar — o método científico. Descartes objetivava começar o entendimento humano novamente. Começaria do zero e trabalharia lógica e conscientemente por cada proposição para verificar, passo a passo, o que era verdadeiro e certo. Reconstruiria o entendimento humano em uma fundação lógica. Nessa era científica, a mente não podia, exortou Bacon, ser "entregue a si mesma, mas permanentemente regulada".[19] O que precisava era de um "plano seguro" e de uma nova metodologia confiável.

Nesse novo modo de pensar, o filósofo e cientista deve começar removendo preconceitos, hábitos e crenças anteriores de sua mente. Deve estabelecer uma distância calma e imparcial do objeto de seu estudo. Os problemas devem ser reduzidos em suas partes distintas. Deve proceder de maneira consciente e metódica começando com o elemento mais simples do problema e depois procedendo passo a passo em direção ao mais complexo. Deve desenvolver uma linguagem científica que vai evitar a imprecisão e a confusão da linguagem comum. O objetivo de todo o método é chegar a certas generalizações de caráter legal sobre o comportamento humano — chegar à certeza e à verdade.

O método científico trouxe rigor para onde um dia estiveram a suposição e a intuição. No domínio da física, da química, da biologia e de outras ciências naturais, os resultados foram incríveis de observar.

Inevitavelmente, as técnicas racionalistas foram aplicadas à ciência da organização da sociedade, de modo que o progresso no reino social pudesse ser tão impressionante quanto o progresso no reino científico. As filosofias do Iluminismo francês compilaram uma grande enciclopédia, tentando organizar todo o conhecimento humano em um livro de referência. Conforme declarou Dumarsais na enciclopédia: "A razão é para o filósofo o que a graça é para o cristão. A graça move o cristão a agir, a razão move o filósofo."[20]

No decorrer do século, cientistas sociais tentaram criar uma ciência da natureza humana. Trabalharam para construir modelos que lhes habilitariam prever e moldar a atividade humana. Cientistas políticos, professores de relações internacionais, entre outros, desenvolveram modelos complexos. Consultores de gerenciamento conduziram experimentos para entender melhor a ciência da liderança corporativa. A política passou a ser organizada em torno de ideologias abstratas, grandes sistemas que conectam tudo a um grupo de crenças logicamente consistente.

Esse modo racionalista de pensamento é onipresente e parece ser natural e inevitável. A tradição racionalista provou ser sedutora. Prometeu, com certeza, aliviar as pessoas da ansiedade causada pela nebulosidade e pela dúvida. As percepções das pessoas acerca da natureza humana parecem ser influenciadas pela tecnologia dominante de seu tempo. Na era mecânica e depois industrial, foi fácil vê-las como mecanismos e ver a ciência do entendimento humano como algo análogo à engenharia ou à física.

O racionalismo ganhou enorme prestígio durante os séculos XIX e XX. Contudo, ele realmente contém certas limitações e propensões. Esse modo de pensamento é reducionista; desmembra problemas em partes pequenas e é cego aos sistemas emergentes. Esse modo, como observa Guy Claxton em seu livro *The Wayward Mind* (A mente desobediente), valoriza a explicação em vez da observação.[21] Mais tempo é gasto resolvendo o problema do que assimilando a cena. É premeditado em vez de humorado. Valoriza o tipo de conhecimento que pode ser veiculado por palavras e números em vez do tipo de conhecimento que não pode. Busca regras e princípios que podem ser aplicados por entre contextos e subestima a importância de contextos específicos.

Ademais, o método racionalista foi fundado com base em uma série de suposições. Presume que cientistas sociais podem olhar para a sociedade objetivamente por um ângulo externo, livre de paixões e propensões inconscientes.

Presume que o pensamento pode estar totalmente ou ao menos quase todo sob o controle consciente.

Presume que a razão é mais poderosa do que a emoção e a concupiscência, e que é separável delas.

Presume que a percepção é uma lente clara, fornecendo ao observador uma visão direta e confiável do mundo.

Presume que a ação humana entra em conformidade com leis que são similares às leis da física, se é que conseguimos compreendê-las. Uma empresa, uma sociedade, uma nação, um universo — são todos grandes máquinas, operadas por meio de padrões imutáveis de causa e efeito. As ciências naturais são o modelo que as ciências comportamentais devem replicar.

Finalmente, o racionalismo produziu sua própria forma de extremismo. A revolução científica levou ao cientificismo. Irving Kristol definiu cientificismo como "a elefantíase da razão". O cientificismo está tomando os princípios da investigação racional, alongando-os sem limite e excluindo qualquer fator que não se encaixe nas fórmulas.

Durante os séculos passados, vários grandes erros e desastres resultaram da fé excessiva na razão pura. No final do século XVIII, revolucionários na França brutalizaram a sociedade em nome de começar o mundo outra vez em solos racionais. O darwinismo social imaginou ter descoberto as leis imutáveis da evolução humana, que poderiam ser usadas para garantir a sobrevivência dos mais ajustados. Líderes corporativos sob a influência de Frederick Taylor tentaram transformar operários de fábrica em engrenagens hipereficientes. No século XX, comunistas tentaram reconstruir socialmente nações inteiras, tentando criar, por exemplo, um Novo Homem Soviético. No Ocidente, Le Corbusier e uma geração de urbanistas buscaram transformar cidades em máquinas racionais — fábricas para trânsito —, liquidando vizinhanças existentes e substituindo-as por rodovias de várias faixas e projetos de habitações simétricas sem conexão com a cidade anterior. Tecnocratas vindos de nações mais prósperas tentaram plantar grandes esquemas de crescimento pelo mundo em desenvolvimento sem muita preocupação com o contexto local. Analistas financeiros nos grandes bancos e nos bancos centrais acharam que haviam dominado os ciclos econômicos e criado uma "Grande Moderação".

Em suma, o método do racionalismo produziu muitas grandes descobertas, mas quando é usado para explicar ou organizar o mundo humano, de fato possui uma limitação central. Atribui alto valor à cognição consciente — que se pode chamar de cognição de Nível 2 — que ele consegue ver, quantificar, formalizar e entender. Mas é cego à influência do inconsciente — que se pode chamar de cognição de Nível 1 —, que é nebuloso, não linear, difícil de ver e impossível de formalizar. Os racionalistas têm uma tendência de cortar ou diminuir toda a informação que não é calculável de acordo com suas metodologias.

Lionel Trilling diagnosticou o problema em *The Liberal Imagination* (A imaginação liberal), quando observou que, contanto que a política ou o comércio "se movimente em direção à organização,[22] tende a selecionar as emoções e qualidades que são mais suscetíveis à organização. Conforme desenvolve seus fins ativos e positivos, inconscientemente limita sua visão do mundo ao que consegue manejar e tende a desenvolver teorias e princípios, especialmente em relação à natureza da mente humana, que justificam sua limitação". Como consequência, "ela caminha para uma negação das emoções e da imaginação. E no interesse de afirmar sua confiança no poder da mente, inclina-se para constringir e mecanizar sua concepção da mente".

O racionalismo olha para a mente consciente e supõe que é tudo que existe. Não consegue reconhecer a importância de processos inconscientes porque, uma vez que enterra seu pé naquela corrente obscura e sem fundo, toda a esperança de regularidade e previsibilidade desaparece. Os racionalistas ganham prestígio e autoridade porque supostamente dominaram a ciência do comportamento humano. Assim que a ciência se esvai, todo seu prestígio vai com ela.

Esse cientificismo se expressou de maneira mais poderosa nos últimos cinquenta anos no campo da economia. A economia não começou como um empreendimento puramente racionalista. Adam Smith acreditava que seres humanos são motivados por sentimentos morais e por seu desejo de buscar e merecer a admiração dos outros. Thorstein Veblen, Joseph Schumpeter e Friedrich Hayek se expressavam por meio de palavras, e não por fórmulas. Enfatizavam que a atividade econômica era conduzida no meio de incerteza difundida. As ações são guiadas pela imaginação bem como pela razão. As pessoas podem passar por mudanças não contínuas de paradigma, vendo de repente a mesma situação de maneiras radicalmente diferentes. John Maynard Keynes argumentou que a economia é uma ciência moral e que a realidade não podia ser capturada em leis universais calculáveis pela matemática. A economia, escreveu ele, "lida com introspecção e com valores... lida com motivos, expectativas, incertezas psicológicas. É preciso estar sempre atento para não tratar o material como constante e homogêneo".[23]

No entanto, no decorrer do século XX, o espírito racionalista veio a dominar a economia. Físicos e outros cientistas exatos estavam conquistando coisas grandiosas, e cientistas sociais tentaram se equiparar ao rigor e ao prestígio deles. O influente economista Irving Fisher escreveu sua tese de doutorado sob a supervisão de um físico, e mais tarde ajudou a construir uma máquina com alavancas e bombas para ilustrar como uma economia funciona. Paul Samuelson aplicou os princípios matemáticos da termodinâmica à economia.[24] No lado das finanças, Emanuel Derman era um físico que se tornou um financista e que teve papel central em desenvolver os modelos para derivadas.

Por mais que sejam ferramentas valiosas para compreender o comportamento econômico, os modelos matemáticos também foram como lentes que filtraram certos aspectos da natureza humana. Dependiam da noção de que os indivíduos são basicamente regulares e previsíveis. Presumem, como escreveram George A. Akerlof e Robert Shiller, "que variações e sentimentos, impressões e paixões individuais não importam no agregado e que eventos econômicos são movidos por fatores técnicos inescrutáveis ou por ações governamentais erráticas".[25]

Em muito pouco tempo, os economistas estavam enfatizando motivações monetárias em detrimento de outras. Homo Economicus foi separado de Homo Sociologus, Homo Psychologicus, Homo Ethicus e Homo Romanticus. Restou uma visão simplista da natureza humana como se fosse um desenho de boneco de palito.

O desastre

Taggert e sua equipe não estudaram história intelectual. O racionalismo estava simplesmente em torno deles no ar que respiravam, moldando suas suposições e métodos de maneira que não apreciavam. A mentalidade racionalista estava nos cursos de economia que fizeram na universidade, nos cursos de estratégia que fizeram na Faculdade de Negócios e nos livros sobre gerenciamento que liam todos os dias. Era a mentalidade que reduzia informação útil ao tipo de coisa que podia ser capturada em uma apresentação de PowerPoint.

Conforme a recessão se aprofundou e se arrastou, Erica os observava fazendo uma série de movimentos desastrosos que ameaçavam destruir a empresa. Forçados a cortar custos, cortaram primeiro cada prática que podia ter promovido laços pessoais. Por exemplo, excluíram o telefone da empresa da página da internet, portanto ficou quase impossível que um cliente com um problema ligasse e falasse com um ser humano. Eliminaram todas as reuniões de empresa que costumavam construir camaradagem. Diminuíram o espaço do escritório. Algumas pessoas que trabalharam durante décadas para ter um escritório de verdade se viram agora em cubículos destruidores de ego. A planta do escritório parecera tão bem eficiente quando a equipe de gerência a apresentara.

Jim Collins argumenta que o declínio institucional é como uma doença degenerativa.[26] As empresas podem parecer sadias por fora, mas já estão doentes por dentro e, uma vez doentes, há certa progressão que seguem a caminho de sua ruína. Se isso é verdade, então a empresa de TV a cabo passou por todas as fases de uma só vez.

Primeiro, os executivos da Intercom ficaram excitados com a desaceleração da economia. "Na China, a palavra para 'crise' também significa 'oportunidade!'", diziam uns para os outros. Viram rendimentos em declínio como uma chamada para colocarem todos os seus experimentos em prática. Lançaram-se em um processo hiperativo de reorganização e reestruturação. Demitiram chefes de seções e incluíram novas pessoas. Instalaram uma nova estratégia de longo prazo chamada Crescimento em Saltos. Fariam com que a empresa crescesse a qualquer custo, investiriam em setores que prometiam 10% de crescimento e se livrariam de seções que estavam apenas se arrastando. "Não podemos mais se dar ao luxo de fazer o que sempre fizemos", ladrava Taggert em reuniões. "Temos de estraçalhar a cartilha de estratégias. Pensar de novo."

Em pouco tempo, houve ainda mais aquisições. Taggert, entediado de comandar uma empresa de TV a cabo, comprou uma rede de televisão. Agora podia passear com as estrelas. Podia ir a jantares comemorativos e conversar sobre a programação do horário nobre. Não se dava ao trabalho de pensar se uma empresa que provia serviço técnico podia mesmo se fundir com uma empresa que fornecia produto artístico.

Houve outras aquisições — uma empresa de biotecnologia, uma loja on-line de eletrodomésticos. Erica observou seus colegas se envolvendo na sedução de fechar um acordo. Depois de cada acordo, um memorando triunfante passava pelas mesas dos executivos. Esse acordo nos permite "duplicar nosso alcance... transformar nossa empresa... Com apenas uma tacada, revolucionamos o cenário... Esse é um divisor absoluto de águas... Temos agora um produto devastador que vai anunciar uma nova era... Presenciamos hoje uma nova aurora e um novo começo". Cada acordo devia ser a bala de prata que impulsionaria a empresa a sair de sua queda, mas semanas e meses depois a queda ainda estava lá, só que com mais dívida.

Da mesma maneira que o novo estava sendo polido, o antigo estava sendo excluído. Antigos fornecedores foram excluídos, prestadores de serviços foram cortados, antigos funcionários foram instruídos a fazer mais com menos. Uma mentalidade de barco salva-vidas começou a impregnar a empresa — mês após mês, os fracos eram jogados ao mar e os sobreviventes seguravam a borda do barco com mais força. O estado de ânimo sofreu. O compromisso com o cliente se afundou. Quando más notícias chegavam, procuravam-se pelos responsáveis, mas por algum motivo a responsabilidade não recaía sobre ninguém. Cada decisão havia sido feita por camadas de comitês. Quando todo mundo era responsável, ninguém era.

Erica assistiu ao fracasso com repugnância soturna. Havia suportado a morte de sua própria empresa, o que era mais ou menos inevitável. Agora, faria parte de um dos piores fiascos de gerenciamento na história do capitalismo. Quem a contrataria depois disso?

Mês após mês, os números ficavam cada vez piores. Certo dia, ela estava em uma reunião quando um novo conjunto de números de rendimentos foram anunciados. "Você deve ter calculado isso errado", respondeu um dos funcionários submissos de Taggert. Erica ouviu um gemido espontâneo vindo do fundo da sala. Ninguém mais pareceu perceber o gemido, mas, quando foi apropriado, Erica se virou para ver quem havia feito o barulho. Era um homem mais velho com papada embaixo do queixo, cabelo branco, vestindo uma camiseta branca de manga curta e uma gravata de listras diagonais vermelhas e azuis. Ela tinha visto esse homem em várias das reuniões maiores, mas nunca o havia escutado dizer nada. Ela olhou para ele. Ele olhava para baixo, concentrado em suas mãos carnudas. Então ele levantou a cabeça e seus olhares se encontraram. Ele deu um sorriso afetado e ela se virou.

Depois da reunião, ela o seguiu no corredor e por fim parou ao lado dele. "O que você achou?", aventurou-se ela. Ele apenas olhou para ela com suspeita. "Patético", sussurrou Erica, finalmente.

"Patético pra burro. Inacreditavelmente patético", respondeu ele.

Foi então que nasceu o Projeto Valquíria.

O nome do homem era Raymond. Trabalhava na empresa havia 32 anos. Não podiam se livrar dele porque ninguém mais conhecia a tecnologia, porém o colocaram em uma tarefa bem distante das decisões onde ele acabava limpando a bagunça de outras pessoas. Por meio dele, Erica soube que havia outros na empresa tão enojados quanto ela — muitos outros, na verdade. Organizaram a dissidência. Tinham uma rede clandestina em suas contas de e-mail pessoal. No começo, apenas reclamavam e gemiam, mas depois planejaram. Erica os convenceu de que essa ação era uma questão de sobrevivência. Se a empresa afundasse, todos estariam destruídos. Se a empresa afundasse, então uma instituição que eles haviam passado a vida toda construindo acabaria. É claro que não ficariam apenas sentados esperando o destino. É claro que alguma coisa podia ser feita.

CAPÍTULO 15

MÉTIS

Erica passava seus dias aterrorizada com Taggert e seus seguidores. À noite, às vezes tarde da noite, ela vinha para casa e desabafava com Harold. Ele não tinha como ajudá-la com conselhos concretos sobre negócios. Com o passar dos anos ele se afastou do mundo corporativo. No entanto, realmente tentou lhe dar alguma ajuda sobre como pensar em seus problemas.

Harold estava agora profundamente estabelecido na Sociedade Histórica. Havia começado a escrever catálogos para exposições, mas foi promovido e agora era curador e ajudava a organizar as exposições. A Sociedade Histórica era uma instituição sonolenta e antiga, iniciada no século XIX, com incontáveis artefatos em seus depósitos. Harold passava as horas livres no subsolo examinando caixas e arquivos velhos. De vez em quando ele entrava na caixa-forte onde os tesouros mais preciosos da Sociedade ficavam guardados.

Em destaque entre eles estava um vestido que uma atriz havia usado no Ford's Theatre no dia em que Lincoln foi baleado. Logo após o assassinato, ela correu para o camarote presidencial e acomodou a cabeça de Lincoln em seu colo enquanto as pessoas tentavam tratar seu ferimento. O vestido tinha uma estampa florida chamativa e manchas do sangue de Lincoln espalhadas nele todo.

Um dia, no começo de seu exercício no cargo, Harold foi ao subsolo sozinho, colocou luvas brancas e tirou o vestido da caixa vagarosamente. Ele o colocou em seu colo com cuidado. É difícil descrever o sentimento de reverência que o tomou naquele momento. O historiador John Huizinga chegou perto: "Um sentimento de contato íntimo com o passado é uma sensação tão profunda quanto o deleite mais puro da arte; é uma sensação quase extática de não mais ser eu mesmo, de transbordar no mundo ao meu redor, de tocar a essência das coisas, ou de, por meio da história, vivenciar a verdade."[1]

Quando estava perdido em seus artefatos, Harold sentia que havia atravessado o tempo e adentrado outra era. Quanto mais trabalhava na Sociedade, mais imergia no passado. Organizava uma exposição sobre certo período — a Era Vitoriana, a Revolução Americana, ou algum tempo muito antes — e entrava no eBay e comprava pequenas figuras, jornais e bugigangas daquele período. Segurava-os em suas mãos e imaginava as mãos que os tinham segurado. Ele os analisava com uma lupa e tentava atravessar os séculos.

Entrar no escritório dele era como entrar em uma época perdida. Exceto por seu laptop e seus livros, não havia absolutamente nada feito na época de Harold — os móveis, as canetas, as figuras, os bustos e os carpetes. Harold não gostaria de realmente viver em uma época de guerreiros ou em uma era de aristocratas, mas ficava comovido pelos velhos ideais — a honra da Grécia clássica, o cavalheirismo medieval, o código vitoriano de um cavalheiro.

Depois de uma determinada exposição, um editor notou o catálogo de Harold e pediu que escrevesse um livro sobre Samuel F. B. Morse. Depois disso, Harold produziu livros medianos de história e biografias, em uma média de um livro a cada dois anos. Nunca se tornou um David McCullough. Por algum motivo, nunca lidou com as grandes figuras — Napoleão, Lincoln, Washington, Franklin Roosevelt. Mas se focou em homens e mulheres admiráveis, realizados, e, de uma maneira mais discreta, deu aos seus leitores modelos de como viver.

Na época em que Erica estava lutando com Taggert, Harold estava trabalhando num livro sobre o Iluminismo britânico. Estava fazendo um retrato de grupo de David Hume, Adam Smith, Edmund Burke e alguns dos pensadores, políticos, economistas e debatedores que haviam dominado o pensamento britânico do século XVIII. Certa noite, ele explicou para Erica a diferença entre o Iluminismo francês e o britânico, porque achou que fosse ser útil para seu trabalho.

O Iluminismo francês foi liderado por pensadores como Descartes, Rousseau, Voltaire e Condorcet. Foram filósofos que confrontaram um mundo de superstição e vassalagem e procuraram expô-lo à luz clarificadora da razão. Inspirados pela revolução científica, tinham grande fé no poder da razão individual para detectar erros e chegar logicamente à verdade universal. Taggert e sua equipe eram os filhos degradados do Iluminismo francês.

Entretanto, contou Harold, havia um Iluminismo diferente acontecendo aproximadamente no mesmo momento. Os líderes do Iluminismo britânico reconheciam a importância da razão. Não eram irrealistas. Contudo, acreditavam que a razão individual é limitada e de importância secundária. "A razão é e deve ser apenas a escrava das paixões, e jamais pode pretender qualquer outro ofício que não o de servi-las e obedecê-las", escreveu David Hume.[2] "No geral, somos homens de sentimentos desregrados", declarou Edmund Burke.[3] "Temos medo de fazer os homens viverem e efetuarem trocas cada um em sua porção particular de razão, porque suspeitamos que tal porção em cada homem é pequena."

Enquanto os líderes do Iluminismo francês falavam a língua da lógica, da ciência e das regras universais, os líderes do Iluminismo inglês enfatizaram o poder dos sentimentos e das afeições. De fato, os membros do Iluminismo britânico baseavam sua visão da natureza humana na ideia de que o comportamento é amplamente moldado pelo inconsciente, pela cognição de Nível 1. No começo de sua carreira, Edmund Burke escreveu um livro sobre estética chamado *A Philosophical Inquiry into Our Ideas of the Sublime and Beautiful* (Uma investigação filosófica sobre nossas ideias do sublime e do belo). Ele havia percebido que há uma grande similaridade entre o que as pessoas julgam ser belo. Os seres humanos não são tábuas rasas a serem preenchidas pela educação. Nascem e crescem com certas preferências, afeições e aversões. Os "sentidos e a imaginação cativam a alma antes de a compreensão estar pronta, seja para juntar-se a eles ou para se opor a eles", escreveu Burke.[4]

Enquanto os membros do Iluminismo francês imaginavam um estado da natureza no qual indivíduos autônomos formavam contratos sociais para benefício mútuo, os membros do Iluminismo britânico ressaltavam que as pessoas nascem com um senso social que se dá abaixo do nível da consciência. As pessoas nascem com um senso de "sentimento de companheirismo", uma simpatia natural pela dor e pelo prazer de outras pessoas. São guiadas pelo desejo de serem admiradas e de merecerem admiração. A moralidade, argumentaram esses autores, flui desses sentimentos semiconscientes, e não das deduções lógicas derivadas de leis abstratas.

Enquanto os filhos do Iluminismo francês tendem a ver a sociedade e suas instituições como máquinas a serem desmembradas e reorganizadas, os filhos do Iluminismo britânico tendem a vê-las como organismos, redes infinitamente complexas de relações de convivência. Na visão deles, geralmente é um erro dissecar um problema em partes menores porque a verdade encontra-se na natureza das conexões entre as coisas que você está estudando. Contexto é crucial. Deve-se desconfiar dos universais abstratos. Os precedentes históricos são guias mais úteis do que os princípios universais.

Os membros do Iluminismo britânico fizeram uma distinção entre mudança e reforma. Mudança é um processo de engenharia que substitui a natureza fundamental de uma instituição. Reforma é um processo medicinal que preserva a essência enquanto cura feridas e reaviva a essência. Harold tentou explicar de que maneira os métodos do Iluminismo britânico podiam ajudar Erica a entender os fracassos de Taggert e a pensar sobre formas alternativas de proceder.

A pergunta seguinte

E, de fato, esse debate entre razão pura de um lado e intuição e afeição do outro é um dos mais antigos. A história intelectual oscilou entre racionalismo e períodos românticos, ou, como colocou Alfred North Whitehead, entre eras de pensamento simples e eras de mente confusa. Durante os períodos de pensamento simples, os pensadores racionalistas reduzem o comportamento humano a modelos matemáticos austeros. Durante as eras de mente confusa, os líderes intuitivos e os artistas guiam o caminho. Às vezes, a imaginação fica muito luxuriante. Às vezes, a razão fica muito austera.

A revolução cognitiva dos últimos trinta anos forneceu uma nova onda de percepção acerca dessas perguntas antigas. As novas descobertas indicam fortemente que a visão da natureza humana do Iluminismo britânico está mais precisa do que a visão do Iluminismo francês. Os pensadores do Iluminismo francês imaginaram que somos Animais Racionais, distintos de outros animais pelo nosso poder de lógica. Os marxistas e outros pensadores dos séculos XIX e XX imaginaram que somos Animais Materiais, moldados pelas condições físicas de nossas vidas. Mas os pensadores do Iluminismo britânico estavam corretos em nos retratar como Animais Sociais.

Mas isso gera novas perguntas: Os processos de Nível 1 são importantes, mas exatamente o quão inteligentes eles são? Em que medida devemos confiar neles?

Essas não eram questões pertinentes antigamente, quando as paixões e os sentimentos eram vistos como brutos, desregrados e primitivos — O sr. Hyde do dr. Jekyll. Porém, agora sabemos que eles são mais sutis e sofisticados do que isso. O que não temos é uma descrição consensual de nossos pontos inconscientes fortes e fracos.

Alguns pesquisadores argumentam que, sejam lá quais forem seus méritos, ainda é melhor ver o inconsciente como uma besta primitiva ou uma criança imatura. Em seu livro *Nudge: o empurrão para a escolha certa*, Richard Thaler e Cass Sunstein, que eram então da Universidade de Chicago, dizem que o Nível 2 consciente é como o sr. Spock — maduro, reflexivo e clarividente.[5] O Nível 1 inconsciente, dizem eles, é como Homer Simpson — um bobalhão imaturo e impulsivo. Quando o despertador toca às cinco horas da manhã, o maduro Spock sabe que é de seu interesse sair da cama, mas Homer só quer jogar o relógio no outro lado do quarto.

E há alguma verdade nessa visão do Nível 1. O inconsciente é subjetivo. Trata a informação como um fluido, não como um sólido. Quando a informação é armazenada no cérebro, ela não é simplesmente arquivada. Parece ser movimentada. O processo de recordação de uma pessoa de 70 anos de idade ativa partes diferentes e mais espalhadas do cérebro do que o de uma pessoa de 26 anos de idade.[6] A memória não retém de fato informação. Ela a entrelaça novamente. Coisas que aconteceram posteriormente podem transformar sua memória de alguma coisa que aconteceu anteriormente. Por essa e muitas outras razões, o sistema inconsciente de armazenamento de informação é notoriamente duvidoso.

Um dia depois de a espaçonave *Challenger* explodir, Ulric Neisser pediu a uma turma de 106 alunos que escrevesse exatamente onde cada um estava quando ouviu a notícia. Dois anos e meio depois, perguntou-lhes a mesma coisa. Nessa segunda entrevista, 25% dos alunos forneceram relatos completamente diferentes sobre onde estavam. Metade apresentou erros significativos em suas respostas e menos de 10% lembraram com exatidão real.[7] Resultados como esses são parte do motivo pelo qual as pessoas cometem erros na cadeira de testemunha quando são solicitadas, meses depois, a recordar um crime. Entre 1989 e 2007, 201 prisioneiros nos Estados Unidos foram exonerados com base em provas de DNA.[8] Setenta e sete por cento desses prisioneiros haviam sido condenados com base em relatos errôneos de testemunhas oculares.

O inconsciente também é extremamente sensível ao contexto — sentimentos presentes influenciam todos os tipos de atividades mentais. Uma pesquisa de Taylor Schmitz, da Universidade de Toronto, sugere que quando as pessoas estão de bom humor, têm melhor visão periférica.[9] Em outro experimento, um grupo de médicos recebeu uma pequena sacola de balas e outro grupo não recebeu nada. Depois, pediram que todos analisassem o histórico de um paciente e fizessem um diagnóstico. Os médicos que receberam as balas foram mais ágeis em detectar o problema de fígado do que os que não receberam.[10]

Os pesquisadores da felicidade ficam por aí perguntando às pessoas se suas vidas são felizes. Perceberam que quando perguntam em dias ensolarados, as pessoas são mais propensas a dizer que suas vidas inteiras são felizes, ao passo que em dias de chuva, o tempo chuvoso muda toda a percepção global do estado de sua existência.[11] (Apesar de que, se as pessoas são instruídas a refletir conscientemente sobre o clima do dia, o efeito se desfaz.)

Em um experimento engenhoso, pesquisadores pediram que homens jovens cruzassem uma ponte frágil em British Columbia. Depois, enquanto o coração deles ainda estava acelerado com o medo da ponte amedrontadora, uma jovem mulher se aproximou para que preenchessem um questionário. Ela lhes deu seu número de telefone com o pretexto de fazer outras pesquisas. Sessenta e cinco por cento dos homens da ponte ligaram para ela depois e a chamaram para sair.[12] Apenas 30% dos homens com os quais ela foi falar enquanto estavam sentados em um banco ligaram depois. Os rapazes estavam tão energizados pela ponte frágil que atribuíram sua excitação à mulher que os encontrou no outro lado.

Há ainda o problema das recompensas imediatas. O inconsciente é impulsivo. Quer ter sentimentos bons neste instante. Afinal de contas, o Nível 1 evoluiu para nos proteger da dor imediata, o tipo de dor que pode resultar do ataque de um leão.

Como resultado, podemos ter consciência de nosso desejo futuro de perder peso, mas queremos o donut agora. Podemos saber das virtudes da perspectiva objetiva, mas ainda assim amamos ouvir um comentador afirmar uma posição que já compartilhamos. Durante um jogo, os fãs de beisebol ficam definitivamente convencidos de que o jogador do time deles chegou à *home plate*, ao passo que os fãs do outro time selecionam sua perspectiva de maneira diferente e chegam à conclusão agradável de que ele estava fora. "Ouvimos e apreendemos apenas o que já sabemos em parte", observou Henry David Thoreau.[13]

Há também o problema dos estereótipos. A mente inconsciente encontra padrões. Ela os encontra até mesmo onde não existem e faz todos os tipos de generalizações vagas. Por exemplo, a maioria das pessoas acredita que arremessadores em um jogo de basquete passam por marés boas e marés ruins. Detectam o padrão. No entanto, uma montanha de pesquisa não desvendou provas de tendências a marés boas e ruins na NBA. Um arremessador que fez dois arremessos consecutivos está propenso a perder a terceira tentativa, como preveria a percentagem de sua carreira de arremessos.[14]

As pessoas também são rápidas em formar estereótipos umas sobre as outras. Solicitaram que sujeitos de uma pesquisa adivinhassem o peso de um determinado homem. Quando foram informados que era um motorista de ônibus, chutaram um número maior. Quando foram informados que era um dançarino, chutaram um número menor.[15] A maioria das pessoas, não importa o quão bem-intencionadas são, não importa sua raça, abriga preconceitos raciais inconscientes. Como parte do Project Implicit,* psicólogos na Universidade da Virgínia, na

* Organização sem fins lucrativos e rede internacional colaborativa de pesquisadores que investiga a cognição social implícita, isto é, os pensamentos e sentimentos aquém do controle consciente. Tem sua base na Universidade Harvard. (N. da T.)

Universidade de Washington e na Harvard administraram centenas de milhares de testes nos quais existem rapidamente rostos brancos ou negros e pedem que as pessoas que estão fazendo o teste façam associações implícitas. O trabalho desse projeto indicou que 90% das pessoas mostraram propensões inconscientes.[16] Os preconceitos contra idosos em estudos similares foram ainda mais profundos.[17]

Por fim, a mente consciente é realmente ruim em matemática. Por exemplo, considerem esse problema: digamos que vocês gastaram um dólar e dez centavos em uma caneta e um bloco de papel. Se você pagar um dólar a mais pelo bloco do que pela caneta, quanto custou a caneta? O Nível 1 quer lhe dizer que a caneta custa dez centavos porque, na sua maneira burra e lerda, quer separar o número na parte do um dólar e na parte dos dez centavos, mesmo que a resposta verdadeira seja que você gastou cinco centavos na caneta.

Por causa dessa tendência, as pessoas são ruins em calcular riscos. O Nível 1 desenvolve um medo excessivo de ameaças raras porém espetaculares, mas ignora ameaças que estão por perto todos os dias. As pessoas têm medo de avião, apesar de todo mundo saber que viajar de carro é mais perigoso. Temem motosserras, apesar de quase dez vezes mais pessoas se machucarem a cada ano com brinquedo de parquinhos.[18]

No geral, a mente inconsciente tem sérias falhas quando se trata da tomada de boas decisões. Portanto, há uma razão para que Taggert e seu comitê de deferência tenham ido para a Faculdade de Negócios, uma razão para que tenham dominado maneiras metódicas de analisar informação. Mas há outro lado nessa moeda. Há coisas que o Nível 1 vê que o Nível 2 simplesmente não vê. Há motivos para acharmos que a mente inconsciente é de fato bem esperta.

O oráculo oculto

Em primeiro lugar, processos conscientes são acomodados sobre processos inconscientes. Não faz sentido falar sobre pensamento racional sem pensamento inconsciente, porque o Nível 2 recebe seu estímulo, seus objetivos e seus sinais direcionais do Nível 1. Os dois sistemas têm de se entrelaçar para que a pessoa prospere. Ademais, o inconsciente é simplesmente mais poderoso do que a mente consciente. O Nível 1 quer sistemas vastos e implícitos de memória dos quais possa se alimentar, ao passo que o Nível 2 se debruça profundamente no sistema da memória de trabalho, os pedaços de informação que estão conscientemente na mente em qualquer dado momento. O inconsciente consiste em vários módulos diferentes, cada um com sua função própria, enquanto a mente consciente é apenas um módulo. O Nível 1 tem capacidade de processamento muito maior. Medida em seu potencial mais elevado, a mente consciente ainda tem uma capacidade de processamento 200 mil vezes mais fraca do que a inconsciente.[19]

Além disso, muitos dos defeitos do Nível 1 são o lado oposto de suas virtudes. O inconsciente é muito sensível ao contexto. Bem, às vezes é realmente importante ser sensível ao contexto. O inconsciente trata a informação como um fluido, não um sólido. Bem, às vezes as situações são ambíguas e é útil ser flexível. O inconsciente é rápido em tecer generalizações e em projetar estereótipos. Bem, a vida diária seria impossível se não nos baseássemos em generalizações e estereótipos. A mente inconsciente pode ser confusa. Bem, a maior parte da vida é conduzida em meio à incerteza, e é útil ter processos mentais que possam lidar com a incerteza.

Se quiser ter uma ideia das tarefas difíceis que o inconsciente realiza todos os dias, comecem com algumas das mais básicas. O inconsciente monitora onde as partes do seu corpo estão a qualquer momento por meio de um sexto sentido chamado propriocepção. O médico Jonathan Cole documentou o caso de Ian Waterman, que sofreu um dano nervoso e perdeu parte do sentido inconsciente.[20] Por meio de um processo cuidadoso ao longo de vários anos, Waterman foi capaz de usar o pensamento consciente para monitorar seu corpo. Laboriosamente, ele se ensinou a andar de novo, a se vestir e até a dirigir um carro. O problema aconteceu quando ele estava na cozinha certa noite e houve uma queda de energia. Não conseguia ver onde seus membros estavam e portanto não conseguia controlá-los. Ele desabou no chão em uma confusão de membros.

Essa habilidade inconsciente de se conectar com as sensações do corpo não é trivial. O corpo emite mensagens que são uma parte integral do pensamento, em todos os tipos de maneiras estranhas. Se você ler um argumento e pedir que as pessoas escutando movam seus braços na direção de "empurrar para longe", vão ficar mais hostis ao argumento do que se você ler para elas enquanto fazem o movimento de "puxar para si". Um cérebro não poderia funcionar se estivesse parado em um jarro em algum lugar, separado das funções motoras.

O inconsciente também é capaz de realizar tarefas incrivelmente complexas sem nenhuma assistência consciente. Aprender a dirigir demanda atenção consciente, mas, uma vez dominada a tarefa, o conhecimento é enviado para o inconsciente e torna-se possível dirigir por quilômetros e quilômetros ouvindo o rádio ou conversando com um passageiro ou tomando café sem prestar atenção consciente à estrada. Sem nem pensar, a maioria das pessoas trata estranhos de maneira cordial, evita confrontos desnecessários e se sente afetada pela injustiça.

O inconsciente é responsável pelo pico da perícia. Quando uma iniciante aprende uma tarefa, há um alongamento vasto da atividade cerebral. Quando uma perita a realiza inconscientemente, há apenas um pequeno pulso. A perita está se saindo melhor ao pensar menos. Quando está no seu auge, os centros automáticos do cérebro estão controlando seus movimentos. Um comentador diria que ela é "inconsciente". Se pensasse mais sobre como mover o taco de golfe ou como cantar sua ária, ela se sairia pior. Estaria, como observa Jonah Lehrer, "engasgada em pensamento".[21]

Há também a percepção. Conforme absorve informação, o inconsciente ao mesmo tempo interpreta, organiza e cria uma compreensão preliminar. Coloca cada parte separada de informação em contexto. A visão cega é uma das ilustrações mais fortes das percepções inconscientes. Pessoas que sofreram dano nas áreas visuais do cérebro, geralmente resultante de derrames, não enxergam de maneira consciente. Porém, Beatrice de Gelder, da Universidade de Tilburg, pediu a um homem com esse dano para andar em um corredor lotado.[22] Ele ziguezagueou com habilidade pelo corredor, navegando pelos obstáculos para chegar ao outro lado. Quando cientistas mostram cartões com imagens de formas para outras vítimas dessa "cegueira", elas acertam as formas nos cartões com exatidão impressionante.[23] O inconsciente atua quando a visão consciente não existe.

Essas habilidades de percepção podem ser incrivelmente sutis. Várias fazendas que criam galinhas empregam determinadores profissionais de sexo de galináceos. Eles analisam pintinhos chocados recentemente e indicam se o pintinho é macho ou fêmea, mesmo que, ao olho destreinado, os pintinhos pareçam todos iguais. Determinadores experientes conseguem analisar de oitocentos a mil pintinhos em uma hora e determinar o gênero com 99% de exatidão.[24] Como descobrem? Não sabem dizer. Simplesmente tem alguma coisa diferente nos machos e nas fêmeas, e eles sabem quando se deparam com ela.

Em um teste que foi conduzido por vários pesquisadores, indivíduos são instruídos a seguir um *X* enquanto pula de um quadrante a outro de uma tela de computador. O movimento do *X* é governado por uma fórmula complexa na qual a localização do próximo aparecimento do *X* é governada pela sequência anterior de aparecimentos.[25] No entanto, os sujeitos conseguem adivinhar onde o *X* vai aparecer em uma percentagem maior do que a do acaso, e seus palpites melhoram quanto mais tempo jogam o jogo. Quando pesquisadores mudam a fórmula no meio, a performance dos sujeitos deteriora, apesar de eles não entenderem por quê.

Estudos com soldados norte-americanos no Iraque e no Afeganistão, entretanto, sugerem que alguns soldados são muito melhores do que outros em fazer uma varredura uma cena e detectar pequenas pistas — uma pedra fora do lugar, uma pilha estranha de lixo — onde pode haver um dispositivo explosivo improvisado na área. O primeiro-sargento Edward Tierney não entende como soube que um determinado carro continha uma bomba, decidindo por uma evasão que salvou sua vida. "Meu corpo de repente ficou gelado; você sabe, aquela sensação de perigo", contou para Benedict Carey do *New York Times*.[26]

Em um estudo de referência, António e Hanna Damásio e seus colegas pediram que os sujeitos de pesquisa jogassem um jogo de cartas.[27] Receberam 2 mil dólares e foram instruídos a escolher cartas de cinco baralhos. Se pegassem boas cartas, ganhariam o dinheiro. Se pegassem cartas ruins, perderiam. Os baralhos foram empilhados. Duas das pilhas tinham um número ligeiramente desproporcional de cartas muito boas e as outras pilhas tinham um número desproporcional de cartas ruins. Na quinta rodada, vários sujeitos declararam que "gostavam" de certas pilhas mais do que de outras, embora não conseguissem lhe dizer por quê. Na décima rodada, alguns começavam a suar um pouco quando pegavam na pilha arriscada.

A próxima grande conquista da mente inconsciente é a habilidade de construir crenças implícitas. O médico suíço Édouard Claparède conduziu um pequeno experimento com uma de suas pacientes, que sofria de amnésia.[28] Ele tinha de se apresentar cada vez que ia visitá-la. Em uma visita, porém, escondeu um alfinete em sua palma. Quando apertaram as mãos, o alfinete a espetou. Na próxima vez que foi visitá-la, ela ainda não o reconhecia. Teve de se apresentar novamente. Era um prazer "conhecê-lo", mas, quando ele esticou a mão para o tradicional aperto de mãos, ela se recusou a pegá-la. Inconscientemente, ela aprendeu a associar a mão dele com dor.

Esse tipo de aprendizado implícito permeia todos os aspectos da vida. Por exemplo, não há computador poderoso o suficiente para pegar uma bola rebatida no ar. Ele teria de calcular muitas trajetórias e pegar a luva para alcançar o local exato no qual a bola pararia. No entanto, até mesmo uma criança de 10 anos de idade aprende eventualmente as regras implícitas que lhe permitem pegar uma bola. Se uma bola é rebatida para você, você olha para a bola de um certo ângulo. Você corre para onde a bola é rebatida enquanto mantém constante o ângulo do seu olhar. Se o ângulo cair, então acelere. Se o ângulo aumentar, vá devagar. Essa única regra implícita vai lhe guiar para onde a bola vai parar.[29]

Essa habilidade de acumular heurística implícita se aplica a coisas até mais importantes do que o beisebol. O inconsciente parece codificar informações de duas maneiras. Há o que os cientistas chamam de "codificação verbatim", que busca codificar exatamente o que aconteceu durante certo evento. Há também a teoria do traço difuso, que postula que o inconsciente também tenta derivar uma essência, uma interpretação imprecisa de um evento que pode ser acessada e aplicada na próxima vez que algum evento vagamente similar acontecer.[30] Se toda vez que alguém fosse a um funeral se lembrasse dos exatos detalhes de seu comportamento em todos os funerais passados, ficaria atolado em detalhes inúteis. Mas se a pessoa se lembra da essência de como se comportar em um funeral — o que vestir, como andar, que tom de voz adotar —, então terá uma ideia geral da forma de comportamento socialmente aceitável.

Crenças implícitas e estereótipos organizam o mundo e são absolutamente essenciais para a realização das atividades normais da vida.

Eles lhe dizem que tipo de comportamento são propensos a encontrar quando vão a uma festa, que tipos de pessoas provavelmente verá se for a uma convenção do *Star Trek* ou em um grupo de estudo sobre a Bíblia ou em um show de rock. O inconsciente entende o mundo por meio da construção de generalizações.

Usando essas ferramentas flexíveis, o inconsciente é muito bom em resolver problemas complexos. A regra é que processos conscientes são melhores em resolver problemas com poucas variáveis ou escolhas, mas os processos inconscientes são melhores em resolver problemas com muitas possibilidades e variáveis. Processos conscientes são melhores em resolver problemas quando os fatores são definidos de forma concreta. Processos inconscientes são melhores quando tudo é ambíguo.

Em um experimento, Ap Dijksterhuis e Loran F. Nordgren, da Universidade de Amsterdã, e seus colegas de trabalho, deram a um grupo de sujeitos uma série complexa de 48 informações sobre quatro apartamentos diferentes. Um dos apartamentos foi feito para a ser mais conveniente e atraente do que os outros (foi descrito de maneira positiva, enquanto os outros foram descritos de maneira mista e negativa). Depois, os sujeitos de pesquisa foram divididos em três grupos. Um dos grupos tinha de escolher o melhor apartamento imediatamente. Outro grupo teve alguns minutos para pensar. Um terceiro grupo foi informado de que fariam a escolha em alguns minutos, mas foram distraídos durante o período inteiro com outras tarefas não relacionadas.

Cinquenta e nove por cento das pessoas no grupo distraído escolheram o apartamento favorecido, comparados a 47% no grupo de pensadores conscientes e 36% daqueles no grupo dos que fizeram escolha imediata. Enquanto estavam distraídos, seus processos de Nível 1 estavam agindo. Visto que confiaram no Nível 1 com sua capacidade superior de processamento, fizeram uma escolha holística, incluindo o conjunto completo de variáveis. Os pensadores conscientes tenderam a escolher apenas algumas características e não conseguiram processar o todo. Os que escolheram de imediato se saíram pior, ilustrando o argumento importante de que o pensamento inconsciente não é o mesmo que o pensamento de julgamento instantâneo.[31] O Nível 1 se sai melhor quando tem tempo para pensar, assim como o Nível 2.

Timothy Wilson fez um experimento, contestado mais tarde por Dijksterhuis, no qual ofereceu a alunos uma escolha entre cinco pôsteres de arte diferentes, e depois pesquisou para ver se ainda gostavam da sua escolha.[32] As pessoas que receberam a instrução de analisar conscientemente e com cuidado as suas escolhas eram as menos satisfeitas com os pôsteres semanas depois. As pessoas que olharam rapidamente para os pôsteres e escolheram depois eram as mais satisfeitas. Dijksterhuis e seus colegas então replicaram os resultados no mundo real com um estudo tendo como foco a Ikea.[33] Selecionar móveis é uma das escolhas mais exigentes em termos cognitivos que qualquer consumidor pode fazer. As pessoas que fizeram suas seleções na Ikea depois de uma análise menos consciente ficaram mais satisfeitas do que aquelas que fizeram sua compra depois de muita análise cuidadosa. Em uma loja próxima chamada De Bijenkorf, onde os produtos em liquidação tendem a ser mais simples, as pessoas que se apoiaram em análise consciente estavam mais felizes.

O inconsciente é um explorador natural. Enquanto o pensamento consciente tende a marchar passo a passo e a convergir em alguns fatos ou princípios centrais, o pensamento inconsciente tende a se espalhar por meio de um processo de associações, aventurando-se naquilo que Dijksterhuis chama de "cantos e fissuras obscuros e empoeirados da mente".[34] O Nível 1, portanto, produz mais conexões criativas e paralelos improváveis. O pensamento inconsciente consegue absorver muito mais fatores. Ele naturalmente pesa a importância de vários fatores conforme aparecem. Corre para lá e para cá sem parar — vários processos paralelos de uma só vez — enquanto a mente consciente está ocupada com outras coisas, tentando conectar novas situações com modelos antigos ou tentando reorganizar as partes de um problema até formarem um todo harmonioso. Persegue vibrações e metáforas em busca de conexões, padrões e similaridades. Usa toda a panóplia de ferramentas psicológicas — tanto emoções quanto sensações físicas.

Tendemos a pensar no Nível 1 como a parte precoce do cérebro, que compartilhamos com animais, e o Nível 2 como a parte evolucionária recente do cérebro que nos distingue como humanos. Mas, em 1963, Ulric Neisser fez uma sugestão intrigante de que talvez seja a sofisticação de nossos processos inconscientes o que nos faz humanos:

* * *

> Vale notar que, anatomicamente, o cérebro humano parece ser o tipo de sistema difuso no qual processos múltiplos estariam em casa. Nesse âmbito, ele se difere do sistema nervoso de animais inferiores. Nossa hipótese nos leva à sugestão radical de que a diferença crítica entre o pensamento dos humanos e o dos animais inferiores encontra-se não na existência de consciência, mas na capacidade para processos complexos fora dela.[35]

Modéstia epistemológica

Intuição e lógica existem em parceria. O desafio é organizar essa parceria, sabendo quando confiar no Nível 1, quando confiar no Nível 2 e como organizar o intercâmbio entre os dois. As pesquisas ainda não fornecem respostas claras sobre isso, porém apontam para uma atitude — que reconhece as fraquezas da mente enquanto prescreve estratégias para ação.

Quando Harold tentou usar sua pesquisa sobre o Iluminismo para ajudar Erica a pensar sobre seus problemas, enfatizou um conceito que foi central ao pensamento do Iluminismo britânico: a modéstia epistemológica. Epistemologia é o estudo de como sabemos o que sabemos. Modéstia epistemológica é o conhecimento de quão pouco sabemos ou podemos saber.

A modéstia epistemológica é uma atitude em relação à vida. Essa atitude é construída com base na noção de que não nos conhecemos. A maior parte do que pensamos e acreditamos está indisponível à revisão consciente. Somos o nosso próprio maior mistério.

Não nos conhecendo também temos dificuldades em entender os outros por completo. Em *Felix Holt*, George Eliot pediu que os leitores imaginassem como seria um jogo de xadrez, se todos os jogadores tivessem suas próprias paixões e pensamentos, se não ficassem incertos apenas em relação às peças do oponente, mas também em relação às suas. Não teriam chance se tivessem de confiar em estratagemas matemáticos em tal jogo, escreveu ela, e no entanto esse jogo imaginário é bem mais fácil do que aquele que jogamos na vida real.[36]

Incapazes de entender os outros completamente, também não conseguimos chegar de verdade ao fundo das circunstâncias. Nenhum evento pode ser compreendido isolado de seu lugar no fluxo histórico — a infinidade de eventos anteriores, causas mínimas e circunstâncias que tocam um evento de maneira visível e invisível.

E, no entanto, essa atitude humilde não necessariamente produz passividade. A modéstia epistemológica é uma disposição para a ação. As pessoas com essa disposição acreditam que a sabedoria começa com a consciência de sua própria ignorância. Podemos traçar hábitos, arrumações e procedimentos que compensam em parte os limites do nosso conhecimento.

A disposição modesta começa com o reconhecimento de que não há um único método para resolver problemas. É importante contar com a análise quantitativa e racional. Mas isso fornece parte da verdade, não a verdade inteira.

Por exemplo, se lhe perguntarem em que dia da primavera deve-se plantar milho, pode consultar um cientista. Pode calcular os padrões do tempo, consultar um arquivo histórico e encontrar uma gama de temperaturas e uma data otimizada em cada latitude e altitude. Por outro lado, pode perguntar a um fazendeiro. A sabedoria popular na América do Norte decreta que o milho deve ser plantado quando as plantas de carvalho estão do tamanho da orelha de um esquilo.[37] Qualquer que seja o clima em qualquer ano em particular, essa regra vai guiar o fazendeiro à data correta.

Esse é um tipo diferente de conhecimento. Nasce dos atos de integrar e de sintetizar dinâmicas diversas. É produzido ao longo do tempo por uma inteligência que é associativa — observando com atenção, imaginando livremente, comparando probabilidades com improbabilidades e probabilidades com probabilidades para encontrar harmonias e ritmos no desenrolar eventos.

A pessoa modesta usa ambos os métodos e outros ainda. Ela aprende a não confiar em um paradigma. A maior parte do que sabe se acumula por meio de um processo longo e árduo de divagação.

A pessoa modesta é paciente. Seu método é ilustrado pelo comportamento do pequeno peixe gobiídeo. O peixe gobiídeo é um pequeno peixe que vive em águas rasas.[38] Na maré baixa, seu habitat é reduzido a pequenas piscinas e poças. No entanto, os peixes gobiídeos pulam com grande exatidão por cima de pedras e fendas secas de piscina em piscina. Como fazem isso? Conseguem avaliar a área seca antes de pular, ou ver onde a próxima piscina fica. Se vocês colocarem um peixe gobiídeo em um ambiente não familiar ele não pula.

O que acontece é que, durante a maré alta, os peixes gobiídeos passeiam absorvendo a paisagem e armazenando mapas. Depois, quando a maré está baixa, eles têm um mapa mental do lugar e sabem inconscientemente quais fendas vão estar secas na maré baixa e quais buracos vão estar cheios de água.

Os seres humanos também são bons em acumular esse tipo de conhecimento de nômade. Por 90 mil gerações, nossa raça vem explorando paisagens, sentindo perigos e oportunidades. Quando vocês exploram uma nova paisagem ou visitam um novo país, sua atenção está aberta a tudo, como a de um bebê. Uma coisa lhes chama a atenção. Depois outra.

Essa receptividade só pode acontecer quando vocês estão fisicamente lá. Não quando vocês estão lendo sobre um lugar, mas apenas quando vocês estão na cena, imersos nela. Se não visitam o lugar de fato, não o conhecem de verdade. Se apenas estudam os números, não os conhecem. Se não se acostumam às pessoas, não as conhecem. Como diz o provérbio japonês: não estudem uma coisa, acostumem-se a ela.

Quando vocês estão lá na cena, são imersos em detalhes. Milhares de sensações lhes tomam. Antigamente, um homem nômade via um riacho em uma paisagem nova e a visão seria revestida de prazer. Via uma floresta densa ou uma ravina rochosa e um pequeno marcador de medo se abrigaria com a imagem em seu cérebro.

A mente quer fazer julgamentos instantâneos sobre todos os detalhes sensórios que recebe, arquivar alguma informação nova com alguma teoria. As pessoas odeiam a incerteza e se precipitam em julgar. A pesquisa de Colin Camerer descobriu que quando as pessoas jogam cartas em circunstâncias que não lhes permitem calcular as probabilidades de sucesso, os centros do cérebro que são impulsionados pelo medo se acendem.[39] Tentam dar fim ao medo chegando a uma conclusão qualquer sobre o padrão do jogo, só para dar fim ao medo.

Entretanto, o andarilho aguenta a incerteza. O andarilho sábio resiste e se modera, possuindo o que John Keats chamou de capacidade negativa, a habilidade de estar em "incertezas, mistérios, dúvidas sem a busca impaciente por fato ou razão".

Quanto mais complicado o cenário, mais o andarilho se apoia na paciência. Quanto mais confusa a cena, mais tolerante sua perspectiva. Ele não tem apenas uma consciência de sua própria ignorância, mas de sua própria fraqueza perante ela. Sabe que sua mente vai abraçar a primeira informação que aparecer e construir uma teoria universal em torno dela. É a falácia da ancoragem. Sabe que sua mente vai tomar a experiência mais recente e tentar impor as lições daquele caso neste. É a falácia da disponibilidade. Sabe que veio para essa cena com certos estereótipos em sua mente sobre o funcionamento da vida e vai tentar fazer com que aquilo que vê entre em conformidade com esses estereótipos. É a falácia da atribuição.

Está atento às suas fraquezas. Presta atenção nas sensações que vêm de baixo. Faz generalizações e análises experimentais e de novo se foca em sensações. Continua a divagar e absorver, deixando a informação marinar no fundo. Está jogando, selecionando isso e aquilo. Vê uma parte da paisagem e lentamente sente seu caminho para o outro lado. Conhece pessoas nessa nova paisagem e repete partes do comportamento e do pensamento delas em sua própria mente. Começa a andar da maneira que andam e a rir como riem. Vê o padrão da experiência diária delas, padrões dos quais elas não estão nem mais cientes. Sua mente naturalmente oscila entre a textura externa de suas vidas — suas joias, roupas e mementos — e o que intui de suas esperanças e seus objetivos internos.

Enquanto isso, o Nível 1 está agindo, misturando informação, procurando semelhanças e ritmos com seu jeito incessante peculiar. Está formulando uma sensação para esse novo cenário: De que maneira a luz se esvai? Como as pessoas se cumprimentam? Qual é o ritmo de vida? Não são apenas os indivíduos que o inconsciente está tentando discernir, mas os padrões entre eles. Quanta intimidade essas pessoas que trabalham juntas têm? Qual a concepção não verbal comum de autoridade e individualidade? A ideia não é apenas descrever os peixes do rio, mas a natureza da água na qual nadam.

Em algum ponto há um momento de calmaria, e observações díspares se integram em um todo coerente. O andarilho pode começar a prever como as pessoas vão terminar suas frases. Possui agora mapas em sua mente. Os contornos da imagem de seu cérebro se harmonizam com os contornos da realidade desse novo lugar. Às vezes, essa sincronia será alcançada gradualmente. Às vezes, há surtos de inspiração e o mapa entra em foco de uma só vez. Depois desses momentos, a mente vai reinterpretar cada velha informação de uma maneira radicalmente distinta. O que parecia ser incalculavelmente complexo, vai agora parecer belamente simples.

Mais tarde — não em breve, não até depois de vários meses ou anos de observação árdua, com períodos de seca e tédios frustrantes —, o andarilho vai alcançar o que os gregos chamavam de *métis*, um estado de sabedoria que nasce da conversa entre Nível 1 e Nível 2.

Métis é difícil de colocar em palavras. Uma pessoa com *métis* possui um mapa mental de sua realidade em particular. Possui uma coleção de metáforas que organiza uma atividade ou uma situação. Adquiriu um grupo de habilidades práticas que lhe permite prever mudanças.

Ela entende as propriedades gerais de uma situação, mas também as particulares. Um mecânico pode entender as qualidades gerais de todos os carros, mas logo desenvolve uma percepção de cada carro em particular. Uma pessoa com *métis* sabe quando aplicar o procedimento operacional padrão, mas também sabe quando burlar as regras. Uma cirurgiã com *métis* tem uma percepção ou um talento para certo tipo de procedimento, e ela sente quando pode estar prestes a dar errado e em qual estágio. Na culinária asiática, há receitas que pedem que o chef adicione ingredientes quando o óleo estiver prestes a queimar. Um chef com *métis* sabe a qualidade que o óleo apresenta logo antes de alguma coisa estar prestes a acontecer.

Durante sua discussão sobre Tolstoi no famoso ensaio "O ouriço e a raposa", o filósofo Isaiah Berlin se aproxima de uma descrição de um conceito para *métis*.[40] É alcançado, escreve ele, "não por um questionamento específico ou por uma descoberta específica, mas por uma consciência, não necessariamente explícita ou consciente, de certas características da vida e da experiência humana".

"Nós, humanos", continua ele, "vivemos a vida no meio de um fluxo específico de eventos, o meio no qual estamos. Não absorvemos e não conseguimos absorver [esse fluxo] como se viesse de fora; não conseguimos identificar, medir e tentar manipular; não conseguimos nem ter total consciência dele, visto que entra intimamente em toda a nossa experiência". Ele é

> entretecido de maneira muito próxima com tudo que somos e fazemos para ser extraído desse fluxo (ele *é* o fluxo) e observado com distanciamento científico, como um objeto. Ele — o meio no qual estamos — determina nossas categorias mais permanentes, nossos padrões de verdade e de falsidade, de realidade e de aparência, do bem e do mal, do central e do periférico, do subjetivo e do objetivo, do belo e do feio, do movimento e do descanso, do passado, do presente e do futuro...
>
> No entanto, apesar de não conseguirmos analisar o meio sem um ponto de vista (impossível) fora dele (pois não há "fora"), ainda assim alguns seres humanos estão mais cientes — apesar de não conseguirem descrever isso — da textura e da direção dessas porções "submersas" de sua própria vida e da dos outros; mais cientes disso do que outros, que ou ignoram a existência de um meio que permeia tudo (o "fluxo da vida") e são chamados de superficiais, com razão; ou tentam aplicar-lhe instrumentos — científicos, metafísicos etc. — adaptados unicamente para objetos acima da superfície, a porção relativamente consciente e manipulável de nossa experiência, atingindo assim absurdidades em suas teorias e humilhando falhas na prática.

A sabedoria, conclui Berlin,

> não é conhecimento científico, e sim sensibilidade especial em relação aos contornos das circunstâncias nas quais por ventura nos encontramos; é uma capacidade de viver sem colidir com alguma condição ou fator permanente que não pode nem ser alterado nem descrito ou calculado por completo; uma habilidade de ser guiado por regras de bolso — a "sabedoria imemorial" que dizem residir em camponeses e outros "povos simples" — nas quais regras da ciência não se aplicam em princípio. O inexpressável senso de orientação cósmica é o "senso da realidade", o "conhecimento" de como viver.

* * *

Harold na verdade leu essa passagem de Berlin para Erica certa noite, apesar de a passagem ser abstrata e de ela estar cansada, e ele não teve certeza do quanto ela realmente absorveu.

CAPÍTULO 16

A INSURGÊNCIA

RAYMOND E ERICA COMEÇARAM A ALMOÇAR JUNTOS NO REFEITÓRIO às 11h45 (Raymond acordava cedo, mas concordou em atrasar seu horário normal de almoço em pelo menos 45 minutos por causa de Erica). Logo, outras pessoas que pensavam de maneira semelhante estavam almoçando cedo para que pudessem se juntar a eles. Em algumas semanas, havia vinte ou trinta pessoas almoçando juntas antes do meio-dia em um canto do refeitório.

Era uma mistura estranha de gerações. Havia um grupo de amigos de Erica — pessoas na casa dos 30 — e havia um grupo dos velhos camaradas de Raymond, na casa dos 50 ou 60 anos de idade. Na maior parte do tempo, apenas fofocavam sobre a última estupidez de Taggert. Um dia, a empresa anunciou um congelamento de contratações.

"Isso nunca vai funcionar", observou Raymond com um sorriso. "Eles vão simplesmente contratar temporários e estagiários e mantê-los lá. Tinha estagiário trabalhando com a gente que ficou aqui por cinco ou dez anos. Se você contrata como estagiário, pode manter os salários sem ter de assinar carteira, então o congelamento de contratações não se aplica."

Raymond nasceu em um rancho no norte de Minnesota e perdeu uma vida inteira de tendências da moda. Se fizessem um filme de sua vida, Gene Hackman seria chamado para interpretá-lo.

Ele e Erica rapidamente formaram uma divisão de trabalho entre eles. Raymond fazia observações sobre como Taggert e sua equipe estavam estragando tudo, e ela tramava a revolução. Se fizesse o que tinha vontade, Raymond ficaria feliz em fazer comentários sardônicos sobre a cena que se passava, mas Erica queria tomar uma atitude. Taggert estava destruindo tudo que outros haviam construído. Ela ainda tinha décadas de vida pela frente e não queria ver sua vida obscurecida tanto pelo fracasso do próprio negócio quanto pelo colapso de uma corporação gigante que a contratou para que a ajudasse a crescer. E havia outra coisa incentivando-a. Desde a infância, sabia como era sentir aquilo; não importava o lugar em que ela e sua mãe entrassem, eram julgadas como não merecedoras de qualquer coisa que encontrassem. A ideia de ser forçada a ser condescendente por essa equipe de imbecis que recebeu excesso de educação produzia uma ira que a fazia acordar no meio da noite.

Dia após dia, ela insistia com Raymond: "Temos de fazer alguma coisa! Não podemos simplesmente ficar sentados aqui conversando." Finalmente ele concordou, até certo ponto.

Raymond estava comendo o sanduíche de língua que trazia todos os dias, com um refrigerante Dr. Brown. Ele concordou que montariam uma proposta, um conjunto diferente de estratégias que a empresa pudesse explorar. Mas Raymond tinha algumas exigências: "Em primeiro lugar, nada de operação por debaixo dos panos. Fazemos tudo de maneira honesta e para todo mundo ver. Segundo, nada de golpe. Não estamos mirando os funcionários. Estamos oferecendo sugestões sobre políticas. Terceiro, sempre prestativos. Nunca vamos desafiar a habilidade de ninguém. Vamos apenas tentar lhes apresentar alternativas construtivas."

Erica achou que ele estava fazendo uma distinção sem pensar nas diferenças. Era inconcebível que Taggert pudesse se tornar o tipo de pessoa que adotaria a política que Raymond criaria. Mudar de política significaria mudar de equipe. Mas se Raymond precisava ter essas exigências para que pudesse continuar fiel a algum antigo código de lealdade, por Erica tudo bem.

Começaram a reunir um grupo de propostas para salvar a empresa. Fizeram isso às claras, no refeitório, como membros do que começaram a chamar de Clube do Brunch, em homenagem ao horário precoce das refeições de Raymond.

Trabalharam nas propostas durante várias semanas, e Erica ficou fascinada pela maneira como Raymond liderava o grupo.[1] Primeiro, parecia passar a maior parte do tempo falando sobre coisas nas quais não era bom. "Perdão, não sei lidar muito bem com distrações", diria ele enquanto desligava o celular antes de todas as discussões. O fato é que nenhum cérebro humano lida muito bem com distrações, mas Raymond era sábio o suficiente para saber disso. "Perdão, não sou muito bom com generalizações", interrompeu ele um dia. O fato é que a maioria das mentes são mais flexíveis ao lidar com imagens visuais do que com conceitos abstratos, mas Raymond era sensível o suficiente para reconhecer isso. "Podemos detalhar uma pauta aqui?", diria ele. "Minha mente está simplesmente vagando de assunto em assunto." O fato é que a maioria das pessoas consegue manter um pensamento por apenas dez segundos de cada vez, mas Raymond era inteligente o suficiente para ver que precisava de uma estrutura externa para se manter operante. No começo de cada almoço, anotava uma lista de coisas sobre as suas falas e ficava checando a lista.

O conhecimento de Raymond sobre suas próprias dificuldades era enciclopédico. Sabia que tinha dificuldade em comparar mais de duas opções ao mesmo tempo. Se lhe dessem três opções, ficava confuso, então criava parênteses e ia de uma comparação binária a outra. Sabia que gostava de ouvir provas que confirmavam suas próprias opiniões, então pedia que Erica e os outros dessem a contraprova primeiro, e não que a escondessem. Sabia que tinha uma preferência pelo caminho mais cauteloso em qualquer situação, então sempre se forçava a resumir o caso pelo caminho mais arriscado antes de argumentar a favor do cauteloso.

O plano do Clube do Brunch era chegar a oito ou dez propostas de políticas que pudessem apresentar ao conselho e à equipe executiva. Eles se dedicavam a uma proposta de cada vez. Sentavam-se durante o almoço e conversavam sobre aquilo. A maior parte do tempo na verdade não era gasta com a criação de novas ideias. Conforme Raymond explicou para Erica certa noite depois de um longo dia, a maioria das reuniões de negócios não envolve a criação de novos planos, envolve a manipulação de um grupo de gerentes para que acreditem em uma abordagem básica.

— Alguém está achando que isso aqui é errado? — perguntou Raymond certa vez enquanto estavam falando sobre um novo procedimento de contratação. O fato é que a mente é boa em detectar seus próprios erros. No começo da década de 1990, Michael Falkenstein, da Universidade de Dortmund, na Alemanha, percebeu que, quando um sujeito realizando um teste apertava uma tecla errada, os potenciais elétricos no lobo frontal caíam cerca de dez microvolts.[2] Patrick Rabbitt, da Universidade de Manchester, descobriu que erros de digitação são feitos com um pouco menos de pressão do que toques corretos, como se a mente estivesse inconscientemente tentando frear no último segundo.[3] Em outras palavras, por meio de mecanismos complexos de resposta, o cérebro consegue reconhecer erros mesmo quando os estamos cometendo. Talvez por isso, em geral, valha a pena mudar suas respostas em um teste se há um indício de que a resposta que marcou está errada. Várias pesquisas descobriram que as pessoas que voltam e mudam respostas duvidosas melhoram suas pontuações.[4] Raymond estava pedindo que as pessoas ficassem alertas a esses avisos sutis de emergência que borbulham dentro delas.

Às vezes, Erica ficava imensamente frustrada com ele. O grupo geralmente acordava um cronograma. Três dias para cada proposta. Estariam no meio do terceiro dia de discussão, lapidando uma das propostas, e de repente Raymond trocava de lado e argumentava a favor de uma abordagem totalmente diferente da que haviam acabado de acordar. "Você acabou de argumentar exatamente o contrário", exclamava Erica com irritação.

"Eu sei. Parte de mim acredita naquilo. Parte de mim acredita nisso. Só quero que todas as minhas personalidades esquizofrênicas se manifestem", brincava ele. Na verdade, pesquisadores descobriram que as pessoas que se lançam no que chamam de "autoalavancagem dialética" geralmente pensam melhor do que pessoas que não o fazem. Isso significa lançar-se em debates internos, opondo um impulso contra o outro.

Finalmente, quando todos os argumentos haviam sido formados, o Clube do Brunch fazia uma votação. Quando uma proposta era aprovada, Raymond sempre levantava a folha de papel e anunciava com um sorriso largo: "Bom, isso é um fracasso nobre!"

Na primeira vez que falou isso, Erica não entendeu o que queria dizer, então Raymond explicou: "O grande mestre dos negócios Peter

Drucker disse que mais ou menos 1/3 das decisões que ele observou estava certo no final das contas, um outro terço foi minimamente eficaz e o outro era um fracasso absoluto.[5] Quer dizer, há pelo menos 2/3 de possibilidades disso que fizemos estar errado, e muito errado. Acreditamos que isso é fantástico porque queremos acreditar que somos fantásticos. Queremos preservar nossos próprios egos, então ficamos nos influenciando. Mas a verdade é que a vida se trata de produzir fracassos. Só progredimos por meio de uma série de erros regulados. Cada movimento é um fracasso parcial que tem de ser corrigido pelo próximo. Pense nisso como um caminhar. Você oscila o seu peso para que fique sem equilíbrio a cada passo, aí depois você joga a outra perna para compensar."

À noite, Erica ia para casa e contava para Harold sobre o que Raymond havia feito naquele dia. Harold o tinha visto apenas duas vezes, em um churrasco e na festa da empresa, mas achava que Raymond lembrava um rapaz que ele conheceu certa vez, que trabalhava como carpinteiro em uma companhia de teatro no centro. O rapaz sempre quis estar no teatro, mas na verdade nunca teve nenhum desejo de ser ator. Havia tentado na escola, mas estar no palco simplesmente o deixava desconfortável. Portanto, tornou-se um assistente de palco. Gostava do espírito de grupo da trupe do teatro. Gostava de contribuir para a produção toda e do fato de que não raro sabia mais sobre teatro do que os diretores e do que as estrelas que eram cegadas pelos seus próprios egos. A teoria de Harold era que Raymond era o tipo de cara que simplesmente amava fazer com que as coisas funcionassem. Mas Harold suspeitava que quando chegasse a hora de dar um passo, ele nunca desafiaria Taggert de fato. Nunca subiria no palco e interpretaria o papel principal no drama de salvar a empresa.

Erica não tinha tanta certeza. Todo dia, via como as pessoas se reuniam em volta dele no refeitório. Ele era um misto estranho de traços. Era extremamente modesto, mas também podia ser extremamente voluntarioso. Muitos presumem que pessoas humildes também são derrotadas, mas às vezes havia uma teimosia feroz dentro de Raymond. Ele construiu sua perícia com base na consciência aguda de sua própria ignorância, mas era bastante autoconfiante.

* * *

A reunião

As discussões no Clube do Brunch foram acompanhadas com atenção por pessoas de posição mediana na empresa. Vários funcionários olhavam para Raymond e Erica ansiosamente, com a esperança de que esses dissidentes os salvassem do declínio. Taggert e sua equipe olhavam para eles de maneira desdenhosa, se é que olhavam para eles. Eram apenas uma plebe desobediente de perdedores e fracassados.

O problema principal de Erica nesse momento era que não tinha uma abertura. O grupo havia terminado de construir suas sugestões. Haviam composto um memorando de 25 páginas sintetizando sua sabedoria coletiva. Contudo, não havia uma maneira boa de apresentá-lo. Ela podia apenas enviá-lo à cadeia de decisão, mas o documento se perderia e seria enterrado. Podia vazá-lo para um periódico sobre comércio, mas isso violava a regra "sem operação por debaixo dos panos" de Raymond.

Felizmente, o Senhor proveu. Um dia, Jim Cramer, um apresentador da CNBC, berrou que a Intercom estava indo descarga abaixo. Ele de fato pegou um decodificador da empresa, quebrou-o no ar e tentou dar descarga, pedaço por pedaço, em uma privada que tinha no estúdio.

Esses tipos de demonstrações nem sempre produziam movimentações gigantes no preço de ações. Mas essa tocou no ponto fraco. No dia seguinte, todo mundo estava vendendo. O preço da ação, que já havia chegado a 73 alguns anos antes, caiu de 23 para 14 em um dia.

Taggert sentiu que tinha de encarar a tempestade e concluiu, com naturalidade, que uma apresentação sua em público seria o suficiente para recuperar a confiança. Anunciou o que chamou de "Convocação da Oportunidade". Convidou o comitê executivo e os membros do conselho e fez com que transmitissem a reunião por *webcast* para que os analistas de Wall Street pudessem sintonizar e ouvir. "Queremos falar mas também ouvir", disse Taggert enquanto anunciava a reunião. "Queremos apresentar nossos planos, mas também ouvir suas preocupações e ideias. Esta é uma organização de aprendizado, e vamos caminhar adiante juntos." Era o convite que Erica precisava. Ela disse para Raymond que ele ia se levantar nessa reunião e apresentar suas sugestões. Raymond, que era medroso ou astuto, disse que faria isso apenas se ela se levantasse também e o ajudasse.

A reunião aconteceu em um teatro no centro da cidade. Taggert e sua equipe se sentaram banhados de luz no palco e todo o resto se sentou no escuro lá embaixo. Essa era sua noção de um debate interativo. "Quero que saibam que estou muito animado com o lugar onde esta empresa se encontra neste momento", começou Taggert. "Sempre tive um senso muito bom de como o crescimento acontece, e estou confiante que esta empresa está prestes a ter um crescimento exponencial. Temos a melhor equipe de gerenciamento dos Estados Unidos, os melhores funcionários e a melhor linha de produção! Portanto, trago muita paixão para meu trabalho todos os dias.

"Uma das coisas às quais me propus quando assumi é promover nesta empresa um crescimento de ponta. Percebi que os métodos antigos não mais funcionariam. Tínhamos de rasgar o velho livro de regras, buscar mudanças constantes e alcançar um crescimento inédito que mudasse o jogo. Isso significou revolucionar a cadeia de valor e sacudir os procedimentos operacionais padrão. Não tínhamos mais o luxo de ficar sentado e aprender com os outros.

"Quando embarcamos nessa trajetória ousada, sabíamos o tempo todo que poderia ser difícil entender a estratégia vista de fora. Sabíamos que haveria medições externas que seriam enganosas àqueles que não entendiam as trajetórias que estávamos tomando. Pode haver críticos bem-intencionados que, em seu ponto de vista, simplesmente não conseguiram ver o caminho de longo prazo. Mas instituímos nossas próprias medições, e eu estou aqui para dizer para vocês hoje que alcançamos e ultrapassamos cada medição que criamos. Estamos mudando mais rápido do que pensamos. Estamos inovando melhor. Não deixamos nenhuma pedra intacta. Jogamos tudo que tínhamos contra os problemas que desafiam esta empresa. Experimentamos tudo em uma onda intensa de atividade. Estamos à beira de um crescimento explosivo.

"Sempre fui bom em ler o que as outras pessoas estão pensando, e sei que alguns de vocês estão preocupados. Mas eu estou aqui para lhes dizer que quando esta revolução estiver completa, vocês verão como o planejamento foi cuidadoso. Em breve, estaremos tomando uma nova série de passos que vai nos aprofundar na programação, nos mercados de crescimento e nas redes sociais. Essas aquisições vão revolucionar esta empresa. Imediatamente dobramos nosso contato com espectadores e clientes. Demos um salto por cima da tecnologia recente e nos colocamos em posição de transformar nossa indústria. Vamos embarcar em um esforço dramático para reestruturar a nossa empresa e para remodelar a nossa identidade."

Ele permaneceu nessa linha por mais um tempo, depois alguns membros de seu comitê de deferência se levantaram e apresentaram algumas projeções e números de crescimento.

Quando a apresentação terminou, ninguém sabia o que pensar. Todos já haviam escutado essas promessas antes. Haviam sido levados ao topo da montanha antes. E, ainda assim, não aconteceram coisas boas. E, ainda assim, as pessoas queriam acreditar. Taggert era carismático. Os membros da equipe dele eram inteligentes. A plateia não se vendeu à visão que ele havia apresentado, mas também não estava hostil. Estava incerta.

Raymond se colocou na frente de um dos microfones nos corredores. "Com licença, podemos fazer algumas sugestões?"

"É claro, Ray", respondeu Taggert. Raymond nunca era chamado de "Ray".

"Posso falar daí de cima?", Raymond apontou o pódio no palco.

"É claro."

Raymond fez um gesto para que Erica se unisse a ele no palco. Erica foi tomada por uma onda terrível de síndrome do impostor, mas foi com ele.

"Como eu acredito que o senhor saiba, sr. Taggert, alguns de nós com mais tempo de empresa e alguns dos jovens entusiastas temos nos reunido nas últimas semanas tentando pensar de que maneira podemos ser úteis ao seu trabalho. Não temos acesso a muitas das informações que o senhor tem, então talvez nossas idcias sejam tolas e inviáveis. Provavelmente o senhor já considerou todas elas.

"Mas uma das ideias é que gostaríamos de ter uma noção mais clara do que se trata esta empresa. Ela costumava ser uma empresa de TV a cabo. Instalávamos cabos. Nós os colocávamos no chão e os conectávamos na casa das pessoas. Éramos um bando de mecânicos. Construíamos tecnologias novas e fazíamos com que as coisas funcionassem. Essa era a nossa identidade. Isso nos deixava orgulhosos de trabalhar aqui e nos fornecia um código de conduta não escrito. Não sei ao certo se essa identidade está tão clara agora. Parecemos estar fazendo mil coisas diferentes com mil culturas diferentes. Quando eu comecei aqui, o objetivo era otimizar nossa performance como fornecedores de TV a cabo, e não maximizar o nosso crescimento, como é medido no informe de rendimento. Também não estou certo se isso continua assim.

"Eu sei que devo parecer um velho nostálgico. Mas comecei a trabalhar aqui para John Koch. Muitos de vocês não o conheceram, mas eu o conheci, apesar de eu ser um novato naquela época. Ele veio da empresa em vez de ser nomeado para o topo dela. O carro que ele dirigia, a maneira como ele se vestia e falava — eram similares aos carros que nós dirigíamos, à maneira como nos vestíamos e falávamos. Ele ganhava mais do que qualquer um, claro, mas era parte da mesma escala de pagamento na qual o resto de nós estava, e não parte de alguma escala de CEO numa galáxia distante dos funcionários normais. Você tinha a sensação, conversando com Koch, que ele reagia às coisas da maneira que você reagiria se estivesse na posição dele. Ele tinha uma ideia de como as equipes nas ruas trabalhavam e como não podiam trabalhar.

"Koch não era de grandes planos.[6] Apenas fazia ajustes constantes. Sempre usava a palavra comissariado para descrever seu estilo de liderança. Ele tinha herdado uma coisa incrível e estava apenas cuidando dela. Queria ter certeza de que não a arruinasse. Eu lembro que ele costumava seguir a velha sugestão de Peter Drucker. Toda vez que tomava uma decisão, escrevia um memorando para si sobre o que esperava que acontecesse. Nove meses depois ele abria o memorando e lia para descobrir como estava errado. Queria aprender o máximo que pudesse com cada erro."

Raymond continuou dessa maneira reminiscente por mais alguns minutos. Nada do que disse foi abertamente crítico em relação a Taggert e sua equipe. Continuou pedindo desculpas por ser um sentimentalista olhando para trás. Continuou dizendo que é claro que não tem como voltar para casa agora, voltar para os velhos tempos, mas o contraste entre o espírito que a empresa costumava ter e a atmosfera desnudada que agora prevalecia — bem, essa era uma diferença muito dolorosa e intensa para ignorar.

Erica tentou continuar a atmosfera emocional que ele havia estabelecido. Não era seu modo normal. Geralmente, gostava de ser a espevitada na saia branca apertada. Mas Raymond havia estabelecido um tom mais ameno.

Disse que ela e um grupo de companheiros de trabalho vinham se reunindo e tendo ideias, e ela esperava que talvez algumas pudessem ser úteis a Taggert e sua equipe. Começou pelo viés financeiro. "Uma das coisas sobre as quais conversamos muito é a importância do dinheiro vivo", disse ela. "Você paga contas com dinheiro. Quando você tem dinheiro no banco, você consegue resistir a um ou dois baques inesperados." Mas nos últimos anos — observou ela — a empresa havia secado suas reservas de dinheiro. Às vezes, a impressão era a de que os líderes atuais achavam que dinheiro era para covardes e que dívida era um sinal de ousadia. Nos últimos anos, a empresa havia acumulado dívidas para fazer uma aquisição atrás da outra.

Depois, falou sobre estrutura corporativa. Era tão complicada que era difícil apontar quem era responsável pelo quê. Era raro que alguém na empresa chegasse todo dia de manhã e dissesse "Sou responsável por *X*", porque, em cada caso, a responsabilidade estava espalhada por uma cadeia de decisão de múltiplas camadas. O Clube do Brunch, disse ela, tinha algumas ideias sobre como simplificar isso.

Depois, falou sobre estratégia. É possível que a empresa tenha sido hiperativa de maneira autodestrutiva, sugeriu ela. As pessoas que ganham dinheiro com cavalos não apostam em todas as corridas. Na verdade, raramente apostam, e só o fazem quando acham que têm uma intuição que lhes fornece uma vantagem. Warren Buffett costumava dizer que a maior parte do dinheiro que ganhou durante sua vida veio de menos de dez decisões. A lição é que líderes só podem contar com poucas boas intuições durante a carreira, e que não devem ficar fazendo movimentações quando não têm boas intuições de verdade.

Depois, ela destrinchou as vias de lucro da empresa. Assinalou que a parte do negócio relacionada à televisão a cabo ainda estava indo bem. A questão é que havia todas essas outras coisas acumuladas sobre ela. Talvez fosse a hora de voltar ao negócio maravilhoso que ainda estava lá no núcleo do empreendimento.

Pode ser uma boa ideia diminuir as teleconferências e trabalhar com mais afinco para fazer com que as pessoas conversem pessoalmente. A maior parte da comunicação é física — por meio de gestos, não de palavras. É difícil entender os outros e compartilhar ideias e planos através de uma tela. Pode ser uma boa ideia, adicionou ela, fazer com que mais pessoas trabalhem no que ela chamou de equipes-multiparadigma. Façam com que diferentes grupos de pessoas analisem o mesmo problema de diferentes perspectivas. Em primeiro lugar, os seres humanos evoluíram para trabalhar em pequenos bandos. E na verdade há bastantes evidências que sugerem que, na maioria das vezes, grupos pensam melhor do que indivíduos. Em um estudo, 75% dos grupos resolveram exitosamente um jogo complexo de cartas, chamado de tarefa de seleção de Wason, comparados com apenas 9% de indivíduos.[7] Em segundo lugar, quando você faz com que as pessoas analisem o mesmo problema, elas usam métodos analíticos diferentes. Se você se baseia apenas em um modo, tende a amputar a realidade para que se encaixe ao seu modelo.

"As pessoas nesta empresa não se conhecem", adicionou. Mencionou que quando entrou na empresa, foi almoçar com um colega de trabalho. Perguntou se ele conhecia duas outras pessoas que ela conhecia de lá. Ele respondeu:

"Não, mas só estou aqui há dez anos. Ainda não conheço tantas pessoas."

Os seres humanos não deixam seu eu social em casa quando vão trabalhar todos os dias, disse ela. "Vai soar bobo e cafona, mas muitas pessoas aqui gostariam de ter sextas-feiras divertidas com atividades especiais. Podíamos transformar o refeitório em uma praia para um bingo praiano festivo. Podíamos ter jogos de *softball* e uma quadra de vôlei. São típicos locais onde as amizades são formadas."

Erica continuou nessa linha. Falou sobre memorandos da empresa (executivos deviam sempre mencionar por que querem que alguma coisa seja feita, e não apenas o que querem que seja feito). Falou sobre novos procedimentos de contratação que a empresa podia adotar (talvez as pessoas na parte inferior da cadeia pudessem participar do processo de entrevista também). Falou sobre programas de tutoria, visto que as habilidades mais importantes em cada trabalho são implícitas, não podem ser ensinadas, mas sim comunicadas pelo compartilhamento e pelo exemplo. Sugeriu que os gerentes tivessem orçamento para bônus instantâneos, para que as pessoas pudessem ver os resultados imediatos de um trabalho bem-feito. Descreveu algumas ideias para renovar a imagem da empresa. No decorrer dos últimos anos, a empresa havia se lançado como um conglomerado multinacional, como a GE e o Citigroup. No entanto, houve um declínio no envolvimento do cliente. Talvez devesse ser de novo a empresa decididamente fora de moda que foi um dia. Eles costumavam dar ímãs de geladeira. Agora patrocinavam torneios de golfe. Alguma coisa havia mudado.

Raymond e Erica não falaram por muito tempo — cerca de 15 minutos ao todo. Depois, entregaram a Taggert o memorando que haviam escrito e se sentaram. Outros falaram também. Alguns estavam exaltados e foram críticos. Outros foram bajuladores. A reunião na verdade não resultou em nada. Os analistas de ações assistiram apenas à apresentação de Taggert, não ao que veio depois. Reduziram o preço um pouco naquela tarde. Quanto aos funcionários e membros do conselho, não abraçaram imediatamente o que Raymond e Erica haviam dito. Não foram logo ao palco, nomearam os dois rei e rainha e baniram e ridicularizaram Taggert. Mas de fato fizeram que sim com a cabeça em sinal de aprovação. Realmente internalizaram a mensagem de que a empresa um dia foi alguma coisa nobre e que havia dissipado essa ideia central. E, conforme os meses passaram, as ações continuaram a cair, a dívida continuou a se acumular e as novas aquisições fracassaram em livrar a empresa do declínio, o clima lentamente mudou.

A massa de funcionários e acionistas um dia pensaram que Taggert fosse uma estrela corporativa que havia chegado de fora para mudar tudo. Depois, acharam que ele era uma pessoa bem-intencionada que estava tendo alguns problemas para se adaptar a uma nova indústria. Mas depois, com o passar do tempo, os acionistas-chave e os membros do conselho concluíram que ele era um fanfarrão prepotente que estava mais preocupado com sua própria imagem do que com a empresa à qual devia servir. Conforme essa conclusão se solidificou, outra se formou — a de que dessa vez a empresa devia contratar um líder de dentro, alguém que a entendesse na sua estrutura óssea e que pudesse trazer de volta a excelência que um dia possuiu. O que era necessário era uma restauração, não uma revolução.

E é claro que se viraram para Raymond, que, quando chegou o momento de interpretar o papel principal, não deu para trás. Ele aceitou o cargo sem nunca tê-lo aguardado de verdade. E mais ou menos teve sucesso. Não era o tipo de CEO que vai para a capa da *Forbes*. No entanto, restaurou a confiança e a fé. Ele se livrou das outras divisões que não serviam às missões centrais. Promoveu alguns dos rapazes mecânicos — e não era uma desgraça ser o tipo de pessoa que veste camisas brancas de manga curta e óculos fora de moda havia uma década. A empresa se estabilizou.

Depois de alguns anos, Raymond se aposentou. O conselho contratou um CEO de fora. Ele se saiu bem e durou seis anos no cargo. Depois desse período, o conselho decidiu contratar alguém de dentro da empresa e, após um processo um tanto maquiavélico, decidiu promover Erica. Ela tinha 47 anos de idade quando assumiu. Ficou ao lado de Raymond, assim como este havia ficado ao lado de Koch anos antes. Não revolucionou a empresa nem fez descobertas ousadas. No entanto, ela cresceu e se adaptou aos novos desafios durante os anos de Erica no topo. Ela amava a empresa e a renovou de modo profundamente consistente com as maneiras antigas.

CAPÍTULO 17

ENVELHECENDO

DURANTE O RELACIONAMENTO, A MAIORIA DOS CASAIS É COMPELIDA a ministrar a transição entre amor romântico e companheirismo amoroso. O amor romântico é o tipo que segura um casal na primeira fase inebriante do relacionamento. O companheirismo amoroso é o estado mais calmo que vem depois, repleto mais de satisfação silenciosa, amizade e felicidade mais branda.

Alguns casais não fazem a transição. Informações colhidas pelas Nações Unidas em 58 sociedades diferentes entre 1947 e 1989 sugerem que as taxas de divórcio têm seu ápice por volta do quarto ano de casamento.[1] No entanto, Harold e Erica aparentemente se saíram bem nesses anos. Erica sucedeu Raymond como CEO da Intercom por volta do 12º ano de casamento, enquanto Harold vivia em séculos passados escrevendo seus livros. Nos dez anos seguintes, passaram mais tempo absortos em suas carreiras do que realmente em seu casamento. Passavam muito tempo no trabalho, cada um tinha suas causas filantrópicas, e a maioria das outras partes de suas vidas se dissipou, incluindo a habilidade de se comunicarem um com o outro.

Depois de terem se estabelecido e de poderem relaxar um pouco, descobriram que não tinham mais muita coisa em comum como haviam suposto. Não que brigassem. Apenas vagaram para interesses e esferas diferentes.

Depois de anos de ascensão e luta, se cansaram de se submeterem aos outros. Em seu livro *The Female Brain* (O cérebro feminino),

Louann Brizendine escreve que uma mulher de meia-idade geralmente "fica menos preocupada em agradar os outros e agora quer se agradar...Com seu estrogênio baixo, a oxitocina também fica baixa. Ela está menos interessada nas nuances da emoção; está menos preocupada em manter a paz; e está recebendo menos ondas de dopamina com as coisas que fazia antes, até mesmo falar com amigas. Não está recebendo a recompensa calmante de oxitocina ao proteger e cuidar de seus filhinhos, então sente-se menos inclinada a ficar atenta às necessidades pessoais dos outros".[2] Os homens, obviamente, também não ficam mais cuidadosos e comunicativos quando eles e suas esposas chegam aos 50 anos de idade.

Erica se tornou uma pequena estrela no mundo dos negócios. A Intercom havia se recuperado e estava registrando ganhos estáveis. Ela viajava de conferência em conferência, fazia suas apresentações para públicos admirados e era sempre um pouco decepcionante voltar para casa e encontrar Harold usando short e camiseta mexendo no computador. Suas vidas haviam tomado formas distintas. Erica amava ficar na atividade, seus dias eram cheios de reuniões, almoços e compromissos. Harold gostava de ficar sozinho, explorando eras históricas antigas, sem nada no calendário. Erica estava absorvida pelos desafios da liderança. Harold estava cada vez mais perdido em seu mundo de livros, personagens e documentos.

Para Erica, os traços cativantes dele agora começaram a parecer mais com sinais de falhas profundas de caráter. A tendência que ele tinha de deixar suas meias no corredor não era um sinal de profundo egoísmo e narcisismo? A tendência de não fazer a barba não era um sinal de profunda preguiça? Harold, por outro lado, às vezes ficava horrorizado com a necessidade compulsiva que Erica tinha de bajular qualquer pessoa que pudesse ser capaz de ajudar no crescimento de sua empresa. Quando ela o arrastava para recepções e festas, invariavelmente o abandonava em questão de minutos. Ele ficava preso em alguma conversa sem objetivo, e quando ele dava uma olhada no salão, ela estava a metros de distância gargalhando com algum CEO que ela provavelmente detestava em segredo. Às vezes ficava ofendido com os compromissos que ela assumia para se projetar. Às vezes ela ficava ofendida com a passividade essencial de Harold, que ele revestia de presunção autocomplacente.

William James observou certa vez que "a arte da sabedoria é a arte de saber o que ignorar".[3] Em anos anteriores, eles poderiam ter ignorado os defeitos um do outro, mas agora Erica e Harold faziam anotações silenciosas e desdenhosas.

Com o passar dos anos, perderam o hábito de conversar ou até mesmo de olhar nos olhos um do outro. À noite, ela estaria no telefone em uma parte da casa e ele estaria atrás do laptop em outra. Assim como compartilhar tudo foi um hábito no início do casamento, agora não compartilhar tinha virado um hábito. Às vezes, Erica tinha algum pensamento que queria expressar para ele, mas a relação agora tinha uma constituição não escrita. Agora, não seria apropriado entrar impulsivamente no escritório dele com alguma ideia entusiasta ou fato curioso.

Harold parecia nem escutar quando ela falava com ele. Mais ou menos uma vez por semana, Erica o lembrava de alguma festa ou tarefa na qual ela tinha envolvido os dois. "Você nunca me falou sobre isso", respondia ele, irritado.

"Falei, sim. Nós falamos sobre isso. Você simplesmente não escuta o que eu digo", respondia ela.

"Você deve ter imaginado. Nós nunca falamos sobre isso." Os dois agiam como se tivessem certeza de que estavam certos, mas no fundo ambos se perguntavam se estavam ficando loucos.

O especialista em casamentos John Gottman argumenta que em um relacionamento saudável os parceiros trocam cinco comentários positivos entre si para cada um negativo.[4] Harold e Erica não estavam nem perto dessa estatística. Nem faziam parte dela, visto que não trocavam comentários nem positivos nem negativos. Ambos meio que queriam voltar aos velhos tempos, quando eram espontâneos e amáveis entre si, porém tinham medo de serem repelidos se tentassem. Sendo assim, simplesmente deram mais um passo para longe um do outro. Conforme o relacionamento murchava, ambos culpavam as falhas de caráter do outro. Ambos sonhavam que um dia iriam em um conselheiro matrimonial e ele justificaria por completo sua visão de que o outro parceiro era totalmente culpado.

No trabalho e em jantares, ainda eram alegres e achavam que ninguém conseguia perceber o que estava acontecendo em casa. Mas não era verdade. Harold contava um história e, quando terminava, Erica declarava bruscamente:

"Não foi bem isso que aconteceu", e todo mundo conseguia sentir o tom duro de sua voz.

Ambos se tornaram profundamente tristes. Erica chorava enquanto secava o cabelo. Ela se perguntava se valeria a pena trocar todo o seu sucesso profissional pela felicidade em casa. Harold às vezes via casais de sua própria idade caminhando de mãos dadas. Isso era inimaginável para ele agora. Para Harold, como para Erica, a fonte mais profunda de satisfação era o trabalho, e não era o suficiente. Harold não ia cometer suicídio, mas se alguém lhe dissesse que tinha uma doença fatal, achava que era capaz de encarar o prospecto com tranquilidade.

Solidão

O relacionamento de Harold e Erica era completamente ilógico. Ambos queriam consertar o casamento, e no entanto estavam presos em uma série de ciclos negativos. Havia o ciclo da solidão.[5] As pessoas que se sentem sozinhas tendem a ser mais críticas em relação às pessoas ao seu redor, e portanto julgam os outros de maneira dura e ficam, consequentemente, mais sozinhas. Havia também o ciclo da tristeza. Ambos se sentiam emocionalmente frágeis e percebiam que não era divertido ficar perto um do outro, então se retraíam para mais longe devido a um instinto emocional de sobrevivência. Havia também o ciclo do fatalismo. As pessoas que acham que não há o que fazer ficam cada vez mais passivas e deprimidas.

Harold ganhou peso nesse período, especialmente na cintura, onde o ganho de peso relacionado ao estresse tende a aparecer. Bebia demais como de costume, transformou sua tristeza em um problema filosófico. Ele se perdeu nos filósofos estoicos. Concluiu que as pessoas não foram colocadas neste mundo para serem felizes. A vida é sofrimento, disse para si, e com exceção de seu casamento, sua vida tinha se saído razoavelmente bem. Tentou ficar impermeável ao que estava acontecendo em casa, imune aos seus próprios sentimentos.

Erica via seu casamento manco pelo prisma de seu sucesso mundano. Talvez Harold tivesse inveja de suas conquistas. Talvez se sentisse humilhado e quisesse descontar nela. Quando se casaram, ele era o mais sofisticado dos dois, mas agora ela possuía mais savoir-faire. Era ela quem recebia a maior parte da atenção. Ela era a estrela luminosa. Foi um erro se casar com alguém tão sem ambição, e agora ela estava pagando por sua indiscrição juvenil. Inconscientemente, ela objetivava se livrar dessa área problemática de sua vida. Passava menos tempo em casa, e quando estava lá ficava mais desvinculada para que não se sentisse machucada.

O estereótipo é que os homens iniciam a maioria dos divórcios de meia-idade. Encontram mulheres-troféu e fogem. Na verdade, mais de 65% dos divórcios que afetam os casais depois dos 50 anos de idade são iniciados pelas mulheres.[6] Muitas delas simplesmente descobrem que não precisam mais de seus esposos — os afazeres do lar, as obrigações, o cuidado com eles — quando não recebem nada em troca, como afeição ou companheirismo. Sendo assim, Erica, no seu jeito estratégico de olhar adiante, começou a pensar sobre o futuro, sobre divórcio e suas consequências para ela e para Harold. Era possível gerenciar uma separação sem muito sangue no chão?

Estagnação

Um dia, depois de uma briga por algo insignificante, Erica disse para Harold que estava procurando um apartamento. Talvez fosse hora de se divorciarem. Falou com ele analiticamente. Estavam caminhando para o divórcio havia algum tempo, observou ela. Já fazia uma década desde que a ideia do divórcio passou pela sua cabeça pela primeira vez. Queria que não tivessem se casado. Não havia evidências que sugerissem que conseguiriam dar a volta por cima.

Conforme as palavras saíam de sua boca, ela sentiu como se estivesse dando um passo em uma ribanceira. Certamente, não haveria mais volta. Sua mente estava lá na frente: como explicar o divórcio para seus primos e colegas de trabalho. Como começar a namorar de novo. Qual seria a história oficial?

Harold não ficou chocado nem surpreso, mas não deu o próximo passo lógico. Não começou a falar sobre o que deviam fazer. Não falou sobre arrumar advogados para o divórcio, nem ofereceu ideias sobre como dividiriam os bens. Apenas absorveu as palavras dela, começou a falar sobre preparativos para um reparador de telhados que haviam contratado e foi para a cozinha beber uísque.

Nos dias e semanas seguintes, foi como se nada tivesse sido dito. Voltaram para suas órbitas separadas. Mas Harold sentiu, sim, as placas tectônicas se movendo dentro dele. A perspectiva de uma pessoa pode mudar por dentro mesmo quando a vida lá fora continua.

Um dia, semanas depois da explosão de Erica, Harold estava almoçando sozinho em uma pizzaria. Olhou pela janela para o outro lado da rua, para o pátio de uma escola. Havia centenas de alunos do ensino fundamental com camisa preta, no recreio. Estavam fazendo bagunça, correndo, escalando, lutando e batendo papo. Era incrível: você podia soltar crianças em um espaço plano e vazio e elas o transformavam em um carnaval de desordem alegre.

Quando se casaram, Harold presumiu que logicamente ele e Erica teriam filhos. Todas as famílias que conheciam tinham. Entretanto, Erica estava tão ocupada nos primeiros vários anos. Nunca era o momento certo. Uma vez, cerca de cinco anos de casados, ele mencionou seu desejo de ter filhos, em tom normal, de conversa.

"Não, agora não!", berrou ela. "Não me venha com essa agora!"

Ele ficou surpreendido e chocado. Ela saiu furiosa para o escritório.

Aquelas palavras foram as únicas que haviam trocado sobre o assunto. Era um dos assuntos mais importantes de suas vidas. Foi a discórdia mais importante entre eles, o câncer no centro de seu relacionamento. E nunca mais falaram sobre isso.

Harold pensava em filhos todos os dias, mas tinha medo de levantar a questão de novo. Ele evitava conflitos com Erica, sabendo que não tinha chances com ela. De alguma forma, achava que sua passividade a fizesse mudar de ideia. Com certeza ela veria que ele desejava filhos, simpatizaria com ele e faria a coisa certa para que ambos ficassem felizes.

Ela tinha consciência do lado passivo-agressivo dele, e isso a repelia. Ele tinha uma raiva secreta em relação à audácia dela em tomar a decisão sobre filhos sem ele. Fora uma das escolhas mais importantes de suas vidas e ela nem pensou em consultá-lo.

Ele relembrava, com frequência, a breve e única conversa que tiveram acerca do assunto. Ele se perguntava o que havia suscitado a reação furiosa de Erica. Talvez sua própria infância tivesse deixado alguma cicatriz. Talvez ela tivesse feito um voto de nunca trazer crianças ao mundo. Talvez fosse sua devoção ao trabalho ou alguma falta de instinto materno. Às vezes, ele queria forçá-la a ter filhos, mas não tem como colocar uma criança no mundo na base da coação.

No entanto, ele ainda olhava fixamente para crianças. Nessa estagnação da meia-idade, observava bebês em aviões, inspecionando furtivamente suas mãozinhas e pezinhos. Notava crianças pequenas começando a andar na rua com seus avós — os velhos tentando, sem jeito, alimentá-las e levá-las no carrinho. Observava bandos de crianças nas calçadas brincando umas com as outras, tão alegremente absortas em si que nem notavam o calor ou o frio ou as feridas em seus joelhos. Quando estava de mau humor, via a esterilidade de sua esposa como um sinal de crueldade, de sua incapacidade de dar, de seu comprometimento egoísta e raso com o trabalho e a carreira. Nesses momentos, ele a desprezava.

Desperdiçado

Por alguns anos, Harold esteve ligeiramente deprimido. Continuou escrevendo livros e organizando exposições, mas os elogios ao seu trabalho começaram a deprimi-lo de maneira estranha. A admiração pública colocou sua solidão secreta em foco.

Seu casamento estava dormente. Ele não tinha filhos nem participação ativa em nenhuma causa política ou filantrópica nem nada pelo que se sacrificar, nada pelo que subjugar seus próprios interesses. E é claro que Erica estava sempre por perto servindo como seu contraponto. Começou a sentir desdém pela monogamia e compulsão dela, e também tristeza, pois parecia carecer daquele tipo de energia e de desejo.

Sempre tomava um drinque antes de dormir. Mas nesse período começou a beber mais cedo. O uísque se tornou a cafeína dele. Seu cérebro se sentia cansado e inerte na maior parte do dia. Porém, se tomava um copo de uísque, acontecia um momento de despertar, quando ideias surgiam e tudo ficava claro de novo. Depois, é óbvio, tudo ficava embaçado e ele caía em um daqueles humores melodramáticos, o que era melhor do que não sentir nada.

Na maioria dos dias, Harold engolia 1/3 da garrafa de uísque. Acordava de manhã prometendo mudar sua vida. No entanto, o vício enfraquece o mecanismo de aprendizado do cérebro. Alcoólatras e outros dependentes entendem o que estão fazendo consigo, mas parecem não ter a capacidade de internalizar o conhecimento como uma lição permanente de vida. Alguns pesquisadores acreditam que sofrem dessa inabilidade porque danificaram a plasticidade neural do córtex pré-frontal. Não conseguem mais aprender com os erros.

Uma vez, em um dia como tantos outros, Harold teve um insight. Foi bem parecido com o que Erica teve no dia em que tentou entrar na Academy, anos antes. Harold percebeu que não conseguia mudar seus hábitos de bebida sozinho, mas que podia se colocar em um contexto que pudesse incentivar isso. Resolveu ir em uma reunião do AA.

Isso era difícil para um solitário como ele. Mas um dia ele apareceu em um rinque de hóquei infantil e, no salão lateral, havia um grupo do AA fazendo a reunião de todas as noites. Ele entrou e se viu em circunstâncias que iam contra todos os impulsos em seu corpo.

Harold passou a maior parte da vida com os bem-sucedidos e bem-educados, e lá estava ele jogado em um salão com balconistas, vendedores e motoristas de ônibus (uma quantidade surpreendente de motoristas de ônibus, na verdade). Harold cresceu acostumado a viver em seu próprio mundo, mas aqui ele era forçado à companhia profunda dos outros. Harold cresceu em uma cultura de autoestima e fortalecimento, mas aqui ele era forçado a se submeter a tudo, a admitir fraqueza e perda de poder. Harold passou os últimos anos sem aprender com seus erros, mas os métodos dos 12 passos jogaram seus erros contra ele. Ele tinha de se revolver neles, repetidas vezes. Nos últimos anos, estava cada vez mais cético, mas uma vaga religiosidade permeava este grupo. As pessoas de lá simplesmente não mandavam que ele parasse de beber. Não era uma tentativa discreta e lógica de resolver apenas esse problema. Eles o convocaram a purificar a alma, a religar as reentrâncias do coração e do seu ser. Se mudasse toda a sua vida, a abstinência do álcool seria um subproduto feliz.

Harold leu os 12 passos. Guardou as moedas. Mas foram os indivíduos naquele grupo que de fato o salvaram. O Alcoólicos Anônimos não funciona para a maioria das pessoas.[7] Pesquisadores não foram capazes de prever quem vai se beneficiar do AA e quem não vai. Não conseguem nem concordar se o programa funciona melhor do que outros programas existentes, ou apenas se funciona.

Isso ocorre porque o companheirismo de cada grupo não pode ser reduzido a uma fórmula comparada entre grupos ou capturada em um experimento de ciência social, e a qualidade do companheirismo é o que realmente importa. O grupo de Harold tinha três pessoas em seu núcleo espiritual: uma senhora enormemente obesa que amava ópera; um mecânico de motos; um banqueiro. Estavam juntos havia quase uma década e davam o tom do lugar. Não aceitavam palhaçada. Um adolescente do grupo havia morrido por ter coberto o corpo com adesivos antidepressivos. Eles ajudaram todo mundo a passar pelo trauma. Sempre havia algumas pessoas discutindo entre si. Os líderes impunham as diretrizes de comportamento. Harold passou a admirá-los imensamente e a basear seu comportamento no deles.

Harold ia quase todos os dias durante um mês e depois disso esporadicamente. Seria um exagero dizer que o grupo mudou sua vida. Seria correto dizer que ele o considerou bastante recompensador. Algumas das pessoas do grupo eram narcisistas. Muitas eram incrivelmente imaturas. Muitas haviam prejudicado seriamente suas vidas. Porém, os encontros os obrigavam a falar de si. Teve de se tornar mais consciente das necessidades corrosivas dentro dele. E se viu inspirado por pessoas menos sofisticadas e menos educadas do que ele. Além disso, despertou algumas faculdades emocionais que estavam adormecidas desde o ensino médio. Tornou-se mais consciente das marés mutantes em sua própria psique.

Não parou de beber, mas agora nunca bebia antes das 23 horas. O que realmente mudou foi seu instinto de se encolher. De alguma maneira durante sua vida, ficou hipersensível à agitação emocional. Era capaz de se recolher ao primeiro sinal de dor emocional. Evitava situações que pudessem lhe causar sofrimento interno. Fugia de confrontos que pudessem suscitar raiva, dor e dissabor. Agora, estava um pouco menos medroso. Conseguia olhar diretamente para esses fantasmas escondidos. Não precisava viver com medo da tristeza e da dor. Sabia que era capaz de confrontá-lo e de sobreviver.

* * *

Acampamento

Seu comprometimento com o Incarnation Camp* aconteceu de maneira acidental. Um amigo estava indo para Connecticut para visitar a filha, uma conselheira do acampamento, e perguntou a Harold se gostaria de acompanhá-lo na viagem. Eles viraram em uma estrada na zona rural de Connecticut e seguiram por uma longa via de terra passando por tendas, campos e lagos. Ao longo da via, encontraram um grupo de meninas de 9 anos de idade de mãos dadas. Harold olhou para elas com uma satisfação terna, da maneira como vinha olhando para crianças recentemente. Seu amigo estacionou perto de uma cabana. Ele e Harold desceram a colina para uma praia nas margens do lago, que tinha um quilômetro e meio e era cercado de colinas arborizadas. Não havia uma casa ou estrada à vista. O acampamento era seu próprio mundo, 800 acres de terreno selvagem.

O acampamento servia aos ricos e aos pobres. Algumas das crianças eram de escolas preparatórias de Manhattan; outras estavam lá com bolsa e eram do Brooklyn e do Bronx. Com o passar do tempo, Harold enxergaria o acampamento como a única instituição verdadeiramente integrada que conheceu na vida.

A primeira coisa que notou foi que o equipamento físico parecia estar gasto e velho. Acampamentos com finalidade geral, como esse, encaravam grandes desafios durante a era da especialização, na qual a maioria dos pais preferia estruturas especializadas em fabricar currículos perfeitos — acampamento de computação, de música, de beisebol.

O zeitgeist parecia ser contracultural também. Havia quase um espírito hippie no lugar. Naquele primeiro dia, Harold viu conselheiros e crianças cantando velhas músicas tradicionais dos anos 1960 — *Puff the Magic Dragon* e *One Tin Soldier*. Harold também viu alguns jogos incrivelmente bons de basquete. No geral, viu contato físico. Os jovens que estavam acampando e a equipe brincavam como bonobos. Eles se esticavam um por cima do outro. Faziam tranças nos cabelos

---

* Acampamento de verão para crianças e adolescentes. Iniciado em 1886 pela Igreja da Encarnação, em Manhattan. (N. da T.)

uns dos outros e lutavam em bandos brincalhões. Brincavam de Marco Polo no lago.

Ele conheceu o diretor do acampamento, que viu o brilho nos olhos de Harold e lhe perguntou se ele teria tempo para se voluntariar no lugar. Duas vezes naquele verão, Harold visitou o acampamento e ajudou em alguns trabalhos eventuais, como supervisionar uns adolescentes durante uma quadrilha. No inverno, juntou dinheiro para uma doca de natação. No outro verão, visitou nos fins de semana e ajudou a consertar as trilhas de caminhada. Um dia, viu um jogo de *softball*. As crianças eram ótimas no basquete, mas absolutamente terríveis no *softball*. Algumas delas nunca aprenderam a lançar. Harold organizou um programa de *softball* e até instituiu um time de treinadores para ele.

No começo de agosto, o diretor perguntou se ele podia ceder cinco dias para ajudar a liderar uma viagem de canoa pelo rio Connecticut. Havia: 15 adolescentes; dois conselheiros, que eram alunos de faculdade; e Harold. Era três décadas mais velho do que qualquer outra pessoa na viagem, mas se encaixava perfeitamente.

Conforme remavam rio abaixo, ele organizava campeonatos de perguntas. Ensinou músicas para eles e aprendeu sobre Katy Perry e Lady Gaga. Durante as noites, passaram a lhe chamar de Paizão,* e no jeito sincero, duro mas aberto, dos adolescentes, eles contavam sobre seus problemas — sobre suas vidas amorosas, os divórcios dos pais, a confusão em relação ao que era esperado deles. Harold ficou tão emocionado por confiarem nele. Escutava com atenção profunda. Os jovens pareciam estar desesperados por figuras de autoridade. Ele presumiu que os professores e outros profissionais sabiam o que dizer quando os jovens lhes contavam sobre seus problemas e medos. Ele com certeza não sabia.

O último dia inteiro da viagem de canoa foi árduo. Remaram o dia todo contra verto forte. Harold disse para os jovens que, quando chegassem ao destino, podiam levar todos os suprimentos restantes e

---

* No original, "Daddyo". Termo informal usado para se referir a uma pessoa mais velha pela qual se tem apreço. Pode ser pejorativo, caso a intenção seja destacar a questão da idade de uma maneira negativa. O termo também é relacionado à geração beatnik dos Estados Unidos. (N. da T.)

fazer uma guerra de comida. Quando chegaram ao acampamento final, pegaram os suprimentos e em poucos minutos começaram a jogá-los uns nos outros. Grandes massas de pasta de amendoim passaram voando pelo ar. Todo mundo tinha gelatina esparramada em suas camisetas. Massa pronta de bolo foi transformada em uma gosma espessa e enrolada em forma de bolas de neve. Os jovens, os conselheiros e Harold se esconderam atrás de árvores, organizaram emboscadas de bolos de carne moída e se esquivaram de banhos de neve feitos de pó de suco de laranja.

Quando a batalha acabou, todos estavam imundos, cobertos dos pés à cabeça de gosma. Deram-se as mãos e correram em uma grande fila para dentro do rio para se limpar. Depois saíram, trocaram de roupa e fizeram a última fogueira. Harold não levou bebida para a viagem e foi para a sua tenda tarde naquela noite, sóbrio e feliz. Deitou-se no saco de dormir, sentindo-se exausto e afortunado. É interessante como um estado de espírito pode mudar rápido. Em um instante, alguma coisa mudou dentro dele. De repente, sentiu vontade de chorar.

Nunca havia chorado em sua vida adulta, exceto em algumas vezes no escuro ao final de um filme triste. E não chorou de verdade dessa vez. Sentiu tremores nas entranhas. Sentiu uma pressão no fundo dos olhos. Mas nada realmente saiu. Em vez disso, ele teve uma sensação estranha de se imaginar chorando. Estava flutuando por cima e deu uma olhada nele mesmo, agachado, se sacudindo de tanto chorar no saco de dormir.

Mas depois passou. Pensou na vida que havia construído e na vida que teria construído caso tivesse sido um pouco mais aberto e possuísse um pouco mais de coragem emocional. Eventualmente, caiu no sono.

CAPÍTULO 18

MORALIDADE

Erica nunca tinha visto um corredor de hotel com tantos paletós falantes. Ela foi ao topo do Parabola com vista para o Central Park, em Nova York, e, ao sair do elevador, viu guarda-costas plantados na frente das portas em todo o corredor, olhando-se com expressão apática e ocasionalmente conversando com as mangas dos seus paletós para atualizações de horários. Nas suítes, havia príncipes sauditas, oligarcas russos, déspotas africanos e bilionários chineses, e cada um tinha um séquito de tipos militares musculosos esperando do lado de fora do quarto para prestígio e proteção.

Um concierge do hotel levou Erica do elevador para sua suíte presidencial curiosamente chamada de Suíte Índia. Como um eunuco curvando-se perante uma divindade, ele a conduziu para um complexo de quartos quatro ou cinco vezes maior do que seus apartamentos de infância. Era como o paraíso pessoal de Ralph Lauren — uma vasta área anglófila com revestimento de madeira de nogueiras, várias lareiras com acabamento de pedra, poltronas inglesas espalhadas em alcovas, uma grande mesa de mármore para xadrez no canto, chuveiro para ele e chuveiro para ela no banheiro, caso você sentisse necessidade de enxaguar o xampu em um e o condicionador no outro. Ela divagou pelo complexo em um tipo de incredulidade de arregalar os olhos, imaginando coisas do tipo "Como assim? Não tem um córrego com trutas?".

O concierge estava no lado errado da curva de Laffer* dos serviços. Em alguns locais top de linha, os garçons, os concierges e afins estão em um estado tão incrementado de atendimento das necessidades do cliente que quanto mais fazem, menos conveniente fica a vida. Eles reabastecem seu copo de café a cada gole, então você tem de remexer o açúcar e o creme só para mantê-lo homogêneo. Escovam a sua jaqueta na mesma hora em que você está tentando colocá-la. Neste caso, o concierge insistiu em tentar desfazer a mala de Erica e iniciar o serviço de internet *wireless* para seu computador. Erica praticamente teve de dar um choque no rapaz para que ele fosse embora.

Isso tudo foi a mando de seu anfitrião, o homem que ela chamava de sr. Faz de Conta. Ela tinha acompanhado a carreira desse homem durante anos nas capas das revistas de negócios, e quando se conheceram em um evento de caridade ele pediu que ela fizesse parte de seu conselho de diretores.

O sr. Faz de Conta tinha interesse especial em Erica, convocando-a com frequência, consultando-a com seriedade e até colocando-a em sua lista de presentes de Natal. Todo ano ele mandava uma caixa gigante de presentes para seus amigos mais próximos, incluindo itens como laptops, biografias pretenciosas, capas marroquinas para edredons, gravuras antigas de Veneza e qualquer outro badulaque extravagante que iluminava seu bom gosto eclético.

O sr. Faz de Conta operava em uma escala mundial histórica. Começou do zero em um subúrbio disfuncional no sul de Illinois e se transformou no perfeito executivo mestre do universo, grisalho nas têmporas, jogador de polo, anfitrião de eventos de caridade, 1,85 metro de altura.

Seu mote era Nunca Pense Como um Funcionário, e desde incrivelmente cedo ele simplesmente presumiu que possuiria e comandaria qualquer organização da qual fizesse parte. Começou sua carreira nos negócios na faculdade, levando alunos de ônibus para as férias de verão em Fort Lauderdale. Décadas depois, coroando uma longa série de

---

* Gráfico que representa a relação entre arrecadação de impostos e taxas cobradas. Demonstra que tanto alíquotas de 0% quanto de 100% não geram receita, o que significa que o aumento excessivo de alíquotas não gera lucro. (N. da T.)

aquisições, ele comprou uma grande companhia aérea e se colocou no topo dela. No entanto, a impressão que dava era de que passava um bom tempo posando para cartões de Natal no cume do Matterhorn, negociando a compra de times europeus iminentes de futebol, saindo nas notícias sociais em performances de caridade do *Inferno* de Dante em prol da pesquisa sobre a diabete infantil, e aparecendo em corridas de Fórmula I com seus cinco filhos perfeitos: Chip, Rip, Tip, Bip e Lip.

O sr. Faz de Conta era incapaz de ficar parado. Realizava o menor gesto como uma pessoa que acredita que está sendo observada por Deus com admiração. Examinara fotografias de JFK e havia passado horas na frente do espelho aperfeiçoando o olhar de paisagem, um quilômetro de distância, Homem-do-Destino. Ainda assim, a cada poucos minutos, um tipo de gargalhada de arregalar os olhos escapava dele, como se não conseguisse acreditar na vida fantástica que tinha. Era como ver *Dennis, o Pimentinha*, acordar a cada poucos minutos e descobrir que é o papa.

Ele teve um dia de folga em meio a reuniões do Aspen Strategy Group* e da Trilateral Commission,** então convidou Erica para encontrá-lo para uma consultoria. Todo ano ele colocava seus objetivos para a companhia aérea em apenas uma folha de papel, e queria que Erica o ajudasse a decidir quais prioridades deviam entrar na lista e quais não deviam — melhorar o check-in on-line ou renovar as opções de benefício de saúde dos funcionários; trocar o CFO ou reduzir as decolagens para o norte do Centro-Oeste. Instalar Erica nessa suíte era um de seus atos característicos de hospitalidade opressiva.

Almoçaram na suíte dela porque o sr. Faz de Conta achou que era muito famoso para comer sem ser interrompido no restaurante do hotel. Pediu vinho do Russian River Valley e biscoitos obscuros de Portugal, mostrando o tipo de discernimento que Erica achava irritante — era como um sutiã meia-taça do bom gosto. Conversaram sobre a

---

* Fórum criado em 1984 para discutir relações internacionais, estratégias e segurança internacional. Pertence ao Aspen Institute, organização internacional sem fins lucrativos situada em Washington, D.C., e criada em 1950 por Walter Paepcke. (N. da T.)

** Grupo de discussão sem fins lucrativos criado em 1973 por David Rockefeller para incentivar a integração entre Estados Unidos, Europa e Japão. (N. da T.)

missão da empresa, mas também sobre valores da moeda chinesa, energia eólica, ioga, lacrosse e o amor dele por livros de heróis que morrem no final — o cânone de Robert Jordan, chamou ele.

Erica havia deixado a porta do quarto aberta embora fosse um almoço de negócios. Deixou seus sapatos caírem e mexeu com eles no carpete usando seus pés cobertos com meias. Estava um tanto encantada pelo homem. Ambos batiam os dedos com nervosismo enquanto conversavam. E realmente não foi a aridez de seu próprio casamento a essa altura ou sua solidão profunda que fizeram com que dormisse com ele naquele dia. Foi mais a novidade de fazer sexo com um garoto capa da *Forbes* e a excitação de ter uma experiência da qual sempre se lembraria.

Se havia qualquer desejo mais profundo que sentia em relação ao sr. Faz de Conta, era sua velha fantasia de fazer parte de algum casal poderoso que virava manchete — parte de algum dueto dinâmico magnata no qual um complementava as habilidades do outro —, o Scott Fitzgerald e a Zelda do mundo corporativo.

O almoço-reunião durou cerca de duas horas. Ele finalmente deu em cima dela com sua piedade. Ela era a conselheira mais valiosa que tinha, disse ele, os dois bem perto um do outro na sala de estar. O segundo conselheiro mais valioso, continuou ele, era o padre que o acompanhava havia 35 anos. Por meio dele, o sr. Faz de Conta se tornou ativo no Catholic Charities,* no Knights of Columbus,** no Papal Foundation*** e em vários outros grupos católicos renomados. Era característico desse indivíduo falar sobre seus serviços ao Vaticano para ir para a cama com uma mulher casada. Ele não se via como um homem que agia de acordo com regras normais.

Erica deixou claro por meio de sua linguagem corporal que estava disponível para ser dominada, e, por questão de princípios, o sr. Faz

* Órgão presente em igrejas católicas norte-americanas com o objetivo de prestar serviços voluntários aos necessitados. (N. da T.)

** Sociedade fraternal beneficente criada em 1882 na igreja St. Mary, em New Haven. (N. da T.)

*** Criada em 1988 nos Estados Unidos, a fundação tem como objetivo disseminar a palavra de Deus e os preceitos da Igreja católica romana por meio de reuniões e colaborações. (N. da T.)

de Conta não podia deixar uma oportunidade de dominação passar em branco.

Vergonha

Anos depois, ao ver o rosto dele na capa da *Forbes*, ela se permitiu um sorriso pelo seu único episódio de adultério. Mas na noite seguinte do acontecido, seus sentimentos foram outros.

O sexo em si não foi nada. Literalmente nada. Apenas movimentos sem reverberação nenhuma. Mas, cerca de uma hora depois de ele ir embora, ela teve uma sensação estranha. Parecia que suas vísceras estavam entrando em colapso. A sensação veio lentamente em um jantar de negócios em forma de dor secundária e depois um corte afiado, como pontadas de uma lâmina, quando estava sozinha na suíte. Ela literalmente se curvou de dor e se sentou em uma cadeira. Mais tarde, percebeu que era ódio por si mesma, vergonha e asco. Naquela noite, sentiu repulsa de todas as maneiras. Pensamentos e imagens invadiram seu cérebro, não apenas do evento daquela noite, mas também de momentos terríveis do passado associados de maneira aleatória. O remorso ebuliu e não havia nada que pudesse fazer para dissipá-lo.

Com o cérebro confuso, nas horas mais negras da noite, se viu se revirando na cama, socando o travesseiro, se sentando e depois se jogando de volta com força. Ela se viu gemendo alto em um tipo de agonia delirante. Ela se viu em pé andando pelos cômodos, correndo ao minibar na cozinha e abrindo garrafinhas de uísque, que não tinham efeito tranquilizante por serem tão pequenas. Não estava realmente com medo de ser pega. Não estava nem com medo de qualquer possível consequência. Nesse estágio de sua vida, não sentia nem a presença de Deus nem o julgamento de Deus. Nem achava que a palavra "culpa" se aplicava a essa tempestade. Era apenas dor, que seria substituída no dia seguinte, depois de algumas horas de sono, por uma lassitude tediosa e um sentimento geral de vulnerabilidade. Nos vários dias seguintes, suas emoções ficaram todas na superfície. Escutava músicas depressivas de Tom Waits. Não conseguia se concentrar no trabalho durante o voo de volta para casa, mas, em vez disso, leu um romance de Faulkner. Ficou machucada e sensível por semanas, e ligeiramente diferente para sempre. Nunca mais cometeu adultério, e a mera ideia disso a enchia de uma aversão intensa e irracional.

Sentimentos morais

O tradicional a se dizer sobre esse episódio é que Erica sucumbiu à luxúria egoísta e de visão limitada. Em sua paixão, em sua fraqueza, ela traiu o voto que havia feito a Harold no dia do casamento.

Essa compreensão tradicional se baseia em certa sabedoria popular sobre a mente humana. Essa sabedoria popular presume que há uma luta no centro de nossas decisões morais. De um lado, há as paixões egoístas e primitivas. Do outro, há a força iluminada da razão. A razão usa a lógica para avaliar situações, aplicar princípios morais relevantes, resolver dilemas morais e deduzir um curso adequado de ação. A razão, portanto, usa a força de vontade para tentar controlar as paixões. Quando agimos de forma admirável, a razão domina a paixão e controla a vontade. Na frase de Nancy Reagan, a razão simplesmente diz não. Quando agimos de maneira egoísta e míopes, então ou não aplicamos a razão ou a paixão simplesmente a suplantou.

Nessa perspectiva, a consciência de Nível 2 é a heroína. Os instintos de Nível 1 são os vilões. O primeiro está do lado da razão e da moralidade; o outro, do lado da paixão, do pecado e do egoísmo.

Todavia, essa metáfora popular não está de acordo de fato com a maneira como Erica vivenciou sua escapada com o sr. Faz de Conta. Quando Erica se permitiu fazer sexo com ele e depois sofreu agonia em razão disso, não foi porque ela sucumbiu em um momento de paixão e depois percebeu calmamente que tinha violado um de seus princípios. Na verdade, ela foi mais passional na noite seguinte, enquanto se revirava de dor na cama, do que havia sido durante a sedução e o pecado. E certamente não foi porque raciocinou conscientemente mais tarde sobre seu caminho no dilema e depois repensou sua decisão friamente. Essa realmente não foi a sensação. O arrependimento surgiu nela tão misteriosamente quanto a ação original.

A experiência de Erica não passou a sensação de drama entre razão e paixão. Em vez disso, pareceu mais preciso dizer que Erica havia assimilado sua situação com o sr. Faz de Conta de um jeito, quando ele estava no quarto na frente dela e ela agiu de uma determinada forma, e mais tarde naquela noite uma percepção diferente da situação a dominou. De alguma maneira, uma onda emocional havia substituído a outra.

Ela quase sentiu como se fosse duas pessoas distintas: uma das quais viu a sedução de maneira suavemente erótica, enquanto a outra a viu como uma desgraça. É como diz o Gênesis depois que Adão e Eva foram expulsos do Jardim do Éden. Seus olhos foram abertos e eles viram que estavam nus. Mais tarde, ela olhou para si e foi incapaz de explicar suas próprias ações: "Pelo amor de Deus, o que eu estava pensando?"

Ademais, o erro com o sr. Faz de Conta deixou um tipo de cicatriz psíquica. Quando situações similares surgiram nos anos seguintes, ela nem teve de pensar sobre sua resposta. Não havia tentação a resistir porque a mera ideia de cometer adultério de novo produzia um sentimento instantâneo de dor e aversão — da maneira que uma gata evita um fogão no qual se queimou. Erica não se sentia mais virtuosa por causa do que havia aprendido sobre si mesma, mas reagia de maneira diferente àquele tipo específico de situação.

A experiência de Erica ilustra muitos dos problemas com a teoria racionalista popular da moralidade. Em primeiro lugar, a maioria dos nossos julgamentos morais, como Erica se revirando naquela noite em agonia, não é formada por julgamentos calmos e pensados, é formada por respostas profundas e frequentemente impetuosas. Passamos nossos dias realizando avaliações morais instantâneas sobre comportamentos sem ter de pensar realmente no porquê. Vemos injustiça e ficamos furiosos. Vemos caridade e nos sentimos bem.

Jonathan Haidt, da Universidade da Virgínia, fornece exemplos e mais exemplos desse tipo de intuição moral instantânea em ação.[1] Imaginem um homem que compra uma galinha e consegue chegar a um orgasmo penetrando-a, depois cozinha e come a galinha. Imaginem comer seu cão de estimação morto. Imaginem limpar seu banheiro com a bandeira do seu país. Imaginem um irmão e uma irmã em uma viagem. Uma noite decidem fazer sexo com proteção um com o outro. Eles gostam, mas decidem nunca mais fazer isso.

Como mostrou Haidt em uma série de pesquisas, a maioria das pessoas tem fortes reações intuitivas (e negativas) a esses cenários, apesar de ninguém ser prejudicado em nenhum deles.[2] Geralmente, os sujeitos das pesquisas de Haidt não conseguem dizer por que acharam essas coisas tão repulsivas ou perturbadoras. Apenas acham. O inconsciente entrou em ação.

Além disso, se a teoria racionalista popular, com sua ênfase no raciocínio moral de Nível 2, estivesse correta, então era de se esperar que as pessoas que realizam raciocínio moral o dia todo fossem, de fato, mais morais. Pesquisadores também estudaram isso. Descobriram que há relação relativamente pequena entre teorização moral e comportamento nobre. Como Michael Gazzaniga escreveu em seu livro *Human* [Humano]: "Vem sendo difícil encontrar qualquer correlação entre raciocínio moral e comportamento proativo moral, como ajudar as pessoas. Na verdade, na maioria dos estudos não encontrou-se nenhuma."[3]

Se o raciocínio moral levasse a mais comportamento moral, era de se esperar que as pessoas que são menos emocionais também fossem mais morais. Mas, na ponta oposta, isso é o contrário da verdade. Como apontou Jonah Lehrer, a maioria das pessoas, quando testemunha alguém sofrendo ou lê sobre um assassinato ou um estupro, vivencia uma reação emocional visceral. As palmas de suas mãos ficam suadas e sua pressão sanguínea sobe. No entanto, algumas pessoas não mostram reação emocional nenhuma. Essas pessoas não são moralistas extremamente racionais; são psicopatas. Estes parecem não ser capazes de processar emoção diante da dor dos outros.[4] Podem ver inúmeras cenas horríveis de morte e de sofrimento e não se comovem. Podem causar o sofrimento mais horrendo na tentativa de conseguir alguma coisa que querem e não vão sentir nenhuma dor ou desconforto emocionais. Uma pesquisa sobre espancadores de esposas mostra que, conforme esses homens se tornam mais agressivos, sua pressão sanguínea e pulso na verdade caem.[5]

Finalmente, se o raciocínio levasse ao comportamento moral, então aqueles que chegam a conclusões morais seriam capazes de aplicar seu conhecimento em um leque de circunstâncias, baseadas nessas leis morais universais. Mas, na realidade, tem sido difícil encontrar esse tipo de consistência.

Uma quantidade enorme de experimentos sugere que o real comportamento das pessoas não é impulsionado por traços permanentes de caráter que se aplicam de um contexto a outro. Na década de 1920, os psicólogos Hugh Hartshorne e Mark May, da Yale, deram 10 mil oportunidades a crianças de escolas para que mentissem, trapaceassem e roubassem em uma variedade de situações. A maioria dos alunos trapaceou em algumas situações e não em outras. Sua taxa de trapaça não teve correlação com qualquer traço mensurável de personalidade ou com avaliações de raciocínio moral. Pesquisas mais recentes encontravam o mesmo padrão moral. Alunos que são rotineiramente desonestos em casa não o são na escola. Pessoas que são corajosas no trabalho podem ser covardes na igreja. Pessoas que se comportam de maneira gentil em um dia de sol podem se comportar de maneira insensível no dia seguinte, quando está nublado e estão se sentindo melancólicas. O comportamento não exibe o que os pesquisadores chamam de "estabilidade transituacional".[6] Em vez disso, ele parece ser fortemente influenciado pelo contexto.

A visão intuicionista

As presunções racionalistas sobre nossa arquitetura moral agora estão sendo desafiadas por uma visão mais intuicionista. Essa descrição intuicionista coloca emoção e intuição inconsciente no centro da vida moral, e não a razão; acentua reflexos morais, em paralelo à escolha individual; enfatiza o papel que a percepção desempenha na tomada de decisão moral, antes da dedução lógica. Na visão intuicionista, o embate primário não é entre razão e as paixões. Em vez disso, a competição crucial acontece dentro do Nível 1, na esfera da própria mente inconsciente.

Essa visão começa com a observação de que todos nascemos com impulsos egoístas profundos — um impulso de pegarmos o que conseguirmos, de aumentarmos nosso status, de parecermos superiores aos outros, de exercermos poder sobre os outros, de satisfazermos desejos. Esses impulsos distorcem a percepção. Não que o sr. Faz de Conta estivesse determinado conscientemente a usar Erica ou a atacar seu casamento. Ele simplesmente a via como um objeto para ser utilizado em sua trajetória de vida. Da mesma maneira, assassinos não matam as pessoas que consideram inteiramente humanas como eles. O inconsciente primeiro tem de desumanizar a vítima e mudar a forma como é vista.

O jornalista francês Jean Hatzfeld entrevistou envolvidos no genocídio em Ruanda para seu livro *Uma temporada de facões*. Os envolvidos se deixaram levar por um frenesi tribal. Começaram a perceber seus vizinhos de maneiras radicalmente perversas. Um homem com quem Hatzfeld falou assassinou um *tutsi* que morava perto dele:

> Eu acabei com ele rapidamente, sem pensar em nada, apesar de ele ser um vizinho, morava bem perto da minha coluna. Na verdade, só me dei conta mais tarde: tirei a vida de um vizinho. Quero dizer, no instante fatal eu não vi nele o que ele tinha sido antes; golpeei alguém que não era mais nem próximo nem estranho, que não era mais exatamente comum, quero dizer como as pessoas que você encontra todos os dias. As feições dele realmente eram parecidas às das pessoas que eu conhecia, mas nada me lembrava com firmeza de que eu tinha vivido ao lado dele por muito tempo.[7]

Esses impulsos profundos tratam a cognição consciente como um brinquedo. Não apenas distorcem a percepção durante o pecado; inventam justificativas depois dele. Dizemos para nós mesmos que a vítima de nossa crueldade ou de nossa inação merecia a punição; que as circunstâncias nos compeliram a agir como agimos; que a culpa é de outra pessoa. O desejo molda a forma de nosso pensamento pré-conscientemente.

Contudo, nem todos os impulsos profundos são egoístas, reforçam os intuicionistas. Somos todos descendentes de cooperadores bem-sucedidos. Nossos ancestrais sobreviveram em famílias e grupos.

Outros animais e insetos compartilham essa tendência social, e quando nós os estudamos, observamos que a natureza lhes forneceu faculdades que os ajudam a formar laços e a se comprometerem. Em um estudo da década de 1950, ratos foram treinados a pressionar uma alavanca para receberem comida.[8] Depois, o pesquisador ajustou a máquina para que a alavanca às vezes fornecesse comida, mas às vezes disparasse um choque elétrico em outro rato na câmara ao lado. Quando os ratos que estavam se alimentando notaram a dor que estavam causando aos vizinhos, ajustaram seus hábitos alimentares. Não morreram de fome. Mas escolheram comer menos para evitar que causassem dor excessiva aos outros ratos. Frans de Waal passou sua carreira descrevendo as sofisticadas demonstrações de empatia evidentes no comportamento primata. Os chimpanzés se consolam, cuidam dos machucados e parecem gostar de compartilhar.[9] Esses não são sinais de que animais têm moralidade, mas possuem os componentes psicológicos para tal.

Os humanos também possuem um conjunto de emoções para ajudar a criar laços e a se comprometer. Ficamos encabulados e nos sentimos constrangidos quando violamos normas sociais. Sentimos indignação instantânea quando nossa dignidade é desrespeitada. As pessoas bocejam quando veem as outras bocejando, e aqueles que são mais rápidos em bocejar em sinal de simpatia também estão em patamares mais elevados em formas mais complicadas de simpatia.[10]

Nossa empatia natural em relação aos outros é agradavelmente capturada por Adam Smith em *Teoria dos sentimentos morais*, em uma passagem que antecipa a teoria dos neurônios-espelho: "Quando vemos que um golpe está prestes a ser desferido sobre a perna ou o braço de outra pessoa naturalmente nos encolhemos e retiramos nossa própria perna ou braço; e, quando o golpe é finalmente desferido, de algum modo sentimos e somos por ele atingidos tanto quanto quem de fato sofreu."[11] Também temos o desejo, adicionou Smith, de sermos estimados pelos nossos companheiros. "A natureza, quando formou o homem para a sociedade, dotou-o de um desejo original de agradar e de uma aversão original a ofender os irmãos. Ela lhe ensinou a sentir prazer quando o avaliam de maneira favorável, e dor quando o avaliam de maneira desfavorável."[12]

Nos humanos, essas emoções sociais têm um componente moral, até mesmo em um estágio bem inicial. O professor Paul Bloom, da Yale, e outros conduziram um experimento no qual mostravam para bebês uma cena na qual uma figura lutava para subir uma montanha, outra figura tentava ajudá-la e uma terceira tentava atrapalhá-la. Bem cedo, ainda aos 6 meses de idade, os bebês mostraram uma preferência pelo que ajudava em comparação com o que atrapalhava. Em algumas mostras, havia um segundo ato. A figura que atrapalhava era punida ou recompensada. Nesse caso, os bebês de 8 meses preferiam o personagem que estava punindo o que atrapalhava em vez de o que era bom com ele. Essa reação ilustra, diz Bloom, que as pessoas têm um senso rudimentar de justiça desde muito cedo.[13]

Ninguém tem de ensinar a uma criança a exigir tratamento justo; as crianças protestam contra a injustiça com vigor e logo que conseguem se comunicar. Ninguém tem de nos ensinar a admirar uma pessoa que se sacrifica por um grupo; a admiração pelo dever é universal. Ninguém tem de nos ensinar a desdenhar alguém que trai um amigo ou que é desleal à família ou à tribo. Ninguém tem de ensinar a uma criança a diferença entre regras que são morais — "não bata" — e regras que não são — "não masque chiclete na escola". Essas preferências também aparecem de algum lugar profundo dentro de nós. Da mesma maneira que temos um leque natural de emoções para nos ajudar a amar e a sermos amados, também temos um leque natural de emoções morais para nos fazer desaprovar pessoas que violam comprometimentos sociais e aprovar pessoas que os reforçam. Não há sociedade no mundo na qual as pessoas sejam glorificadas por fugirem da batalha.

É verdade que pais e escola reforçam esses entendimentos morais, mas, como argumenta James Q. Wilson em seu livro *The Moral Sense* [O sentido moral], esses ensinamentos caem em terreno previamente preparado.[14] Assim como crianças vêm equipadas para aprender linguagem, equipadas para se apegar à mãe e ao pai, também vêm equipadas com um conjunto específico de preconceitos morais que pode ser melhorado, moldado, desenvolvido, mas nunca suplantado de fato.

Esses tipos de julgamentos morais — admiração por alguém que é leal a uma causa, desprezo por alguém que trai um cônjuge — são instantâneos e emocionais. Contêm avaliações sutis. Se vemos alguém tomado de sofrimento pela perda de um filho, registramos compaixão e pena. Se vemos alguém tomado de sofrimento pela perda de um carro Maserati, registramos desdém. A simpatia instantânea e o julgamento complexo estão interligados.

Como já vimos com tanta frequência nesta história, o ato da percepção é um processo denso. Não é apenas perceber uma cena, mas, quase simultaneamente, pesar seu sentido, avaliá-la e gerar uma emoção sobre ela. Na verdade, vários cientistas agora acreditam que as percepções morais são semelhantes às estéticas e sensuais, emanando de várias das mesmas regiões do cérebro.

Pensem no que acontece quando vocês colocam um novo alimento na boca. Você não precisa decidir se o alimento é nojento. Simplesmente sabe. Ou quando observa uma cena em uma montanha. Você não precisa decidir se a paisagem é bonita. Simplesmente sabe. Julgamentos morais são assim, de certa maneira. São avaliações intuitivas rápidas. Os pesquisadores no Max Planck Institute for Psycholinguistics,* nos Países Baixos, descobriram que os sentimentos de avaliação, até mesmo em assuntos complicados como a eutanásia, podem ser detectados de duzentos a 250 milissegundos após a leitura da informação.[15] Você não precisa pensar sobre nojo, vergonha ou constrangimento, ou se deve enrubescer ou não. Simplesmente acontece.

Na verdade, se tivéssemos de contar com um raciocínio moral deliberativo para nossas decisões mais elementares, as sociedades humanas seriam lugares bem horríveis, visto que a capacidade de sustento dessa razão é muito baixa. Thomas Jefferson antecipou esse ponto há séculos:

> Ele que nos fez teria sido um incompetente deplorável se tivesse feito das regras da nossa conduta moral uma questão de ciência. Para cada homem da ciência há milhares que não são. O que se teria feito deles? O homem foi destinado para a sociedade. Sua moralidade, portanto, foi a de ser formado para tal. Ele foi imbuído de um senso de certo e errado meramente relativo a isso. Esse senso é tão parte da natureza quanto a audição, a visão, o tato; é o verdadeiro alicerce da moralidade.[16]

Sendo assim, não é meramente a razão que nos separa de outros animais, mas a natureza avançada de nossas emoções, especialmente nossas emoções sociais e morais.

Fundamentos morais

Alguns pesquisadores acreditam que temos um senso generalizado de empatia, que de alguma maneira flexível nos inclina a cooperar com os outros. Contudo, há uma quantidade grande de provas que sugere que as pessoas na verdade nascem com fundações morais mais estruturadas, uma coleção de sensos morais que são ativados por situações diferentes.

---

* Instituto da Max Planck Society na Alemanha, cuja missão é desenvolver pesquisa sobre as bases psicológicas, sociais e biológicas da linguagem. (N. da T.)

Jonathan Haidt, Jesse Graham e Craig Joseph compararam essas fundações às papilas gustativas. Assim como a língua dos humanos tem diferentes tipos de receptores para perceber o doce, o salgado e outros, os módulos morais têm receptores distintos para perceber certas situações clássicas. Assim como diferentes culturas criaram culinárias diferentes baseadas em alguns sabores em comum, diferentes culturas também criaram diversas compreensões da virtude e do vício baseadas em alguns fundamentos em comum.[17]

Os estudiosos discordam quanto à estrutura exata desses módulos. Haidt, Graham e Brian Nosek definiram cinco fundamentos morais. Há o fundamento justiça/reciprocidade, que envolve questões de tratamento igual e desigual. Há o fundamento prejuízo/cuidado, que inclui coisas como empatia e preocupação com o sofrimento dos outros. Há o fundamento autoridade/respeito. As sociedades humanas têm suas próprias hierarquias e reagem com ultraje moral quando aquilo que veem com reverência (incluindo eles mesmos) não é tratado com o devido respeito.[18]

Há o fundamento pureza/nojo. O módulo do nojo pode ter se desenvolvido em primeiro lugar para nos repelir de comida nociva e não segura, mas evoluiu para ter um componente moral — para nos afastar de contaminações de todos os tipos. Perguntaram para estudantes da Universidade da Pensilvânia como se sentiriam em usar o casaco de Hitler.[19] Disseram que ficariam enojados, como se as qualidades morais de Hitler fossem um vírus que pudesse passar para eles.

Finalmente, e de teor mais problemático, há o fundamento estar no grupo/lealdade. Os humanos se segregam em grupos. Sentem lealdade visceral aos membros de seu grupo, não importa quão arbitrárias sejam as bases para o credenciamento, e sentem nojo visceral daqueles que violam os códigos de lealdade. As pessoas conseguem distinguir entre membros de seu próprio grupo e membros de outro grupo em um tempo bem curto — 170 milissegundos.[20] Essas diferenças categóricas disparam padrões diferentes de ativação no cérebro. O córtex cingulado anterior do cérebro de caucasianos e de chineses se ativam quando eles veem membros de seu próprio grupo sentindo dor, mas muito menos do que quando eles veem membros de outro grupo sentindo.[21]

* * *

A motivação moral

Na visão intuicionista, a esfera inconsciente da alma é um coliseu de impulsos competindo por supremacia. Há intuições egoístas profundas. Há intuições sociais e morais profundas. Impulsos sociais competem com impulsos associais. Muitas vezes, os impulsos sociais entram em conflito uns com os outros. Compaixão e pena podem emergir às custas de coragem, rigidez e força. A virtude da coragem e do heroísmo pode ir de encontro à da humildade e da aceitação. As virtudes cooperativas podem ir de encontro às competitivas. Nossas virtudes não se encaixam perfeitamente em um sistema complementar e lógico. Temos várias maneiras de ver e de pensar sobre uma situação, e elas não são completamente compatíveis.

Isso significa que o dilema de estarmos vivos não produz uma resposta verdadeira única. No auge do Iluminismo, filósofos tentaram basear a moralidade em regras lógicas que pudessem se encaixar como peças de um quebra-cabeça lógico. Mas isso não é possível na complexidade incompatível da existência humana. O cérebro é adaptado a um mundo despedaçado, não a um mundo harmonioso e perfeito. Os indivíduos contêm uma pluralidade de eus morais que são evocados por contextos diferentes. Contemos multidões.

Entretanto, temos sim um forte impulso de sermos o mais moral possível ou de nos justificarmos quando nossa moralidade está em xeque. Ter um senso moral universal não significa que as pessoas sempre, ou até frequentemente, agem de maneira boa e virtuosa. A questão é mais relacionada a quem admiramos do que o que fazemos, mais aos julgamentos que tecemos do que à nossa habilidade de viver de acordo com eles. Mas somos possuídos por uma profunda motivação de sermos, e de sermos vistos, como uma pessoa moral.

Desenvolvimento moral

A visão racionalista nos sugere filosofar para nos tornarmos mais morais. A visão intuicionista nos sugere interagir. É difícil ou impossível nos tornarmos mais morais sozinhos, mas com o passar dos séculos nossos ancestrais elaboraram hábitos e práticas que nos ajudam a reforçar nossas melhores intuições e inculcar hábitos morais.

Por exemplo, em sociedades saudáveis a vida diária é estruturada por pequenas regras de etiqueta: as mulheres geralmente saem do elevador primeiro. O garfo fica à esquerda. Essas regras de educação podem parecer triviais, mas nos impulsionam a praticar pequenos atos de autocontrole. Elas religam e fortalecem as redes no cérebro.

Há também a conversa. Até mesmo durante conversas rápidas, falamos com carinho daqueles que seguem nossas intuições morais e com frieza daqueles que não seguem. Fofocamos uns sobre os outros e instituímos um milhão de pequenos marcadores sobre qual comportamento deve ser buscado e qual deve ser evitado. Contamos histórias sobre aqueles que violam as regras do nosso grupo, tanto para reforçar nossas conexões uns com os outros quanto para nos lembrarmos dos padrões que nos conectam.

Por fim, há os hábitos mentais transmitidos por instituições. Conforme vivemos, passamos por instituições — primeiro, família e escola, depois as instituições de uma profissão ou ofício. Cada um desses vem com certas regras e obrigações que nos dizem como fazer o que devemos fazer. São andaimes externos que penetram profundamente em nós. O jornalismo impõe hábitos que ajudam os repórteres a manter distância mental daqueles sobre os quais falam. Os cientistas têm obrigações com a comunidade de pesquisadores. No processo de absorver as regras das instituições que habitamos, nos tornamos quem somos.

As instituições são espaços de ideia que existem antes de nascermos e que ainda vão perdurar quando formos embora. A natureza humana pode permanecer a mesma, eternidade após eternidade, mas as instituições melhoram e progridem porque são os armazéns da sabedoria conquistada a duras penas. A raça progride porque as instituições progridem.

O membro de uma instituição tem reverência profunda por aqueles que vieram antes dele e construíram as regras que ele recebeu. "Ao receberem", escreve o teórico político Hugh Heclo, "os institucionalistas se veem como devedores de alguma coisa, não como credores".[22]

A relação de uma professora com o ofício de ensinar, a relação de uma atleta com seu esporte, a relação de uma fazendeira com sua terra não é uma escolha que pode ser facilmente revertida quando perdas psíquicas excedem ganhos psíquicos. Haverá vários longos períodos nos quais se investe mais na instituição do que se ganha dela. As instituições são tão valiosas porque inevitavelmente se misturam com quem somos.

Em 2005, Ryne Sandberg foi empossado no Baseball Hall of Fame. Seu discurso é um exemplo de como as pessoas falam quando são definidas por sua devoção a uma instituição: "Eu ficava em estado de veneração toda vez que entrava em campo. Isso é respeito. Aprendi que você nunca, nunca desrespeita seu oponente ou seus companheiros de time ou sua organização ou seu técnico e nunca, nunca desrespeita seu uniforme. Faça um excelente jogo, jogue como se nunca tivesse jogado antes; faça uma bela tacada, olhe para o técnico da terceira base e se prepare para correr pelas bases."[23]

Sandberg menciona aqueles que iniciaram antes dele:

Esses caras sentados aqui não pavimentaram o caminho para o resto de nós para que jogadores pudessem rebater a bola o mais alto possível e esquecer como mover um corredor para a terceira base. É desrespeitoso com eles, vocês e o beisebol que todos nós jogamos quando crescíamos.

Respeito. Muitas pessoas dizem que essa honra valida a minha carreira, mas eu não trabalhei duro por validação. Não joguei direito porque vi uma recompensa no final do túnel. Joguei direito porque é o que deve ser feito, jogar direito e com respeito. [...] Se isso valida alguma coisa, é que os caras que me ensinaram o jogo. [...] fizeram o que tinham de fazer, e eu fiz o que eu tinha de fazer.

Responsabilidade

A visão intuicionista enfatiza a ação moral que acontece nas profundezas do inconsciente, mas não é uma visão determinista. Em meio ao empurrão confuso das forças inconscientes, o intuicionista ainda deixa espaço para a razão e a reflexão. Ainda deixa espaço para a responsabilidade individual.

É verdade que essa nova versão de responsabilidade individual não é a mesma que apareceu nas velhas concepções racionalistas da moralidade, com sua forte confiança na lógica e na vontade. Em vez disso, a responsabilidade, nessa visão, é mais bem-ilustrada por duas metáforas. A primeira é a do músculo. Nascemos com certos músculos que podemos desenvolver indo à academia todos os dias. De maneira similar, nascemos com músculos morais que podemos construir com o exercício contínuo de bons hábitos.

A segunda é a metáfora da câmera. Joshua Greene, da Harvard, nota que sua câmera tem ajustes automáticos ("retrato", "em movimento", "paisagem"), que ajustam a velocidade do obturador e o foco. Esses ajustes automáticos são rápidos e eficientes. Porém, não são muito flexíveis. Sendo assim, às vezes Greene ignora os ajustes automáticos e muda para o manual — definindo a velocidade do obturador e ele mesmo ajustar o foco. O modo manual é mais lento, mas lhe permite fazer coisas que pode não conseguir alcançar automaticamente. Assim como na câmera, argumenta Greene, a mente tem fundamentos morais automáticos. Mas em momentos cruciais, podem ser ignorados em prol do processo mais lento da reflexão consciente.[24]

Em outras palavras, mesmo com reações automáticas desempenhando um papel tão grande, temos escolhas. Podemos optar por nos colocarmos em ambientes onde as faculdades morais serão fortalecidas. Uma pessoa que escolhe passar tempo no serviço militar ou na igreja vai reagir ao mundo de maneira diferente do que uma pessoa que passa tempo em boates ou em gangues de rua.

Podemos escolher praticar esses pequenos atos de serviço que condicionam a mente para os momentos nos quais grandes atos de sacrifício são exigidos.

Podemos escrever a narrativa que contamos sobre nossas vidas. Nascemos em culturas, nações e linguagens que não escolhemos. Nascemos com certos elementos químicos no cérebro e predisposições genéticas que não conseguimos controlar. Às vezes, somos inseridos em condições sociais que detestamos. No entanto, entre todas as coisas que não conseguimos dominar, temos, sim, algum controle sobre nossas histórias. Temos, sim, uma influência consciente na seleção da narrativa que vamos usar para organizar percepções.

Temos o poder de contar histórias que negam a humanidade de outras pessoas ou histórias que a estendem. Renee Lindenberg foi uma menininha judia na Polônia durante a Segunda Guerra Mundial. Um dia, um grupo de moradores de um vilarejo a agarrou para jogá-la em um poço. Mas uma camponesa que por acaso os escutou foi até eles e disse: "Afinal, ela não é um cachorro."[25] Os moradores do vilarejo imediatamente pararam o que estavam fazendo. A vida de Lindenberg foi salva. Essa não foi uma discussão sobre a virtude de matar ou não matar um ser humano ou uma judia. A mulher simplesmente fez com que os moradores vissem Lindenberg de uma nova maneira.

Temos o poder de escolher as narrativas nas quais nos absolvemos e botamos a culpa em conspirações e nos outros. Por outro lado, temos o poder de escolher narrativas nas quais usamos até as piores circunstâncias para alcançar o crescimento espiritual. "Estou feliz pelo destino ter me atingido com tanta força", disse uma jovem em seu leito de morte para Viktor Frankl, durante o confinamento deles em um campo de concentração nazista.[26] "Na minha vida passada eu era mimada e não levei as conquistas espirituais a sério", disse ela. Apontou para um galho de uma árvore que conseguia ver pela janela de sua beliche e descreveu o que o galho disse para ela em seu momento de infelicidade. "Ele me disse 'estou aqui — estou aqui — eu sou a vida, a vida eterna'." — Essa é uma narrativa de transformação de derrota mundana em vitória espiritual. É uma narrativa diferente das que outras pessoas podem ter escolhido naquela circunstância.

Como colocou Jonathan Haidt, as emoções inconscientes têm supremacia, mas não de maneira ditatorial. A razão não pode fazer a dança sozinha, mas pode dar o impulso, com influência constante e sutil. Como brincam algumas pessoas, podemos não ter livre-arbítrio, mas possuímos livre negação. Não podemos gerar reações morais, mas podemos desencorajar alguns impulsos e até ignorar outros. A visão intuicionista começa com a crença otimista de que as pessoas têm um impulso inato para fazer o bem. É balanceada com a crença pessimista de que esses sentimentos morais estão em conflito uns com os outros e em competição com impulsos mais egoístas.

Contudo, a visão intuicionista se completa com o senso de que sentimentos morais estão sujeitos a revisão e a melhoria conscientes. A filósofa Jean Bethke Elshtain recorda que, quando era uma garotinha na escola dominical, ela e suas amigas de sala cantavam um pequeno hino: "Jesus ama as criancinhas / Todas as crianças do mundo / Sejam amarelas, negras ou brancas / São preciosas na visão dele / Jesus ama as criancinhas do mundo."[27] A canção não é o tipo de filosofia sofisticada que Elshtain pratica agora na Universidade de Chicago, mas é uma lição sobre ver a humanidade, plantada cedo e com força reverberante.

Redenção

A família de Erica não era perfeita. Sua mãe era assombrada por demônios. Seus parentes eram um saco na maior parte do tempo. No entanto, eles haviam gravado nela um senso de que a família é sagrada, o país é sagrado, o trabalho é sagrado. Essas ideias eram cristalizadas pela emoção.

Porém, conforme Erica envelheceu, entrou em um mundo diferente. Algumas de suas antigas maneiras de ser ficaram adormecidas — o que às vezes era bom e às vezes era ruim. Dia após dia, se tornava um pouco diferente, geralmente de maneira superficial — como se vestia e falava —, mas também de maneira profunda.

Se tivessem lhe perguntado sobre os velhos valores, ela teria respondido que é claro que ainda aderia a eles. Mas, na verdade, eles ficaram menos consagrados em sua mente. Uma certa mentalidade estratégica e calculista enfraqueceu os sentimentos que seus parentes haviam tentado, do jeito estabanado deles, incutir nela.

Quando se viu naquele quarto de hotel com o sr. Faz de Conta, virou uma pessoa diferente sem perceber. A decisão de dormir com ele não foi o momento real de falha moral. Esse momento nem pareceu ser uma decisão. Foi apenas o ápice de uma longa mudança inconsciente. Ela nunca havia rejeitado conscientemente seus velhos valores. Teria negado ferozmente se lhe perguntassem. Entretanto, aquelas maneiras antigas de ser ganharam menos proeminência na corrida inconsciente por supremacia dentro dela. Erica virou uma pessoa mais rasa, desconectada do potencial mais profundo de sua própria natureza.

Nas semanas seguintes, quando pensava sobre o episódio, conseguiu perceber que era realmente possível ser uma estranha para si mesma, de que você tem de estar sempre em guarda e encontrar um ponto de vista do qual possa tentar se observar do lado de fora.

Contou para si mesma uma história de si mesma. Era a história da deriva e da redenção — uma mulher que saiu de seu caminho inadvertidamente e que precisava de âncoras para conectá-la ao que era verdadeiro e admirável. Precisava mudar sua vida, encontrar uma igreja, encontrar algum grupo comunitário e uma causa, e, acima de tudo, melhorar seu casamento, amarrar-se a um conjunto de comprometimentos morais.

Sempre se viu como uma menina agitada de Horatio Alger,* mas passou por um período no qual foi consumida por sua busca. Agora, iria se ajeitar e navegar para litorais melhores.

A narrativa da redenção ajudou Erica a organizar uma visão de si mesma. Ajudou-a a construir integridade — integrando ideais internos com ação automática. Ajudou-a a obter maturidade. Isso significa entender, o máximo possível, os diferentes personagens e módulos que estão ativos dentro da sua própria cabeça. A pessoa madura é como um guia em um rio que passa por corredeiras e diz:

"Sim, eu já estive neste lugar antes."

Nos meses seguintes, Erica redescobriu seu amor por Harold e não conseguiu imaginar o que estava se passando em sua cabeça antes. Nunca seria um titã que causa tremores como o sr. Faz de Conta. Mas ele era humilde, bom e curioso. E com suas curiosidades díspares e frenesis de pesquisa, ele estava envolvido em uma busca mais importante, a de encontrar significado na vida. Vale a pena ficar perto de pessoas assim. De qualquer maneira, ele era dela. No decorrer de muitos anos, entrelaçaram-se e o relacionamento deles pode não ser inspirador ou emocionante e dinâmico o tempo todo, mas era sua vida, e a resposta para qualquer mal-estar consistia em se aprofundar nele e não tentar escapar para o tipo de terra mítica do faz de conta.

---

* Horatio Alger foi um escritor norte-americano cujas histórias eram sobre garotos pobres que, com trabalho duro, honestidade, perseverança e um pouco de sorte, ascendiam socialmente e obtiam assim sua recompensa.

CAPÍTULO 19

O LÍDER

Eles conheceram o homem que se tornaria presidente nos bastidores, antes de um comício. Ele ainda estava fazendo campanha para a nomeação pelo partido naquele momento e vinha ligando para Erica havia semanas para "trazê-la para a equipe". A equipe dele havia passado semanas procurando por mulheres, minorias e pessoas com experiência em negócios para posições sênior, e Erica era uma trifeta. Grace ligava para conversar por cerca de 45 segundos quase todo dia — galanteando, implorando, bajulando com sua intimidade instantânea e persistência lisonjeadora. "Como vai, irmã? Tomou uma decisão?" Então, acabou em uma sala de ensino médio ao lado de um ginásio lotado com Harold a reboque. Deviam encontrá-lo agora, assistir ao comício e depois conversar na van a caminho do próximo evento.

Cerca de trinta pessoas circulavam timidamente pela sala de aula; nenhuma delas tocava os biscoitos ou as latas de Coca. De repente, escutou-se um ritmo de passos apressados e ele irrompeu na sala, banhado de algum modo em sua própria iluminação. Erica estava tão acostumada a vê-lo na televisão que agora teve a sensação desorientante de que o estava assistindo em uma super HDTV, e não exatamente ao vivo.

Richard Grace era a projeção de uma grande fantasia nacional — alto, barriga reta, camisa branca reluzente, calças perfeitamente vincadas, cabelo historicamente importante, rosto à la Gregory Peck. Era seguido por sua filha de famosa reputação selvagem — a bela promíscua cujo comportamento era o produto de uma infância marcada primordialmente pela negligência paternal. Atrás deles havia um bando de assistentes com cara de patinho feio. Os assistentes tinham os mesmos interesses de Grace, as mesmas ambições secretas que ele, mas tinham pança, cabelo ralo, má postura, e portanto eram destinados a desempenhar o papel de estrategistas sussurrantes enquanto ele era o Adônis Político. Em razão dessas pequenas diferenças genéticas, eles passaram suas vidas como monitores de corredor* e ele passou sua vida se dando bem.

Grace analisou a sala com uma rápida olhada e viu imediatamente que era usada para aulas de saúde, com pôsteres de anatomia dos sistemas reprodutivos masculino e feminino em uma parede. Não havia nem mesmo uma preocupação consciente em sua mente; apenas uma vaga onda de reconhecimento de que não podia se permitir ser fotografado com um útero e um pênis dispostos atrás de seus ombros. Foi para o outro lado da sala.

Não ficava sozinho havia seis meses. Era o centro das atenções em todo lugar onde entrava nos últimos seis anos. Havia se distanciado da realidade e agora vivia apenas dos bons frutos da campanha, alimentando-se do contato humano da forma como as pessoas sobrevivem com comida e sono.

Estava cheio de energia e adrenalina conforme se movia pela sala de aula. Em uma rápida sucessão, deu seu sorriso de Homem-do-Destino para um quarteto de veteranos da Segunda Guerra Mundial, para dois melhores alunos com cara de intimidados, seis doadores locais e um comissário do município. Como o corredor de um time de futebol americano, ele sabia manter suas pernas em movimento. Fale, ria, abrace, mas nunca pare de se mover. Mil encontros intimistas por dia.

As pessoas lhe falavam as coisas mais incríveis. "Eu amo você."... "Amo você também."... "Vá com tudo!"... "Eu lhe confiaria a vida do meu filho."... "Posso falar com você por apenas cinco minutos?"... "Posso trabalhar com você?" Contavam para ele as tragédias mais horríveis do sistema de saúde. Queriam lhe dar coisas — livros, arte, cartas. Algumas pessoas apenas seguravam seu braço e se derretiam.

---

* No original, *hall monitors*. Aluno norte-americano responsável por manter a ordem nos corredores da escola. (N. da T.)

Ele se rendia a surtos de 15 segundos de contato, detectando e refletindo, com aquele senso cortante como uma lâmina que ele tinha, o jogo de movimento em torno dos lábios de cada pessoa e a expressão em seus olhos. Era simpático com todos e todos recebiam um toque; ele tocava braços, ombros e cinturas. Emitia esses feixes pulsantes momentâneos de afabilidade ou compaixão e nunca mostrava impaciência com a rotina de celebridade. Uma câmera aparecia. Ele colocava os braços sobre cada pessoa quando posavam com ele. Com o passar dos anos, ele havia desenvolvido um controle sobre todas as câmeras instantâneas produzidas do mundo, e se o fotógrafo tropeçava, ele podia dar conselhos pacientes sobre qual botão apertar e por quanto tempo; conseguia fazer isso como um ventríloquo, sem alterar seu sorriso. Conseguia captar atenção e transformá-la em energia.

Finalmente, ele chegou aonde Erica e Harold estavam. Deu um abraço nela e ofereceu a Harold o sorriso furtivo e conspiratório que reservava para cônjuges anexos, e depois os trouxe para o invólucro de sua grandeza. Com os outros na sala, ele foi entusiasmado e barulhento. Com eles, foi como um familiar, tranquilo e confidencial. "Nos falamos mais tarde", sussurrou ao ouvido de Erica. "Estou tão feliz por você ter vindo... tão feliz." Lançou-lhe um olhar sério e de cumplicidade e colocou a mão atrás da cabeça de Harold enquanto o encarava nos olhos, como se fossem parceiros em alguma conspiração. Depois foi embora.

Eles ouviram um urro eufórico vindo do ginásio e apressaram-se para assistir ao show. Eram mil pessoas sorrindo para seu herói, acenando para ele, dando pulinhos, berrando desesperadamente e apontando as câmeras de seus telefones. Ele tirou sua jaqueta e deleitou-se na comoção da torcida.

O discurso tinha uma estrutura simples: 12 minutos de "vocês" e 12 minutos de "eu". Na primeira metade, ele falou sobre o senso comum de sua plateia, sobre seus ótimos valores, sobre a forma maravilhosa como haviam se unido para construir essa grande causa. Não estava lá para ensiná-los nada, ou para discutir nada. Estava lá para dar voz aos seus sentimentos, para expressar suas esperanças, medos e desejos, para mostrar-lhes que era como eles, que podia muito bem ser um amigo ou um membro da família, apesar de ser tão mais bonito.

Então por 12 minutos ele falou sobre a vida das pessoas. Já havia dito tudo aquilo centenas de vezes, mas ainda pausava em momentos cruciais como se um sentimento tivesse acabado de surgir em sua mente. Deu-lhes uma chance de aplaudir suas próprias ideias. "Este momento se trata de vocês e do que vocês estão fazendo por este país."

Grace, como a maioria das mentes de primeira linha em seu negócio, tentava encontrar um meio-termo entre o que seus eleitores queriam ouvir e o que ele sentia que precisavam ouvir. Eram pessoas normais que prestavam atenção apenas esporádica à política, e ele tentava respeitar suas visões e paixões. Ao mesmo tempo, ele se via como um verdadeiro fissurado por políticas que simplesmente amava mergulhar em um assunto com um grupo de peritos. Tentava manter essas duas conversas perto uma da outra em sua cabeça. Ocasionalmente, ele se permitia satisfazer sem rodeios e dizer a meia verdade crua que conquistava o grande aplauso. Ele era uma marca de mercado em massa, afinal de contas, e tinha de ganhar votos de milhões. Mas também tentava manter suas visões reais em sua cabeça para o bem de seu autorrespeito. Alimentado pela adulação, o primeiro estava sempre ameaçando sufocar o segundo.

Na metade final do discurso, Grace se voltou para a seção do "Eu". Ele tentou mostrar para a plateia que possuía as características que o país precisava naquele momento da história. Falou sobre seus pais — era filho de um motorista de caminhão com uma bibliotecária. Falou sobre a filiação do pai ao sindicato. Deixou claro, como todos os candidatos devem deixar, que seu caráter foi formado antes que ele pensasse em política — em seu caso, pelo serviço militar e pela morte de sua irmã. Contou todos os fatos de sua vida, e todos eram mais ou menos verdade, mas já os havia repetido tantas vezes que já havia perdido contato com a verdadeira realidade dos eventos. Sua infância e juventude eram apenas o roteiro que vinha apresentando como campanha em toda sua vida.

A definição de si mesmo é a essência de toda campanha, e Grace se manteve fiel à sua narrativa de um "Tom Sawyer crescido", como colocou um consultor. Descreveu sua criação de cidade pequena no Centro-Oeste, suas travessuras charmosas, as lições que aprendeu sobre o mundo em um contexto mais amplo e a injustiça contida nele. Mostrava suas maneiras saudáveis que vinham de um tempo mais simples, sua virtude inocente e seu senso comum.

A passagem final do discurso era o "Eu e Vocês Juntos". Contava uma história sobre o encontro com uma senhora sábia que lhe contou histórias que por acaso confirmavam cada ponto de sua plataforma de campanha. Contou-lhes sobre os acres de diamantes que conquistariam juntos, o jardim abundante que encontrariam no fim da estrada, o lugar no qual conflito interno seria substituído por paz e alegria. Ninguém na plateia achava de verdade que uma campanha política podia produzir tal utopia, mas naquele momento a visão dela os transportou e apagou qualquer tensão de suas vidas. Amavam Grace por dar-lhes isso. Ao terminar seu discurso, berrando mais alto do que a torcida e o aplauso, o ginásio veio abaixo.

O discurso privado da campanha

Um assistente apareceu e levou Erica e Harold para a van — Erica no assento do meio e Harold no de trás. Grace parecia calmo e pragmático como se tivesse acabado de sair de uma reunião chata para o relatório trimestral de lucros. Fez algumas consultas sobre compromissos com um assistente, fez uma entrevista de três minutos no celular para uma estação de rádio e depois voltou seu feixe de laser para Erica, que estava sentada ao seu lado.

"Primeiro, quero fazer minha oferta", disse ele. "Eu tenho o pessoal de política e o pessoal de políticas, mas não tenho ninguém de alto nível para fazer com que essa organização dê certo. É isso que espero que você faça, que seja a chefe de operações da campanha e que faça a mesma coisa na Casa Branca depois que eu ganhar."

Erica não estaria na van a não ser que estivesse preparada para dizer sim à oferta, e foi o que fez.

"Fantástico. Agora que você aceitou, quero falar sobre o mundo no qual vocês dois estão prestes a entrar. Quero falar especialmente com você, Harold, porque li seu trabalho e acho que você vai se ver em um lugar novo e estranho.

"A primeira coisa a dizer é que ninguém que está neste negócio tem o direito de reclamar. Nós o escolhemos e ele tem seus prazeres e recompensas. Mas cá entre nós, não há arena onde os desafios de caráter sejam maiores. Vocês não conseguem servir se não vencer. Para vencer, têm de se transformar em um produto. Têm de fazer coisas que nunca acharam que fossem fazer. Têm de botar seu senso de reserva em suspenso e implorar por dinheiro e favores. Têm de falar sem parar. Entrar em uma sala e falar, entrar em um comício e falar, encontrar patrocinadores e falar. Chamo isso de demência verborrágica — falar tanto que ficam loucos.

"E sobre o que vocês falam? Vocês têm de falar sem parar sobre vocês. Todo discurso é sobre mim. Cada reunião que tenho é sobre mim. Cada artigo que enfiam na minha cara é sobre mim. Quando começarem a escrever sobre vocês, isso vai acontecer com vocês também.

"Ao mesmo tempo, isto é um esporte de equipe. Não dá para fazer nada sozinho, o que significa que às vezes vocês têm de suprimir suas ideias individuais e dizer e acreditar nas coisas que são boas para o partido e para a equipe. Vocês têm de ser como irmãos, de braços dados com pessoas com as quais provavelmente não gostariam, se parassem para pensar nelas. Vocês não podem sair muito na frente do seu partido ou das pessoas que servem. Não podem estar corretos muito cedo nem ser interessantes com muita frequência. Têm de apoiar iniciativas às quais vocês na realidade se opõem e às vezes ser contra coisas que os outros acham ser para o bem. Têm de fingir que quando forem eleitos conseguirão controlar tudo e mudar tudo. Têm de fingir que os mitos de equipe são verdadeiros. Têm de fingir que a outra equipe é exclusivamente má e que seria a ruína dos Estados Unidos. Dizer o contrário é uma ameaça à solidariedade do partido, e é assim que é.

"Vocês vivem em um casulo. Eu li uma vez um ensaio lindo sobre a vida de um carrapato. Um carrapato aparentemente responde a apenas três tipos de estímulo. Conhece pele. Conhece temperatura. Conhece pelo. Essas três coisas constituem o *umwelt* inteiro de um carrapato. '*Umwelt*' é uma palavra para o ambiente relevante de qualquer criatura. Quando você está neste negócio o seu *umwelt* vai diminuir e ficar louco. Vocês terão de prestar toda atenção em cada minuto de histórias sem consequências no noticiário, histórias que terão esquecido completamente no dia seguinte. Vão se pegar monitorando os blogues de jovens de 22 anos de idade com webcams que foram enviados para cobrir esta campanha — jovens que nunca viram uma eleição antes, que não têm senso nenhum de história e que têm o tempo de concentração de um furão. Por causa da presença deles, vocês nunca podem emitir um pensamento não ensaiado. Nunca podem experimentar uma ideia em público.

"Todas essas coisas ameaçam a sua habilidade de ser honesto com vocês mesmos, de ver o mundo de modo claro, de ter alguma integridade básica como pessoa. E no entanto nós aguentamos este teatro do absurdo porque não há outra vida tão repleta de consequências. Quando vocês estiverem na Casa Branca comigo, estarão mais ocupados do que nunca e toda decisão será importante. Uma vez na Casa Branca, não teremos de satisfazer tanto a nação. Poderemos liderá-la e educá-la. Quando estivermos lá, vocês não vão querer tirar folga, e não vão tirar.

"Uma vez na Casa Branca, não vamos dar meras tacadas. Vamos fazer *home runs*. Eu me recuso a ser um presidente tímido. Vou ser um grande presidente. Tenho o dom. Sei mais sobre política do que qualquer outro neste país. Tenho mais coragem política do que qualquer um na política. Minha atitude vai ser do tipo: 'Eu sei jogar. Mandem a bola.'"

Outras pessoas, vendo Grace além do alcance de seu carisma, podem ter reações adversas a esse pequeno discurso. Mas Erica e Harold estavam imersos imersos na força gravitacional de sua aura. Naquele momento, acharam que foi o discurso mais impressionante que já tinham ouvido. Acharam que mostrava sua incrível autoconsciência, sua sabedoria maravilhosa e seu comprometimento notável com o serviço. Ficaram apenas minutos com ele, mas já estavam atingidos pelo caso de amor fascinante que os consumiria, principalmente Erica, nos próximos oito anos.

Psicologia política

Harold nunca havia prestado atenção de verdade em uma eleição antes. Nunca havia tido acesso à contagem interna de votos e aos memorandos internos de estratégias. Depois de alguns dias, Erica estava mais ou menos submergida na organização, mas Harold podia ficar a distância sem ter muito o que fazer, exceto observar e pensar. Ficou surpreso com a divisão fundamental entre os conselheiros de Grace. Alguns achavam que fazer campanha era primordialmente entregar bens aos eleitores. Dê aos eleitores as políticas que vão melhorar suas vidas, e eles vão lhe pagar por serviços guarnecidos com seus votos. Boas políticas com bons preços.

Outros achavam que as campanhas eram primordialmente relacionadas a evocar emoções — forjar um laço básico com grupos e eleitores; inspirar esperança com uma visão do futuro; mandar a mensagem no estilo "Sou como vocês. Vou reagir aos eventos como vocês reagiriam. Serei o que vocês seriam". Política não é primordialmente uma questão de defender interesses. É primordialmente uma questão de afirmar emoções.

Harold, dado seu contexto e o trabalho de sua vida, ficava do lado do último grupo. Grace estava em primárias difícil com um governador inflexível de New England chamado Thomas Galving. Suas políticas eram basicamente as mesmas, então a corrida se tornou uma batalha de símbolos sociais. Grace era filho de um motorista de caminhão e ainda assim fazia campanha com um estilo poético, lírico, portanto ficou sendo o candidato da classe educada idealista. Eleição primária após eleição primária, angariou eleitores de educação superior com vantagem de 25 pontos percentuais ou mais. Nas primeiras dez primárias, pareceu realizar cada comício a 40 metros de distância do escritório de um reitor. Não oferecia apenas listas de programas. Oferecia experiências. Oferecia esperança em vez de medo, união em vez de discórdia, inteligência em vez de precipitação. A mensagem era: "A vida é linda. Nossas possibilidades são infinitas. Temos apenas de jogar fora as amarras do passado e entrar em um amanhã de ouro."

A família de Galving estava nos Estados Unidos havia trezentos anos, e no entanto ele era um tipo beligerante e combatente. Ele se posicionava como um guerreiro lutando pelos interesses do povo. A campanha dele evocava lealdade de clã, permanecer juntos, lutar juntos e defender um ao outro até a morte. Com o passar das semanas, Galving posou para fotos em um bar ou em uma fábrica todos os dias. Foi visto tomando uma dose de uísque, usando camisa de flanela e sentado no banco do carona em uma picape. A mensagem era: "O mundo lá fora é podre. Pessoas normais estão sendo passadas para trás. Precisam de alguém que coloque tenacidade e lealdade acima de independência e de ideais."

Os métodos dos candidatos não eram sutis, mas cada abordagem funcionava até certo ponto. Em primárias após primárias, Galving angariou eleitores da classe trabalhadora com muita vantagem. Grace conquistou as cidades, os subúrbios afluentes e as cidades universitárias. Na escala nacional, Grace angariou as costas. Galving angariou a larga faixa de fazendas e antigos centros manufatureiros no Sul e no Centro-Oeste, principalmente onde os escoceses-irlandeses* haviam se assentado séculos antes. Em Connecticut, Grace conquistou a maioria das cidades que foram fundadas por ingleses no século XVII. Galving angariou a maioria das cidades que foram fundadas por grupos imigratórios dois séculos depois. Eram padrões de séculos de idade mas que ainda moldavam a votação. Com o passar das semanas, fazer campanha parecia não ter importância. A demografia era o destino. Em estados com grandes populações de classe trabalhadora, Galving ganhava. Em estados com grandes populações de classes educadas, Grace ganhava.

Harold estava fascinado com essas profundas correntes tribais culturais. Sua teoria era a de que o partido político, como várias instituições, havia se segmentado em diferentes subculturas. Não havia grande hostilidade entre as culturas; elas se uniriam quando um dos candidatos fosse eleito. Entretanto, pessoas em diferentes classes sociais, definidas em grande parte pelo nível educacional, haviam desenvolvido diferentes mapas inconscientes de realidade, bem como diferentes compreensões em comum do que constitui um grande líder, de que tipo de mundo eles habitam. Haviam desenvolvido, sem nem perceber, diferentes definições de justiça e equidade, liberdade, segurança e oportunidade.

Os eleitores formam mapas mentais infinitamente complexos que são malcompreendidos até mesmo por aqueles que os adotam. Selecionam milhões de sinais sutis dos candidatos — da linguagem corporal, escolha de palavras, expressões faciais, prioridades políticas e detalhes biográficos. De alguma maneira, os eleitores formam afiliações emocionais nessa base.

O que Harold viu durante a campanha certamente não se encaixava no modelo racional de política, no qual eleitores consideram os programas com cuidado e escolhem o candidato com as políticas que servem a seus interesses. Em vez disso, encaixava-se no modelo de

---

* Escoceses que migraram para o norte da Irlanda. (N. da T.)

identidade social. As pessoas favorecem o partido que parece ser repleto do tipo de pessoas das quais gostam e admiram.

Como argumentam os cientistas políticos Donald Green, Bradley Palmquist e Eric Schickler em seu livro *Partisan Hearts and Minds* [Corações e mentes partidários], a maioria das pessoas ou herdam suas afiliações partidárias de seus pais ou formam um apego a um partido ou outro no começo da vida adulta. Poucas pessoas mudam de partido quando chegam à meia-idade.[1] Até mesmo grandes eventos históricos como guerras mundiais e o escândalo de Watergate não fazem com que grandes números de pessoas mudem.

Além disso, continuam Green, Palmquist e Schickler, quando as pessoas selecionam suas próprias afiliações partidárias, não escolhem partidos comparando plataformas e depois definindo onde se encontram os interesses da nação. Valendo-se de um vasto leque de informações, os autores argumentam que o apego a um partido é mais como a uma denominação religiosa ou um clube social. As pessoas têm estereótipos em suas cabeças sobre como os democratas são e como os republicanos são e gravitam para o partido composto por pessoas como elas.[2]

Uma vez formada a afiliação, as pessoas moldam suas filosofias e percepções da realidade para que fiquem mais e mais alinhadas aos membros de sua tribo política. Paul Goren, da Universidade de Minnesota, usou informações de pesquisas para acompanhar eleitores ao longo do tempo. Seguindo o modelo clássico, era de se esperar que as pessoas que valorizam oportunidades iguais fossem se tornar democratas e que pessoas que valorizam um governo limitado fossem se tornar republicanas. Na verdade, é mais fácil que as pessoas se tornem democratas primeiro e depois deem cada vez mais valor à igualdade de oportunidades, ou que se tornem republicanas primeiro e depois deem cada vez mais valor a um governo limitado. A afiliação partidária molda frequentemente os valores, e não o oposto.[3]

A afiliação partidária define até mesmo as percepções que as pessoas têm da realidade. Em 1960, Angus Campbell e outros pesquisadores publicaram um texto clássico, *The American Voter* [O eleitor americano], no qual argumentam que a inclinação a um partido serve como um filtro. Um partidário filtra fatos que são inconsistentes em relação ao ponto de vista aprovado do partido e exagera fatos que o confirmam.[4] Com o passar dos anos, alguns cientistas políticos criticaram essa observação. Porém, vários pesquisadores estão voltando à conclusão de Campbell: As percepções das pessoas são evidentemente influenciadas pela inclinação a um partido.

Por exemplo, o cientista político Larry Bartels, da Princeton, apontou para informações de pesquisas coletadas depois das presidências de Reagan e de Clinton. Em 1988, perguntaram aos eleitores se achavam que a taxa de inflação da nação havia caído durante o governo Reagan. Na verdade, caiu. A taxa de inflação caiu de 13,5% para 4,1%. No entanto, apenas 8% dos democratas convictos disseram que a taxa tinha caído. Mais de 50% dos partidários democratas acreditavam que a taxa tinha subido com Reagan. Os republicanos convictos tiveram uma impressão mais positiva e mais correta das tendências econômicas. Quarenta e sete por cento disseram que a inflação havia caído.

Depois, no final da presidência de Clinton, perguntaram aos eleitores questões similares sobre como o país havia prosperado nos oito anos anteriores. Dessa vez, os republicanos foram inexatos e negativos. Os democratas foram muito mais positivos. Bartels conclui que lealdades partidárias têm influência disseminada em como as pessoas veem o mundo.[5] Elas reforçam e exageram as diferenças de opinião entre republicanos e democratas.

Algumas pessoas acreditam que essas falhas cognitivas podem ser erradicadas com mais educação, mas isso também não parece ser verdade. De acordo com a pesquisa de Charles Taber e Milton Lodge, da Universidade de Stony Brook, os eleitores educados podem realmente estar mais corretos na maioria das vezes, mas ainda estão de fato errados em uma grande quantidade de vezes.[6] Na verdade, são menos propensos a corrigir suas falsas opiniões do que eleitores menos bem-informados porque são muito confiantes de que estão corretos em relação a tudo.

A impressão geral que é passada por esse trabalho é a de que a busca por um candidato é uma busca estética — uma busca por um candidato que combine. Algumas das coisas que influenciam as decisões do eleitor podem ser instantâneas e aparentemente sem importância. Como dito anteriormente, Alex Todorov e outros da Princeton mostraram fotos em preto e branco de rostos de candidatos rivais para sujeitos de uma pesquisa. Perguntaram aos sujeitos qual dos candidatos parecia ser mais competente. (Os sujeitos não tinham familiaridade com nenhum dos candidatos.)

O candidato que foi percebido como o mais competente pelas pessoas com base nas fotografias ganhou 72% das disputas no Senado nas quais estava participando de verdade, e 67% das disputas verdadeiras na Casa Branca.[7] Os sujeitos da pesquisa conseguiram prever de maneira impressionante os verdadeiros vencedores mesmo que só tivessem um segundo para olhar para o rosto dos candidatos. Esse resultado se repetiu internacionalmente também. Em um estudo chamado "Looking Like a Winner" (Com a aparência de um vencedor), Chappell Lawson, Gabriel Lens e outros mostraram rapidamente fotos de pessoas que estavam se candidatando a cargos no México e no Brasil para pessoas nos Estados Unidos e na Índia. Apesar de diferenças étnicas e culturais, os norte-americanos e os indianos concordaram quanto ao candidato que que seria mais eficaz. As preferências dos norte-americanos e dos indianos também previram as eleições mexicana e brasileira com exatidão surpreendente.

Um estudo de Daniel Benjamin, da Universidade Cornell, e Jesse Shapiro, da Universidade de Chicago, descobriu que seus sujeitos de pesquisa conseguiam prever o resultado de eleições para governador com alguma exatidão só de olhar para vídeos mudos de dez segundos dos candidatos falando.[8] A exatidão diminuía se o som fosse ligado. Um estudo de Jonah Berger e outros pesquisadores da Stanford descobriu que a localização de uma cabine de votação também pode influenciar nas decisões dos eleitores.[9] Os eleitores que foram a zonas eleitorais em escolas são mais propensos a apoiar o aumento de impostos para custear a educação do que os eleitores que votaram em outras zonas. Os eleitores para os quais mostraram a fotografia de uma escola também foram mais propensos a apoiar o aumento de impostos do que os eleitores que não viram essa fotografia.

Alguns desses experimentos são conduzidos em um laboratório. Em campanhas reais, as disputas prosseguem mês após mês. Os eleitores fazem julgamentos rápidos a todo minuto, hora, dia, semana e mês, e suas percepções instantâneas se acumulam e formam uma rede espessa e complexa de avaliação.

Dizer que decisões de eleitores são emocionais não significa que os eleitores são burros e irracionais. Visto que os processos inconscientes são mais rápidos e mais complicados do que os conscientes, essa busca intuitiva pode ser bem sofisticada. Conforme acompanham uma campanha política, os eleitores são tanto racionais quanto intuitivos. Os dois modos de cognição se informam e se moldam entre si.

O subdebate

No final das contas, Grace simplesmente massacrou Galving. Havia mais pessoas como ele do que como Galving. Ele ganhou a indicação do partido e, dentro de meses, tudo foi perdoado quando membros das duas alas do partido foram para a batalha com o oponente. Eles se uniram por uma nova distinção do tipo nós-eles.

A eleição geral foi maior e, pelo menos na superfície, mais idiota. No primeiro embate, todo mundo se conhecia em todos os lados. Era uma luta dentro da família. Mas a eleição geral era um combate contra um partido diferente e quase ninguém conhecia alguém no outro lado. Os "outros" eram como criaturas de um sistema solar diferente e era conveniente acreditar no pior.

A visão geral na campanha de Grace era a de que as pessoas concorrendo na outra campanha eram exclusivamente más e perversamente astutas. As pessoas na campanha de Grace acreditavam que seu lado estava fragmentado com disputas internas (por causa de seus intelectos superiores e independência mental), enquanto que o outro lado marchava com unidade totalitária e precisão (por causa de sua conformidade de clone). O seu lado era atento mas fracionado, enquanto o outro lado era insensato mas disciplinado.

No outono, a campanha era apenas uma série de pontes aéreas. Grace dava comícios em um hangar de aeroporto atrás do outro em um esforço de alcançar o maior número possível de mercados de TV em um dia. A maioria dos debates internos da campanha parecia ser sobre onde colocar os tripés para as câmeras de TV e em que altura.

Os candidatos trocavam insultos transmitidos na velocidade do BlackBerry. A mídia acompanhava quem estava ganhando a cada semana, dia e hora, apesar de não estar claro se essas vitórias significavam alguma coisa para o eleitorado em si. Os partidários de Grace ficaram bipolares. Um senador entrava no avião da campanha um dia em júbilo em razão da vitória certa. No dia seguinte, o mesmo senador voltava em desespero pela possibilidade da derrota certa.

Havia consultores em volta dele afiando a mensagem. "Nunca diga 'famílias'; diga 'famílias trabalhadoras'. Nunca diga 'gastar'; diga 'investir'." Essas alterações sutis de palavras foram usadas para provocar associações completamente diferentes na mente dos eleitores.

A parte mais importante da campanha acontecia longe do candidato, entre os consultores que elaboravam as propagandas eleitorais. Estavam voltando os comerciais para eleitores que normalmente não prestavam atenção em política e que infelizmente eram mal-informados sobre onde cada candidato se posicionava em relação a questões.

Questões estranhas apareceram e viraram o tema de insultos furiosos entre as duas campanhas. Grace e seu oponente passaram uma semana se acusando furiosamente de causar obesidade infantil, apesar de não estar claro se algum deles tinha causado isso ou se podia ter alguma coisa a ver com isso. Uma pequena crise no Líbano virou um grande confronto de campanha, com cada lado demonstrando rigidez e resolução e acusando o outro de traição. Pequenos escândalos estouraram. As pessoas na campanha de Grace ficaram genuinamente revoltadas com um memorando que vazou do outro lado com a frase "Como foder com eles". Ficavam genuinamente impassíveis com memorandos produzidos em sua própria campanha com exatamente as mesmas palavras.

O processo parecia idiota e superficial. No entanto, Harold não conseguia esquecer as multidões. Havia paixão de verdade em cada evento — milhares de pessoas, às vezes dezenas de milhares, rugindo sua torcida por Grace em um tipo de esperança orgíaca.

Dado o que já tinha aprendido sobre a vida, Harold concluiu que todas as trivialidades da campanha na verdade eram gatilhos. Serviam para ativar redes profundas de associações na mente das pessoas. Grace passava horas posando para fotografias em uma fábrica de bandeiras. O evento em si era idiota, mas, de alguma maneira, a imagem de Grace segurando todas aquelas bandeiras americanas ativava algum grupo de associações inconscientes.[10] Outro dia, o colocaram em um banco e ele fez um comício no Monument Valley, onde todos aqueles filmes de faroeste de John Wayne foram gravados. Era um dispositivo cafona, mas ativava outro grupo de associações.

Os gerentes da campanha não faziam a mínima ideia do que estavam fazendo. Viviam em uma nevasca de informações sem significado. Experimentavam vários artifícios para ver o que combinava com os eleitores. Experimentavam uma nova frase no discurso e observavam se as pessoas concordavam inconscientemente com a cabeça quando Grace a enunciava. Se concordassem, a frase ficava. Se não, era cortada.

De alguma maneira, o eleitorado possuía um ponto G oculto. Os consultores eram como amantes estabanados tentando alcançá-lo. As duas campanhas discutiam algum detalhe sobre plano de impostos, mas a discussão não era de fato sobre regulamentações tributárias; era sobre algum conjunto mais profundo de valores que estavam sendo atiçados indiretamente. Os candidatos discutiam sobre coisas materiais, que eram fáceis de serem discutidas e entendidas, mas o assunto real do debate era espiritual e emocional: quem somos e quem devemos ser.

Um dia em uma viagem de avião, Harold tentou explicar sua teoria sobre a campanha para Grace e Erica — como cada posição sobre políticas de energia, digamos, era na verdade uma maneira de iluminar valores de natureza e comunidade e desenvolvimento humano. As posições eram simplesmente gatilhos para virtudes. Grace estava cansado e não conseguiu de fato acompanhar o que Harold estava dizendo. Entre os comícios ele meio que se fechava e colocava o cérebro em pausa. Erica estava sentada por perto digitando em seu BlackBerry. Houve silêncio, e depois Grace disse com um ar de exaustão: "Essa merda seria muito interessante se não estivéssemos no meio dela."

Mas Harold continuou observando. Ele era, como sabemos, basicamente um observador. E os que viu sob os normais ataques e os contra-ataques das equipes oponentes foi um bando de subdebates, discussões sobre coisas que eram expressadas apenas de maneira implícita. Essas discussões tocavam fundo na alma da nação e dividiam eleitores de maneira importante.

Um subdebate era sobre a natureza da liderança. O oponente de Grace se gabava por tomar decisões rapidamente, seguindo seu instinto e indo em frente. Clamava (desonestamente) que não se dava ao trabalho de ler os críticos e os jornais. Ele se retratava como um homem direto de ação e de fé que prezava as virtudes vigorosas: lealdade aos amigos, rigidez contra os inimigos, determinação forte e rápida.

Grace, por outro lado, incorporou conspicuamente um grupo de traços reflexivos de liderança. Passava a imagem do tipo de pessoa que lia muito, discutia problemas exaustivamente, entendia nuances e possibilidades. Passava a imagem de ser cauteloso, cerebral, atento e calmo. Às vezes, dava entrevistas nas quais deixava a impressão de que lia mais do que realmente lia. Assim, havia duas definições das virtudes de liderança competindo no frenesi da campanha.

Outro subdebate dizia respeito à moralidade básica do país. A maneira mais fácil de prever quem ia votar a favor ou contra Grace era perguntando sobre presença na igreja. Pessoas que iam uma ou mais vezes por semana eram muito propensas a votar contra ele. Pessoas que nunca iam eram muito propensas a votar a favor dele. Isso independia do fato de Grace ser uma pessoa religiosa que ia à missa regularmente.

E no entanto, de alguma maneira, a competição entre os dois homens e os dois partidos havia colocado cada um deles em um lado de uma divisão moral semiarticulada. Pessoas em um lado eram mais propensas a enfatizar que Deus tem um papel ativo em assuntos humanos. Pessoas do outro eram menos propensas a acreditar nisso. Pessoas de um lado eram mais propensas a falar sobre submissão à vontade de Deus e regras morais inspiradas divinamente. Pessoas do outro eram menos propensas a falar sobre essas coisas.

Ainda outro subdebate dizia respeito a geografia, estilo de vida e agrupamentos sociais. Pessoas que viviam em áreas de população densa tendiam a apoiar Grace. Pessoas que votavam em localidades de população dispersa apoiavam seu oponente. Os grupos pareciam ter noções diferentes sobre espaço pessoal, liberdade individual e responsabilidade comunal.

Todo dia, os pesquisadores de Grace vinham com novas maneiras de fatiar o eleitorado. Pessoas que gostavam de esportes envolvendo motores — motociclismo, lancha, *snowmobile* — se opunham a Grace, ao passo que pessoas que gostavam de atividades de lazer sem motores — caminhada, bicicleta e surfe — o apoiavam. Pessoas com mesas arrumadas se opunham a Grace, pessoas com mesas bagunçadas o apoiavam.

O interessante era que tudo estava conectado a todo o resto. Escolhas de estilo de vida se correlacionavam com escolhas políticas, que se correlacionavam com escolhas filosóficas, que se conectavam a escolhas religiosas e morais, e por aí vai. As campanhas nunca abarcavam as correntes neurais diretamente, mas de fato mandavam pequenas pistas que ativavam as redes mentais.

Um dia, o oponente de Grace foi caçar. Atos como esse ativavam redes nas mentes dos eleitores também. Caçar significava armas, que significavam liberdade pessoal, que significava comunidades tradicionais, que significavam valores socais conservadores, que significavam reverência a Deus e à família. No dia seguinte, Grace serviu sopa em um refeitório comunitário. A visita ao refeitório comunitário significou caridade, que significava compaixão, que significava desejo por justiça social, que significava compreender os perdedores no grande jogo da vida, que significava um governo ativista que gastaria mais para promover igualdade. Os candidatos precisavam apenas dar o primeiro passo nessas cadeias de significados. Os eleitores faziam o resto. Mensagem recebida.

Em certos dias, Harold observava a campanha e pensava em como realmente significante ela era. Apesar de toda a trivialidade e de todo o show, ela de fato marcava, mesmo que apenas de maneira subliminar, as escolhas fundamentais na vida. A política, concluía ele, em certos dias é uma tarefa nobre. Em outros dias, é claro, ele simplesmente queria vomitar.

Espírito de equipe

O que perturbava Harold era o seguinte: a maioria dos eleitores tinha pontos de vista centristas e eram moderados em disposição. Mas valores políticos não são expressos no abstrato. São expressos no contexto de uma campanha que estrutura a forma como visões políticas são expressas.

A campanha foi estruturada para tomar uma nação moderada e para polarizá-la. Os partidos eram organizados em equipes. Os gurus eram organizados em equipes. Havia dois espaços gigantes de ideia: um, espaço democrata de ideia, e outro, republicano de ideia. A competição se dava em cima de qual modelo mental conseguiria dominar o país pelos próximos quatro anos. Era uma decisão entre isso ou aquilo e os eleitores que não compartilhavam de nenhum dos espaços dominantes de ideia simplesmente tinham de escolher aleatoriamente. A campanha em si pegou uma nação moderada e a transformou em uma nação extremamente dividida.

Harold observou, semana após semana, Grace ser engolido pelo espaço de ideia de seu partido. No fundo, ele tinha pontos de vista excêntricos e idiossincráticos. No entanto, no frenesi da reta final, foi tomado pelas multidões, pelo aparato do partido, pelos doadores. Se nas semanas finais você tivesse julgado Grace pelo que dizia, concluiria que ele não era realmente uma pessoa, apenas a personificação das posições do partido, que emergia da história e do pensamento individual transcendido.

A única coisa que ainda se manteve distinta em Grace em todo o percurso foi seu equilíbrio. Nunca perdia a calma. Nunca se irritava com os assistentes. Nunca entrava em pânico. Era sempre a pessoa mais tranquila em qualquer sala e atraía as outras pela força de sua tranquilidade, e isso nunca mudou. Harold costumava observá-lo nas situações mais difíceis e pensar: "Quem age com graça é visto com graça."

Grace esteve calmo até no dia da eleição. Projetava ordem e previsibilidade. Incitava confiança. E isso, junto com as novidades econômicas que ajudaram sua campanha e alguns outros acidentes históricos, impulsionaram-no para o topo. Harold viu Grace sorrir no dia da eleição, mas não o viu eufórico. Afinal de contas, ele sabia que ia ganhar. Sabia desde o quarto ano da escola. Nunca duvidou de seu destino.

O que realmente surpreendeu Harold naquela noite foi Erica. Nas semanas finais ela ficou completamente absorvida pelo trabalho na campanha, a ponto de chegar à exaustão. Mais tarde naquela noite, de volta em um dos quartos de hotel, longe da festa, ele a encontrou em uma poltrona soluçando de tanto chorar. Ele foi até ela, sentou-se no braço da poltrona e colocou a mão em sua nuca.

Em momentos como esse, Erica pensava em sua jornada; no avô cruzando a fronteira mexicana ilegalmente, no outro o avô chegando de barco da China; nos apartamentos nos quais tinha vivido com a mãe, em que as portas não se fechavam porque já tinham sido pintadas e repintadas tantas vezes que ficaram grandes demais para a moldura; nos desejos e sonhos que sua mãe tinha, em quando às vezes se sentia um pequeno nada. Depois, pensava com algum orgulho, mas com mais perplexidade, na Casa Branca, onde em breve trabalharia, na intensidade incrível da campanha, em seu amor pelas pessoas que colocaram seu chefe no escritório onde Lincoln um dia se sentou. Havia centenas de anos de história atrás dela, muitas gerações de antecessores, trabalhadores e parentes, e nenhuma dessas pessoas tiveram uma oportunidade de usufruir os privilégios que agora se apresentavam a ela.

CAPÍTULO 20

O LADO MALEÁVEL

Existe uma rua transversal em Washington, D.C., com um *think tank* em cada esquina. Há um think tank para políticas internacionais, um para políticas domésticas, um para economia internacional e um especializado em assuntos regulatórios. Muitas pessoas consideram esse lugar o mais entediante da face da terra.

Os assistentes de pesquisa se reúnem em cafeterias planejando como fazer com que a C-SPAN* cubra a conferência intitulada "Otan para quê?", de seus chefes, na primavera seguinte. Os membros júnior dividem o táxi para o Capitol Hill e concordam generosamente em assistir aos painéis de discussão um do outro. Os membros sênior, os antigos secretários de deputados desse ou daquele departamento, fazem parte de uma instituição de Washington chamada Almoço Impotente, no qual dois ex-influentes jantam e têm conversas portentosas sem importância alguma. Enquanto isso, todos têm de lidar com as consequências emocionais de sua Raiva Líquida Sublimada, que é a raiva sentida por norte-americanos de classe média alta que ganham salários decentes, mas têm de gastar 60% de seus proventos descartáveis em mensalidades de escolas particulares. Não sobra nada para gastar

---

* C-SPAN: Cable-Satellite Public Affairs Network (emissora a cabo para assuntos públicos). Empresa privada norte-americana, sem fins lucrativos, criada em 1979 para cobrir assuntos governamentais. (N. da T.)

com eles mesmos, o que causa uma autocomiseração profunda e não reconhecida.

Quando Erica desapareceu na administração como chefe de gabinete, Harold se juntou a esses simposiastas felizes e aceitou um cargo como pesquisador sênior de Robert J. Kolman para estudos de políticas públicas. Kolman era um banqueiro de investimentos de 1,50 metro de altura que estava em sua quinta esposa de 1,80 metro (são 9 metros acumulados de sexo feminino) e que achava que a maioria dos problemas dos Estados Unidos se resolveria se ele fosse convidado para a Casa Branca mais vezes.

Assim, Harold se viu na terra dos caras da política. Achava-os emocionalmente evitativos em geral, pessoas que haviam estabelecido suas credenciais como alunos dedicados de universidade, que construíram sua autoridade em rigor analítico; depois, se congregaram, como andorinhas migrando para Capistrano, em um lugar onde a sexualidade era rigorosamente suprimida, onde o prazer tinha pouca prioridade e onde, se você fosse em quatro conferências sobre a reforma nos benefícios pagos pelo governo, sua virgindade era magicamente restaurada. Harold percebeu que seus novos colegas de trabalho eram muito gentis e incrivelmente inteligentes, mas sofriam das rivalidades de status endêmicas na classe média alta. Como graduados em Direito, ressentiam graduados em Administração. Como pessoas de Washington, ressentiam pessoas de Nova York. Como especialistas em política, ressentiam pessoas com boa estrutura óssea. Todos tinham máquinas da NordicTrack* abarrotadas nas áreas de recreação de seus filhos no andar de baixo, mas, não importa o quanto trabalhassem, tinham cuidado para nunca ficarem bonitos porque, se ficassem, nunca seriam levados a sério no Escritório de Orçamento do Congresso.

O escritório de Harold era exatamente ao lado do de um homem cuja carreira política tinha acabado por causa do desequilíbrio dos elos de posição social. Passou a primeira parte da vida se definindo de acordo com o status de sua carreira. Desenvolveu as habilidades sociais úteis para se promover: a capacidade de sugerir falsa

---

* Produtora de aparelhos de ginástica, como esteiras e bicicletas ergométricas. (N. da T.)

intimidade; a habilidade de lembrar primeiros nomes; a habilidade sutil de deferência efetiva. Foi eleito ao Senado e passou a comandar o patoá da globobagem* — a habilidade de declamar por horas portentosas sobre a revolução nos assuntos mundiais trazida por mudança tecnológica/degradação do meio ambiente/declínio fundamental dos valores morais —, atingiu a fama e um lugar como presidente do Comitê de Relações Internacionais do Senado e era regularmente mencionado como uma esperança presidencial.

Só que, gradualmente, alguma piada cósmica cruel caiu sobre ele. Percebeu, na meia-idade, que sua grandeza no Senado não era suficiente e que ele era solitário. Alguns senadores conseguem construir amizades quando estão no Congresso. Na verdade, um estudo de Katherine Faust e John Skvoretz descobriu que as redes de amizade no Senado norte-americano eram consideravelmente similares em estrutura às redes sociais de lambida entre vacas. Mas esse pobre homem nunca construiu essas amizades. Passou a vida toda construindo relacionamentos com pessoas acima dele; não perdeu tempo construindo relacionamentos horizontais com pessoas que podiam ser parceiras e companhias de verdade. A mediocridade de sua vida íntima ficou mais dolorosa com a euforia de seu sucesso público.

Sendo assim, veio a crise. Talvez os gorilas machos alfa não acordem no meio da noite sentindo pena de si mesmos porque "ninguém conhece seu verdadeiro eu". Mas o vizinho de Harold se pôs a curar a ferida da melhor maneira que sabia. Depois de anos de repressão, tinha as habilidades para amizade de uma criança de 6 anos de idade. Quando tentava formar laços, era como ver um são-bernardo tentando dar um beijo de língua. Era autoritário, cheio de saliva e desesperadamente carente. Uma jovem perfeitamente normal estaria sentada em um jantar comemorativo e de repente a língua de um senador estaria em sua orelha. Após decidir, na meia-idade, que tinha, sim, uma alma, resolveu dar uma voltinha com ela e descobriu que tinha acabado de comprar uma passagem no expresso da autoimolação.

---

* No original, *globaloney*. *Baloney* significa besteira ou bobagem. O termo *globaloney* foi cunhado no livro homônimo de Michael Veseth como uma crítica às contradições da globalização. (N. da T.)

Revelações constrangedoras vieram à tona. Garotas de programa apareceram na mídia com histórias interessantes para contar. O Comitê de Ética se reuniu. Programas de comédia noturnos fizeram piadas. As demissões foram entregues e o ex-aspirante a presidente acabou em um *think tank* passando as tardes jogando conversa fora com Harold.

O lado duro

Harold também notou que certas ideias na cultura científica em geral mal tinham penetrado no mundo da confecção de políticas. Descobriu que, tanto na direita quanto na esquerda, as pessoas neste mundo compartilhavam certas suposições. Ambas tinham visões de mundo individualistas, tendendo a presumir que a sociedade é um contrato entre indivíduos autônomos. Ambas promoviam políticas elaboradas para expandir a escolha individual. Nenhuma das duas prestavam muita atenção para laços sociais e comunais, para associações locais ou normas invisíveis.

Ativistas conservadores abraçaram o individualismo do mercado. Reagiam de maneira furiosa contra qualquer esforço que o Estado fizesse para interferir na escolha econômica individual. Adotavam prescrições políticas feitas para maximizar a liberdade econômica: baixos impostos para que as pessoas pudessem guardar e usar mais de seu dinheiro, seguridade social privada para que pudessem controlar uma parte maior de suas pensões, bolsas de estudo para que os pais pudessem escolher escolas para os filhos.

Os liberais abraçavam o individualismo da esfera moral. Reagiam de maneira furiosa contra qualquer esforço do Estado para interferir nas escolhas de casamento, estrutura familiar, o papel das mulheres e assuntos de nascimento e de morte. Abraçavam políticas elaboradas para maximizar a liberdade social. Os indivíduos devem ser livres para tomar suas próprias decisões sobre aborto, eutanásia e outros assuntos. Grupos ativistas defendiam os direitos dos indivíduos acusados de crimes. A religião, na forma de presépios e menorás, era rigorosamente separada da esfera pública para que não influenciasse a consciência individual.

O individualismo de esquerda e de direita produziu dois movimentos bem-sucedidos — um na década de 1960 e outro na de 1980.[1] Durante uma geração, não importava quem estivesse no poder, os ventos que prevaleceram sopraram na direção da autonomia, do individualismo e da liberdade pessoal, e não na direção da sociedade, das obrigações sociais e dos laços comunais.

Harold também descobriu que seus novos colegas de trabalho compartilhavam uma mentalidade materialista. Tanto os liberais quanto os conservadores gravitavam na direção de explicações econômicas para qualquer problema social e geralmente surgiam com soluções que envolviam dinheiro para esse problema. Alguns conservadores argumentavam a favor de créditos financeiros para filhos a fim de restaurar o casamento, zonas com impostos baixos para empreendimentos a fim de combater a pobreza urbana e bolsas de estudo para melhorar o sistema educacional. Os liberais enfatizavam o outro lado dos programas de notas fiscais e de gastos. Tentavam direcionar mais dólares para consertar escolas falidas. Expandiam os subsídios para alunos a fim de aumentar as taxas de finalização de graduação. Os dois lados presumiam que havia uma relação direta entre melhorar condições materiais e resolver problemas. Os dois lados negligenciavam questões de caráter, cultura e moralidade.

Em outras palavras, partiram Adam Smith ao meio. Adam Smith escreveu um livro, *A riqueza das nações*, no qual descreveu a atividade econômica e a mão invisível. No entanto, ele escreveu outro livro, *A teoria dos sentimentos morais*, no qual descreveu como a simpatia e o desejo inconsciente por estima moldavam os indivíduos. Ele acreditava que a atividade econômica descrita em *A riqueza das nações* apoiava-se no alicerce descrito em *A teoria dos sentimentos morais*. Contudo, nas últimas décadas, o primeiro livro ficou famoso, ao passo que o segundo era citado, mas nunca aplicado. A mentalidade que prevalece dava valor ao primeiro mas não sabia o que fazer com o segundo.

Harold descobriu que em Washington o status mais elevado ia para aqueles que estudavam coisas envolvendo armas e bancos. Pessoas que escreviam sobre guerra, orçamento e finança global caminhavam como titãs, mas pessoas que escreviam sobre políticas de família, educação na primeira infância e relações de comunidade eram tratadas como nerds gordos em uma festa dos bonitões da faculdade.* Vocês podiam puxar um senador para conversar sobre a importância do laço maternal para o desenvolvimento humano futuro e o senador olharia para você com indulgência, como se você estivesse arrecadando dinheiro para uma fazenda de terapia em grupo para filhotes solitários de cachorros. Depois ele iria embora para conversar sobre alguma coisa séria — um imposto ou um contrato de defesa.

Os políticos em si eram criaturas intensamente sociais. Cavaram seu lugar no mundo com essas antenas emocionais brilhantes, mas quando o assunto era pensar sobre políticas, ignoravam essa faculdade por inteiro. Pensavam de maneira mecanicista e só levavam a sério aqueles fatores que podiam ser rigorosamente quantificados e incluídos no orçamento.

A visão superficial

Harold acreditava que, no decorrer de sua vida, essa mentalidade levou a uma série de políticas desastrosas. Essas políticas produziram efeitos negativos por uma razão em comum. Elas reorganizaram as condições materiais de maneira positiva, mas limaram as relações sociais de maneira que eram involuntárias e destrutivas.

Alguns dos erros emanaram da esquerda. Nas décadas de 1950 e 1960, reformadores bem-intencionados viram vizinhanças destruídas com cortiços decadentes e prometeram substituí-los por projetos de habitação novos em folha. Esses antigos bairros podem ter sido decrépitos, mas continham sistemas de apoio mútuo e laços comunitários. Quando foram destruídos e substituídos por novos projetos, as vidas das pessoas ficaram materialmente melhores, mas espiritualmente piores. Os

---

* No original, *frat party*. As festas da fraternidade acontecem nas casas onde rapazes de uma universidade moram juntos. Há sempre muita bebida, música alta e aventuras sexuais, e os convidados são selecionados pelo seu status social na instituição. (N. da T.)

projetos se transformaram em terrenos baldios fragmentados extremamente despreparados para a habitação humana.

As políticas de bem-estar social da década de 1970 minaram as famílias. Os cheques do governo alavancaram as condições materiais dos destinatários, mas, no meio de um período de ruptura cultural, fizeram com que jovens solitárias dessem à luz fora do matrimônio, dizimando assim os hábitos e os rituais das famílias tradicionais.

Outros fracassos de políticas vieram da direita. Na era da desregulamentação, grandes redes como o Walmart dizimaram proprietários de lojas locais e as redes de amizade e de comunidade que eles ajudaram a criar. Mercados financeiros globais compraram os bancos pequenos, de modo que o conhecimento local de um banqueiro da cidade foi substituído por uma manada maníaca de comerciantes a quilômetros de distância.

No exterior, peritos do mercado livre invadiram a Rússia depois do colapso da União Soviética. Ofereceram montanhas de conselhos sobre privatização, mas quase nenhum conselho sobre como reconstruir confiança comunal e lei e ordem, que são os canteiros reais da prosperidade. Os Estados Unidos invadiram o Iraque acreditando que meramente substituindo o ditador da nação e as instituições públicas pudessem refazer a nação com facilidade. Os invasores ignoraram os efeitos psicológicos que uma geração de tirania havia fundido na cultura iraquiana, os ódios perversos que pairavam logo abaixo da superfície — circunstâncias que rapidamente produziram um banho de sangue étnico.

A lista de políticas fracassadas de Harold continuava: desregulamentação financeira que presumia que comerciantes globais não precisavam de proteção contra seu próprio contágio emocional; zonas de empreendimento baseadas na suposição de que, se você simplesmente reduzisse impostos nas áreas centrais das cidades, então as economias locais prosperariam; programas de bolsas elaborados para reduzir as taxas de abandono escolar, fingindo que o principal problema era a falta de ajuda financeira, quando na verdade apenas cerca de 8% dos alunos não conseguem completar a faculdade por razões puramente financeiras.[2] Os problemas mais importantes têm a ver com desconexão emocional da escola e falta de preparação acadêmica, fatores intangíveis que a mentalidade predominante achou difícil de determinar e reconhecer.

Em suma, o governo tentou fortificar o desenvolvimento material, mas acabou enfraquecendo o desenvolvimento social e emocional que o sustenta. O governo não foi o único fator no enfraquecimento da sociedade. Uma revolução cultural havia dizimado hábitos antigos e estruturas familiares tradicionais. Uma revolução econômica havia substituído centros urbanos com grandes shoppings isolados com redes de lojas. A revolução da informação substituiu organizações comunitárias que sediavam encontros face a face, toda semana, em redes sociais on-line especializadas, nas quais os iguais se achavam. No entanto, as políticas governamentais tiveram um papel em todas essas mudanças.

O resultado foi a diminuição do capital social que Robert Putnam descreveu em *Bowling Alone* (Jogando boliche sozinho) e em outros livros. As pessoas ficaram afiliadas de maneira mais frouxa. As teias de relacionamento que habitavam o autocontrole, o respeito pelos outros e a simpatia social perderam seu poder. Os efeitos às vezes eram liberadores para pessoas educadas, que possuíam o capital social para explorar o novo mundo tecido com frouxidão, mas foram devastadores para os que não tinham esse tipo de capital humano. Estruturas familiares começaram a se desintegrar, principalmente para os de educação inferior. Nascimentos fora do casamento dispararam. O crime cresceu. A confiança nas instituições entrou em colapso.

O Estado teve de interferir na tentativa de restaurar a ordem. Como escreveu o filósofo britânico Phillip Blond, as revoluções individualistas não acabaram por criar sociedades frouxas e livres. Produziram sociedades fragmentadas nas quais o Estado cresce em uma tentativa de preencher o vácuo criado pela desintegração social. Quanto menos restrições sociais informais existirem em qualquer sociedade, mais poder estatal formal tem de existir. Na Grã-Bretanha você acaba com as taxas crescentes de crime e o resultado são 4 milhões de câmeras de segurança.[3] Bairros se desintegraram e o Estado interferiu, absorvendo e deslocando ainda mais as redes de apoio social que restavam. Um mercado oscilante, livre das tradições ou dos padrões informais, demandou promotores intrusivos para os policiarem. Como observou Blond: "Olhem para a sociedade que nos tornamos: somos uma nação bipolar, um Estado burocrático centralizado que preside cidadãos cada vez mais fragmentados, enfraquecidos e isolados."

Sem um tecido social sadio, as políticas se tornaram polarizadas. Um partido passou a representar o Estado. O outro passou a representar o mercado. Um partido tentou direcionar o poder e o dinheiro para o governo; o outro, direcioná-los para vouchers e outros mecanismos de mercado. Ambos negligenciaram e ignoraram as instituições intermediárias da vida civil.

Em nações socialmente escassas, muitas pessoas começaram a formar suas identidades pessoais em torno de sua facção política. Não tinham mais nada a que se agarrar. Políticos e polemistas da mídia tiraram vantagem do vácuo psíquico e transformaram partidos em cultos, exigindo e premiando a lealdade completa à tribo.

Um vez que a política virou uma competição confrontando um grupo de identidade contra o outro, não foi mais possível se comprometer. Tudo virou uma guerra de status entre o meu tipo de pessoas e o seu tipo de pessoas. Até mesmo uma pequena concessão ficava parecendo capitulação moral. Aqueles que tentavam construir relacionamentos com o outro lado da divisão entre partidos eram ostracizados. Entre os políticos, a lealdade ao partido obscurecia a lealdade a instituições como o Senado e a Câmara dos Deputados. A política não era mais uma questão de trocas, era uma competição por honra e supremacia territorial. No meio dessa perversidade partidária, a confiança pública no governo e nas instituições políticas entrou em colapso.

Em uma sociedade densamente conectada, as pessoas conseguem ver a corrente gradual de instituições que conectam a família ao bairro, o bairro à cidade, a cidade à associação regional, as associações regionais às associações nacionais e as associações nacionais ao governo federal. Em uma sociedade reduzida, essa corrente é quebrada e o senso de conexão se quebra com ela. O Estado parece ser alienígena e intrusivo a um só tempo. As pessoas perdem a fé na habilidade de o governo fazer a coisa certa na maior parte do tempo e passam a ter atitudes cínicas e corrosivas em relação aos seus líderes nacionais.

Em vez de ser guiada por laços fraternais, e de ocasionalmente responder a um chamado de sacrifício conjunto, prevalece uma mentalidade cínica no estilo "pegue o que puder antes que os outros roubem tudo". O resultado é uma dívida pública disparada e uma má vontade pública em aceitar o sacrifício do aumento de impostos ou de cortes em gastos, necessários à responsabilidade fiscal. Nenhum dos lados confia no outro para cumprir sua parte de qualquer acordo. Nenhum partido acredita que o outro participaria honestamente de sacrifícios compartilhados de verdade. Sem confiança social, o sistema político recai em uma partida brutal de empurrões.

O lado maleável

Harold acreditava que a revolução cognitiva tinha o potencial de acabar com essas filosofias políticas individualistas e com as abordagens políticas que nasceram delas. A revolução cognitiva demonstrou que seres humanos emergem das relações. A saúde de uma sociedade é determinada pela saúde dessas relações, não pelo quanto ela maximiza a escolha individual.

Portanto, a liberdade não deve ser o objetivo final das políticas. O foco primordial da atividade política é o caráter da sociedade. As instituições políticas, religiosas e sociais influenciam a arquitetura inconsciente de escolha que reforça o comportamento. Elas podem criar cenários que nutrem escolhas virtuosas ou podem criar cenários que as limam. Enquanto a era racionalista colocou o indivíduo de máxima utilidade no centro do pensamento político, a próxima era, acreditava Harold, colocaria a saúde das teias sociais no centro do pensamento. Uma era foi centrada na economia. A outra seria sociocêntrica.

As correntes intelectuais sociocêntricas, esperava Harold, iriam restabelecer conversas acerca do caráter e da virtude no centro da vida política. Você pode injetar dinheiro nas áreas pobres, mas sem culturas que alimentam o autocontrole não vai haver mobilidade social. Você pode aumentar ou diminuir os valores dos impostos, mas sem confiança e confidência as empresas não se formam e as pessoas não vão investir umas nas outras. Você pode estabelecer eleições, mas sem cidadãos responsáveis a democracia não vai florescer. Depois de uma vida inteira elaborando e escrevendo sobre políticas públicas, o criminologista James Q. Wilson chegou a essa conclusão central: "No fundo, em quase toda área de interesse público, estamos buscando induzir as pessoas a agir com virtude, sejam elas crianças na escola, candidatos à ajuda do governo, transgressores em potencial ou eleitores e funcionários públicos."

Harold prendeu outra citação em seu mural, de Benjamin Disraeli: "A natureza espiritual do homem é mais forte do que códigos ou constituições.[6] Nenhum governo resiste sem reconhecer isso como seu alicerce, e nenhuma legislação perdura se não flui a partir desse alicerce."

Tudo se resumia ao caráter, e isso significava que tudo se resumia à qualidade dos relacionamentos, porque os relacionamentos são o canteiro do caráter. A razão pela qual a vida e a política são tão árduas é que os relacionamentos são as coisas mais importantes, mas também as mais difíceis, de se entender.

Em suma, Harold entrou em um mundo de políticas públicas no qual as pessoas estavam acostumadas a pensar em termos duros e mecanicistas. Ele achou que podia contribuir se jogasse perspectivas emocionais e sociais nessa mistura.

Socialismo

Conforme Harold cavou seu caminho no processo de descobrir como suas suposições básicas se aplicavam ao mundo da política e das políticas, lamentou o fato de o nome "socialismo" já ter sido usado. Os pensadores dos séculos XIX e XX que se autodenominavam socialistas não eram socialistas de verdade. Eram estadistas. Valorizavam o Estado em vez de a sociedade.

Porém, o verdadeiro socialismo priorizaria a vida social. Ele imaginou que a revolução cognitiva pudesse promover mais estilos comunitários de políticas. Haveria um foco na comunidade econômica. Por acaso as pessoas em classes diferentes tinham ideia de que estavam unidas em um empreendimento comum ou as disparidades entre as classes eram muito vastos? Haveria um foco na cultura comum. Os valores centrais da sociedade eram expressados e reforçados de maneira autoconfiante? Eram refletidos nas instituições nacionais? Os novos imigrantes assimilavam com sucesso? Na esfera política que Harold imaginava, os conservadores enfatizariam que é difícil para o Estado mudar cultura e caráter. Os liberais argumentariam que nós ainda, de maneira pragmática, temos de tentar. Ambos falariam a língua da fraternidade e trariam inspiração com um senso de que estamos todos juntos.

Nessa altura, Harold não sabia se devia se definir como um liberal ou como um conservador. Um dos princípios que o guiavam foi tirado de uma citação conhecida de Daniel Patrick Moynihan: "A verdade central conservadora é que é a cultura, e não a política, que determina o sucesso de uma sociedade.[7] A verdade central liberal é que a política pode mudar uma cultura e protegê-la de si."

Ele realmente sabia que seu trabalho em Washington era mostrar aos locais que o caráter e a cultura realmente moldam o comportamento e que o governo podia, limitadamente, moldar cultura e caráter. O poder do Estado é como o fogo — aquece quando é contido, mata quando cresce muito. Em seu ponto de vista, o governo não devia comandar as vidas das pessoas. Isso apenas enfraquece a responsabilidade e a virtude dos cidadãos. Contudo, o governo podia influenciar o cenário onde vidas são vividas. O governo podia, até certo ponto, nutrir cenários que servem como berçários para relações fraternais. Podia influenciar o espírito de cidadania.

Parte disso é feito simplesmente realizando as tarefas elementares do Estado, estabelecendo uma estrutura básica de ordem e de segurança — defendendo contra o ataque externo, regulando a atividade econômica para punir predadores, protegendo os direitos de propriedade, punindo o crime, sustentando o estado de direito, provendo um nível básico de seguridade social e de ordem cívica.

Algumas dessas coisas são feitas reduzindo os programas que enfraquecem a cultura e o caráter. O tecido social é baseado na ideia de que o esforço leva à recompensa. Mas é com muita frequência que o governo recompensa pessoas que não contribuíram com o esforço. Faz isso com boas intenções (os velhos programas de bem-estar social que desencorajavam o trabalho) e faz isso com intenções venais (os lobistas asseguram reservas, isenção de impostos e subsídios para que suas empresas possam assegurar rendimentos sem ter de ganhá-los no mercado). Esses programas enfraquecem a confiança social e pública. Separando o esforço da recompensa, eles poluem a atmosfera. Mandam a mensagem de que o sistema está fraudado e que a sociedade é corrupta.

Mas Harold achava que o governo liderado apropriadamente também podia ter um papel mais construtivo. Assim como o poder remoto e centralizado cria cidadãos servis, o poder descentralizado e o autogoverno comunitário criam cidadãos ativos e cooperativos. Os projetos de infraestrutura que criam núcleos nos centros das cidades fortalecem os relacionamentos e estimulam o desenvolvimento. As escolas públicas independentes unem os pais. As universidades que são ativas além do campus viram locais cívicos e empresariais agitados. Os programas de serviço nacional unem as pessoas além das divisões de classe. Os fundos de empreendimento social com incentivo público e administração local encorajam o ativismo cívico e os programas de serviço comunitário. As políticas de impostos simples e justas criam energias, aumentam o dinamismo, elevam o espírito animal e encorajam a destruição criativa.

Aristóteles escreveu que legisladores habituam cidadãos. Intencionalmente ou não, legisladores encorajam certas maneiras de viver e desencorajam outras. O ofício de liderar um Estado é inevitavelmente o ofício da alma.

Experimentos acerca do pensamento

Harold começou a escrever uma série de ensaios para periódicos de políticas, descrevendo o que sua abordagem do lado maleável pode significar no mundo real. Todos os ensaios tinham um tema em comum: como a fratura dos laços inconscientes estava na raiz de vários problemas sociais e como o governo podia agir para reparar esse rasgo no tecido social.

Começou em áreas o mais distante possíveis do mundo efusivo da emoção e dos relacionamentos. Seu primeiro ensaio foi sobre terrorismo global. Muitos comentaristas presumiram originalmente que o terrorismo era um produto da pobreza e uma falta de oportunidade econômica. Era um problema com raízes materiais. Mas pesquisas sobre o background dos terroristas estabeleceram que, de acordo com certa base de dados, 75% dos terroristas antiocidente vinham de lares de classe média e incríveis 63% tinham cursado alguma faculdade.[8] O problema não é material, mas social. Os terroristas são, como argumenta Olivier Roy, desapegados de qualquer país ou cultura específicos.[9] Com frequência, estão presos na terra de ninguém entre o ancestral e o moderno. Inventam uma pureza ancestral de faz de conta para dar sentido a suas vidas. Começam um jihad violento porque isso os une a algo. Geralmente, não são ativos politicamente antes de se unir aos grupos terroristas, mas estão procurando por alguma crença maior para dar forma e propósito à sua existência. Essa escolha só pode ser prevenida se existirem outras causas que lhes forneçam outras rotas à realização.

Depois, Harold escreveu sobre estratégia militar, a essência do machismo das armas e do caos. Harold descreveu como os soldados no Iraque e no Afeganistão achavam impossível derrotar uma insurgência no campo de batalha simplesmente matando o máximo de caras maus possível.[10] Eles aprenderam que a única rota para a vitória era por meio de uma estratégia de contrainsurgência chamada COIN, que começava pela conquista da confiança da população. Os soldados e fuzileiros navais descobriram que não era suficiente assegurar um vilarejo; tinham de mantê-lo para que as pessoas se sentissem seguras; tinham de construir escolas, instalações médicas, quadras e sistemas de irrigação; tinham de reagrupar os conselhos da cidade e dar poder aos mais velhos. Apenas quando essa atividade de construir uma nação estava indo bem é que as sociedades locais estariam fortes e coesas o suficiente para ajudá-los a dar informações sobre o inimigo e a rechaçá-lo. Harold comentou que a atividade política mais difícil — a de guerra — dependia das habilidades sociais mais maleáveis — escutar, entender e construir confiança. A vitória nesse tipo de guerra não tem a ver com empilhar corpos; tem a ver com construir comunidades.

Seu próximo ensaio foi sobre políticas globais relacionadas à Aids. O Ocidente havia usado um vasto conhecimento tecnológico nesse problema e produzido remédios que podiam ajudar a tratar essa praga. Mas a eficácia desses remédios ficava limitada se as pessoas continuavam a se ter os comportamentos que levaram à doença.

Harold assinalou que o conhecimento técnico sozinho não era capaz de mudar o comportamento. Conscientizar é necessário mas insuficiente. As pesquisas mostram que a imensa maioria das pessoas nos países afetados mais severamente entende os perigos do HIV, porém se comporta de modo arriscado mesmo assim. Prover preservativos é necessário mas insuficiente. A maioria das pessoas nesses países tem acesso a preservativos. Mas isso não significa que elas os usam de fato, como demonstram as taxas crescentes ou estabilizadas de infecção. O desenvolvimento econômico também é necessário mas insuficiente. As pessoas que espalham a doença de modo mais agressivo — geralmente mineradores e motoristas de caminhão — são relativamente prósperas. Prover instalações de assistência médica também é necessário mas insuficiente. Harold descreve um hospital na Namíbia onde 858 mulheres estavam recebendo tratamento.[11] Depois de um ano de esforço, conseguiram fazer com que apenas cinco de seus parceiros do sexo masculino fossem fazer o teste. Apesar de significar uma sentença de morte, os homens não iam ao hospital. Em sua cultura, homens não chegavam perto de hospitais.

Harold visitou um vilarejo na Namíbia onde não havia pessoas de meia-idade. Elas haviam morrido por causa da Aids. As crianças haviam cuidado de seus pais até o túmulo. E, no entanto, contra todos os instintos mais primitivos de sobrevivência, os filhos estavam repetindo os mesmos comportamentos que haviam levado à morte de seus pais. Ressaltou que a causa desse comportamento desafiava toda a lógica, assim como o princípio do autointeresse racional conforme entendido comumente. Os programas que realmente mudavam o comportamento não focavam primeiramente na lógica e no autointeresse. Não tentavam meramente mudar as decisões sobre o sexo seguro, mas criar pessoas virtuosas que não se colocariam no caminho da tentação. Tais programas eram frequentemente conduzidos por líderes religiosos. Esses homens e mulheres falavam na língua do certo e do errado, do vício e da virtude. As pessoas liderando esses programas falavam na língua do "ter de fazer". Falavam sobre salvação e verdade bíblica, e a atividade sexual mais segura era consequência de uma mudança muito mais abrangente na perspectiva.

Essa é uma linguagem não abordada pelo conhecimento técnico. É uma linguagem que tem de ser falada por alguém mais velho, um vizinho, pessoas que sabem seus nomes. Harold ressaltou que o Ocidente jogou uma quantidade tremenda de conhecimento médico e técnico no problema do HIV/Aids, mas não o conhecimento moral e cultural suficiente, o tipo de conhecimento que muda vidas, pontos de vista e moralidades, e que, por meio desses padrões mais abrangentes, altera a base inconsciente do comportamento.

Depois, Harold se aproximou do lar. Descreveu como o subúrbio havia reforçado os laços comunitários por todos os Estados Unidos. Apontou que na década de 1990, foram projetadas vastas áreas habitacionais planejadas nos arredores dos subúrbios. Naqueles dias, se você perguntasse aos compradores o que queriam que fosse incluído no planejamento, eles responderiam uma quadra de golfe — um sinal de status. Contudo, se você perguntasse uma década mais tarde o que as pessoas queriam, teriam respondido um centro comunitário, uma lanchonete, uma trilha para caminhadas e um clube. Esse pessoal errou feio. Mudaram-se para subúrbios distantes para ter um pedaço do sonho americano, que igualaram à grande propriedade, mas perderam as conexões sociais que resultam do viver em áreas de população mais densa. O mercado, então, respondeu parcialmente com cenários de ruas pseudourbanas no meio do local de expansão — densas áreas centrais onde as pessoas podiam caminhar e se sentar às mesas das calçadas para tomar um café.[12]

Mobilidade social

O maior projeto de pesquisa de Harold foi sobre mobilidade social. Sua premissa básica era que, nas últimas décadas, os estudiosos passaram muito tempo pensando em globalização, o movimento de produtos e de ideias além das fronteiras. Harold achava que a globalização não era o processo central levando à mudança. Por exemplo, de acordo com o Departamento de Estatísticas do Trabalho dos Estados Unidos, a terceirização em outros países era responsável por apenas 1,9% das demissões na primeira década do século XXI, apesar de todo o falatório e atenção.[13] De acordo com Pankaj Ghemawat, da Faculdade de Negócios da Harvard, 90% dos investimentos fixos ao redor do mundo são domésticos.[14]

O motor real da mudança, acreditava Harold, era uma mudança na carga cognitiva. Nas últimas décadas, a revolução tecnológica e social depositou demandas cada vez maiores na cognição humana. As pessoas agora são compelidas a absorver e processar um leque muito mais complicado de fluxos de informação. São compelidas a navegar por ambientes sociais muito mais complicados. Isso está acontecendo em setores tanto localizados quanto globalizados, e estaria acontecendo se dilacerassem todos os acordos de comércio livre já escritos.

O paradigma da globalização enfatiza o fato de que a informação pode viajar 25 mil quilômetros em um instante. Mas o paradigma de carga cognitiva diz que a parte mais importante da jornada são os últimos poucos centímetros — o espaço entre os olhos e ouvidos de uma pessoa e as várias regiões do cérebro. Por meio de que tipo de lente o indivíduo percebe a informação? O indivíduo tem capacidade de entender a informação? Ele ou ela tem o treino necessário para explorá-la? Quais emoções e ideias a informação ativa? Há presunções culturais que distorcem ou acentuam a maneira como é compreendida?

Essa mudança na carga cognitiva teve muitos efeitos abrangentes. Mudou o papel das mulheres, que são capazes de competir igualmente na arena da habilidade mental. Mudou a natureza do casamento, visto que homens e mulheres procuram parceiros que podem conectar e complementar as habilidades mentais um do outro. Levou ao acasalamento seletivo, visto que pessoas com maior nível de educação casam-se entre si e pessoas com menos nível de educação casam-se entre si. Produziu também uma desigualdade crescente, de modo que as sociedades se dividem em duas nações — uma com aqueles que possuem as habilidades inconscientes de navegar por esse terreno e outra com aqueles que não têm a oportunidade de adquirir essas habilidades.

Nas últimas décadas, houve um crescimento constante no retorno da educação, as recompensas econômicas que vão para pessoas com mais educação. Na década de 1970, argumentava-se que mal fazia sentido ir para uma faculdade. Não havia uma grande diferença entre os níveis de renda dos formados e dos não formados. Contudo, no começo da década de 1980, o retorno da educação começou a crescer e não parou mais. Hoje, o dinheiro segue as ideias. O norte-americano comum com bacharelado faz parte de uma família que ganha 93 mil dólares ao ano. A pessoa comum com diploma de curso técnico faz parte de uma família que ganha 75 mil dólares.[15] A pessoa comum com ensino médio completo faz parte de uma família que ganha 42 mil dólares e, na média, o que largou a escola faz parte de uma família que ganha 28 mil dólares.

Ademais, há um efeito estrela, até mesmo no topo. As pessoas que possuem habilidades mentais únicas são premiadas; seus salários disparam. As pessoas com educação decente, mas com traços mentais fungíveis, viram mercadorias. Seus salários caminham lentamente para o topo ou até se estagnam.

Essas habilidades mentais tendem a ser passadas adiante nas famílias, portanto recebemos uma meritocracia herdada. Não importa, tanto quanto na década de 1950, se você nasceu em uma família protestante cujos ancestrais chegaram no *Mayflower*. Mas ainda importa muito em qual família você nasceu, talvez mais do que nunca. Uma criança nascida em uma família que ganha 90 mil dólares ao ano tem 50% a mais de chance de se formar na faculdade aos 24 anos de idade.[16] Uma criança nascida em uma família que ganha 70 mil dólares tem uma em quatro chances. Uma criança nascida em uma família que ganha 45 mil tem uma em dez. Uma criança nascida em uma família que ganha 30 mil tem uma em 17.

As universidades de elite se tornam bastiões do privilégio. Anthony Carnevale e Stephen Rose fizeram uma enquete nas 146 melhores universidades dos Estados Unidos e descobriram que apenas 3% dos alunos nessas instituições vinham de famílias no quartil inferior da economia.[17] Setenta e quatro por cento dos alunos vinham de famílias no quartil superior.

Uma sociedade saudável é uma sociedade com mobilidade, uma sociedade na qual todos têm uma chance de ter uma vida boa, na qual todos têm razão para prosseguir, na qual as pessoas se erguem e caem de acordo com o que merecem. Mas as sociedades na era da cognição produzem sua própria forma de desigualdade, alojada profundamente nos cérebros dos cidadãos — isso é mais sutil do que as distinções ancestrais de classes no feudalismo, porém quase tão cruel e injusto.

Harold comentou que a maioria das nações tentou lutar contra esse problema, gastando muito dinheiro no processo. Os Estados Unidos gastaram mais de um trilhão de dólares tentando reduzir a diferença de realizações entre alunos brancos e negros. O gasto da educação pública por pupilo cresceu em 240% em termos reais entre 1960 e 2000.[18] As maiores universidades oferecem pacotes estrondosos de auxílio e algumas das mais ricas, como a Harvard, suspendem a mensalidade por completo para os alunos que vêm de famílias que ganham menos de 60 mil dólares por ano. Os Estados Unidos gastaram dinheiro suficiente em programas contra a pobreza para dar um cheque de 15 mil dólares por ano para cada pessoa pobre. A mãe de dois filhos ganharia um cheque de 45 mil dólares por ano se os programas fossem convertidos em uma simples transferência.[19]

No entanto, o dinheiro não pode resolver o problema da desigualdade porque não é a fonte crucial da questão. O problema está no reino do desenvolvimento consciente e inconsciente. Harold precisava apenas comparar sua criação com a de Erica para ver isso. Algumas crianças são cercadas de uma atmosfera que encoraja o desenvolvimento do capital humano — livros, discussão, leitura, perguntas, conversas sobre o que querem ser no futuro — e outras são cercadas de uma atmosfera fragmentada.[20, 21] Se você lê parte de uma história para crianças do jardim de infância em uma vizinhança próspera, cerca de metade delas vai conseguir prever o que acontece na história. Se você lê o mesmo fragmento para crianças em vizinhanças pobres, cerca de apenas 10% delas vai ser capaz de prever o fluxo de eventos. A habilidade de construir moldes sobre o futuro tem importância vital para o sucesso.

Em 1964, antes de a era cognitiva ter realmente começado, famílias ricas e famílias pobres eram demograficamente similares, o que significava que crianças no topo e na base da escala de renda entravam na maioridade com perspectivas e capacidades similares. Porém, conforme mais e mais demandas foram delegadas ao processamento mental, fissuras se abriram e as crianças com educação melhor crescem em cenários diferentes das crianças com educação inferior. As crianças com educação melhor vivem no meio de feedbacks virtuosos. Habilidades superiores e famílias estáveis levam ao sucesso econômico, o que facilita a vida da família estável, o que facilita a aquisição de habilidade e o sucesso econômico futuro. As crianças com educação inferior vivem no meio de feedbacks perversos. Habilidades inferiores e a queda da família levam ao estresse econômico, o que torna a queda da família ainda mais possível, o que dificulta ainda mais a aquisição de habilidade e a segurança econômica.

Hoje, pessoas com educação superior e pessoas sem educação superior habitam cenários distintos. Mais de 2/3 das crianças de classe média são criadas em famílias intactas com os dois pais, ao passo que menos de 1/3 das crianças pobres são criadas nelas. Cerca de metade dos alunos em cursos técnicos comunitários engravidou ou engravidou alguém. Isabel Sawhill calculou que, se as estruturas familiares hoje fossem as mesmas de 1970, a taxa de pobreza seria aproximadamente 1/4 mais baixa.[22]

Vastas fissuras de atitudes também se abriram. Como mostrou Robert Putnam, as pessoas com educação superior são muito mais propensas a confiar nos outros ao seu redor. São muito mais propensas a acreditar que podem controlar seus próprios destinos e a agir para atingir seus objetivos.

As pessoas em ambos os lados da divisão tendem a querer as mesmas coisas. Os de educação elevada e os de educação inferior tendem a querer viver em lares estáveis com pai e mãe. Tendem a querer se formar e fazer com que seus filhos os superem. O que acontece é que os de educação melhor têm mais recursos emocionais para de fato executarem essas visões. Se você casa antes de ter filhos; se você se forma no ensino médio; e se você trabalha em tempo integral, há 98% de chance de não viver na pobreza.[23] Mas muitas pessoas são incapazes de conseguir fazer essas coisas.

Conforme Harold conduzia sua pesquisa sobre pobreza, fragmentação familiar e outros assuntos relacionados à mobilidade social, às vezes tinha vontade de simplesmente sacudir as pessoas e mandar se organizarem. Vá à entrevista de emprego. Faça o SAT no qual você se inscreveu. Estude para as provas para que consiga se formar. Não se demita só porque o trabalho é chato ou porque tem uma pequena crise acontecendo em casa. Ele sabia que, em algum nível, não há um substituto para a responsabilidade individual e não há prospecto de sucesso a não ser que a pessoa se responsabilize por suas decisões e trabalhe implacavelmente para atingir seus objetivos.

Por outro lado, ele sabia que não adiantava ficar dando sermões sobre força interior. O florescimento depende de habilidades inconscientes que servem de pré-requisito para realizações conscientes. As pessoas que não adquiriram essas habilidades inconscientes têm muito mais dificuldade de seguir uma rotina diária de trabalho e de ir para o trabalho todo dia de manhã mesmo que não tenham vontade. Vai ser mais difícil para elas ser educadas com um chefe que as enlouquece, dar um sorriso aberto quando conhecem uma pessoa nova, apresentar uma face consistente ao mundo, até mesmo quando estão em estados de espírito diferentes e em crises pessoais. Vão ter dificuldade em desenvolver uma fé fundamental na sua própria eficácia — uma crença de que são capazes de moldar o curso de suas vidas. Serão menos propensas a acreditar na proposição de que causa gera efeito, de que, se sacrificando agora, alguma coisa boa vai aparecer como resultado.

Há também os efeitos psíquicos da desigualdade em si. Em seu livro *The Spirit Level* (O nível do espírito), Richard Wilkinson e Kate Pickett argumentam que o mero fato de estar na parte inferior da cadeia traz consigo seu próprio estresse profundo e impõe seus próprios custos psíquicos. A desigualdade e um sentimento de exclusão causam dor social, o que gera mais obesidade, piores problemas de saúde, menos conexões sociais, mais depressão e ansiedade. Wilkinson e Pickett apontam, por exemplo, um estudo sobre funcionários públicos britânicos.[24] Alguns tinham empregos de alto status e de alta pressão. Outros tinham empregos de baixo status e de baixa pressão. Presumiria-se que as pessoas nos empregos de alta pressão teriam taxas maiores de problemas cardíacos, doenças gastrointestinais e doenças em geral. Na verdade, eram as pessoas nos empregos de pressão menor. O status inferior impõe seus próprios custos.

Com essa abordagem do lado maleável, Harold tinha fé nos programas que reformavam os modelos internos nas mentes das pessoas. Se vocês sentissem, assim como Harold, que em algumas comunidades de baixa renda os valores de realização não estavam sendo transmitidos de uma geração para a outra, então não teriam outra escolha a não ser tentar incuti-los.[25] Isso significa que você teria de ser um tanto paternalistas. Se os pais não estavam incutindo esses valores de realização, então as igrejas e os grupos de caridade deviam tentar. Se essas instituições estivessem sobrecarregadas, então o governo tinha de tentar interferir para ajudar as pessoas a atingir as três coisas que necessitam para entrar na classe média: casamento, diploma do ensino médio e emprego.

"Todos nós precisamos ser incentivados a fazer coisas que vão melhorar nosso bem-estar a longo prazo, sejam elas comer a comida certa ou fazer fundos de aposentadoria", escrevem Ron Haskins e Isabel Sawhill no *Creating an Opportunity Society* (Criando uma sociedade de oportunidade). "As famílias de baixa renda não são diferentes." Não havia nenhuma política que pudesse construir essas habilidades inconscientes. As políticas de capital humano são como a nutrição. Você tem de instigá-las constantemente. No entanto, Harold de fato via uma sequência de políticas que poderia ajudar aqueles que estavam fora da escada da mobilidade social.

O maior impacto vem do foco na juventude. Como argumenta James Heckman, aprendizes aprendem e habilidade engendra habilidade, portanto investimentos em crianças têm muito mais recompensas do que investimentos nos mais velhos.[26] Os cursos de educação parental ensinam as mães adolescentes a cuidar de seus filhos. As visitas domiciliares de cuidadores ajudam a dar estrutura para famílias desorganizadas e fornecem indicações de emprego para as mães jovens. Os programas de qualidade para a primeira educação têm efeitos duradouros no desenvolvimento na infância. Às vezes, o ganho de QI cai conforme as crianças de pré-escolas de qualidade ingressam na população da escola regular. Mas as habilidades sociais e emocionais parecem não se dissipar, e elas produzem ganhos duradouros — maiores taxas de graduação e melhores resultados em termos de carreira.[27]

As abordagens comunitárias que são integradas, como o Harlem Children's Zone,* produzem os resultados mais impressionantes. Esses programas oferecem um dilúvio de programas diferentes, todos elaborados para colocar os jovens em uma contracultura de realização elevada. As academias da KIPP** e de outras escolas "sem insensatez" melhoram significantemente as perspectivas de seus alunos. Essas escolas, como

---

* Programa sem fins lucrativos que ajuda crianças e famílias de baixa renda. Oferece palestras, direcionamentos aos pais e às escolas públicas independentes. (N. da T.)

** KIPP: "Knowledge is Power Program" (Programa conhecimento é poder). Escolas preparatórias gratuitas em comunidades carentes em todos os Estados Unidos. (N. da T.)

a que Erica cursou, dão aos alunos uma nova maneira de viver, muito mais disciplinada e rigorosa do que estão acostumados.

A coisa mais importante em qualquer sala de aula é a relação entre o professor e o aluno. Turmas menores podem ser melhores, mas é melhor ter uma boa professora em uma turma grande do que uma professora ruim em uma turma pequena.[28] As bonificações de mérito para professores podem ajudar a manter professores talentosos nas salas de aula. Os alunos aprendem melhor com alguém que amam. Os programas de monitoria também criam relacionamentos. Os alunos são bem menos propensos a sair da escola ou da faculdade se têm uma pessoa importante em sua vida guiando-os e encorajando-os todos os dias. A Universidade da Cidade de Nova York tem um programa chamado ASAP,* que tem um componente intenso de monitoria e que parece aumentar as taxas de graduação.[29]

A primeira geração de políticas de capital humano deu às pessoas acesso a escolas, faculdades e instituições de treinamentos. As políticas da segunda geração teriam de ajudá-las a desenvolver os hábitos, o conhecimento e os traços mentais que necessitam para ter sucesso. Não é suficiente dar a uma aluna a oportunidade de ir para uma faculdade pública se, quando chega lá, ela acha os requerimentos confusos, os conselheiros rudes e indisponíveis, o processo de inscrição desnorteante, os cursos importantes lotados, os requerimentos de graduação misteriosos. Esses obstáculos derrotam os alunos que carecem de capital social. As políticas de capital humano em sua segunda geração têm de prestar atenção tanto no currículo oculto da vida quanto no visível.

Uma nação de afiadores

Quanto mais tempo Harold passava pensando em políticas e tentando formar uma filosofia de governo, mais percebia que o desenvolvimento pessoal e a mobilidade social estavam no coração de sua visão de uma grande sociedade. A mobilidade social abre horizontes porque as pessoas conseguem ver oportunidades mais vastas e vidas transformadas. A

* ASAP, abreviatura de *as soon as possible*, o mais rápido possível. (N. da T.)

mobilidade social reduz o conflito de classe porque ninguém é sentenciado a passar seus dias na casta na qual nasceram. A mobilidade social libera energias criativas. Mitiga a desigualdade porque nenhuma estação precisa ser permanente.

Harold se viu em uma nação com dois movimentos políticos dominantes. Havia um movimento liberal que acreditava no uso do governo para promover a igualdade. Havia um movimento conservador que acreditava na limitação do governo para promover liberdade. Contudo, historicamente, já houve um movimento que acreditava em um governo limitado, porém enérgico, para promover a mobilidade social. Esse movimento teve seu início em uma pequena ilha caribenha algumas centenas de anos atrás.

No século XVIII, havia um menino que vivia na ilha de Santa Cruz, no Caribe. Seu pai o abandonou quando ele tinha 10 anos de idade. Sua mãe morreu na cama ao seu lado quando ele tinha 12 anos. Foi adotado por um primo, que prontamente cometeu suicídio. O restante de sua família consistia de uma tia, um tio e uma avó. Todos morreram em poucos anos. Um tribunal de justiça veio e confiscou a pequena propriedade que ele havia herdado da mãe. Ele e seu irmão foram deixados sem bens, órfãos e sozinhos.

Aos 17 anos de idade, Alexander Hamilton estava gerenciando uma empresa de comércio. Aos 24, era o chefe de equipe de George Washington e um herói da guerra. Aos 34, havia escrito 41 ensaios em *O federalista* e era o advogado mais bem-sucedido de Nova York. Aos 40, era o secretário do Tesouro mais famoso da história dos Estados Unidos.

Hamilton criou uma tradição política elaborada para ajudar jovens lutadores como ele. Desejava criar uma nação onde jovens ambiciosos pudessem usar seus talentos de forma plena, e onde seu trabalho construiria uma grande nação. "Todo novo cenário que se abre à natureza ocupada do homem para despertar e exercer a si mesma é a adição de uma nova energia ao estoque geral de esforço."[30]

"Despertar"... "exercer"... "energia". São palavras hamiltonianas. Ele promoveu políticas elaboradas para nutrir esse dinamismo. Em uma época em que muitas pessoas suspeitavam da manufatura e acreditavam que apenas a agricultura produzia virtude e riqueza, Hamilton defendeu a mudança na indústria e na tecnologia. Em uma época em que comerciantes e mercados financeiros eram desdenhados pela oligarquia da plantação, Hamilton promoveu mercados vibrantes de capital para estimular a nação. Em uma época em que a economia estava fragmentada em feudos locais comandados por grandes latifundiários, Hamilton buscou acabar com monopólios locais e criar oportunidades. Ele nacionalizou a dívida da Guerra da Independência dos Estados Unidos, criando mercados capitais e unindo a economia nacional em mais uma troca competitiva. Acreditava no uso do governo para aumentar o dinamismo criando competição.[31]

A tradição hamiltoniana foi perpetuada no começo do século XIX por Henry Clay e pelo partido dos Whigs, que defenderam canais, estradas de ferro e outras melhorias internas para criar oportunidade e unir a nação. Essa causa foi abraçada por um jovem Whig, Abraham Lincoln. Como Hamilton, Lincoln cresceu em uma família pobre e foi instigado por uma ambição que não tinha descanso. Mas Lincoln fez mais discursos sobre o trabalho e a economia do que sobre a escravidão, e buscou criar uma nação que receberia sua própria transformação e que abraçaria o evangelho do trabalho.

"Acredito que o valor da vida é melhorar a condição de um indivíduo", disse ele para uma plateia de imigrantes em 1861.[32] Sob sua liderança, o governo da era da Guerra Civil unificou a moeda, passou a Lei de Terras, a Lei Morrill e a legislação de estradas de ferro. Essas políticas foram elaboradas para dar aos norte-americanos um campo aberto de oportunidade justa de espalhar o espírito do empreendimento, de aumentar a mobilidade social e, assim, de construir a nação.

A próxima grande figura nessa tradição foi Theodore Roosevelt. Ele também acreditava na força construtora de caráter que a competição gerava, em sua habilidade de produzir pessoas que possuíssem as virtudes vigorosas que ele glorificou em seu discurso inaugural de 1905 — energia, autoconfiança e iniciativa.

Roosevelt também acreditava que o governo às vezes deve ter um papel ativo encorajando a vida estrênua e dando a todos uma chance justa na corrida. "A verdadeira função do Estado, ao interferir na vida social", escreveu ele, "devia ser a de tornar as oportunidades de competição mais homogêneas, e não a de aboli-las".[33]

Essa tradição hamiltoniana dominou as políticas dos Estados Unidos por muitas décadas. Mas no século XX, ela enfraqueceu. O grande debate do século XX era sobre o tamanho do governo. A tradição hamiltoniana se posicionava no outro lado desse debate.

Todavia, Harold acreditava que era a hora de reavivar essa tradição governamental limitada mas enérgica — com duas atualizações. Os hamiltonianos do passado viveram antes da chegada da era cognitiva, quando as demandas mentais sobre jovens lutadores eram relativamente baixas. Essa situação havia mudado, portanto um movimento que visava aumentar a mobilidade social teria de lidar com ambientes sociais e de informação mais complicados. Além disso, Hamilton, Lincoln e Roosevelt puderam presumir um nível de capital social e moral. Presumiam que os cidadãos viviam em pequenas comunidades definidas por normas bem-compreendidas, um consenso moral e costumes restritivos. Os líderes de hoje não podiam fazer essa suposição. O capital moral e social presente durante aqueles anos havia se corroído e precisava ser reconstruído.

Harold passou seus anos em Washington defendendo uma abordagem hamiltoniana que oferecia políticas de capital humano da segunda geração. Ele nunca desenvolveu o que se poderia chamar de uma ideologia, um sistema que tem todas as explicações para um bom governo. O mundo era um organismo muito complexo para isso, demasiadamente repleto de um emaranhado oculto de funções latentes para algum governo hiperconfiante chegar e remodelar de acordo com algum plano pré-fabricado.

Tão pouco tinha uma visão heroica da liderança política. Harold tinha uma visão mais constrita do que o governo pode e deve fazer. O filósofo britânico Michael Oakeshott estava emitindo um alerta útil contra o excesso de confiança quando escreveu que "na atividade política, então, os homens velejam em um mar sem limite e sem fundo; não há cais para abrigo nem chão para ancoragem, nem ponto de partida ou destino determinado. A empreitada é manter-se flutuando em uma quilha homogênea; o mar é amigo e inimigo; e a navegação consiste em usar os recursos de uma forma tradicional de comportamento a fim de transformar cada ocasião hostil em uma amiga".[34]

Quando pensava no governo, Harold tentava se lembrar do quão pouco sabemos e podemos saber, do quanto nosso próprio desejo por poder e por fazer o bem nos cega em relação às nossas limitações.

Mas, como a maioria dos norte-americanos, ele de fato acreditava no progresso. Sendo assim, ao mesmo tempo em que tinha uma aversão instintiva à mudança que altera o caráter fundamental da sociedade, tinha uma afeição pela reforma que a conserta.

Passou aqueles anos escrevendo seus artigos, apimentando o mundo com suas propostas políticas. Não eram muitas as pessoas que concordavam com ele. Havia um colunista no *New York Times* cujas visões eram incrivelmente similares às dele, e alguns outros. Mesmo assim, ele persistiu, sentindo que no geral estava certo sobre as coisas e que algum dia outros iriam chegar às conclusões às quais ele tinha chegado. Karl Marx disse certa vez que Milton escreveu *Paraíso perdido* da maneira que um bicho-da-seda produzia seda, como um desdobrar de sua própria natureza.[35] Harold se sentiu gratificado em seus anos no *think tank*. Nem sempre ficava feliz quando Erica desaparecia por semanas, mas sentia que estava dando alguma contribuição ao mundo. Estava confiante que sua abordagem "socialista", de uma maneira ou de outra, um dia teria um grande impacto no mundo.

CAPÍTULO 21

A OUTRA EDUCAÇÃO

TODO INVERNO, OS GRANDES E OS BONS SE ENCONTRAVAM EM DAVOS, Suíça, para o Fórum Econômico Mundial. E toda noite nessa semana em Davos, há constelações de festas. As pessoas nas festas dos anéis exteriores invejam as pessoas nas festas dos anéis medianos, e as pessoas nos anéis medianos gostariam de ter sido convidadas para as festas nos anéis internos. Cada anel apresenta uma lista de convidados um tanto mais elevada do que a do anterior — com economistas e entendidos no exterior e níveis ascendentes de poder, fama e de falta de perícia em direção ao centro.

No núcleo liquefeito da constelação de festas, há sempre uma festa que forma a Divindade das Divindades da sociedade — na qual ex-presidentes, secretários de gabinete, banqueiros centrais, magnatas globais e Angelina Jolie se reúnem para socializar e bater papo. E essa festa, sem dúvida, é a mais chata de toda a constelação. O universo social de Davos, como os universos sociais de todos os lugares, consiste em anéis de pessoas inseguras e interessantes buscando desesperadamente entrar no reino dos plácidos e convencidos.

Depois de algumas décadas de sucesso empresarial e de oito anos de serviço público ainda mais proeminente — como chefe de gabinete durante o primeiro governo e como secretária de Comércio no segundo —, Erica ganhou entrada no epicentro de Davos. Ela era o tipo de pessoa que é convidada para as festas mais exclusivas e entediantes.

Aposentada, ela agora servia em comissões valiosas acerca de problemas intratáveis — déficit de gastos, proliferação nuclear, a aliança transatlântica e o futuro dos acordos globais de comércio. Não era uma daquelas pessoas cujos rostos se iluminam ao som das palavras "sessão plenária", mas havia se transformado em uma participante, endurecida pelas batalhas, de reuniões de cúpula — era capaz de suportar barragens de tédio eminente. Havia se tornado amiga ou conhecida dos ex-líderes do mundo que também participavam dessas comissões e que viajavam durante o ano de Davos a Jackson Hole, a Tóquio e a outros lugares para expressar graves preocupações sobre a crise crescente que as pessoas no poder não tinham capacidade de resolver.

No início, Erica se sentiu ansiosa e insegura quando conversava com ex-presidentes e celebridades globais. Porém, a reverência se esvaiu rapidamente e agora era como se fosse o mesmo grupinho reunido mais uma vez em um resort diferente no mundo. Um ex-ministro havia renunciado em situação ruim; um presidente havia sido um fracasso completo no cargo; um ex-secretário de Estado foi desagradavelmente afastado do poder. As questões embaraçosas de todos eram evitadas e tudo foi perdoado no mundo de lutas desleais no qual haviam padecido.

E quanto à conversa deles... bem, era o pior pesadelo de um conspirador. Fica evidente que quando as pessoas no comando das maiores instituições do mundo se juntam, a conversa que realmente querem ter é sobre golfe, remédio para o jet lag e pedras na vesícula. Os dias eram consumidos por uma preocupação portentosa sobre a ameaça do protecionismo crescente e as noites por intensas histórias sobre próstatas. As reuniões aconteciam sob a chamada Regra de Chatham House,* o que significava que ninguém tinha permissão de dizer nada interessante. O auge das conversas noturnas era a narrativa ocasional sobre idiotices de bastidores.

Ex-líderes mundiais inevitavelmente têm um repertório de histórias de bastidores que usam para entreter as pessoas nos jantares. Um ex-presidente contou a história de quando cometeu o erro de se gabar sobre seu

---

* A Chatham House é uma organização sem fins lucrativos sediada em Londres, cujo objetivo é promover o debate de assuntos internacionais. A "Chatham House Rule" é o princípio de confidencialidade que rege todas as discussões da organização, e diz que qualquer participante pode dizer o que quiser, contanto que sua identidade e suas afiliações permaneçam em sigilo. (N. da T.)

cachorro para o líder russo Vladimir Putin. Na próxima reunião de cúpula em Moscou, Putin chegou ao almoço com quatro rottweilers e se gabou dizendo: "Maiores, mais rápidos e mais fortes do que os seus." Isso levou um ex-conselheiro de Defesa Nacional a contar a história de quando Putin roubou seu anel. Ele estava usando seu anel de formatura da faculdade militar West Point em uma reunião. Putin pediu para vê-lo e o colocou no dedo, e depois colocou-o habilmente no bolso enquanto conversavam. O Departamento de Estado causou uma comoção tentando conseguir o anel de volta, mas Putin não o devolvia. Outro primeiro-ministro contou sobre quando fugiu de uma festa no Palácio de Buckingham para dar uma olhada nas alas privadas e foi pego pela rainha, que berrou com ele. Histórias como essas eram sempre deliciosas e deixavam a impressão de que os negócios mundiais são controlados por adolescentes.

No entanto, Erica gostava dessa confusão. Achava que as comissões faziam algum bem, apesar da insipidez. E ela apreciava suas olhadelas contínuas nos funcionamentos internos dos negócios mundiais. Frequentemente, ela se sentava no fundo de alguma reunião longa e se perguntava como aqueles homens e mulheres haviam subido ao topo da elite global. Não eram marcados por um gênio excepcional. Não tinham um conhecimento extraordinariamente profundo ou opiniões criativas. Se havia uma característica que os melhores deles possuía, era o talento da simplificação. Tinham a habilidade de tomar uma situação complexa e capturar o coração da questão em termos simples. Um segundo depois de localizarem o fato central de qualquer problema, sua observação parecia cegamente óbvia, mas, de alguma maneira, ninguém havia simplificado o problema naqueles termos antes. Eles pegavam a realidade e a tornavam viável para pessoas ocupadas.

Quanto a si mesma, Erica havia alcançado um platô de status. Havia alcançado uma certa eminência. Era tratada como uma pessoa significante por onde ia. Desconhecidos se aproximavam e diziam que sentiam-se honrados em conhecê-la. Esse fato em si não a fazia se sentir feliz, mas realmente significava que ela não estava mais corroída pelo tipo de ansiedade de ambição que a impulsionou em grande parte da vida. Ela aprendeu que o reconhecimento e a riqueza não produzem felicidade, mas que liberam você das preocupações que contaminam as pessoas que não possuem essas coisas, mas que as desejam.

Em termos de aparência, Erica ainda se considerava uma jovem menina agressiva. Passava por aqueles momentos de choque em que se deparava com seu rosto inesperadamente no espelho e ficava surpresa em ver que não era o rosto de uma mulher de 22 anos de idade. Era o rosto de uma mulher mais velha.

Agora, ela tinha dificuldade em escutar mulheres com vozes altas e tinha dificuldade em ouvir qualquer pessoa em festas barulhentas. Às vezes, não conseguia se levantar de cadeiras baixas sem dar impulso com os braços. Seus dentes estavam mais escuros do que antes e sua gengiva havia encolhido, deixando seus dentes mais expostos. Havia passado a comer alimentos mais macios (os músculos em torno da mandíbula perdem 40% de sua massa durante uma vida normal).[1]

Além disso, ela tinha começado a segurar em corrimãos quando descia escadas. Tinha escutado histórias de amigas mais velhas que caíram e quebraram o quadril (de todas as pessoas que caem assim, 40% acabam em um asilo e 20% nunca mais andam).[2] Também tinha começado a tomar uma variedade de comprimidos todos os dias, e tinha dado o braço a torcer e comprado um daqueles organizadores de comprimidos.

Culturalmente, Erica se sentia um tanto deslocada. Agora, existiam cerca de duas gerações de estrelas de cinema que ela não conseguia distinguir. As tendências da música pop foram e vieram sem atrair sua atenção de verdade.

Por outro lado, em seus últimos anos, Erica sentia que havia alcançado a apreciação mais realista de si mesma. Era como se tivesse chegado a um nível tal de segurança experiente que agora podia olhar de modo realista para seus erros. Dessa maneira, o sucesso trouxe uma humildade que ela nunca tinha sentido antes.

Leu livros e peças que tratavam a velhice como uma queda impiedosa na decrepitude. Em *Como gostais*, o personagem rabugento de Shakespeare, Jaques, chama a velhice de "a segunda infância e o mero esquecimento". Em meados do século XX, psicólogos do desenvolvimento, quando chegavam a falar da velhice, geralmente a consideravam um período de retiro. Acreditava-se que os idosos lentamente se separavam do mundo em um preparo para a morte. Não se pode esperar que realizem novas transformações. "Aos 50 anos de idade", escreveu Freud, "a elasticidade dos processos mentais dos quais depende o tratamento via de regra desaparece. As pessoas mais velhas não são mais educáveis".

Entretanto, Erica não sentia nada disso, e de fato as pesquisas mais recentes mostraram que os idosos são completamente capazes de aprender e de crescer. O cérebro é capaz de criar novas conexões e até novos neurônios durante toda a vida. Ao mesmo tempo em que alguns processos mentais — como a memória de trabalho, a habilidade de ignorar distrações e a habilidade de resolver problemas matemáticos rapidamente — claramente se deterioram, outros não. Ao passo que muitos neurônios morrem e várias conexões entre diferentes regiões do cérebro murcham, os cérebros de pessoas mais velhas se reorganizam para ajudar a compensar os efeitos do envelhecimento.[3] Os cérebros mais velhos podem levar mais tempo para produzir os mesmos resultados, mas tendem a resolver o problema. Um estudo sobre controladores do tráfego aéreo descobriu que as pessoas de 30 anos de idade tinham memórias melhores do que seus colegas mais velhos, mas os de 60 anos agiam tão bem quanto eles em situações de emergência.[4]

Uma série de estudos longitudinais, iniciada há décadas, está produzindo um retrato mais alegre da vida depois da aposentadoria. Esses estudos não mostram a velhice como uma entrega ou até mesmo como uma serenidade. Mostram-na como um período de desenvolvimento — e não estão nem falando sobre os radicais da velhice que recebem sua mortalidade como um sinal de que devem começar a se jogar de aviões com um paraquedas.

A maioria das pessoas relata que ficam mais felizes conforme envelhecem. Isso pode acontecer porque, conforme as pessoas envelhecem, prestam menos atenção aos estímulos emocionais negativos. Laura Carstensen, da Stanford, descobriu que as pessoas mais velhas são mais capazes de manter suas emoções em equilíbrio e de se recuperar de eventos negativos mais rapidamente.[5] John Gabrieli, do MIT, descobriu que, no cérebro dos mais idosos, a amígdala permanece ativa quando as pessoas estão vendo imagens positivas, mas não ativa quando as pessoas estão vendo imagens negativas.[6] Elas aprenderam inconscientemente o poder da percepção positiva.

Papéis de gênero começam a se mesclar conforme as pessoas envelhecem. Muitas mulheres ficam mais assertivas enquanto muitos homens ficam mais afinados emocionalmente. As personalidades geralmente ficam mais vívidas conforme as pessoas se tornam mais o que já são.

Norma Haan, da Berkeley, conduziu um estudo de acompanhamento com pessoas de 50 anos de idade que haviam sido estudadas quando jovens e concluiu que os sujeitos ficaram mais extrovertidos, autoconfiantes e ternos com a idade.[7]

Não há provas para sugerir que as pessoas ficam automaticamente mais sábias conforme envelhecem. Os testes, da maneira que são aplicados, que tentam investigar a "sabedoria" (uma combinação de conhecimento social, emocional e informacional), sugerem um tipo de platô. As pessoas atingem um nível de competência nesses testes durante a meia-idade, o que permanece de maneira estável até por volta dos 75 anos de idade.[8]

Porém, a sabedoria é o tipo de qualidade que escapa aos testes escritos, e Erica sentia que possuía habilidades na pseudoaposentadoria que não possuía nem na meia-idade. Sentia que tinha uma habilidade melhor de olhar para problemas de perspectivas diferentes. Sentia que estava melhor em observar uma situação sem tirar conclusões precipitadas. Sentia que estava melhor em conseguir distinguir crenças experimentais de conclusões firmes. Isto é, tinha uma melhor capacidade de ver de forma precisa o oceano de sua própria mente.

Havia uma coisa que ela não vivenciava tanto — uma sensação de estar intensamente viva. Nos primeiros anos de sua carreira, a mandavam de avião para algum hotel de Los Angeles, um cliente a colocava em uma suíte e ela caminhava pelos cômodos dando risadas diante da grandiosidade de tudo aquilo. Naqueles dias, ela reservava um dia extra em quase toda cidade que visitava para aproveitar os museus e os sítios históricos. Lembrava-se daquelas caminhadas solitárias no Getty ou no Frick e do sentimento de ser transportada pela arte. Lembrava-se da energia especial de seus estados exaltados de espírito — uma noite que passou perdida em Veneza com um romance embaixo do braço, ou uma turnê pelas velhas mansões em Charleston. Por algum motivo, isso não acontecia mais. Ela não reservava mais o dia de folga no final de suas viagens — não havia tempo.

Conforme sua carreira foi ficando mais exigente, suas atividades culturais diminuíram. Seus gostos poéticos, artísticos e teatrais caíram do alto nível para o médio e baixo. "Quando chegamos aos 50 anos de idade", escreveu Andrew B. Newberg, neurocientista da Universidade da Pensilvânia, "somos menos propensos a evocar os tipos de cume ou experiências transcendentais que podem ocorrer quando somos jovens. Em vez disso, estamos mais inclinados a ter experiências espirituais sutis e refinamentos de nossas crenças básicas".[9]

Ademais, o trabalho de Erica a arrastou para uma direção prosaica. Ela tinha um grande talento para organização e execução. Isso a impulsionou, durante sua vida, a virar CEO e funcionária do governo. Isso a impulsionou ao mundo do processo.

O número de seus conhecidos se multiplicou durante os anos, ao passo que o número de amigos de verdade diminuiu. O Estudo Grant* descobriu que as pessoas que foram negligenciadas na infância são muito mais propensas a ficar sem amigos na maioridade (dessa maneira, os modelos de trabalho se submergem e depois vêm à tona durante a vida).[10] Erica não era solitária. Mas às vezes sentia que vivia em uma solidão povoada. Vivia por perto de uma massa mutante de semiamigos, mas não tinha um pequeno círculo de pessoas íntimas.

No decorrer dos anos, em outras palavras, ela ficou mais superficial. Foi ativa na esfera pública, mas negligente na privada. No decorrer de sua carreira, havia reorganizado o cérebro de maneiras que talvez fossem necessárias ao êxito profissional, mas que não eram satisfatórias agora que sua gana por êxito mundano havia sido realizada.

Ela entrou na aposentadoria incomodada por um sentimento de dormência geral. Era como se existisse uma grande batalha que ela não tinha percebido antes, uma batalha entre as forças da superficialidade e as forças da profundeza. Com o passar dos anos, as forças da superficialidade emplacaram um avanço contínuo.

E então é claro que o rio Styx estava ficando visível — morte, colapso, a fronteira final. Erica não acreditava que isso fosse acontecer com ela ou Harold tão cedo. (Com certeza, não. Eram saudáveis demais. Os dois podiam nomear parentes que tinham vivido até mais de 90 anos, embora, é claro, tais relações confortantes não significassem quase nada.)

---

* No original, "The Grant Longitudinal Study". Conduzido pela Harvard e publicado em dois livros de George Vaillant, esse estudo analisou alunos de contextos diferentes no decorrer de sessenta e oito anos. É parte do Estudo do Desenvolvimento Humano. (N. da T.)

No entanto, seus velhos conhecidos estavam morrendo em uma taxa regular. Se quisesse, podia entrar na internet e descobrir sua probabilidade de morbidade — uma em cada cinco mulheres da idade dela tem câncer; uma em seis tem problema cardíaco; uma em sete, diabetes. Era um pouco como viver em época de guerra; a cada semana, outro membro de seu pelotão social falecia.

O efeito era tanto aterrorizante quanto energizante. (Ela parecia viver permanentemente em um estado de emoções mistas.) A presença galopante da morte mudou sua percepção de tempo. Lentamente, um desafio se formou na mente de Erica. A aposentadoria a liberaria das forças da superficialidade. Ela poderia elaborar sua própria dieta neural, as influências e coisas que fluiriam para dentro de seu cérebro. Poderia se voltar para coisas mais profundas. Agora, poderia embarcar em uma aventura gloriosa.

Sendo Erica, ela tinha de escrever um plano de negócios para si. No capítulo final de sua vida, queria viver mais intensamente. Pegou um bloco de anotações e escreveu uma lista de esferas diferentes de sua vida: reflexão, criatividade, comunidade, intimidade e serviço. Em cada categoria, escreveu uma lista de atividades que seguiria.

Gostaria de escrever um pequeno livro de memórias. Gostaria de se apoderar de alguma forma artística nova, de fazer alguma coisa difícil e de conquistar alguma competência. Gostaria de ser membro de um círculo de amigas que se encontrariam todo ano para rir, beber e compartilhar. Gostaria de encontrar alguma maneira de ensinar os mais novos. Gostaria de aprender os nomes das árvores para que, quando caminhasse em uma floresta, soubesse o que estava vendo. Gostaria de se livrar do papo furado e descobrir se acreditava em Deus ou não.

Atenção plena

Nos primeiros meses de aposentadoria, ela sentiu vontade de se reconectar com velhos amigos. Não manteve contato com ninguém da Academy e quase todos os seus amigos de faculdade também tinham desaparecido. Mas o Facebook permitiu que ela remediasse tudo isso, e dentro de semanas ela estava alegremente trocando e-mails com amigos de décadas passadas.

Renovar essas amizades antigas lhe deu um prazer sem tamanho. Esses contatos acordaram partes de sua própria natureza que estavam adormecidas. Descobriu que uma de suas antigas colegas de quarto na faculdade, uma sulista chamada Missy, vivia a menos de 40 quilômetros dela, e um dia elas combinaram de almoçar. Erica e Missy moraram juntas no começo da faculdade e, apesar de dividirem um quarto, não ficaram muito próximas. Erica estava freneticamente ocupada naqueles dias e Missy, aluna de Medicina, passava todo o seu tempo na biblioteca.

Missy ainda era magra e pequena. Seu cabelo estava grisalho, mas a pele ainda era lisa. Havia se tornado uma oftalmologista cirurgiã, tinha família, recuperou-se de uma mastectomia dupla e se aposentou alguns anos antes de Erica.

Durante o almoço, Missy descreveu com animação a paixão que havia transformado sua vida nos últimos anos: a meditação da atenção plena. Erica sentiu o estômago pesado esperando escutar histórias sobre iogues, retiros espirituais em *ashrams* na Índia, e Missy entrando em contato com seu eu interior de maneira resplandecente — a lenga-lenga normal da Nova Era. Missy foi a cientista durona na faculdade e agora parece que tinha amolecido. No entanto, Missy contou sobre suas meditações da maneira como costumava contar sobre seus trabalhos para casa, com o mesmo rigor.

"Eu me sento de pernas cruzadas e reta no chão", disse Missy. "Primeiro, eu me concentro na respiração, prevendo a expiração e a inspiração, e depois sentindo meu corpo realizando as previsões. Sinto as minhas narinas abrindo e fechando e meu peito subindo e descendo. Depois eu centro os meus pensamentos em uma palavra ou frase. Não repito várias vezes, apenas mantenho a frase na frente da minha mente, e se perceber que meus pensamentos estão soltos, eu os trago de volta. Algumas pessoas escolhem 'Jesus' ou 'Deus' ou 'Buda' ou 'Adonai', mas eu simplesmente escolhi 'Mergulhando no eu interior'.

"Depois, vejo quais sentimentos e percepções e imagens fluem no meu cérebro e deixo a experiência se desdobrar naturalmente. É que nem ficar sentada enquanto vários pensamentos aparecem na consciência. Eu geralmente perco o foco no começo. Acabo pensando nas tarefas de casa ou nos e-mails que tenho de responder. É quando repito a minha frase. Depois de algum tempo, na maioria das vezes, o mundo lá fora começa a cair em penumbra. Não preciso mais repetir a frase. Não sei como descrever. Eu começo a ficar consciente da consciência.

"A minha identidade, a minha si-ência [I-ness], se dissipa e entro nas sensações e nos sentimentos que estão borbulhando bem lá no fundo. O objetivo é recebê-los sem realizar julgamentos, sem interpretá-los. Apenas recebê-los como amigos. Recebê-los com um sorriso. Um dos meus professores compara isso a observar nuvens vagando em um vale.[11] Esses tufos de consciência saem flutuando e são substituídos por outros tufos e outros estados mentais. É como ter acesso a processos que estão lá o tempo todo, mas geralmente sem serem vistos.

"Não estou conseguindo colocar muito bem em palavras porque o lance todo é o que se passa sob as palavras. Quando eu tento descrever, parece tão desinteressante e conceitual. Mas quando estou naquele estado não há narrador. Não há intérprete. Não há palavras. Não fico consciente do tempo. Não estou contando uma história sobre mim — a comentarista some. São só sensações acontecendo. Isso faz algum sentido?"

Pelo visto Missy encontrou uma maneira de perceber o Nível 1 diretamente.

"Quando saio do estado, estou mudada. Vejo o mundo de forma diferente. Daniel Siegel diz que é como se você tivesse passado por uma floresta à noite apontando uma lanterna para iluminar o seu caminho. De repente, você desliga a lanterna. Perde o feixe claro de luz em um ponto limitado. Mas gradualmente os seus olhos começam a se ajustar à escuridão e de repente você consegue ver o cenário todo.[12]

"Eu costumava presumir que as minhas emoções eram eu. Mas agora eu meio que as observo surgindo e flutuando através de mim. Você percebe que as coisas que achou que eram a sua identidade na verdade são apenas experiências. São sensações que fluem através de você. Começa a ver que os seus modos normais de perceber são só alguns pontos de vista entre vários. Há outras maneiras de enxergar. Você desenvolve o que os budistas chamam de mente de principiante. Enxerga o mundo como um bebê, ciente de tudo ao mesmo tempo, sem seleção e interpretação consciente."

Missy disse tudo isso rapidamente enquanto comia uma salada, cortando aspargos. Sua descrição sobre a meditação da atenção plena sugeria que de fato era possível, com o treinamento certo, observar abaixo da marca da consciência, o reino oculto. A mente consciente normal pode ver apenas cores em uma pequena fatia do espectro eletromagnético, mas talvez fosse possível expandir a visão e de repente conseguir ver o resto do mundo de fato.

Na verdade, os neurocientistas — que geralmente formam um grupo pragmático — têm profundo respeito por esses tipos de práticas de meditação. Eles receberam o Dalai Lama em suas conferências e alguns deles foram para monastérios no Tibete precisamente porque há uma interseção entre as descobertas da ciência e as práticas dos monges. Hoje está claro que as visões e experiências transcendentais que o êxtase religioso descreve há tempos não são apenas fantasias. Não são apenas disparos errôneos causados por uma convulsão epiléptica. Ao contrário, os humanos parecem ser equipados para vivenciar o sagrado, para ter momentos elevados quando transcendem as fronteiras comuns da percepção.

Andrew Newberg descobriu que quando monges tibetanos ou freiras católicas entram em um período de meditação profunda ou de oração, seu lobo parietal, a região do cérebro que ajuda a definir as fronteiras dos nossos corpos, fica menos ativo.[13] Eles vivenciam uma sensação de espaço infinito. Pesquisas subsequentes descobriram que os pentecostalistas passam por uma transformação cerebral diferente, porém não menos notável, quando balbuciam orações. Os pentecostalistas não têm a sensação de se perder no universo. O lobo parietal deles não se escurece. Por outro lado, eles vivenciam, sim, uma diminuição das funções da memória e um aumento da ativação emocional e sensória. Como escreve Newberg: "Na tradição pentecostal, o objetivo é ser transformado pela experiência.[14] Em vez de fortalecer velhas crenças, o indivíduo está abrindo a mente para fazer das novas experiências algo mais real." As práticas religiosas diferentes produzem estados diferentes do cérebro, cada uma consistente com as teologias distintas.

Tomografias não definem se Deus existe ou não, porque não contam quem elaborou essas estruturas. Não resolvem o grande mistério, que é o mistério da consciência — como a emoção remodela o objeto no cérebro e como o objeto no cérebro cria espírito e emoção. Porém, mostram que as pessoas que se tornam peritas em meditação ou oração reconectam o cérebro. É possível, mudando o foco de atenção para o interior, olhar profundamente para o tráfego do inconsciente, atingindo uma integração dos processos conscientes e inconscientes, o que algumas pessoas chamam de sabedoria.

Missy levantava a cabeça de vez em quando só para ter certeza de que Erica não estava olhando para ela como se fosse louca. Ela foi direta, mas também deixou claro o quanto essas experiências significavam para ela. Desculpou-se repetidas vezes pelas inadequações de suas descrições, sua incapacidade de realmente verbalizar como era perceber as coisas holisticamente em vez de dedutivamente, e o sentimento de consciência expandida. Ela não estava bebendo suco de cenoura orgânica enquanto falava sobre tudo isso. Não tinha virado uma Yoko Ono. Era uma cirurgiã ainda na ativa, em horário reduzido, que dirigia uma SUV que devorava gás e que bebia vinho branco no almoço. A questão é que ela havia encontrado uma maneira cientificamente plausível de acessar um nível mais profundo de cognição.

No final do almoço, perguntou para Erica se ela gostaria de ir com ela à próxima sessão e de tentar esse negócio de meditação da atenção plena. Erica se ouviu respondendo: "Não, obrigada, isso não é para mim."

Ela não entendeu por que respondeu assim. A ideia de olhar diretamente para dentro de si mesma a encheu de uma aversão profunda. Durante toda a vida, olhou para fora e tentou observar o mundo. Sua vida foi de movimento, não de tranquilidade. O fato é que estava com medo de olhar diretamente para o interior. Era uma piscina de águas negras na qual ela não queria mergulhar. Se ia viver mais intensamente, teria de achar outra maneira.

A segunda educação

Nos próximos vários meses, Erica virou um tipo de urubu da cultura — mergulhando no mundo das artes com uma fome voraz e com sua força característica. Leu alguns livros sobre a história da pintura ocidental.

Comprou algumas antologias poéticas e se viu lendo-as na cama antes de cair no sono. Comprou um curso de música clássica em CD e o escutava enquanto dirigia. Voltou a ir a museus com amigos.

Como acontece com a maioria das pessoas, a vida havia lhe dado um tipo de educação. Ela foi para a escola. Fez esse e aquele curso de gerenciamento, trabalhou em vários cargos e aprendeu essa e aquela habilidade. Passou a ter certa perícia profissional.

Contudo, agora ela estava começando sua segunda educação, que era emocional, era sobre como e o quê sentir. Essa segunda educação não funcionava como a primeira. Na primeira, a informação a ser controlada entrava pela porta da frente e se apresentava em plena luz do dia. Era direta. Havia professores para explicar o material a ser estudado, e depois todo mundo dava seu jeito.

Na segunda educação, não havia um currículo definido ou um conjunto de habilidades a ser estudado. Erica simplesmente vagava procurando por coisas das quais gostava. Aprender era uma consequência de sua busca por prazer. A informação vinha até ela indiretamente, deslizando por entre as fissuras nas janelas, do assoalho em direção ao sistema de ventilação de sua mente.

Erica leu *Razão e sensibilidade*, *O bom soldado* ou *Anna Karenina* e se via caminhando com os personagens, imitando seus estados de espírito e descobrindo novos sabores emocionais. Os romances, poemas, pinturas e sinfonias que ela consumiu nunca se aplicaram diretamente à sua vida. Ninguém escrevia poemas sobre CEOs aposentadas. Porém o que mais importavam eram as sensações emocionais retratadas neles.

Em seu livro *Culture Counts* (A cultura faz diferença), o filósofo Roger Scruton escreve que "o leitor do *Prelúdio* de Wordsworth aprende como animar o mundo natural com suas próprias esperanças puras. O espectador do "A ronda da noite" de Rembrandt aprende sobre o orgulho das corporações e sobre a tristeza benigna da vida cívica; o ouvinte da sinfonia "Júpiter" de Mozart é presenteado com as comportas abertas da alegria e da criatividade humana; o leitor de Proust é conduzido pelo mundo encantado da infância e levado a entender a profecia misteriosa das nossas lamentações posteriores que aqueles dias de alegria contêm".[15]

Mesmo em sua idade, Erica estava aprendendo a perceber de outro modo. Assim como viver em Nova York, na China ou na África lhe dá uma perspectiva da qual ver o mundo, passar tempo no mundo de um romancista também inculca seu próprio ponto de vista pré-consciente.

Por meio de tentativa e erro, Erica descobriu seus gostos. Achava que amava os impressionistas, mas agora, estranhamente, eles não a tocavam. Talvez fossem muito familiares. Por outro lado, ficou fascinada pelos esquemas de cores da Renascença florentina e pelos rostos caseiros e sábios de Rembrandt. Cada um deles afinava sua mente, o instrumento de milhões de cordas. Tinha momentos de puro prazer nos quais sentia o coração batendo mais rápido e um calafrio no estômago — diante de uma pintura, descobrindo uma nova instalação ou poema. Houve uma vez, lendo Anthony Trollope entre tantos outros, em que ela conseguiu sentir as emoções da história em seu próprio corpo e estava viva para as sensações produzidas ali. "Minha concha não é dura", escreveu Walt Whitman sobre seu corpo, e Erica estava começando a apreciar o que ele quis dizer.[16]

As sentinelas dançantes

A experiência de Erica com arte é um microcosmo de todos os tipos diferentes de percepção que vimos nesta história. Ver e ouvir foram processos sólidos e criativos, não apenas uma recepção passiva.

Quando você escuta uma música, por exemplo, ondas de som viajam pelo ar a 350 metros por segundo e colidem com seus tímpanos, disparando uma cadeia de vibrações pelos minúsculos ossos da orelha, contra a membrana da cóclea, produzindo descargas elétricas que reverberam por todo o cérebro. Talvez vocês não saibam nada sobre música no sentido formal, mas durante toda a vida — desde quando estavam embalados em ritmo com suas mães —, vocês vêm construindo modelos de trabalho sobre o funcionamento da música inconscientemente. Vocês vêm aprendendo sobre como detectar padrões de tempo marcado e como prever o que vem depois.

Escutar música envolve fazer uma série de cálculos sofisticados sobre o futuro. Se as últimas notas tiveram o padrão Y, então as próximas notas provavelmente terão o padrão Z. Como diz Jonah Lehrer em seu livro *Proust Was a Neuroscientist* (Proust foi um neurocientista):

"Enquanto a natureza humana determina em grande parte como vamos ouvir as *notas*, é o estímulo que nos permite ouvir a *música*. Da música pop de três minutos à ópera de cinco horas de Wagner, as criações da nossa cultura nos ensinam a aguardar certos padrões musicais, que com o tempo são ligados ao nosso cérebro."[17]

Quando a música adapta-se às nossas previsões, sentimos uma onda tranquilizadora de prazer. Alguns cientistas acreditam que quanto mais a pessoa consegue processar uma informação fluentemente, mais prazer ela produz.[18] Quando uma música, uma história ou um argumento atingem a limerância com os modelos internos do cérebro, então essa sincronia produz um inchaço caloroso de felicidade.

Mas a mente também existe em um estado de tensão entre familiaridade e novidade. O cérebro evoluiu para detectar mudança constante e se delicia ao compreender o inesperado. Sendo assim, somos atraídos à música que flerta com nossas expectativas e depois brincam com elas gentilmente. Como observa Daniel Levitin em *A música no seu cérebro*, as duas primeiras notas de "Over the Rainbow" capturam nossa atenção com o intervalo estridente de uma oitava, depois o resto da música nos leva para uma batida mais convencional e tranquilizadora.[19] Em seu livro *Emotion and Meaning in Music* (Emoção e significado em música), Leonard Meyer mostrou como Beethoven estabelecia um padrão rítmico e harmônico claro e depois o manipulava sem nunca de fato repeti-lo.[20] A vida é mudança, e a vida feliz é uma série de mudanças suaves, estimulantes e melódicas.

Perceber uma pintura segue um processo similar. Primeiro, a mente cria a pintura. Isto é, cada olho realiza uma série de sacadas complexas ao longo da superfície da pintura, que por sua vez se mistura e é recriada dentro do córtex, produzindo uma única imagem. Há partes de cada visão que a mente não pode ver por causa do ponto cego no meio de cada olho onde o nervo óptico se conecta com a retina. O cérebro preenche os buracos baseado em suas próprias previsões. Simultaneamente, a mente impõe seus conceitos sobre a pintura. Por exemplo, ela impõe cor. Dependendo da iluminação e de outros fatores, há grandes flutuações no escopo da onda de energia da luz sendo emitida pela pintura, e ainda assim a mente usa modelos internos para dar a impressão de que a cor na superfície permanece constante.[21] Se a mente não pudesse atribuir cor constante às coisas, o mundo seria um fluxo caótico e seria difícil deduzir qualquer informação útil do ambiente.

De que maneira ela cria essa ilusão de cor constante não é bem compreendido, mas parece que isso envolve proporções. Imaginem uma superfície verde cercada por amarelos, azuis e roxos. O cérebro entende que há uma proporção constante entre as ondas sendo emitidas do verde e as ondas sendo emitidas do amarelo. Consegue atribuir qualidades constantes para cada um mesmo no meio de condições mutantes. Como escreveu Chris Frith, da University College, Londres: "Nossa percepção do mundo é uma fantasia que coincide com a realidade."[22]

Conforme está criando a pintura, a mente também a está avaliando. Uma grande quantidade de pesquisa descobriu que há certos gostos que a maioria das pessoas tem. Como argumenta Denis Dutton em *The Art Instinct* (Arte e instinto), as pessoas de todo o mundo gravitam na direção de um tipo similar de pintura — paisagens com espaços abertos, água, estradas, animais e algumas pessoas. Uma indústria caseira cresceu para investigar essa preferência. Psicólogos evolucionistas argumentam que as pessoas do mundo todo preferem pinturas de paisagens que correspondem à savana africana, onde surgiu a humanidade. As pessoas geralmente não gostam de olhar para vegetação densa, que é ameaçadora, ou para desertos vazios, que não têm comida. Gostam de gramados verdes abertos com matas de árvores e arbustos, uma fonte de água, diversidade de vegetação incluindo plantas florescendo e dando frutos e uma vista devassada para o horizonte pelo menos em uma direção.[23] Alguns críticos comentaram que quenianos preferem fotos da Hudson River School do que fotos de sua terra natal. Isso acontece porque, como argumentam os críticos, a paisagem perto do Hudson River em Nova York lembra mais a savana africana do Pleistoceno do que o Quênia de hoje, muito mais seco.

De maneira mais geral, as pessoas gostam de fractais, padrões que reaparecem em graus maiores de grandiosidade. A natureza é cheia de fractais: cordilheiras cujos picos se repetem delicadamente, as folhas e galhos de uma árvore, um pequeno bosque de álamos, rios com seus afluentes. As pessoas gostam de fractais que fluem gentilmente mas que não são muito complicados.[24] Cientistas têm até uma maneira de medir a densidade do fractal. Michael Gazzaniga ilustra o processo neste exemplo: imaginem que pediram que vocês desenhassem uma árvore em um papel. Se deixarem o papel inteiramente branco, isso teria a *D* (densidade fractal) igual a um. Se desenhassem uma árvore com tantos galhos que a folha ficasse completamente preta, isso teria uma *D* de 2. Os humanos geralmente preferem padrões com densidade fractal de 1,3 — alguma complexidade, mas não tanta.[25]

Erica não precisava pensar em fractais quando estava olhando para um Vermeer, um Van Eyck ou um Botticelli. A ideia é essa; sua ação era inconsciente. Ela simplesmente ficava lá saboreando o prazer.

Criatividade

Depois de certo tempo, Erica decidiu criar sua própria arte. Experimentou fotografia e aquarela, mas descobriu que não tinha comprometimento e talento. Um dia encontrou um lindo pedaço de madeira e o transformou em uma pequena tábua de cortar alimentos. Ter o objeto em casa e usá-lo todos os dias deu-lhe uma satisfação imensa, e nos próximos anos, enquanto suas mãos conseguiam realizar a tarefa, ela fez utensílios de madeira caseiros simples.

Ela se exercitava na piscina pela manhã e caminhava, e depois, à tarde, voltava ao pequeno ateliê que havia construído. Gene Cohen, chefe fundador do Centro de Envelhecimento do Instituto Nacional de Saúde Mental,* argumentou que a duração de uma atividade é mais importante do que a atividade em si: "Em outras palavras, um clube de leitura que se encontra regularmente durante meses ou anos contribui muito mais para o bem-estar do indivíduo do que o mesmo número de atividades isoladas, como cinema, palestras e saídas."[26]

Conforme continuou a talhar, Erica descobriu que estava construindo um repertório de conhecimento e habilidades. Tinha de observar o pedaço de madeira em sua frente — não o conceito geral da

* No original, "Center on Aging at the National Institute of Mental Health". Parte do governo dos Estados Unidos, o NIMH é o maior centro de estudos de saúde mental do mundo. (N. da T.)

madeira, mas o pedaço específico. Tinha de predizer qual item doméstico — suporte para guardanapo, estante de livros ou até mesmo um pedaço de uma mesa — estava adormecido em sua textura.

Primeiro, ela prosseguiu desastradamente. Porém, andou por lojas e feiras de artesanato observando como os artesãos trabalhavam. Não gostava da atmosfera de "autenticidade" do movimento do artesanato. Mas gostava dos objetos em si e de como se combinavam. Conforme observava e trabalhava, ela melhorava. Desenvolveu um conjunto de palpites que a guiavam, um repertório de sensações e gestos. Ficou surpresa ao descobrir que tinha seu próprio estilo. Não sabia como o tinha adquirido. Apenas manuseava as coisas até que parecessem corretas.

Várias e várias vezes, Erica tentou fazer coisas demais. Já era uma senhora e ainda subestimava o tempo que qualquer projeto provavelmente lhe tomaria. Contudo, ela se viu agradavelmente descontente com seu trabalho. Previa alguma coisa ideal que queria criar, e depois brincava com ela várias vezes, sem nunca conseguir eliminar a tensão entre a realidade e a perfeição que sentia por dentro. Ainda assim, ela a perseguia. Entendia o que Marcel Proust deve ter sentido quando ditou novas passagens de um romance em seu leito de morte. Queria mudar uma parte na qual um personagem estava morrendo, porque agora realmente conhecia essa sensação.[27]

As inspirações iam e vinham. Depois de trabalhar por algumas horas, ela sentia seu cérebro secar, como se pequenas bolhas de carbono em seu cérebro tivessem se esgotado e tudo tivesse ficado plano. Ela ficava desastrada, preguiçosa e insípida. Em outras vezes, acordava no meio da noite absolutamente certa do que devia fazer para solucionar um problema. O matemático Henri Poincaré resolveu um dos problemas mais difíceis de sua vida enquanto subia em um ônibus. A resposta simplesmente veio a ele. "Continuei a conversa que já havia começado, mas senti uma certeza perfeita", escreveu mais tarde.[28] Às vezes, Erica também tinha pequenas revelações como essa, enquanto estacionava o carro ou fazia uma xícara de chá.

Como todos os artistas e artesãos, ela era um joguete da inspiração. A criatividade parecia acontecer em um mundo oculto além de seu controle. A poeta Amy Lowell escreveu: "Uma ideia vem à minha cabeça por nenhuma razão aparente; The Bronze Horses (Cavalos de bronze), por exemplo.[29] Eu anoto os cavalos como um bom assunto para um poema e depois de tê-los anotado eu não pensei mais nesse assunto de forma consciente. Mas o que eu realmente fiz foi colocar o assunto no meu subconsciente, assim como colocamos uma carta na caixa de correio. Seis meses depois, as palavras do poema começaram a vir na minha cabeça, o poema — para usar o meu vocabulário particular — estava 'lá'."

Erica aprendeu pequenos truques para atiçar a fornalha inatingível. A arte, como disse Wordsworth, é a emoção recolhida na tranquilidade. Erica tinha de se colocar em um estado no qual as emoções borbulhassem à superfície. Tinha de ver uma peça emocionante, escalar uma montanha ou ler uma tragédia. Daí, com seu coração formigando, tinha de estar relaxada o suficiente para expressar os sentimentos emergindo de dentro.

Conforme envelheceu, descobriu que precisava de longos períodos de solidão ininterrupta para que sua mente consciente relaxasse lentamente e se entregasse aos pulsos gerados internamente. Uma interrupção podia arruinar sua disposição mental por um dia inteiro.

Descobriu que essa mentalidade criativa era mais propensa de acontecer no fim da manhã ou no começo da noite. Trabalhava com os fones de ouvido escutando música clássica tranquila para ralaxar os pensamentos. Precisava ficar perto de janelas, com vista para o horizonte distante. Por algum motivo, trabalhava melhor na sala de jantar, que olhava para o sul, e não em seu ateliê.

Também aprendeu que, quando você está experimentando alguma coisa nova, é melhor fazer isso rápido e de maneira errada e depois voltar e fazer várias vezes de novo. E em momentos raros e preciosos, chegava a ter uma ideia do que atletas e artistas devem querer dizer quando falam sobre estar em um fluxo. A voz narrativa em sua cabeça se calava. Ela perdia a noção do tempo. A ferramenta parecia guiá-la. Ela se integrava à tarefa.

O que tirava de tudo isso? Isso aperfeiçoava seu cérebro? Bem, há algumas evidências de que crianças que participam de educação artística vivenciam um pequeno aumento do QI, assim como há algumas evidências de que participar de aulas de música e de teatro parece melhorar habilidades sociais. Todavia, esses resultados são um esboço e não é verdade que apenas escutar Mozart ou ir em um museu vai lhe deixar mais inteligente.

A criatividade de Erica a ajudou a viver mais? Um pouco. Há evidências substanciais que sugerem que estímulos mentais aprimoram a longevidade. As pessoas com diplomas de faculdade vivem mais do que as pessoas sem diploma, mesmo depois de manterem controle de outros fatores.[30] Freiras com diplomas vivem mais, apesar de seus estilos de vida durante a maioridade serem os mesmos dos de freiras sem diploma. Pessoas com mais vocabulário na adolescência são menos propensas a sofrer de demência na velhice.[31] De acordo com um estudo da Califórnia, os idosos que participam de programas de artes necessitam de menos visitas médicas, usam menos medicamentos e geralmente têm uma saúde melhor do que idosos que não participam.[32]

Entretanto, as recompensas reais foram espirituais. Dizem que as pessoas que fazem terapia precisam ou de restrição (seu comportamento é muito errático) ou de afrouxamento (são muito reprimidas). Erica precisava de afrouxamento. Ler poesia, visitar museus e entalhar parecia ajudá-la a fazer isso.

Ao relaxar, tornou-se mais paciente, mais como uma exploradora errante. Ao resumir um corpo de pesquisa recente, Malcolm Gladwell escreveu que artistas que têm sucesso na juventude tendem a ser conceituais.[33] Como Picasso, começam com um conceito do que querem atingir e então executam-no. Aqueles que lutam perto do final da vida tendem a ser exploratórios. Como Cézanne, não começam com concepções claras, mas passam por um processo de tentativa e erro que eventualmente os leva a um destino.

Esse não é sempre um processo passivo e gentil. Em 1972, o grande historiador de arte Kenneth Clark escreveu um ensaio sobre o que chamou de "estilo da velhice". Analisando as artes, e principalmente Michelangelo, Ticiano, Rembrandt, Donatello, Turner e Cézanne, acreditava que podia detectar um padrão comum que vários grandes artistas mais velhos compartilhavam: "Um senso de isolamento, um sentimento de raiva sagrada, desenvolvendo-se naquilo que chamei de pessimismo transcendental; uma desconfiança na razão, uma crença no instinto... Se considerarmos a arte da velhice de um ponto de vista estritamente estilístico, encontramos um afastamento do realismo, uma impaciência com a técnica estabelecida e um desejo por unidade completa de tratamento, como se a figura fosse um organismo, no qual cada membro compartilhava na vida do todo."[34]

Erica obviamente não tinha o gênio desses mestres, nem sua turbulência interna. Mas tinha, sim, um desejo de realizar muita coisa em seus anos finais e de criar surpresas para si mesma. Erica descobriu que as artes lhe davam acesso a regiões mais profundas. Os artistas tomam os sentimentos que estão enterrados em formas incipientes em várias mentes e os trazem à superfície para que todos vejam. Expressam a sabedoria emocional coletiva da raça. Mantêm vivos e transmitem estados mentais de uma geração para a outra. "Passamos cultura adiante, portanto", escreveu Roger Scruton, "assim como passamos ciência e habilidade adiante: não para beneficiar o indivíduo, mas para beneficiar nossa espécie, conservando uma forma de conhecimento que caso contrário desapareceria do mundo".[35]

Você está lá

Em um determinado verão, uns dois anos depois da aposentadoria, Harold e Erica tiveram as melhores férias de suas vidas. Viajaram pela França visitando catedrais. Harold se preparou para a viagem por alguns meses, lendo sobre construção de catedrais e história medieval, exatamente como havia feito na escola. Colocou citações diferentes dos livros que estava lendo em seu tablet, para levar consigo, planejou o itinerário e definiu uma narrativa para a viagem toda. Sua narrativa seria como as velhas apresentações que costumava fazer no trabalho, mas dessa vez ele estaria falando sobre arquitetura e cavalheirismo e eles estariam andando por cidades e igrejas enquanto ele falava.

Harold não gastou muito tempo memorizando os nomes dos reis e as sucessões de batalhas. Operou com base na presunção de que cada grupo e cada era produzem seu próprio sistema simbólico inadvertidamente — prédios, organizações, ensinamentos, práticas e histórias —, e depois as pessoas vivem na estrutura moral e intelectual daqueles símbolos sem realmente pensar sobre eles. Então, quando Harold falou sobre a vida medieval, estava apenas tentando capturar a sensação de ser o tipo de pessoa que viveu naquele tempo. Como disse ele, não estava tentando descrever os peixes; estava descrevendo a água na qual nadavam.

Harold amava esse tipo de viagem educacional. Podia tocar e sentir o passado — a escuridão de uma velha construção durante o dia, o mofo da fortaleza de um castelo, o vislumbre de uma floresta através de uma fenda em um ponto de observação de um castelo. Com essas sugestões inundando sua mente, ele conseguia se imaginar entrando em outras eras de forma imaginativa.

Viajaram por Caen, Reims e Chartres. Andavam lado a lado, Harold sussurrando informações dos livros que havia lido, falando tanto para seu deleite quanto para o dela. "A vida era mais extrema naquela época", disse em certo momento. "Havia picos de calor de verão e picos de frio de inverno e poucas conveniências para suavizá-los. Havia picos de luz e de escuridão, de saúde e de doença. As fronteiras políticas eram arbitrárias e mudavam com a morte de um rei ou de um senhor. O governo era uma confusão com diferentes misturas de costumes e leis de Roma e da Igreja. Um ano podia produzir fartura e o seguinte, fome, e era possível ir a pé de uma cidade que passava por um bom momento para outra onde as pessoas estavam morrendo de fome. Uma em cada três pessoas tinha menos de 14 anos de idade e a expectativa de vida era de 40 anos, então não tinha um grupo grande de pessoas na casa dos 40, 50 ou 60 anos para meio que acalmar as coisas.

"O resultado é que a vida deles era mais emocionalmente intensa do que a nossa. Nos dias de festival, celebravam com uma alegria embriagada que nós mal conhecemos. Por outro lado, podiam sucumbir a um terror cativante que só nos lembramos de quando éramos crianças. Eles eram capazes de viver doces histórias de amor em um momento e de vibrar quando um mendigo era desmembrado no outro. A percepção deles sobre lágrimas, sofrimento e cor parece ter sido mais vívida. Havia certas noções moduladoras que para nós já parece inata que eles não tinham na caixa de ferramentas mentais. Não tinham um conceito para capacidade reduzida, a ideia de que uma pessoa mentalmente incapaz pode não ser inteiramente responsável pelas suas ações. Não tinham um conceito para falibilidade judicial ou para a ideia de que os criminosos devem ser reabilitados em vez de simplesmente forçados a sofrer. Para eles, tudo era extremo — culpa ou inocência, salvação ou danação."

Harold e Erica estavam andando na vila de Chartres enquanto ele dizia isso, e indo em direção à catedral. Passaram por uma praça com cafeterias e Harold descreveu como os franceses medievais do século XII viviam na nojeira e na imundice, e no entanto ansiavam por um mundo ideal. Construíram códigos elaborados de cavalheirismo e amor cortês. Ele descreveu as regras confusas de cortesia que governavam o cotidiano da vida na corte, a profusão de rituais, as várias organizações que exigiam juramentos e outros ritos sagrados, o cortejo imponente no qual cada participante da ordem social tinha seu próprio tecido, esquema de cor e lugar aprovados socialmente.

"Era quase como se estivessem fazendo uma peça teatral para eles mesmos. Era quase como se estivessem transformando as suas vidas curtas e esquálidas em um sonho", continuou Harold. Disse que torneios deviam ser estilizados, apesar de na realidade serem quase sempre rixas caóticas. O amor devia ser estilizado, apesar de quase sempre ser apenas um estupro brutal. Na imaginação, tudo foi transformado em uma versão mítica e ideal de si, apesar de na realidade haver degradação e fedor por todos os lados.

"Eles tinham um grande desejo por beleza e uma grande fé em Deus e no mundo ideal. E, de alguma maneira, essa grande fé produziu isto", disse Harold, fazendo um gesto para a catedral de Chartres. Descreveu como nobres e camponeses ofereceram seu trabalho voluntário para construir a grande igreja, como vilarejos inteiros se moveram para perto da cidade da catedral para que pudessem ajudar a criar esses grandes edifícios pairando acima dos casebres de madeira e pasto.

Ele descreveu os padrões intricados e recorrentes dos adereços, o ritmo recursivo dos arcos, os desenhos de pedra incontáveis e replicadas, cada uma repetindo e aumentando o último. Passaram uma hora diante da fachada oeste delineando os símbolos da Trindade esculpidos no portão central, a maneira como o corpo de Cristo está conectado aos signos do zodíaco e aos trabalhos do mês na porta. Harold descreveu, o máximo que foi capaz, o grande bombardeiro de símbolos e significados que teria caído sobre os camponeses analfabetos, disparando cadeias de associações e deslumbre em suas mentes.

Lá dentro, descreveu o esplendor revolucionário do projeto. Durante a maior parte da história até o século XII, os homens haviam construído edifícios para que fossem pesados e formidáveis. Aqui, construíram edifícios para que fossem claros e leves. Usavam pedras para criar um sentimento para o espiritual. "O homem pode se erguer à contemplação do divino por meio dos sentidos", escreveu o abade Suger.[36]

Harold amava ensinar. Amava ser um guia turístico mais do que tudo que já havia feito. Em ocasiões estranhas, falando sobre esta ou aquela cena histórica, ele se via estranhamente emocionado. Passou a acreditar que as pessoas em séculos passados dedicavam mais energia ao sagrado. Passavam mais tempo construindo espaços sagrados e praticando rituais sagrados. Construíram passagens para um modo mais puro de existência. Harold estava fascinado por esses lugares e passagens sagrados — por ruínas, catedrais, palácios e sítios divinos — mais do que por qualquer lugar moderno ou cidade viva. Especialmente na Europa, ele dividia as cidades entre aquelas que eram vivas, como Frankfurt, e aquelas que eram mortas, como Bruges e Veneza. Gostava mais das cidades mortas.

Depois de cerca de uma hora dentro da catedral, Harold e Erica foram embora e caminharam para o jantar. No caminho, passaram pelos portais do oeste e viram um conjunto de estátuas agrupadas perto das entradas. Harold não sabia nada sobre elas. Eram algum tipo de anciãos da igreja. Ou talvez doadores, estudiosos ou heróis do passado distante. Erica parou inesperadamente para observá-las. Seus corpos eram cilindros alongados com mantas drapeadas graciosamente esculpidas. Seus gestos imitavam-se entre si, uma das mãos em torno da cintura e a outra segurando alguma coisa pelo pescoço. Mas foram os rostos que atraíram a atenção de Harold.

Algumas das estátuas que tinham visto na viagem eram genéricas e impessoais. Os artistas haviam tentado simbolizar o rosto de uma pessoa em vez de representar um rosto em particular. No entanto, essas esculturas retratavam pessoas reais, idiossincráticas e dotadas de alma. Seus rostos carregavam expressões diferentes de desprendimento, distanciamento, paciência e aquiescência. Eram o produto de um conjunto específico de experiências pessoais e refletiam um conjunto único de esperanças e ideais. Apesar de estar cansado depois de um dia longo, Harold realmente sentiu um calafrio olhando para aqueles rostos e olhos. Teve a sensação de que o viram; de que simpatizaram com ele e o observaram observando-as. Os historiadores às vezes falam sobre momentos de êxtase histórico, o sentimento que magicamente os toma quando a distância dos séculos desaparece e eles têm a sensação incrível de contato direto com o passado. Harold sentiu algo parecido com isso agora, e Erica viu o brilho em suas bochechas.

Foi um dia maravilhoso, e exaustivo. No anoitecer, foram em um restaurante e fizeram uma refeição longa e feliz. Erica estava surpresa com quão encantado o mundo das pessoas da Idade Média parecia ser. Para nós, o céu da noite é repleto de bolas de fogo distantes e vastos espaços vazios. Mas para eles, era vivo com criaturas e mágica. As pedras da igreja e as árvores das florestas ressoavam com espíritos, fantasmas e presenças divinas. As catedrais não eram apenas construções — eram como casas espirituais de energia, lugares onde céu e terra se encontravam.[37] Ela observou que as pessoas daquela época pareciam ser vorazes por mitologia. Misturavam mitos gregos, romanos, cristãos e pagãos, independentemente da lógica interna, e deram vida a tudo. Até os ossos dos santos tinham poderes mágicos. Era como se todas as coisas materiais fossem cristalizadas com uma presença espiritual; cada coisa estética também era uma coisa sagrada. Nosso mundo parece não ter encanto se comparado com isso, pensou Erica com um suspiro.

Harold mencionou o quanto estava se divertindo. De alguma maneira, o conhecimento só se tornava vivo para ele quando estava ensinando a alguém, e no final ele ponderou que talvez tivesse perdido a oportunidade de ser um guia turístico. Erica lançou-lhe um olhar energizado. "Você gostaria de ser?"

Naquela noite, elaboraram um plano. Harold lideraria passeios para pequenos grupos de viajantes cultos. Talvez conduzissem três por ano. Ele estudaria um período por alguns meses, assim como o fez com a Idade Média, e depois levaria um grupo para a França ou Turquia e para a Terra Sagrada. Fariam um contrato com uma empresa de turismo para que não precisassem se preocupar muito com preparativos de viagem. Erica poderia se responsabilizar pelo resto da operação. Seria a pequena empresa pós-aposentadoria deles. Erica sentiu que poderiam competir com os grupos de graduados que organizavam esse tipo de passeios, porque o deles seria mais íntimo. Contariam principalmente com amigos, então os viajantes basicamente já se conheceriam antes de se inscreverem.

E foi isso mesmo que aconteceu nos oito anos seguintes. Criaram uma empresa chamada Você Está Lá Turismo, que era como um curso itinerante sobre civilização humana, com bons hotéis e vinho. Ficavam alguns meses em casa e Harold se enterrava nos livros, preparando-se. Depois tiravam duas semanas com um grupo em férias educacionais com tudo incluído na Grécia ou em algum outro lugar no itinerário da realização humana. Harold amava. Para Harold, a preparação para as viagens era na verdade melhor do que as viagens em si. Três vezes ao ano, Erica experimentava surtos intensos de aprendizado. Quando estava nessas viagens, o tempo passava mais devagar. Ela notava mil coisas novas. Era como se sentisse os poros de sua pele se abrindo.

Erica nunca chegou ao momento de sua vida no qual pudesse realmente relaxar. Tinha sempre de estar se movendo, fazendo e alcançando. Contudo, esse era um tipo delicioso de esforço. Para alguém que havia passado a vida lutando e escalando, essas viagens eram pura alegria.

CAPÍTULO 22

SIGNIFICADO

É DIFÍCIL SABER QUANDO OS IMORTAIS COMEÇARAM A APARECER NAS montanhas. Vocês estariam fazendo trilha, andando de bicicleta ou praticando esqui de fundo nas redondezas de Aspen, Colorado, e ouviriam atrás de vocês um zumbido parecido com o de um avião F-18 se aproximando. Vocês se virariam e veriam uma pequena massa de lycra. Era um daqueles senhores super em forma que decidiram fazer um jihad da boa forma na aposentadoria. Ele encolheu depois dos 70 anos de idade, portanto seriam 1,50 metro e 43 quilos de cartilagem enrigecida envolvidos por um traje esportivo feito de lycra. Viria até vocês com velocidade feroz usando pesos nos punhos e nos tornozelos e uma expressão de determinação selvagem em seu pequeno rosto enrugado. Vocês estariam tendo dificuldade para respirar na montanha, e esse idoso de lycra, super em forma, rasgaria um caminho ao seu lado como uma pequena uva-passa de aço.

Esses senhores tiveram sucesso em tudo mais que tentaram na vida, então simplesmente decidiram dizer um grande "Foda-se" para a morte. No começo da vida, foram aquele tipo de jovem trabalhador ambicioso que iniciou sua primeira entrega de jornais aos 6 anos de idade, ganhou seu primeiro milhão aos 22 e se casou com uma lista de beldades, de modo que conseguiram um estranho fenômeno genético no qual suas avós se pareciam com Gertrude Stein, mas suas netas se pareciam com Uma Thurman.

Em sua saga pós-aposentadoria em busca da juventude eterna, contrataram personal trainers graduados em campos de treino intensivo e passavam a maior parte do tempo em suas casas-resort criando estratégias sobre shakes energéticos, culinária centrada em vegetais e preservação da medula óssea. Podia-se contar com eles para aulas de *windsurfing* aos 70 anos de idade, expedições ao K2 aos 75, e aos 90 estariam tomando Cialis como se fossem balas e malhando tão furiosamente que os treinadores estariam tendo problemas cardíacos só para tentar acompanhá-los.

Tinham o tempo, os meios e a concentração para fazer tudo isso porque haviam entrado na plutoadolescência. Quando homens altamente ambiciosos ganham muito dinheiro e depois se aposentam e vão para comunidades sofisticadas de veraneio, entram em uma fase da vida na qual têm dinheiro, tempo e a mentalidade para transformar todas as coisas pueris que curtiram aos 18 anos de idade em uma profissão. De fato, não têm os níveis de energia que costumavam ter, mas, durante breves surtos, eles são libido enfurecida com cartões Amex *platinum*. Andam com celebridades da cidade-resort — George Hamilton, Kevin Costner e Jimmy Buffett. Flertam, sem sucesso, com jovens garçonetes, depois vão para casa ao encontro das produtoras de eventos, as esposas-troféu com quem se casaram havia algumas décadas e que agora, aos 50 anos de idade, viraram centauros modernos norte-americanos. Devido ao fato de as cirurgias cosméticas serem aparentemente mais proficientes quanto mais para baixo no corpo são feitas, essas mulheres têm pernas como as de Serena Williams, mas bochechas gravitacionais superesticadas e os lábios como travesseiros cheios.

Tornou-se um modismo interessar-se por educação; vários desses homens têm três casas, seis carros, quatro amantes e cinco escolas públicas independentes. Passam também muito tempo tecendo laços uns com os outros. Se vocês forem em uma comunidade de veraneio, de Bridgehampton a Aspen ou Malibu, poderão ver matilhas desses senhores exageradamente em forma encontrando-se na calçada no começo da noite a caminho de um restaurante de *tapas*.

Nenhum deles quer de verdade ir ao restaurante de *tapas*, que é cheio de pratos que eles não entendem. Entretanto, estão na onda de alguma força primordial do Novo Urbanismo* e, como seres sofistica-

---

* Movimento iniciado nos Estados Unidos na década de 1980. É caracterizado pela criação de vizinhanças com funções mistas de habitação e trabalho, mas que privilegiam os pedestres. (N. da T.)

dos, modernos e cosmopolitas, são sentenciados a agonias eternas com *tapas*. Eles e todos os outros em seu grupo serão condenados a passar noventa minutos lutando com bolinhos fritos tradicionais de tâmaras, lula com molho aioli, arroz de açafrão com peixe choco e pimentas grelhadas direto das ilhas Canárias, os quais eles não desejavam e nem saboreavam, mas que simplesmente deviam aturar como um dos mistérios da civilização.

Conforme caminha por aquele longo quilômetro cinzento em direção aos petiscos da maldição, o grupo vai irradiar certo tipo de futilidade masculina e uma estranha transformação vai ocorrer, pois é uma lei da natureza humana que quanto mais homens você concentra em uma matilha feliz, mais cada um deles vai ficar parecido com Donald Trump. Para começar, possuem um tipo de fotossíntese masculina — a habilidade de transformar luz solar em admiração por si. Pela lei do egotismo composto, criam esse vórtice baseado no reforço do eu, um vórtice de presunção que traz à tona os aspectos mais "eu me amo" de suas personalidades.

Esses homens são, em outras circunstâncias, avós amáveis, sedentos para falar sobre sua prole que está na Stanford e que participa de programas de um ano de duração no Camboja. Mas quando são sugados pela psicodinâmica de uma gangue de meninos burgueses elegantes, que andam sem meias com sandálias de fazer trilha, viram versões imaturas de si. Seus decibéis aumentam. Seus peitos inflam. Suas risadas explodem. Viram gângsters geriátricos temporários e se gabam e desfilam em um espírito de histeria masculina crescente. Contraem um tipo de Alzheimer de titã milionário; esquecem tudo menos suas ereções.

A vida contemplativa

Depois de se aposentarem, Erica e Harold compraram uma segunda casa em Aspen, onde viviam durante o verão e por algumas semanas perto do Natal. Viam os Imortais sussurrando e farreando quando iam para o centro da cidade, porém suas próprias vidas tinham tomado um rumo diferente. Também tinham alcançado o que é chamado de sucesso, mas o tipo de sucesso deles era diferente. Sem pensar sobre isso de fato, haviam criado uma contracultura. Não rejeitavam conscientemente o estilo de vida do mainstream afluente; meio que o ignoravam. Viviam e pensavam de maneira diferente e suas vidas haviam tomado uma forma diferente e mais profunda. Tinham ciência maior sobre a fonte do coração humano, e quando vocês os conheciam, ficavam impressionados com sua substância e profundidade.

Nas tardes de verão, sentavam-se em cadeiras de Adirondack na varanda da frente e contemplavam o rio Roaring Fork e acenavam para um grupo ocasional que passava fazendo *rafting*. Harold lia seus livros sérios de não ficção e Erica lia romances e tirava cochilos. Harold olhava para ela enquanto dormia. Seus traços chineses haviam ficado mais pronunciados conforme envelheceu e estava mais magra e menor. Harold se lembrava de uma história de Mark Saltzman que leu certa vez. Era sobre um homem na China que estava aprendendo inglês. Um dia, a professora lhe perguntou qual tinha sido o momento mais feliz de sua vida. O chinês fez uma longa pausa. Depois, sorriu com vergonha e disse que uma vez sua esposa foi para Pequim e comeu pato, e ela contava para ele frequentemente sobre o delicioso pato. E assim, concluía a história, "ele teria de dizer que o momento mais feliz de sua vida foi a viagem dela e a refeição do pato".[1]

Harold refletia sobre sua própria vida e tentava comprimi-la no formato daquela história. E se lembrava de uma camisa azul que Erica havia ganhado no ensino médio quando por fazer parte da lista de honra, que a deixara tão orgulhosa, a camisa sobre a qual falava quando recebia jovens estagiários na empresa ou quando era convidada a falar em uma empresa ou formatura de faculdade. Ele a havia escutado contar a história da camisa centenas de vezes no decorrer dos anos, primeiro quando era novo, iniciando a vida, quando ela contou a história para ele durante um jantar; depois quando ela era confiante, de meia-idade, sendo entrevistada e celebrada; e agora quando ela estava mais velha, mais inteligente e mais enrugada. Ele refletiu; não seria totalmente errado dizer que o momento mais feliz de sua vida foi quando entrou na lista de honra do colégio antes de conhecê-lo e ter ganhado a camisa.

Nessas tardes, eles conversavam sobre as coisas, às vezes com uma taça de vinho — ou duas ou três para Harold. No final das tardes, Erica se levantava, pegava um suéter para Harold e entrava para cozinhar um jantar vespertino. Harold ficava lá sentado observando as sombras do sol da tarde.

Tocaram a empresa de turismo por cerca de oito anos, mas eventualmente tiveram de desistir. Os joelhos de Harold começaram a ficar fracos, depois seu quadril e tornozelos, que foram propensos à tendinite a vida toda. Estava imóvel em grande parte agora, andando de forma estranha e vagarosa com duas bengalas. Nunca mais jogaria tênis, nunca mais jogaria golfe, nunca mais se levantaria e andaria sem cuidado pela sala de novo.

Seu corpo estava se quebrando. Ia ao hospital quase uma vez por ano nos últimos anos por uma coisa ou por outra. Alguns homens ficam magros e frágeis quando envelhecem, mas ele, imóvel, ficou pesado e redondo. Nos primeiros anos de sua idade bem avançada, ele descobriu que precisava cada vez mais de ajuda para pequenas tarefas sobre as quais ele nunca havia pensado com cuidado em toda sua vida — às vezes até mesmo para sair da cama ou de uma cadeira. Erica segurava suas mãos e se inclinava para trás, como uma velejadora inclinando-se no sentido contrário ao do impulso do veleiro, e o alavancava para cima.

Depois, quando a decadência ficou pior, ele precisava de ajuda o tempo todo. Harold estava aprisionado em sua cadeira. Passou por três crises de depressão quando percebeu que não seria mais um participante na vida do planeta, e sim apenas um observador decadente. Por vários meses, ficou acordado à noite em um tipo de loucura imaginando horrores por vir — cirurgiões abrindo seu peito, sua garganta transbordando de sangue e tapando o suprimento de ar, perdendo a fala e pedaços da mente, membros, visão e audição.

Não conseguia mais participar de festas e ocasiões sociais. Ficava apenas sentado contra a parede. Por outro lado, sua esposa e suas enfermeiras o serviam com um cuidado, uma paciência e uma devoção que superavam qualquer expectativa. Seus esforços eram mais valiosos para ele porque sabia que nunca poderia retribuí-los. Teve de renunciar a seu orgulho masculino, seu egoísmo, seu senso de maestria de si e depender profundamente do serviço e da afeição delas. No começo, foi difícil simplesmente cair no amor delas. No começo, a atenção delas o deixou ranzinza e irritado. Mas o amor paciente delas o acalmou. Com o tempo, a condição física dele se estabilizou e seu estado de espírito se ergueu.

Sentava-se na varanda e podia olhar para os elementos da natureza: céu, montanhas, árvores, água e sol. Pesquisadores descobriram que, não surpreendentemente, a luz do sol e cenas naturais podem ter efeito profundo na mente e no estado de espírito.[2] As pessoas nas latitudes ao Norte, onde o sol é menos intenso, têm taxas maiores de depressão do que as pessoas nas latitudes baixas. As pessoas nas extremidades ocidentais dos fusos horários também, onde o Sol nasce mais tarde no período da manhã. As pessoas que passaram a maior parte de suas vidas trabalhando em escalas noturnas têm mais chances de sofrer de câncer de mama do que as que trabalharam de dia. Pesquisadores descobriram que pacientes de hospital em quartos com vista para a natureza parecem se recuperar um pouco mais rápido do que pacientes em quartos sem vista. Em um estudo feito em Milão, os pacientes com depressão bipolar que ficavam nos quartos da ala leste de um hospital recebiam alta três dias e meio antes dos pacientes alojados nos quartos da ala oeste.[3]

Harold descobriu que conseguia jogar um pequeno jogo consigo mesmo. Sentava-se na varanda olhando para uma pequena flor no gramado abaixo. Concentrava-se nas pétalas e em sua beleza frágil. Depois, levantando a cabeça, olhava para os picos da montanha cobertos de gelo a quilômetros e quilômetros de distância. De repente, era tomado por um conjunto completamente diferente de sensações, sentimentos de deslumbre, veneração, submissão e grandiosidade. Só de estar sentado ali, podia transitar do belo ao sublime e de volta ao belo.

Ele amava essas grandes paisagens. Elas lhe davam um sentimento de elevação, de estar conectado com uma ordem sagrada e de total abrangência, uma parte de um todo estupendo. As pessoas que estão em contato com a natureza se saem melhor em testes de memória de trabalho e de atenção do que as pessoas que estão em localizações urbanas. Seus estados de espírito são melhores. Como escreve o filósofo Charles Taylor: "A natureza nos atrai porque, de alguma maneira, está em sintonia com nossos sentimentos, de modo que pode refletir e intensificar os que já sentimos ou até despertar os que estão adormecidos. A natureza é como um grande teclado no qual nossos sentimentos mais elevados são tocados. Nos voltamos para ela, como podemos nos voltar para a música, a fim de evocar e fortalecer o que há de melhor em nós."[4]

As imagens das montanhas e das árvores o acalmavam e o revigoravam. No entanto, elas não o satisfaziam de verdade. Como já pontuaram, a natureza é uma preparação para a religião, mas não é a religião.

Harold ainda sentia dor na maioria das vezes. Durante essas horas horrorosas, a dor enchia sua mente assim como um gás preenche o espaço disponível em um contêiner. Ele mal conseguia lembrar o que era não ter dor. Entretanto, quando passava, ele não conseguia se lembrar da dor em si. Tinha apenas um conceito frio e intelectual dela.

Na maioria das vezes, Harold pensava nas pessoas. Lembrava-se de imagens visuais rápidas — uma amiguinha e seu carrinho de brinquedo estacionado na neve; seus pais pedindo que ele olhasse para uma nova casa; um colega de trabalho em um dia muito ruim lavando o rosto vermelho em uma pia do banheiro —, mas também havia lacunas misteriosas em sua memória. Descobriu que não conseguia nunca se lembrar de ter se sentado à mesa do jantar com seus pais, apesar de que isso devia acontecer o tempo todo.

Harold percebeu que suas memórias vinham em cadeias. Ele se lembrava de pegar uma bola em um jogo de queimado no quarto ano. Isso o fazia pensar sobre sua professora naquele ano, por quem ele tinha uma queda. Sentia sua presença, mas não conseguia distinguir seu rosto de fato. Ela tinha cabelo escuro comprido. Era alta, ou parecia ser. Nada mais era distinto a não ser a aura de sua beleza e a doçura dos sentimentos dele por ela naquela época.

Harold pedia que Erica trouxesse as caixas das coisas velhas deles — fotografias, papéis e documentos de décadas passadas que eles acumularam. Então ele inspecionava as caixas. Até mesmo quando era mais jovem ele teve a presença de espírito de guardar apenas os lembretes felizes, para que os tempos ruins se apagassem.

Ele ficava ligeiramente louco enquanto inspecionava essas coisas antigas. Ou bêbado, pois voltou a beber durante o dia. Emoções e sentimentos o tomavam. Descobriu que conseguia se lembrar de velhos poemas por completo. Possuía imagens de Olimpíadas e eleições e eventos nacionais percorrendo sua cabeça. Era capaz de reviver a atmosfera de uma década — a maneira como as pessoas usavam o cabelo, os tipos de piadas que contavam.

Sentava-se ali e brincava frivolamente com o tempo. Os psicólogos têm um termo para idosos que têm dificuldade de inibir seus pensamentos e cujas conversas se desviam em direções aleatórias. Chamam isso de "verbosidade fora de tópico". Harold sofria desse tipo de enfermidade, sendo que estava acontecendo por dentro. Em um segundo, lembrava-se de pegar jacaré nas ondas quando era um menino e, no seguinte, de um passeio de carro na semana passada.

Existe uma velha fábula sobre um monge que foi caminhar na floresta e fez uma pausa para ouvir o doce garganteio de um pequeno pássaro. Quando voltou ao mosteiro, deparou-se apenas com estranhos. Esteve fora durante cinquenta anos. Em algumas tardes, Harold sentia que sua escala pessoal de tempo estava com a marcha emperrada.

Harold se sentia rejuvenescido pelas suas memórias. Em 1979, a psicóloga Ellen Langer conduziu um experimento no qual equipou um velho mosteiro em Petersborough, New Hampshire, com objetos da década de 1950.[5] Convidou homens na casa dos 70 e 80 anos de idade para se hospedarem ali por uma semana. Eles assistiam aos programas de Ed Sullivan, escutavam Nat King Cole no rádio e conversavam sobre o campeonato de 1959 entre o Baltimore Colts e o New York Giants. No final da semana, os homens haviam ganhado uma média de um quilo e meio e pareciam mais jovens. Eles se saíram melhor em testes de audição e de memória. Suas juntas estavam mais flexíveis e 63% se saíram melhor em um teste de inteligência. Experimentos como esse são mais sugestivos do que científicos, mas Harold se sentia melhor quando estava vivendo no passado. As dores diminuíam. As alegrias aumentavam.

Busca por significado

Harold passava muito tempo pensando sobre sua adolescência, quando tinha cerca de 16 anos. Esse é o período que os pesquisadores chamam de "explosão mnésica", porque as memórias do final da adolescência e do começo da maioridade tendem a ser mais vívidas do que as de outros períodos da vida.[6] Harold se perguntou o quão corretas estariam suas lembranças.

Quando George Vaillant do Grant Longitudinal Study enviou relatórios para um idoso sobre sua juventude para checagem de fatos, ele retornou os relatórios e insistiu que "você deve ter enviado isso para a pessoa errada". Ele simplesmente não conseguia se lembrar de nenhum dos eventos de sua própria vida que tinham sido registrados naquela época.[7] O sujeito de outra pesquisa longitudinal sofreu uma infância brutal, bem-documentada na época, nas mãos de pais abusivos. No entanto, aos 70 anos de idade, ele se lembrava do pai como um "bom homem de família" e da mãe como "a mulher mais doce do mundo".[8]

Harold também vivenciou um tipo de prazer negativo. Depois de uma vida inteira preparando-se e construindo, finalmente estava livre do peso do futuro. "Quão prazeroso é o dia", observou William James certa vez, "quando desistimos de lutar para sermos jovens — ou esbeltos".[9]

Apesar de velho e falecendo, Harold estava contaminado por um descontentamento intelectual. Sem nem pensar sobre isso, ele, como a maioria de nós, considerava a vida não apenas como um grupo de eventos a serem vividos, mas como uma pergunta a ser respondida. Para que serve tudo isso? Lá, sentado naquela varanda com suas bengalas erguidas contra uma cadeira, Harold pôs-se, no crepúsculo de sua vida, a entender o sentido de sua existência, a chegar a uma conclusão.

Em seu famoso livro *Em busca de sentido*, Viktor Frankl escreve: "A busca do homem por sentido é a motivação primária de sua vida."[10] Ele cita as palavras de Nietzsche: "Aquele provido de um *porquê* para viver é capaz de suportar quase qualquer *como.*"[11] Todavia, Frankl apresentou um argumento crucial e útil: é infrutífero tentar pensar no abstrato sobre o que a vida em geral significa. O sentido da vida de uma pessoa só é discernível dentro de circunstâncias específicas da vida específica de um indivíduo. No campo de concentração, escreve ele: "Tivemos de aprender sozinhos e, ademais, tivemos de ensinar aos homens desesperados que *não importava exatamente o que esperávamos da vida, mas sim o que a vida esperava de nós*. Tínhamos de parar de perguntar sobre o sentido da vida e, em vez disso, nos entendermos como aqueles que estavam sendo indagados pela vida — a cada dia e a cada hora. Nossa resposta deve consistir não em fala ou em meditação, mas em ação correta e em conduta correta."[12]

Harold pensou retrospectivamente sobre sua vida como um filho, um marido, um consultor de negócios e um historiador e se perguntou qual indagação a vida tinha feito para ele. Procurava por alguma coisa que pudesse ser definida como o chamado ou a missão da vida. Achou que o projeto fosse ser fácil, mas quanto mais procurava pelo cerne de sua vida, mais difícil ficava de encontrá-lo. Quando estudava honesta e corretamente, sua vida tinha sido uma série de eventos fragmentados. Às vezes, foi muito orientado pelo dinheiro, mas em outras vezes esquecia-se dele. Foi ambicioso em algumas vezes, mas em outras fases, não. Durante alguns anos, vestiu a máscara de um estudioso, ao passo que em outros anos ele vestiu a máscara de um empresário; quem era o verdadeiro eu por trás das máscaras? Em *A representação do eu na vida cotidiana*, Erving Goffman argumenta que são só máscaras até o fim.[13]

Cientistas e escritores tentaram impor certo esquema para descrever como a vida se dá. Abraham Maslow definiu sua hierarquia de necessidades — do físico à segurança, ao amor, à estima e à autorrealização. No entanto, muitas pesquisas recentes questionaram a ideia de que as vidas humanas encaixam-se nesses tipos de esquemas puros — não há progressões simples do tipo descrito por Maslow.[14] Em alguns dias, Harold se sentia derrotado e concluía que a vida é incognoscível. Pensem em algo tão simples quanto comprar um carro. Será que ele escolheu seu último carro por causa do formato, da avaliação na *Consumer Reports*,* de alguma imagem vaga que tinha sobre a personalidade da marca, de como se sentiu no teste de direção, de algum senso de status que lhe daria ou talvez por causa do desconto do vendedor? Todas essas coisas devem ter influenciado, mas ele não conseguia de fato definir as proporções. Havia uma zona nebulosa e indefinida entre os fatores que devem ter influenciado sua escolha e a escolha em si conforme se deu na loja.

"Nunca podemos, nem mesmo mediante o mais rigoroso exame, penetrar inteiramente em nossos mais secretos impulsos", escreveu

* Revista norte-americana mensal, que desde 1936 publica opiniões de consumidores sobre diversos produtos. (N. da T.)

Immanuel Kant.[15] E se isso é verdade em relação a comprar um carro, deve ser muito mais verdadeiro em relação a ir em busca dos grandes objetivos de uma vida. Se Harold tivesse um entendimento verdadeiro de si mesmo seria capaz de descrever certas qualidades que possuía, mas ele não achava que podia fazer isso de maneira confiável. As pessoas superestimam muito e compreendem muito mal suas habilidades. Vários estudos mostraram que há baixa correlação entre como as pessoas avaliam sua própria personalidade e como as pessoas ao seu redor a avaliam.[16]

Harold ficava sentado tentando pensar sobre si, mas em segundos acabava pensando sobre as pessoas que conheceu ou as coisas que vivenciou. Às vezes, pensava em algum projeto que tinha feito no trabalho ou em uma briga que teve com um colega de trabalho. Tinha a sensação de que foi uma presença coerente nesses momentos dramáticos. Contudo, quando tentava pensar sobre ele mesmo isoladamente — o que era e para que tinha vivido —, não conseguia conjurar nenhum conceito claro em sua mente. Era como se ele fosse uma ilusão de óptica, visível quando você não olhava diretamente, invisível quando você o tomava como objeto de sua atenção.

Alguns de seus amigos tinham histórias padronizadas sobre eles próprios. Um era um menino pobre que havia se erguido do lixo ao luxo. Outro era um pecador que foi salvo por Deus em certo instante. Outro tinha mudado de ideia sobre tudo no decorrer da vida — começou na floresta do erro e veio para a luz da verdade.

Em seu livro *The Redemptive Self* (O eu redentor), Dan McAdams escreve que norte-americanos são especialmente propensos a organizarem suas vidas em histórias de redenção.[17] Era uma vez um povo errante no caminho da tribulação, mas eis que seus habitantes conheceram um mentor ou uma esposa, ou foram trabalhar em uma fundação ou fizeram alguma outra coisa e foram redimidos. Foram eximidos do erro e inseridos em um caminho apropriado. Suas vidas tiveram um sentido daquele momento em diante.

Conforme revisava sua própria vida, Harold não conseguia ver como ela se encaixava em nenhum desses moldes narrativos. E conforme esse processo de análise de si continuava, Harold ficou intensamente triste — contaminado por um sentimento de que havia um prazo final definitivo que ele não satisfaria. Alguns psicólogos pedem que pacientes se sentem em uma cadeira e olhem para dentro de si. Entretanto, há bastante evidência para sugerir que esse tipo de ruminação muitas das vezes é nociva. Quando as pessoas estão deprimidas, tomam os eventos e as emoções negativas de suas vidas e, fixando a atenção neles, fazem com que essas redes neurais fiquem mais fortes e mais dominantes. Em seu livro *Strangers to Ourselves* (Estranhos a nós mesmos), Timothy Wilson, da Universidade da Virgínia, resumia vários experimentos nos quais a ruminação fez com que pessoas deprimidas ficassem ainda mais deprimidas, ao passo que a distração as deixou menos deprimidas.[18] Os que ruminavam caíram em padrões autodestrutivos e padrões negativos de pensamento, saíram-se pior em tarefas nas quais tinham de resolver problemas e tinham previsões muito mais obscuras sobre seu próprio futuro.

Em algumas vezes, todo o exercício de autoexame parecia ser fútil para Harold. "Quão pateticamente escasso é meu autoconhecimento se comparado com, digamos, o conhecimento que tenho de meu quarto", observou Franz Kafka certa vez.[19] "Não existe observação do mundo interno da maneira como existe do mundo externo."

O dia final

Um dia no final do verão, Harold estava na varanda de sua casa de Aspen observando o rio passar. Podia escutar Erica em seu escritório no andar de cima digitando. Havia uma caixa de metal arranhado em seu colo e ele estava mexendo em alguns papéis e fotografias.

Deparou-se com uma foto bem antiga de si mesmo. Tinha cerca de 6 anos de idade quando a foto foi tirada. Vestia um casaco no estilo marinheiro e estava no topo de um escorrega de metal em um parquinho, prestes a descer, olhando com concentração intensa para a inclinação abaixo.

"O que tenho em comum com esse menino?", perguntou-se Harold. Nada, a não ser que era ele mesmo. O conhecimento, as circunstâncias, a experiência e a aparência eram todos diferentes, mas havia alguma coisa viva naquele menino que ainda estava viva nele agora. Havia uma certa essência que tinha mudado conforme ele envelhecia, mas sem se tornar alguma coisa diferente de si fundamentalmente, e essa essência Harold chamou de alma.

Supôs que essa essência estava manifestada em neurônios e sinapses. Ele nasceu com certas conexões e, visto que o cérebro é o registro dos sentimentos de uma vida, ele lentamente acrescentou novas conexões neurais em sua cabeça. E, no entanto, Harold não conseguia evitar de pensar em como tudo isso era encantado. As conexões foram formadas pela emoção. O cérebro era carne física, porém, dos milhões de pulsos de energia, espírito e alma emergiram. Deve existir alguma energia criativa suprema, pensou ele, que consegue pegar o amor e transformá-lo em sinapses e depois pegar uma população de sinapses e transformá-la em amor. A mãe de Deus deve estar lá.

Harold olhou para as mãos do menininho segurando os lados do escorrega e para a expressão no rosto dele. Harold não tinha de imaginar quais eram as afeições e os medos do menino porque, em algum nível, ele ainda era capaz de vivenciá-los diretamente. Não tinha de reconstruir a maneira como aquele menino via o mundo porque ainda era, em algum nível, sua própria maneira. Aquele menininho tinha medo de altura. Aquele menininho se sentia tonto ao ver sangue. Aquele menininho estava apaixonado, mas frequentemente se sentia sozinho. Aquele menininho já possuía um reino oculto, um elenco de personagens e respostas que cresceriam, se amadureceriam, se afirmariam, se retrairiam e regressariam em momentos diferentes de sua vida. Aquele reino oculto era ele, tanto naquela época quanto agora.

Parte daquele reino veio dos seus relacionamentos com seus pais. Eles não eram as pessoas mais profundas do mundo. Passaram muito tempo no mundo do comércio, focando-se em aparências e vaidades. Não foram realmente capazes de responder às necessidades mais profundas de Harold, mas foram pessoas boas que o amavam. Um deles provavelmente o levou para esse parque e colocou-se atrás da câmera para tirar essa foto e a arquivou em algum lugar para que Harold pudesse vê-la agora. Houve uma emoção quando a foto foi tirada e uma emoção quando foi arquivada, e houve uma emoção quando Harold a olhou agora e imaginou sua mãe ou seu pai atrás da câmera apertando o botão. As curvas ainda reverberavam através das décadas, de geração em geração.

A alma surgia dessas curvas de afeição. Essas curvas eram momentâneas e frágeis, e também permanentes e duradouras. Até mesmo hoje, havia pequenas células dorminhocas acomodadas na mente dele

— afeições e medos plantados havia tempos que podiam ficar adormecidos por décadas e de repente voltar à vida nas circunstâncias certas. A maneira como seus pais reagiram às pequenas conquistas dele — aquele sentimento delicioso o motivou a vida inteira. A maneira como seus avós da classe trabalhadora nunca se sentiram realmente aceitos nos Estados Unidos da classe média, como se a presença deles fosse contingente e periférica — essa insegurança pairou sobre ele a vida inteira. A maneira como seus amigos na escola jogavam seus braços nos ombros dele e se encostavam nele no refeitório — esse sentimento de camaradagem que o fortaleceu até seu último dia. Conexões sociais no início da vida predizem longevidade e boa saúde no fim.

Harold tentou, sem sucesso, enxergar o conjunto de conexões, a região inconsciente que ele passou a perceber como o Grande Emaranhado. A única atitude apropriada em relação a essa região era o encanto, a gratidão, a veneração e a humildade. Algumas pessoas acham que são os ditadores de sua própria vida. Alguns acreditam que o eu é um barco inerte de madeira a ser guiado por um capitão no leme. Mas Harold passou a ver que seu eu consciente — a voz em sua cabeça — era mais serviçal do que mestre. Emergia do reino oculto e existia para nutrir, editar, restringir, zelar, refinar e aprofundar a alma lá dentro.

Por toda a sua vida até este período, perguntou-se como a vida se daria. Mas agora a história estava completa. Sabia seu destino. Estava aliviado do peso do futuro. O medo gelado da morte estava lá em sua mente, porém acompanhado pela ciência de que ele foi extraordinariamente sortudo.

Deu um passo para trás e fez algumas perguntas sobre si, avaliações sobre a vida que viveu. E cada pergunta gerou seu próprio sentimento instantâneo, portanto ele nem teve de verbalizar a resposta. Será que ele se aprofundou? Em uma cultura de comunicação instantânea na qual era tão fácil viver superficialmente, gastou tempo nas coisas importantes, desenvolvendo seus talentos mais significativos? Era uma pergunta boa de se fazer, porque mesmo que não tivesse se tornado um profeta ou um sábio, ele tinha lido os livros sérios, engajado-se nas questões sérias e tentado da melhor forma que pôde cultivar um reino interno luxuriante.

Será que contribuiu para o rio do conhecimento, deixou um legado para as gerações futuras? Quanto a essa pergunta, não pôde se sentir tão bem. Havia tentado descobrir coisas novas. Havia escrito ensaios e feito palestras. Contudo, foi mais um observador do que um ator. Vagou durante um tempo excessivo, borboleteando de um interesse a outro. Em outros momentos, freou-se, sem disposição para se arriscar e sofrer as lufadas provenientes da vida na arena. Não fez tudo o que poderia ter feito para oferecer presentes aos que continuariam vivendo.

Transcendeu este reino mundano? Não. Ele sempre sentiu que havia alguma coisa além da vida, conforme a ciência a compreende. Sempre acreditou em Deus de alguma maneira, um Deus que existia além do tempo e do espaço. Mas nunca teve uma religião. Viveu uma vida mundana e, infelizmente, nunca provou a transcendência divina.

Amou? Sim. A constante única em sua vida adulta foi a admiração e o amor pela boa mulher que era sua esposa. Ele sabia que ela não retornava seu amor com a mesma força e devoção. Sabia que ela o tinha ofuscado e que os caminhos de suas vidas seguiram os êxitos dela. Sabia que ela havia perdido o interesse por ele algumas vezes e houve anos solitários no meio do casamento. Mas isso não importava para ele agora. No final, a sua habilidade de estar com ela e de se sacrificar por ela foi outro presente da vida. E agora, em seus anos finais e vulneráveis, ela estava oferecendo de volta tudo o que ele havia dado. Mesmo se tivessem sido casados apenas neste mês, estando ele imóvel e ela cuidando dele em milhares de formas, ainda assim a vida teria valido a pena. Conforme as horas adiante se encurtavam, o amor por ela apenas crescia.

Nesse momento, Erica veio à varanda e perguntou-lhe se ele queria que ela trouxesse jantar. "Ah, já é hora de jantar?", perguntou ele.

Ela disse que sim e que tinha um frango frio na geladeira que ela podia trazer para ele com algumas batatas fritas. Ela voltou para dentro da casa e Harold foi deixado, voltando ao seu devaneio. E, ao rever cenas diferentes de sua vida, as perguntas que a vida lhe havia feito — e suas avaliações sobre elas — se dissolveram, e só lhe sobraram sensações. Foi como estar em um show ou no cinema. Seu senso de eu se dissipou. Foi como estar em seu quarto enquanto menino, movendo caminhões pelo chão, perdido em uma grande aventura.

Erica voltou à varanda, deixou a bandeja cair, berrou, correu para Harold e pegou sua mão. Seu corpo tinha se curvado e estava inerte. Sua cabeça estava apoiada no queixo e havia baba saindo de sua boca.

Ela olhou para seus olhos, os olhos que havia se acostumado a ver durante todas essas décadas, e não conseguia ver nenhuma reação neles, apesar de ele ainda estar respirando. Ela fez como se fosse correr para o telefone, mas a mão de Harold segurou a dela com mais firmeza. Ela se sentou, olhando para o rosto dele e chorando.

Harold perdeu a consciência, mas não a vida. Imagens fluíram em sua cabeça, como acontece segundos antes de alguém cair no sono. Vieram em uma sucessão caótica. Em sua não consciência de si, ele não as apreciou da maneira que as teria estimado anteriormente. Ele as apreciou de uma forma que estava além das palavras. Diríamos que ele as apreciou holisticamente, de alguma maneira sentindo tudo a um só tempo. Diríamos que ele participou delas de maneira impressionista em vez de analítica. Ele sentiu presenças.

Conforme eu as coloco nesta página, tenho de colocá-las em uma frase após a outra, mas não foi assim que Harold as vivenciou. Havia imagens dos lugares onde ele costumava andar de bicicleta quando garoto e das montanhas que viu naquele dia. Lá estava ele fazendo dever de casa com a mãe, e também obstruindo um corredor em um jogo de futebol americano na escola. Havia discursos que ele fez, elogios que recebeu, sexo que fez, livros que leu e momentos em que alguma ideia nova o tomou como uma onda.

Por alguns instantes, a consciência pareceu ter voltado. Sentiu Erica chorando por perto e a compaixão o envolveu. Por dentro, redemoinhos em sua mente ainda estavam rodando junto com os dela. Eram redemoinhos compartilhados que saltavam do mundo consciente dela para o mundo inconsciente dele. Categorias desapareceram. A ternura ficou fora de controle. Sua habilidade de focar a atenção acabou ao mesmo tempo em que sua habilidade de interpenetrar a alma dos outros aumentou. Sua relação com ela nesse momento foi direta. Não havia analítica, reservas, ambições, desejos futuros ou dificuldades passadas. Era apenas Eu e Tu. Uma unidade de ser. Um estado mais elevado de conhecimento. Uma fusão de almas. Nesse momento, suas perguntas sobre o sentido da vida não eram mais feitas, mas respondidas.

Harold entrou no reino oculto inteiramente e então perdeu a consciência para sempre. Em seus momentos finais, não havia nem fronteiras nem traços. Foi incapaz de manejar o poder da autoconsciência, mas também se libertou de suas amarras. Foi abençoado com a consciência para que pudesse direcionar sua própria vida e nutrir sua vida interna, mas o custo dessa consciência era uma consciência de que morreria. Agora, havia perdido essa consciência. Estava além do nível da percepção e havia entrado no reino do indizível.

Seria interessante saber se isso significava que ele também havia adentrado no reino do paraíso, no reino de Deus. Mas isso não foi informado para Erica. O coração de Harold continuou a bater por alguns minutos; seus pulmões se enchiam e se esvaziavam de ar e impulsos eletroquímicos ainda percorriam seu cérebro. Fez alguns gestos e contorções, que os médicos chamariam de involuntários mas que, neste caso, foram sentidos de maneira mais profunda do que qualquer outro gesto. E um deles foi um longo aperto de mão, que Erica entendeu como um adeus.

O que existiu lá no começo existiu no final, o emaranhado de sensações, percepções, desejos e necessidades que chamamos, de maneira antisséptica, de inconsciente. Esse emaranhado não era a parte mais inferior de Harold. Não era um traço secundário a ser superado. Era seu centro — difícil de enxergar, impossível de entender, porém supremo. Harold atingiu uma coisa importante na vida. Construiu um ponto de vista. Outras pessoas veem a vida primeiramente como uma partida de xadrez jogada por máquinas de raciocínio. Harold viu a vida como uma interpenetração infinita de almas.

POSFÁCIO

A PESQUISA DESCRITA NESTE LIVRO É TESTEMUNHO DE UM PONTO simples: a experiência que temos de nós mesmos é enganosa. Sentimos que há um local central em nosso cérebro onde informações são processadas, opções são consideradas e decisões são tomadas. Temos uma voz interna que parece ser responsável pelo que fazemos. Sentimos que quando observamos o mundo, estamos cientes do que vemos.

No entanto, essas proposições não estão completamente corretas. Não há um homúnculo central — um eu simples — tomando decisões. A voz interna pode achar que tem o controle, mas na verdade é uma mera coadjuvante que desconhece os protagonistas nos níveis mais profundos. Não temos ciência da maioria das coisas que vemos e sentimos ao redor, nem de como estamos respondendo a elas.

Não somos quem pensamos ser.

As pessoas sempre souberam que há forças ocultas que nos impulsionam, é claro, mas nos últimos trinta anos, pesquisadores começaram a prezar a maneira como esses processos inconscientes são dominantes. Esta é uma das grandes histórias intelectuais do nosso tempo.

Quando historiadores das ideias olharem em retrospectiva para essa nova compreensão de nós mesmos, suspeito que vão destacar o trabalho de Daniel Kahneman e Amos Tversky. Em grande parte dos séculos XIX e XX, um éthos sistematizador prevaleceu, defendendo que as pessoas são racionais, maximizadoras de utilidade, autoconscientes, consistentes e previsíveis. Entretanto, no início da década de 1970, Kahneman e Tversky começaram a mostrar falhas nisso tudo. Detectaram inúmeros tipos de processos ocultos envolvidos na forma como as pessoas percebem e processam o mundo.

Em um experimento, Kahneman direcionou uma câmera aos olhos das pessoas e pediu que resolvessem problemas matemáticos. Quando começavam a se concentrar nos problemas, suas pupilas se dilatavam. Kahneman e seus colegas conseguiram trilhar os níveis de concentração das pessoas por meio do tamanho de suas pupilas. Quando as pupilas se contraíam, Kahneman perguntava: "Por que parou de trabalhar agora?" Os sujeitos da pesquisa exclamavam: "Como você sabe?" Kahneman respondia: "Temos uma janela que dá acesso à sua alma."

Em pouco tempo, Kahneman e Tversky estavam sistematizando as propensões inconscientes das pessoas. Uma das poderosas é a aversão à perda. Nós nos esforçamos mais para evitar perdas do que para alcançar ganhos. Dois economistas, Devin Pope e Maurice Schweitzer, criaram uma ilustração elegante disso. Analisaram 2,5 milhões de tacadas leves feitas por jogadores profissionais de golfe. Descobriram que, de todas as distâncias, os jogadores têm mais sucesso quando jogam pelo par do buraco do que quando jogam pelo *birdie*, uma tacada abaixo do par. Temem fazer um *bogey* a mais do que querem para o *birdie* e, consequentemente, a motivação deles para acertar a tacada é um pouco mais alta.

Nos anos seguintes, Kahneman, Tversky e outros demonstraram centenas de maneiras pelas quais os processos inconscientes influenciam nosso pensamento. Algumas são bastante perturbadoras. Por exemplo, pesquisadores estudaram um conselho de liberdade condicional em Israel, em que juízes gastam uma média de seis minutos para decidirem se concedem a liberdade condicional aos prisioneiros. O conselho concede a liberdade condicional em cerca de 35% dos casos — exceto os que foram apresentados pouco depois do café da manhã e do almoço. Logo após as refeições, o conselho concede 65% dos pedidos de liberdade condicional. As pessoas pensam de maneiras distintas dependendo do quão saciadas ou famintas estão.

Kahneman e Tversky também estabeleceram — e uma quantidade massiva de pesquisas subsequentes confirmaram — que a mente inconsciente quer histórias. Quando vemos dois fenômenos, rapidamente formulamos histórias para conectá-los e explicá-los. Narrar — podem chamar de construção de modelo — é grande parte do que a mente faz. Kahneman ressaltou que muito do prazer que sentimos com uma viagem de férias vem da expectativa antes de ela acontecer, assim como do lembrar-se dela depois que acaba. Aproveitaríamos os momentos de férias muito menos se soubéssemos que uma pílula que provoca amnésia nos faria esquecer tudo quando acabasse. Temos um eu que vivencia e um eu que se recorda, e o segundo é mais poderoso.

Michael Gazzaniga é outro que provavelmente vai ter destaque nas histórias intelectuais desta era. Gazzaniga descobriu que quando pacientes com cérebro dividido recebem sugestões inconscientes para fazerem certas coisas, como atravessar a sala para pegar um refrigerante, não se mostram particularmente aflitos com seu próprio comportamento esquisito. Apenas inventam uma história fictícia para se explicarem a si próprios. Isto é, em alguns casos, a mente consciente não diz o que vocês devem fazer; ela observa o que vocês fazem e depois confabula uma história para dar conta do que foi feito.

Isso acontece porque o cérebro é uma coleção vastamente complicada de sistemas de pensamento, paralelos e distribuídos, e trilhões deles estão em atividade a todo momento. A mente consciente em geral não consegue acompanhar o que está acontecendo de fato, então apenas aprecia os resultados e forma uma interpretação. Inventa uma história. (Alguns pesquisadores acreditam que a mente consciente faz apenas isso. Não temos vontade própria, só um montante de racionalizações a posteriori.)

Aprendemos muito sobre esses processos ocultos nas últimas décadas. Ainda assim, é difícil compreender essas verdades porque as evidências que nossas mentes conscientes nos fornecem a cada segundo, todos os dias, estão tentando nos desvirtuar.

É difícil lembrar a si mesmo continuamente que você não é quem parece ser. É difícil também obter uma visão clara e abrangente do quanto deveríamos confiar no inconsciente. Grande parte das pesquisas iniciais mostraram maneiras pelas quais os processos inconscientes nos levam a desviar do modelo econômico do homem perfeitamente racional. Concordaremos em fazer uma cirurgia se disserem que o procedimento tem 85% de chance de dar certo, porém não concordaremos se disserem que tem 15% de chance de dar errado. Os primeiros pesquisadores enfatizaram esses tipos de deficiências inconscientes porque estavam indo de encontro ao modelo de ciência social de homens e mulheres perfeitamente racionais.

Por outro lado, se vocês se relacionarem com atletas, artistas, bombeiros e soldados experientes, descobrirão que eles realizam feitos incríveis por meio da intuição. A experiência lhes forneceu habilidades de reconhecimento de padrões e habilidades criativas fenomenais. Se observarem duas pessoas se apaixonando, ficarão estupefatos com o grande número de avaliações, brilhantes e inconscientes, que os amantes fazem um do outro.

Alguns pesquisadores traçam uma imagem obscura do inconsciente. Outros traçam uma imagem bastante rosada. É difícil dizer por que especialistas diferentes fazem essas generalizações tão distintas, exceto que alguns deles parecem ser temperamentalmente inclinados a confiar na emoção e na intuição, e outros são temperamentalmente desconfiados.

É difícil até descrever o que está acontecendo de maneira apropriada. Neste momento, ainda temos de nos apoiar em palavras antigas e enganosas, como "emoção" e "razão", para tentar descrever esses processos. Tais palavras provavelmente encobrem mais do que desvendam.

Estamos presos com metáforas obsoletas. Por exemplo, parece que estamos presos à ideia de que emoção e razão estão em uma gangorra — se emoção está no alto, então razão está embaixo —, quando sabemos que nem sempre é assim. Se vocês aprimorarem sua sensibilidade emocional, vão aprimorar seus poderes de dedução racional porque serão capazes de realizar mais avaliações sutis.

Misturamos emoção com excitação. Imaginamos que ser emocional é berrar e chorar o tempo todo. Não é verdade. Qualquer um de nós afirmaria que Emily Dickinson era emocionalmente astuta, o que não significa que estava fora de controle o tempo todo.

Em suma, compreender e aplicar as implicações desta pesquisa demanda um esforço constante. Ainda é difícil nos vermos como realmente somos.

Uma coisa que sabemos é que, para florescer, precisamos dos dois sistemas — o consciente e o inconsciente, o racional e o emocional. Durante o aprendizado, precisamos trabalhar de maneira consciente para dominar fatos. Precisamos escrever ensaios ou realizar racionalizações analíticas a fim de organizar e impulsionar nosso conhecimento. Mas também precisamos movimentar e excitar as redes inconscientes, permitir que façam sua mágica — produzir momentos "eureca!" ou combinar sistemas adjacentes de ideias de maneiras novas e criativas.

Quando tomamos uma decisão, temos de usar nossos poderes inconscientes de fabricação de mapa para analisar o campo e detectar as gradações minúsculas de determinada situação. Por outro lado, precisamos sustentar nossas intuições não confiáveis com dados.

Uma das implicações constantes desta pesquisa é que temos de ser completamente modestos em relação ao que sabemos e ao que podemos saber. Não conhecemos nem a nós mesmos, muito menos a outras pessoas. Nem sabemos, de fato, sobre situações, mesmo que nossos cérebros saibam. Não temos como confiar em nossas próprias avaliações do quanto sabemos. Temos uma tendência constante de sermos confiantes em excesso.

Indústrias inteiras são baseadas no excesso de confiança. Há um grande número de gerentes de fundos que acha que pode vencer o mercado quando escolhe ações. A grande maioria está errada. De tempos em tempos, um livro de negócios como *Feitas para durar* é publicado, celebrando certas empresas por sua excelência longeva. Em um número surpreendente de casos, a empresa celebrada tropeça ou vai à bancarrota nos anos após a publicação. Philip E. Tetlock publica estudos expondo o excesso de segurança dos especialistas. Em várias esferas, os peritos predizem o futuro de maneira apenas um pouco melhor do que cidadãos comuns, se é que conseguem fazer isso. Um estudo analisou o julgamento de médicos que estavam "completamente seguros" de que haviam diagnosticado corretamente a doença de um paciente aflito. Após o falecimento dos pacientes, autópsias foram realizadas. Os clínicos que estavam "completamente seguros" erraram em 40% das vezes.

Felizmente, a nova pesquisa nos fornece uma ideia das formas em que provavelmente estamos errados e maneiras de prever nossos erros mais comuns e de nos protegermos contra eles. Por exemplo, existe a "dependência do caminho trilhado". As coisas que parecem normais hoje começaram com uma escolha que fez sentido em um determinado momento e sobreviveram, apesar de talvez não fazerem mais sentido nenhum.

Existe a ilusão do foco. Conforme diz Kahneman: "Na vida, as coisas não são tão importantes quanto parecem no momento em que nos debruçamos sobre elas." Por exemplo, a educação é um dos determinantes mais importantes da renda. Todavia, se todo mundo tivesse o mesmo nível de educação, a desigualdade de renda seria reduzida em menos de 10%. Há um zilhão de outros fatores que ajudam a moldar os níveis de renda, e a influência desses fatores é muito maior em conjunto.

Existe o Princípio de Pareto. Temos a concepção de que a maioria das distribuições seguem uma curva simétrica (a maioria das pessoas está na região mediana). Mas não é assim que o mundo geralmente é organizado. Os 2% superiores de usuários do Twitter enviam 60% das mensagens. Os 20% superiores dos trabalhadores vão contribuir com uma parcela gigante da produtividade real de qualquer empresa.

Ferramentas cognitivas como essa ajudam na superação das propensões naturais da mente, mas o mais importante é desenvolver uma atitude de humildade epistemológica, uma consciência de que vocês provavelmente sabem muito pouco e compreenderão muito pouco as coisas que conhecem. Grande parte da vida tem a ver com o fracasso, quer reconheçamos isso ou não, e os destinos de vocês são profundamente moldados pelo grau de eficiência do seu aprendizado com o fracasso e da sua adaptação a ele.

O jornalista Tim Harford aponta que 2 mil empresas de carro nasceram na aurora da era do automóvel. Menos de 1% sobreviveu. Mesmo que vocês obtenham sucesso, provavelmente não vão se manter no topo. Nenhuma das dez maiores empresas norte-americanas em 1912 estava no topo das cem maiores empresas norte-americanas em 1990.

É importante fracassar de maneira produtiva. Primeiro, como diz Harford, vocês devem procurar novas ideias e novos produtos. Depois, devem experimentar coisas novas em pequena escala para que consigam sobreviver ao fracasso. Certifiquem-se de que cada um de seus projetos é isolado dos outros, para que o fracasso de um não destrua o todo. Depois, vocês têm de encontrar um mecanismo de resposta para que consigam distinguir qual novidade está fracassando e qual está obtendo sucesso. Lutem contra a tendência natural de aversão à perda e matem os projetos fracassados.

A parte estimulante desta pesquisa é que guardamos todos esses poderes inconscientes maravilhosos nas profundezas de nós mesmos. A desestimulante é que não temos ciência de vários deles, e geralmente vêm com desvantagens — propensões e distorções que podem nos desvirtuar nas circunstâncias erradas.

Há um conto judeu antigo sobre um rabino que foi à sinagoga com dois pedaços de papel, cada pedaço em um dos bolsos da frente. Em um dos bolsos, o papel dizia: "Você não é nada além de poeira e cinzas." No outro, dizia: "O mundo foi criado para você."

Esta nova pesquisa incrível sugere que, quando combinadas, essas frases são verdadeiras.

AGRADECIMENTOS

Nunca se sabe como as coisas vão acabar acontecendo. Desde a faculdade, tenho interessado por pesquisa sobre a mente e o cérebro. No entanto, isso constituiu um adicional no meu trabalho normal — escrever sobre Política e políticas, sociologia e cultura. Mas com o passar dos anos, o mesmo pensamento insistiu em voltar. As pessoas estudando a mente e o cérebro estão produzindo percepções incríveis sobre quem somos, porém essas percepções não estão tendo impacto suficiente na cultura mais abrangente.

Este livro é uma tentativa de fazer isso. É uma tentativa de integrar ciência e psicologia com sociologia, política, comentário cultural e literatura sobre sucesso.

Ninguém precisa me lembrar de que é um empreendimento perigoso. O estudo da mente ainda está em seus estágios iniciais, e muitas descobertas estão em debate. Quando um jornalista tenta aplicar as descobertas de uma disciplina complicada ao mundo em geral, é fácil sacrificar nuances e as distinções que os especialistas prezam. Além disso, há um ressentimento natural de pessoas como eu, que têm plataformas como o *New York Times*, a PBS e a Random House, e que frequentemente tentam capturar o fundamento de uma vida inteira de pesquisa em um parágrafo ou em uma página.

Entretanto, achei que esse empreendimento valesse a pena, porque as percepções adquiridas nos últimos trinta anos são realmente importantes. Elas realmente deviam reformular a maneira como pensamos sobre política, sociologia, economia e sobre a vida em geral. Tentei descrever essas descobertas ao mesmo tempo em que evitei grandes riscos na esfera científica. Tentei descrever as descobertas que são razoavelmente bem-estabelecidas, mesmo que ainda haja alguma discordância sobre elas (sempre haverá). Sei não sou um escritor de ciências. Não tentei descrever como o cérebro funciona. Quase nunca me aventuro nas complexidades de qual região do cérebro está produzindo qual comportamento. Apenas me lancei a descrever as vastas implicações desse trabalho.

Não há como fazer isso de uma maneira que satisfaça todos os pesquisadores o tempo todo. Pelo menos tentei dar crédito aos cientistas originais, sempre que possível. Tentei direcionar os leitores às fontes nas quais podem ler sobre o trabalho original e tirar suas próprias conclusões sobre suas implicações. Também adquiri dívidas com várias pessoas que me ajudaram com substância e estilo.

Jesse Graham, da Universidade do Sul da Califórnia, policiou o livro acerca de erros científicos. Sua esposa, Sarah Graham, proveu uma leitura literária sensível. A psicóloga Mindy Greenstein, autora de *The House on Crash Corner* (A casa na esquina da colisão), leu a maior parte do manuscrito, e Walter Mischel, da Columbia, leu uma parte. Ambos ofereceram sugestões cruciais. Cheryl Miller, que antes era do *New York Times* e agora é do American Enterprise Institute, fez um trabalho superlativo de pesquisa, realizando o copidesque e a checagem de fatos. Sua inteligência e competência são lendárias entre aqueles que tiveram a sorte de trabalhar com ela. Meus pais, Lois e Michael Brooks, leram o livro e ofereceram ideias vastas e sugestões cuidadosas de edição. Eles se valeram do alto padrão que lhes é usual. Meu colega no *Times* David Leonhardt também ofereceu feedback inestimável.

Eu me beneficiei de conversas com vários pesquisadores. No entanto, devo agradecer ao menos a Jonathan Haidt, da Universidade da Virgínia; António Damásio, da USC; Michael Gazzaniga, da Universidade da Califórnia em Santa Barbara; Martha Farah, da Universidade da Pensilvânia; Timothy Wilson, da Universidade da Virgínia; e outros que me direcionaram ao encontro de pesquisas relevantes. Devo agradecer também aos líderes da Social and Affective Neuroscience Society, da Edge, do Templeton Foundation, do Center of Neuroscience and Society, e de outras organizações que me deixaram participar de conferências e painéis com pessoas do campo.

Meu editor, Will Murphy, foi uma presença infalivelmente sábia e encorajadora. Meus agentes, Glen Hartley e Lynn Chu, foram campeões ardorosos. Meu porta-voz Bill Leigh leu o manuscrito e ofereceu sábios conselhos. Meus associados no *Times* — Reihan Salam, Rita Koganzon, Ari Schulman e Anne Snyder — cativaram minha gratidão eterna. Consultei cerca de 24 milhões de pessoas em minha busca por um título aceitável, das quais eu certamente gostaria de agradecer a Lynda Resnick e Yossi Siegel.

É claro que preciso agradecer aos meus filhos Joshua, Naomi e Aaron. E é um prazer agradecer à minha esposa, Sarah. Como ela pode atestar, eu sou capaz de escrever sobre emoções e sentimentos, mas não porque sou naturalmente bom em expressá-los. É porque sou naturalmente ruim nisso.

NOTAS

INTRODUÇÃO

1. Timothy D. White, *Strangers to Ourselves: Discovering the Adaptive Unconscious* (Estranhos a nós mesmos: descobrindo o inconsciente adaptativo) (Cambridge, MA: Belknap Press, 2002), 24.
2. White, 5.
3. John A. Bargh, "The Automacity of Everyday Life" (A automacidade da vida cotidiana), em *The Automacity of Everyday Life*, org. Robert S. Wyer (Mahwah, NJ: Lawrence Erlbaum Associates, Inc., 1997), 52.
4. Douglas R. Hofstadter, *I Am a Strange Loop* (Sou uma curva estranha) (Nova York: Basic Books, 2007), 228.

CAPÍTULO 1: TOMADA DE DECISÃO

1. David M. Buss, *The Evolution of Desire: Strategies of Human Mating* (A evolução do desejo: estratégias do acasalamento humano) (Nova York: Basic Books, 2003), 47-58.
2. Daniel Akst, "Looks *Do* Matter" (As aparências importam *sim*), *The Wilson Quaterly*, Summer, 2005, http://www.wilsonquaterly.com/article.cfm?AID=648&AT=o.
3. Steven Johnson, *Mind Wide Open: Your Brain and the Newroscience of Everyday Life* (Nova York: Scribner, 2004), 25-26. (*De cabeça aberta: conhecendo o cérebro para entender a personalidade humana*. Rio de Janeiro: J. Zahar, 2008.)
4. Ayala Malakh Pines, *Falling in Love: Why We Choose the Lovers We Choose* (Apaixonando-se: por que escolhemos os amantes que escolhemos) (Nova York: Routledge, 2005), 33.
5. Peter G. Caryl et al., "Women's Preference for Male Pupil-Size: Effects of Conception Risk, Sociosexuality and Relationship Status" (A preferência das mulheres pelo tamanho da pupila do homem: efeitos do risco da concepção, sociossexualidade

e status de relacionamento), *Personality and Individual Differences* 46, n. 4 (março, 2009): 503-508, http://www.sciencedirect.com/science?_ob=ArticleURL&_udi=B6V9F-4VC73V2-2&_user=10&_coverDate=03/31/2009&_rdoc=1&_fmt=high&_orig=search&_origin=search&_sort=d&_docanchor=&view=c&_acct=C000050221&_version=1&_urlVersion=0&_userid=10&md5=3f12f3106 6917cee6e3fbfdc27ba9386&searchtype=a.

6. David M. Buss, "Strategies of Human Mating" (Estratégias do acasalamento humano), *Psychological Topics* 15 (2006): 250.
7. Matt Ridley, *The Red Queen: Sex and the Evolution of Human Nature* (Nova York: Penguin Books, 1995), 251. (*A rainha de Copas: o sexo e a evolução da natureza humana*. Lisboa: Gradiva, 2004.)
8. Janine Willis e Alexander Todorov, "First Impressions" (Primeiras impressões), *Psychological Science* 17, n. 7 (2006): 592.
9. Charles C. Ballew II e Alexander Todorov, "Predicting Political Elections from Rapid and Unreflective Face Judgments" (Prevendo eleições políticas a partir de julgamentos rápidos e irrefletidos do rosto), *Proceedings of the National Academy of Science of the United States of America* 104, n. 46 (13 de novembro de 2007): 17948-53.
10. Ridley, 298.
11. John Tierney, "The Big City: Picky, Picky, Picky" (A cidade grande: exigente, exigente, exigente), *New York Times*, 12 de fevereiro de 1995, http://www.nytimes.com/1995/02/12/magazine/the-big-city-picky-picky-picky.html.
12. Martie G. Haselton e David M. Buss, "Error Management Theory: A New Perspective on Biases in Cross-Sex Mind Reading" (Teoria do gerenciamento do erro: uma nova perspectiva sobre propensões em leitura de mente entre sexos), *Journal of Personality and Social Psychology* 78, n. 1 (2000): 81-91.
13. Helen Fisher, "The Drive to Love: The Neural Mechanism for Mate Selection" (O desejo de amar: o mecanismo neural de seleção de parceiro), em *The New Psycology of Love* (*A nova psicologia do amor*), orgs. Robert J. Sternberg e Karin Weis (Blinghampton, NY: Yale University Press, 2006), 102.
14. Judith Rich Harris, *The Nurture Assumption: Why Children Turn Out the Way They Do* (A suposição da criação: por que as crianças ficam do jeito que ficam) (Nova York: Touchstone, 1999), 140.
15. Malakh Pines, 5.
16. Geoffrey Miller, *The Mating Mind: How Sexual Choice Shaped Human Nature* (Nova York: Anchor Books, 2000), 373-74. (*A mente seletiva: como a escolha sexual influenciou a evolução da natureza humana*. Rio de Janeiro: Campus, 2000.)
17. Iain McGilchrist, *The Master and His Emissary: The Divided Brain and the Making of the Western World* (O mestre e seu emissário: o cérebro dividido e a criação do mundo Ocidental) (New Haven, CT: Yale University Press, 2009) 257.
18. Miller, 369-75.

19. Helen Fisher, *Why We Love: The Nature and Chemistry of Romantic Love* (Nova York: Owl Books, 2004), 110-12. (*Por que amamos: a natureza e a química do amor romântico*. Rio de Janeiro: Record, 2006.)
20. Michael S. Gazzaniga, *Human: The Science Behind What Makes Us Human* (Humano: a ciência por trás daquilo que nos torna humanos) (Nova York: Harper Perennial, 2008), 95.
21. Buss, 44-45.
22. Buss, 63-64.
23. Guenter J. Hitsch, Ali Hortacsu e Dan Ariely, "What Makes You Click? — Mate Preferences and Matching Outcomes in Online Dating" (O que desperta você? — preferências de parceiro e resultados de encontros em namoro on-line), MIT Sloan Research Paper N. 4603-06, http://papers.ssrn.com/sol3/Papers.cfm?abstract_id=895442.
24. Stendhal. *Love*, trad. Gilbert Sale e Suzanne Sale (Nova York, Penguin Books, 2004), 104. (*Do amor*. Porto Alegre: L&PM, 2007.)
25. Rachel Herz, *The Scent of Desire: Discovering Our Enigmatic Sense of Smell* (Nova York: HarperCollins, 2008), 4-5. (*O aroma do desejo*. Cruz Quebrada, Oeiras, distrito de Lisboa: Estrela Polar, 2008.)
26. Esther M. Sternberg, *Healing Spaces: The Science of Place and Well-Being* (Espaços de cura: a ciência do lugar e do bem-estar) (Cambridge, MA: Belknap Press, 2009), 83-84.
27. Claus Wedekind et al., "MHC-Dependent Mate Preferences in Humans" (Preferências dependentes de CPH na escolha de parceiros entre humanos), *Proceedings: Biological Sciences* 260, n. 1359 (22 de junho de 1995): 245-49, http://links.jstor.org/sici?sici=0962-8452%2819950622%29260%3A1359%3C245%3AMMPIH%3E2.0.CO%3B2-Y.
28. António R. Damásio, *Descartes' Error: Emotion, Reason, and the Human Brain* (Nova York: Penguin Books, 2005), 51. (*O erro de Descartes: emoção, razão e o cérebro humano*. São Paulo: Companhia das Letras, 1996.)
29. Damásio, 193-94.
30. Damásio, 194.
31. Damásio, 174.
32. Joseph LeDoux, *The Emotional Brain: The Mysterious Underpinnings of Emotional Life* (Nova York: Simon & Schuster, 1996), 302. *(O cérebro emocional: os misteriosos alicerces da vida emocional*. Rio de Janeiro: Objetiva, 2001.)
33. Gerald Edelman, *Bright Air, Brilliant Fire: On the Matter of the Mind* (Ar claro, fogo brilhante: sobre a questão da mente) (Nova York: Basic Books, 1992), 69.
34. Kenneth A. Dodge, "Emotional and Social Information Processing" (Processamento de informação emocional e social), em *The Development of Emotion Regulation and Dysregulation* (O desenvolvimento da regulamentação e da desregulamentação da emoção), orgs. Judy Garber e Kenneth A. Dodge (Cambridge: University of Cambridge Press, 1991), 159.

CAPÍTULO 2: O AMÁLGAMA DE MAPA

1. Daniel Gilbert, *Stumbling on Happiness* (Nova York: Alfred A. Knopf, 2006), 221. (*Tropeçar na felicidade*. Cruz Quebrada, Portugal: Estrela Polar, 2007.)
2. Roy F. Baumeister, *The Cultural Animal: Human Nature, Meaning and Social Life* (O animal cultural: natureza humana, significado e vida social) (Oxford: Oxford University Press, 2005), 116.
3. Joseph T. Hallinan, *Why We Make Mistakes: How We Look Without Seeing, Forget Things in Seconds, and Are All Pretty Sure We Are Way Above Average* (Nova York: Broadway Books, 2009), 47. (*Por que cometemos erros? Como olhamos sem ver, esquecemos as coisas em segundos, e temos absoluta certeza de estarmos bem acima da média*. São Paulo: Globo, 2010.)
4. Natalie Angier, "Birds Do It. Bees Do It. People Seek the Keys to It" (Pássaros fazem. Abelhas fazem. As pessoas buscam o segredo para fazê-lo), *New York Times*, 10 de abril de 2007, http://www.nytimes.com/ 2007/04/10/science/10desi. html?_r=1&pagewanted=all.
5. Baumeister, 115-16.
6. Barry R. Komisaruk, Carlos Beyer-Flores e Beverly Whipple, *The Science of Orgasm* (A ciência do orgasmo) (Baltimore, MD: Johns Hopkins University Press, 2006), 72.
7. Regina Nuzzo, "Science of the Orgasm" (Ciência do orgasmo), *Los Angeles Times*, 11 de fevereiro de 2008, http://articles.latimes.com /2008/feb/11/ health/la-he-orgasm11feb11.
8. Mary Roach, *Bonk: The Curious Coupling of Science and Sex* (Trepada: a curiosa cópula entre ciência e sexo) (Nova York: W. W. Norton & Co., 2008), 237.
9. Regina Nuzzo, "Science of the Orgasm".
10. Melvin Konner, *The Tangled Wing: Biological Constraints on the Human Spirit* (A ala confusa: restrições biológicas no espírito humano) (Nova York: Henry Holt & Co., 2002), 291.

CAPÍTULO 3: VISÃO DA MENTE

1. Joseph LeDoux, *The Synaptic Self: How Our Brains Become Who We Are* (O eu sináptico: como nossos cérebros se tornam quem somos) (Nova York: Viking, 2002), 67.
2. Jeffrey M. Schwartz e Sharon Begley, *The Mind and the Brain: Neuroplasticity and the Power of Mental Force* (Mente e cérebro: neuroplasticidade e o poder da força mental) (Nova York: HarperCollins, 2002), 111.
3. Kim Y. Masibay, "Secrets of the Womb: Life's Most Mind-Blowing Journey: From Single Cell to Baby in Just 266 Days" (Segredos do útero: a jornada mais extraordinária da vida: de uma única célula ao bebê em apenas 266 dias), *Science World*, 13 de setembro de 2002.

4. Betsy Bates, "Grimaces, Grins, Yawns, Cries: 3D/4D Ultrasound Captures Fetal Behavior" (Caretas, sorrisos, bocejos, choros: o ultrassom 3D/4D captura o comportamento fetal), *Ob.Gyn. News*, 15 de abril de 2004, http://www.obgynnews.com/article/S0029-7437(04)70032-4/fulltext.
5. Janet L. Hopson, "Fetal Psychology" (Psicologia fetal), *Psychology Today*, 1º de setembro de 1998, http://www.psychologytoday.com /articles/199809/fetal-psychology.
6. Bruce E. Wexler, *Brain and Culture: Neurobiology, Ideology, and Social Change* (Cérebro e cultura: neurobiologia, ideologia e mudança social) (Cambridge, MA: MIT Press, 2006), 97.
7. Bruce Bower, "Newborn Babies May Cry in Their Mother Tongues" (Recém-nascidos podem chorar em sua língua materna), *Science News*, 5 de dezembro de 2009, http://www.sciencenews.org /view/generic/id/49195/title/Newborn_babies_may_cry_in_their_mother_tongues.
8. Janet L. Hopson, "Fetal Psychology".
9. Otto Friedrich, Melissa Ludtke e Ruth Mehrtens Calvin, "What Do Babies Know?" (O que os bebês sabem?) *Time*, 15 de agosto de 1983, http://www.time.com/time/magazine/article/0,9171,949745-1,00.html.
10. Frederick Wirth, *Prenatal Parenting: The Complete Psychological and Spiritual Guide to Loving Your Unborn Child* (Parentagem pré-natal: o guia psicológico e espiritual completo para amar o filho que ainda não nasceu) (Nova York: HarperCollins, 2001), 14.
11. Alison Gopnik, *The Philosophical Baby: What Children's Minds Tell Us About Truth, Love, and the Meaning of Life* (Nova York: Farrar, Straus & Giroux, 2009), 205. (*O bebê filósofo: o que as mentes das crianças nos dizem sobre a verdade, o amor e o sentido da vida.* Lisboa: Temas e Debates, 2010.)
12. Hillary Mayell, "Babies Recognize Faces Better Than Adults, Study Says" (Estudo diz que bebês reconhecem rostos melhor do que adultos), *National Geographic*, 22 de maio de 2005, http://news.nationalgeographic.com/news/2005/03/0321_050321_babies.html.
13. Louis Cozolino, *The Neuroscience of Human Relationships: Attachment and the Developing Social Brain* (A neurociência dos relacionamentos humanos: apego e o cérebro social em desenvolvimento) (Nova York: W. W. Norton & Co., Inc., 2006), 103.
14. Edward O. Wilson, *Consilience: The Unity of Knowledge* (Nova York: Alfred A. Knopf, 1998), 145. (*Consiliência: a unidade do conhecimento.* Rio de Janeiro: Campus, 1998.)
15. John Medina, *Brain Rules: 12 Principles for Surviving and Thriving at Work, Home and School* (Seattle, WA: Pear Press, 2008), 197. (*Aumente o poder do seu cérebro: 12 regras para uma vida saudável, ativa e produtiva.* Rio de Janeiro: Sextante, 2010.)
16. Katherine Ellison, *The Mommy Brain: How Motherhood Makes You Smarter* (Cérebro de mamãe: como a maternidade nos deixa mais espertas) (Nova York: Basic Books, 2005), 21.

17. Medina, 197.
18. Jill Lipore, "Baby Talk" (Conversa de bebê), *The New Yorker*, 29 de junho de 2009, http://www.newyorker.com/arts/critics/books/2009/06/29/090629crbo_books_lepore.
19. David Biello, "The Trouble with Men", *Scientific American*, 16 de setembro de 2007, http://www.scientificamerican.com/article.cfm?id-the-trouble-with-men.
20. Wexler, 111.
21. Alva Noë, *Out of Out Heads: Why You Are Not Your Brain and Other Lessons from the Biology of Consciousness* (Fora de nossas cabeças: por que você não é o seu cérebro, e outras lições da biologia da consciência) (Nova York: Hill & Wang, 2009), 30-31.
22. Wexler, 90.
23. Robin Karr-Morse e Meredith S. Wiley, *Ghosts from the Nursery: Tracing the Roots of Violence* (Fantasmas do berçário: traçando as raízes da violência) (Nova York: Atlantic Monthly Press, 1997), 27.
24. H. M. Skeels e H. B. Dye, "A Study of the Effects of Different Stimulation on Mentally Retarded Children" (Um estudo sobre os efeitos de estímulos diferentes em crianças com retardamento mental), *Proceedings and Addresses of the American Association of Mental Deficiency*, 44 (1939), 114-36.
25. Gordy Slack, "I Feel Your Pain" (Sinto sua dor), *Salon*, 5 de Novembro de 2007, http://www.salon.com/news/feature/2007/11/05/mirror_neurons.
26. Marco Iacoboni, *Mirroring People: The New Science of How We Connect with Others* (Espelhando as pessoas: a nova ciência de como nos conectamos com os outros) (Nova York: Farrar, Straus & Giroux, 2008), 26.
27. Iacoboni, 35-36.
28. Richard Restak, *The Naked Brain: How the Emerging Neurosociety Is Changing How We Live, Work and Love* (O cérebro nu: como a sociedade neurológica emergente está mudando a maneira como vivemos, trabalhamos e amamos) (Nova York: Three Rivers Press, 2006), 58.
29. Michael S. Gazzaniga, *Human: The Science Behind What Makes Us Human* (Humano: a ciência por trás daquilo que nos faz humanos) (Nova York: Harper Perennial, 2008), 178.
30. Iacoboni, 50.
31. Iacoboni, 112-14.
32. Steven Johnson, *Mind Wide Open: Your Brain and the Neuroscience of Everyday Life* (Nova York: Scribner, 2004), 120. (*De cabeça aberta: conhecendo o cérebro para entender a personalidade humana.* Rio de Janeiro: J. Zahar, 2008.)
33. Johnson, 119.
34. Johnson, 120-21.
35. Raymond Martin e John Barresi, *The Rise and Fall of Soul and Self: An Intellectual History of Personal Identity* (Ascenção e queda da alma e do eu: uma história intelectual da identidade pessoal) (Nova York: Columbia University Press, 2006), 184.

CAPÍTULO 4: FABRICAÇÃO DE MAPA

1. Alison Gopnik, Andrew N. Meltzoff e Patricia K. Kuhl, *The Scientist in the Crib: What Early Learning Tells Us About the Mind* (O cientista no berço: o que o aprendizado inicial nos diz sobre a mente) (Nova York: Harper Perennial, 1999), 85.
2. Alison Gopnik, *The Philosophical Baby: What Children's Minds Tells Us About Truth, Love, and the Meaning of Life* (Nova York: Farrar, Straus, & Giroux, 2009), 17.
3. Gopnik, Meltzoff e Kuhl, 46.
4. Gopnik, 145.
5. Gopnik, 124.
6. Gopnik, 152.
7. Gopnik, 129.
8. John Bowlby, *Loss: Sadness and Depression* (Nova York: Basic Books, 1980), 229. (*Perda: tristeza e depressão*. São Paulo: Martins Fontes, 1985.)
9. Margaret Talbot, "The Baby Lab" (O laboratório bebê), *The New Yorker*, 5 de setembro de 2006, http://www.newyorker.com/archive/2006/09/04/060904 fa_fact_talbot.
10. Gopnik, Meltzoff e Kuhl, 69.
11. Gopnik, 82-83.
12. Jeffrey M. Schwartz e Sharon Begley, *The Mind and the Brain: Neuroplasticity and the Power of Mental Force* (Mente e cérebro: neuroplasticidade e o poder da força mental) (Nova York: HarperCollins, 2002), 117.
13. Schwartz e Begley, 111.
14. Thomas Carlyle Dalton e Victor W. Bergenn, *Early Experience, the Brain, and Consciousness: An Historical and Interdisciplinary Synthesis* (Experiência inicial, o cérebro e a consciência: uma síntese histórica e interdisciplinar) (Nova York: Lawrence Erlbaum Associates, 2007), 34.
15. Jeff Hawkins e Sandra Blakeslee, *On Intelligence* (Sobre a inteligência) (Nova York: Times Books, 2004), 34.
16. Gopnik, Meltzoff e Kuhl, 185.
17. Bruce E. Wexler, *Brain and Culture: Neurobiology, Ideology, and Social Change* (Cambridge, MA: MIT Press, 2006), 23.
18. James LeFanu, *Why Us?: How Science Rediscovered the Mystery of Ourselves* (Nova York: Pantheon Books, 2009), 23. (*Por que nós?: o mistério da nossa existência*. Porto: Civilização, 2009.)
19. Schwartz and Begley, 214-15.
20. Gilles Fauconnier and Mark Turner, *The Way We Think: Conceptual Blending and the Mind's Hidden Complexities* (A maneira como pensamos: mescla conceitual e as complexidades ocultas da mente) (Nova York: Basic Books, 2002), 12.
21. Fauconnier e Turner, 44.

22. Jerome Bruner, *Actual Minds, Possible Worlds* (Cambridge, MA: Harvard University Press, 1986). (*Realidade mental, mundos possíveis*. Porto Alegre: Artes Médicas, 2002.)
23. Dan P. McAdams, *The Stories We Live By: Personal Myths and the Making of the Self* (Histórias pelas quais vivemos: mitos pessoais e a construção do eu) (Nova York: Guilford Press, 1993), 48.

CAPÍTULO 5 — APEGO

1. Claudia Wells, "The Myth About Homework" (O mito do dever de casa), *Time*, 29 de agosto de 2006, http://www.time.com/time/magazine/article/0,9171,1376208,00.html.
2. Ann B. Barnet e Richard J. Barnet, *The Youngest Minds: Parenting and Genetic Inheritance in the Development of Intellect and Emotion* (As mentes mais jovens: cuidados parentais e herança genética no desenvolvimento do intelecto e da emoção) (Nova York: Touchstone, 1998), 197.
3. Louis Cozolino, *The Neuroscience of Human Relationships: Attachment and the Developing Social Brain* (A neurociência dos relacionamentos humanos: apego e o cérebro social em desenvolvimento) (Nova York: W.W. Norton & Co., 2006), 139.
4. L. Alan Sroufe, Byron Egeland, Elizabeth A. Carlson e W. Andrew Collins, *The Development of the Person: The Minnesota Study of Risk and Adaptation from Birth to Adulthood* (O desenvolvimento da pessoa: o estudo Minnesota sobre risco e adaptação do nascimento à maioridade) (Nova York: Guilford Press, 2005), 59-60.
5. Barnet e Barnet, 130.
6. Sroufe et al., 133-34.
7. Sroufe et al., 154.
8. Sroufe et al., 60.
9. Sroufe et al., 138.
10. Daniel J. Siegel, *The Developing Mind: How Relationships and the Brain Interact to Shape Who We Are* (Nova York: Guilford Press, 1999), 94. (*A mente em desenvolvimento: para uma neurobiologia de experiência interpessoal*. Lisboa: Instituto Piaget, 2004.)
11. Kayt Sukel, "Brain Responds Quickly to Faces" (O cérebro responde rapidamente aos rostos), *BrainWork*, Dana Foundation Newsletter, 1º de novembro de 2008, https://www.dana.org/news/brainwork/detail.aspx?id=13664.
12. George Vaillant, *Aging Well: Surprising Guideposts to a Happier Life from the Landmark Harvard Study of Adult Development* (Envelhecendo bem: sinais surpreendentes para uma vida mais feliz do estudo crucial da Harvard sobre o desenvolvimento adulto) (Nova York: Little, Brown & Co., 2002), 99.
13. Ayala Malakh Pines, *Falling in Love: Why We Choose the Lovers We Choose* (Nova York: Routledge, 2005), 110.

14. Cozolino, 230.
15. Alison Gopnik, *The Philosophical Baby: What Children's Minds Tell Us About Truth, Love, and the Meaning of Live* (Nova York: Farrar, Straus, & Giroux, 2009), 184.
16. Susan D. Calkins, "Early Attachment Processes and the Development of Emotional Self-Regulation" (Processos iniciais de apego e o desenvolvimento da autorregulamentação emocional), em *Handbook of Self-Regulation: Research, Theory, and Applications* (O manual da autorregulação: pesquisa, teoria e aplicações), org. Roy F. Baumeister e Kathleen D. Vohs (Nova York: Guilford Press, 2004), 332.
17. David M. Buss, *The Evolution of Desire: Strategies of Human Mating* (A evolução do desejo: estratégias do acasalamento humano) (Nova York: Basic Books, 2003), 93.
18. Mary Main, Erik Hesse e Nancy Kaplan, "Predictability of Attachment Behavior and Representational Processes at 1, 6 and 19 Years of Age: The Berkeley Longitudinal Study" (Previsibilidade do comportamento de apego e processos representacionais nas idades de 1, 6 e 19 anos: O Estudo Longitudinal da Berkeley) em *Attachment from Infancy to Adulthood: The Major Longitudinal Studies* (Apego da infância à maioridade: os principais estudos longitudinais), orgs. Klaus E. Grossmann, Karin Grossmann, e Everett Waters (Nova York, Guilford Press, 2005), 280.
19. Thomas Lewis, Fari Amini e Richard Lannon, *A General Theory of Love* (Nova York: Vintage, 2001), 199. (*Uma teoria geral do amor.* Lisboa: Presença, 2002.)
20. Kathleen Kendall-Tackett, Linda Meyer Williams e David Finkelhorn.
21. Gopnik, 182.
22. Sroufe et al., 268.
23. Sroufe et al., 164.
24. Sroufe et al., 167.
25. Sroufe et al., 210.
26. Sroufe et al., 211.
27. Sroufe et al., 95.
28. Sroufe et al., 287.

CAPÍTULO 6 — APRENDENDO

1. Muzafer Sherif et al., *The Robbers Cave Experiment: Intergroup Conflict and Cooperation* (O experimento da Caverna dos Ladrões: conflito e cooperação entre grupos) (Middletown, CT: Wesleyan University Press, 1988).
2. Roy F. Baumeister, *The Cultural Animal: Human Nature, Meaning, and Social Life* (O animal cultural: natureza humana, significado e vida social) (Oxford: Oxford University Press, 2005), 286-87.
3. Gordon B. Moskowitz, *Social Cognition: Understanding Self and Others* (Cognição social: entendendo a si e aos outros) (Nova York: Guilford Press, 2005), 78.

4. Ayala Malakh Pines, *Falling in Love: Why We Choose the Lovers We Choose* (Nova York: Routledge, 2005), 93.
5. Frank Portman, *King Dork* (Rei Panaca) (Nova York: Delacorte Press, 2006), 123.
6. Steven W. Anderson et al., "Impairment of Social and Moral Behavior Related to Early Damage in Human Prefrontal Cortex" (Deficiência no comportamento social e moral relacionado a dano inicial no córtex pré-frontal humano), em *Social Neuroscience: Key Readings in Social Psychology* (Leituras fundamentais em psicologia social), orgs. John T. Cacioppo e Gary G. Bernston (Nova York: Psychology Press, 2005), 29.
7. Anderson et al., 34.
8. John D. Bransford, Ann L. Brown e Rodney R. Cocking, orgs. *How People Learn: Brain, Mind, Experience, and School* (Washington, D.C., National Academies Press), 119. (*Como as pessoas aprendem: cérebro, mente, experiência e escola*. São Paulo: Editora Senac, 2007.)
9. Louann Brizendine, *The Female Brain* (Nova York: Broadway Books, 2006), 33. (*O cérebro feminino*. Lisboa: Alêtheia, 2007.)
10. Brizendine, 45.
11. Brizendine, 34.
12. John Medina, *Brain Rules: 12 Principles for Surviving and Thriving at Work, Home, and School* (Seattle, WA: Pear Press, 2008), 110. (*Aumente o poder do seu cérebro: 12 regras para uma vida saudável, ativa e produtiva*. Rio de Janeiro: Sextante, 2010.)
13. Bransford, Brown e Cocking, orgs., 11.
14. Peter Carruthers, "An Architecture for Dual Reasoning" (Uma arquitetura para a racionalização dupla), em *In Two Minds: Dual Processes and Beyond*, orgs. Jonathan Evans e Keith Frankish (Em duas mentes: processos duplos e além) (Cambridge: Oxford University Press, 2009), 121.
15. Edith Hamilton, *The Greek Way* (A maneira grega) (Nova York: W. W. Norton & Co., Inc., 1993), 156.
16. Daniel Coyle, *The Talent Code: Greatness Isn't Born. It's Grown. Here's How.* (O brilhantismo não é inato. É cultivado. Veja como.) (Nova York: Bantam Books, 2009), 175.
17. Bransford, Brown e Cocking, orgs., 97.
18. Carol S. Dweck "The Secret to Raising Smart Kids" (O segredo para criar crianças espertas), *Scientific American Mind*, Dezembro, 2007, http://www.scientificamerican.com/article.cfm?id-the-secret-to-raising-children.
19. David G. Meyers, *Intuition: Its Powers and Perils* (Intuição: seus poderes e perigos) (New Haven, CT: Yale University Press, 2004), 17.
20. Richard Ogle, *Smart World: Breakthrough Creativity and the New Science of Ideas* (O mundo esperto: criatividade inovadora e a nova ciência das ideias) (Boston, MA: Harvard Business School Press, 2007).

21. Geoff Colvin, *Talent is Overrated: What Really Separates World-Class Performers from Everybody Else* (Nova York: Portfolio, 2008), 46-47. (*O talento não é tudo: o que realmente distingue os melhores do mundo de todos os outros*. Alfragide: Lua de Papel, 2010.)
22. Colvin, 44.
23. Colvin, 46-47.
24. Robert E. Ornstein, *Multimind: A New Way of Looking at Human Behavior* (Multimente: uma nova maneira de analisar o comportamento humano) (Nova York: Houghton Mifflin, 1986), 105.
25. Jonah Lehrer, *How We Decide* (Nova York: Houghton Mifflin Co., 2009), 248. (*Como decidimos: tome as melhores decisões baseado na neurociência*. Alfragide: Lua de Papel, 2009.)
26. Hamilton, 147.
27. Hamilton, 108.
28. Ornstein, 23.
29. Medina, 92.
30. Medina, 147.
31. Thucydides, *The History of the Peloponnesian War* (Middlesex: Echo Library, 2006), 77-80. (*História da guerra do Peloponeso*. São Paulo: Editora da UnB, 1982.)
32. Nell Boyce e Susan Brink, "The Secrets of Sleep" (Os segredos do sono), *U.S. News & World Report*, 17 de maio 2004, http://health.usnews.com/usnews/health/articles/040517/17sleep.htm
33. Emma Young, "Sleep Tight: You spend around a third of your life doing it, so surely there must be a vital reason for sleep, or is there?" (Durma bem: você passa cerca de 1/3 da vida fazendo isso, então certamente existe uma razão vital para o sono, ou não?) *New Scientist*, 15 de março de 2008, 30-34.
34. Jonah Lehrer, "The Eureka Hunt" (A caçada por eureca"), *The New Yorker*, 28 de julho de 2008, http://www.newyorker.com/reporting/2008/07/28/080728fa_fact_lehrer.
35. Lehrer, "The Eureka Hunt".
36. Robert Burton, *On Being Certain: Believing You Are Right Even When You're Not* (Sobre ter certeza: acreditando que você está certo mesmo quando não está) (Nova York: St. Martin's Press, 2008), 23.
37. Burton, 218.
38. Diane Ackerman, *An Alchemy of Mind: The Marvel and Mystery of the Brain* (Uma alquimia da mente: o maravilhoso e o mistério do cérebro) (Nova York: Scribner, 2004), 168.

CAPÍTULO 7 — NORMAS

1. "The Retreat From Marriage by Low-Income Families" (A recusa do casamento em famílias de baixa renda), *Fragile Family Research Brief* n. 17 de junho de 2003, http://www.fragilefamilies.princeton.edu/briefs/ResearchBrief17.pdf.

2. Annette Lareau, *Unequal Childhoods: Class, Race, and Family Life* (Infâncias desiguais: classe, raça e vida da família) (Berkeley, CA: University of California Press, 2003), 107.
3. Alva Noë, *Out Of Our Heads: Why You Are Not Your Brain, and Other Lessons from the Biology of Consciousness* (Fora das nossas cabeças: porque você não é o seu cérebro e outras lições da biologia da consciência) (Nova York: Hill & Wang, 2009), 52.
4. Lareau, 146.
5. David L. Kirp, "After the Bell Curve" (Depois da curva do sino), *New York Times Magazine*, 23 de julho de 2006, http://www.nytimes.com/2006/07/23/magazine/23wwln_idealab.html.
6. Paul Tough, "What It Takes to Make a Student" (O que é necessário para fazer um aluno), *New York Times Magazine*, 26 de dezembro de 2006, http://www.nytimes.com/2006/11/26/magazine/26tough.html?pagewanted=all.
7. Martha Farah et al., "Childhood Poverty: Specific Associations with Neurocognitive Development" (Pobreza infantil: associações específicas com o desenvolvimento neurocognitivo), *Brain Research* 1110, n. 1 (19 de setembro de 2006): 166-174, http://cogpsy.skku.ac.kr/cwb-bin/CrazyWWWBoard.exe?db-newarticle&mode=download&num=3139&file=farah_2006.pdf.
8. Shirley S. Wang, "This Is Your Brain Without Dad" (Este é seu cérebro sem o papai), *Wall Street Journal*, 27 de outubro de 2009, http://online.wsj.com/article/SB10001424052748704754804574491811861197926.html.
9. David Brooks, "The Education Gap" (A fissura educacional), *New York Times*, 25 de setembro de 2005, http://select.nytimes.com/2005/09/25/opinion/25brooks.html?ref=davidbrooks.
10. Flavio Cunha e James J. Heckman, "The Economics and Psychology of Inequality and Human Development" (A economia e a psicologia da desigualdade e o desenvolvimento humano), *Journal of the European Economic Association*, 7, n. 2-3 (abril 2009): 320-64, http://www.mitpressjournals.org/doi/abs/10.1162/JEEA.2009.7.2-3.320?journalCode=jeea.
11. Albert-László Barabási, *Linked: How Everything Is Connected to Everything Else and What It Means* (Nova York: Plume, 2003), 6. (*Linked: a nova ciência dos networks — como tudo está conectado a tudo e o que isso significa para os negócios, relações sociais e ciências.* Rio de Janeiro: Leopardo, 2009.)
12. Steven Johnson, *Emergence: The Connected Lives of Ants, Brains, Cities, and Software* (Nova York: Touchstone, 2001), 79. (*Emergência: a dinâmica em rede em formigas, cérebros, cidades e softwares.* Rio de Janeiro: Jorge Zahar Editora, 2003.)
13. Johnson, 32-33.
14. Turkheimer, "Mobiles: A Gloomy View of Research into Complex Human Traits" (Uma visão sombria da pesquisa sobre as características humanas complexas), em *Wrestling with Behavioral Genetics: Science, Ethics, and Public Conversation* (Lutando com a genética comportamental: ciência, ética e conversa

pública), orgs. Erik Parens e Audrey R. Chapman, Nancy Press (Baltimore, MD: Johns Hopkins University Press, 2006), 100-101.

15. Turkheimer, 104.

CAPÍTULO 8 — AUTOCONTROLE

1. Daniel Coyle, *The Talent Code: Greatness Isn't Born. It's Grown. Here's How.* (Nova York: Bantam Books, 2009), 148.
2. Walter Lippman, "Men and Citizens" (Homens enquanto cidadãos), em *The Essential Lippmann: A Political Philosophy for Liberal Democracy* (Lippmann essencial: uma filosofia política para a democracia liberal), orgs. Clinton Rossiter e James Lare (Cambridge, MA: Harvard University Press, 1963), 168.
3. Daniel J. Siegel, *The Developing Mind: How Relationships and the Brain Interact to Shape Who We Are* (Nova York: Guilford Press, 1999), 20. (*A mente em desenvolvimento: para uma neurobiologia de experiência interpessoal.* Lisboa: Instituto Piaget, 2004.)
4. John T. Cacioppo e William Patrick, *Loneliness: Human Nature and the Need for Social Connection* (Nova York: W.W. Norton & Co., Inc., 2008), 133. (*Solidão: a natureza humana e a necessidade de vínculo social.* Rio de Janeiro: Record, 2011.)
5. David Dobbs, "The Science of Success" (A ciência do sucesso), *The Atlantic*, Dezembro, 2009, http://www.theatlantic.com/magazine/archive/2009/12/the-science-of-success/7761/.
6. Blair Justice, "The Will to Stay Well" (A vontade de ficar bem), *New York Times*, 17 de abril de 1988, http://www.nytimes.com/1988/04/17/magazine/the-will-to-stay-well.html.
7. Angela L. Duckworth e Martin E. P. Seligman, "Self-Discipline Outdoes IQ in Predicting Academic Performance of Adolescents" (A autodisciplina supera o QI na previsão da performance acadêmica em adolescents), *Psychological Science* 16, n. 12 (2005): 939-44, http://www.citeulike.org/user/kericson/article/408060.
8. Jonah Lehrer, *How We Decide* (Nova York: Houghton Mifflin Co., 2009), 112.
9. Jonah Lehrer, "Don't! The Secret of Self-Control" (Não! O segredo do autocontrole), *The New Yorker*, 18 de maio de 2009, http://www.newyorker.com/reporting/2009/05/18/090518fa_fact_lehrer?currentPage=all.
10. Walter Mischel e Ozlem Ayduk, "Willpower in a Cognitive-Affective Processing System: The Dynamics of Delay of Gratification" (A força de vontade em um sistema de processamento cognitivo-afetivo: a dinâmica do atraso da gratificação), em *Handbook of Self-Regulation: Research, Theory, and Applications* (O manual da autorregulação: pesquisa, teoria e aplicações), orgs. Roy F. Baumeister e Kathleen D. Vohs (Nova York: Guilford Press, 2004), 113.
11. Douglas Kirby, "Understanding What Works and What Doesn't in Reducing Adolescent Sexual Risk-Taking" (Compreendendo o que funciona e o que não

funciona na redução do risco no sexo adolescente), *Family Planning Perspectives* 33, n. 6 (Novembro/Dezembro, 2001): http://www.guttmacher.org/pubs/journals/3327601.html.

12. Clive Thompson, "Are Your Friends Making You Fat?" (Seus amigos estão te deixando gordo?), *New York Times*, 13 de setembro de 2009, http://www.nytimes.com/2009/09/13/magazine/13contagion-t.html?pagewanted=all.
13. Timothy D. Wilson, *Strangers to Ourselves: Discovering the Adaptive Unconscious* (Estranhos a nós mesmos: descobrindo o inconsciente adaptativo) (Cambridge, MA: Belknap Press, 2002), 212.
14. Carl Zimmer, "Why Athletes Are Geniuses" (Por que os atletas são gênios), *Discover Magazine*, 16 de abril de 2010, http://discovermagazine.com/2010/apr/16-the-brain-athletes-are-geniuses.
15. Daniel J. Siegel, *Mindsight: The New Science of Personal Transformation* (Nova York: Bantam Books, 2010). (*O poder da visão mental: o caminho do bem-estar*. Rio de Janeiro: Record, 2012.)
16. Jeffrey M. Schwartz, e Sharon Begley, *The Mind and the Brain: Neuroplasticity and the Power of Mental Force* (Mente e cérebro: neuroplasticidade e o poder da força mental) (New York: HarperCollins, 2002), 262-64.

CAPÍTULO 9 — CULTURA

1. Daniel Coyle, *The Talent Code: Greatness Isn't Born. It's Grown. Here's How.* (O brilhantismo não é inato. É cultivado. Veja como.) (Nova York: Bantam Books, 2009), 110-11.
2. Coyle, 102-104.
3. David Dobbs, "How to Be a Genius" (Como ser um gênio), *New Scientist*, 15 de setembro de 2008, http://www.newscientist.com/article/mg19125691.300--how-to-be-a-genius.html.
4. Mellon Geoff Colvin, *Talent is Overrated: What Really Separates World-Class Performers from Everybody Else* (Nova York: Portfolio, 2008), 152.
5. Coyle, 85.
6. Coyle, 82.
7. Colvin, 106.
8. Steven N. Kaplan, Mark M. Klebanov, e Morten Sorensen, "Which CEO Characteristics and Abilities Matter?" (Quais características e habilidades de um CEO importam?) *Swedish Institute for Financial Research Conference on the Economics of the Private Equity Market*, julho 2008, faculty.chicagobooth.edu/steven.kaplan/research/kks.pdf.
9. Jim Collins, *Good to Great: Why Some Companies Make the Leap... and Others Don't* (Nova York: HarperCollins, 2001). (*Good to Great: empresas feitas para vencer*. Rio de Janeiro, Campus, 2001.)
10. Murray R. Barrick, Michael K. Mount, e Timothy A. Judge, "Personality and Performance at the Beginning of the New Millennium: What Do We Know

and Where Do We Go Next?" (Personalidade e performance no começo do novo milênio: o que sabemos e para onde vamos), *International Journal of Selection and Assessment* 9, n. 1-2 (Março/Junho 2001): 9-30, http://www.uni-graz.at/psy5www/lehre/kaernbach/doko/artikel/bergner_Barrick_Mount_Judge_2001.pdf.

11. Ulrike Malmendier e Geoffrey Tate, "Superstar CEOs" (CEOs famosos), *Quarterly Journal of Economics,* 124, n. 4 (Novembro, 2009): 1593-1638, http://citeseerx.ist.psu.edu/viewdoc/download?doi=10.1.1.146.1059&rep=rep1&type=pdf.
12. Tyler Cowen, "In which countries do kids respect their parents the most?" (Em quais países os filhos respeitam mais os pais?), *Marginal Revolution*, 5 de dezembro de 2007, http://www.marginalrevolution.com/marginalrevolution/2007/12/in-which-countr.html.
13. Judith Rich Harris, *The Nurture Assumption: Why Children Turn Out the Way They Do* (Nova York: Touchstone, 1998), 56. (*Diga-me com quem anda...: quem realmente conta na formação — os pais ou os amigos? Quais os caminhos para o desenvolvimento de uma criança?* Rio de Janeiro: Editora Objetiva, 1999.)
14. David Brooks, "The Americano Dream" (O sonho Americano), *New York Times*, 24 de fevereiro de 2004, http://www.nytimes.com/2004/02/24/opinion/the-americano-dream.html?ref=davidbrooks.
15. Richard Nisbett, *The Geography of Thought: How Asians and Westerners Think Differently... and Why* (A geografia do pensamento: como asiáticos e ocidentais pensam diferente... e por quê) (Nova York: Free Press, 2003), 90.
16. Nisbett, 100.
17. Alison Gopnik, Andrew N. Meltzoff, e Patricia Kuhl, *The Scientist in the Crib: What Early Learning Tells Us About the Mind* (O cientista no berço: o que o aprendizado inicial nos diz sobre a mente) (Nova York: Harper Perennial, 1999), 89.
18. Nisbett, 95.
19. Nisbett, 140.
20. Nisbett, 87-88.
21. Bruce E. Wexler, *Brain and Culture: Neurobiology, Ideology, and Social Change* (Cambridge, MA: MIT Press, 2006), 149.
22. Timothy D. Wilson, *Strangers to Ourselves: Discovering the Adaptive Unconscious* (Cambridge, MA: Belknap Press, 2002), 38.
23. Nisbett, 185.
24. John Roach, "Chinese, Americans, Truly See Differently, Study Says" (Estudo diz que chineses e americanos realmente veem de maneira diferente), *National Geographic News*, 22 de agusto de 2005, http://news.nationalgeographic.com/news/2005/08/0822_050822_chinese.html.
25. Rachel E. Jack et al., "Cultural Confusions Show that Facial Expressions Are Not Universal" (Confusões culturais mostram que expressões faciais não são universais), *Current Biology* 19, n. 18 (13 de agosto de 2009), 1543-48, http://www.cell.com/current-biology/retrieve/pii/S0960982209014778.

26. Wexler, 175.
27. Roy F. Baumeister, *The Cultural Animal: Human Nature, Meaning, and Social Life* (O animal cultural: natureza humana, significado e vida social) (Oxford: Oxford University Press, 2005), 31.
28. Baumeister, 131.
29. Clifford Geertz, *The Interpretation of Cultures* (Nova York: Basic Books, 1973), 46. (*A interpretação das culturas.* Rio de Janeiro: LTC, 2008.)
30. Andy Clark, *Being There: Putting Brain, Body, and World Together Again* (Estar lá: juntando cérebro, corpo e o mundo de novo) (Cambridge, MA: MIT Press, 1998), 191.
31. Clark, 180.
32. Baumeister, 53.
33. Wexler, 33.
34. Donald E. Brown, *Human Universals* (Universais humanos) (Nova York: McGraw-Hill, 1991).
35. Wexler, 187-88.
36. David P. Schmitt, "Evolutionary and Cross-Cultural Perspectives on Love: The Influence of Gender, Personality, and Local Ecology on Emotional Investment in Romantic Relationships" (Perspectivas evolucionárias e entre culturas sobre o amor: a influência do gênero, da personalidade e da ecologia local no investimento emocional nos relacionamentos românticos), em *The New Psychology of Love* (A nova psicologia do amor), orgs. Robert J. Sternberg e Karin Sternberg (New Haven, CT: Yale University Press, 2006), 252.
37. Elen Fisher, *Why We Love: The Nature and Chemistry of Romantic Love* (Nova York: Owl Books, 2004), 5. (*Por que amamos: a natureza e a química do amor romântico*. Rio de Janeiro: Record, 2006.)
38. Craig MacAndrew e Robert B. Edgerton, *Drunken Comportment: A Social Explanation* (Postura bêbada: uma explicação social) (Clinton Corners, NY: Percheron Press, 2003).
39. Dacher Keltner, *Born to Be Good: The Science of a Meaningful Life* (Nascido para ser bom: a ciência de uma vida significativa) (Nova York: W.W. Norton & Co., Inc., 2009), 195.
40. Steven Pinker, *The Blank Slate: The Modern Denial of Human Nature* (Nova York: Penguin Books, 2002), 328. (*Tábula rasa: a negação contemporânea da natureza humana*. São Paulo: Companhia das Letras, 2004.)
41. Marc D. Hauser, *Moral Minds: The Nature of Right and Wrong* (Mentes morais: a natureza do certo e do errado) (Nova York: Harper Perennial, 2006), 134.
42. Guy Deutscher, "You Are What You Speak" (Você é o que você fala), *The New York Times Magazine*, 26 de agosto de 2010, 44.
43. Douglas Hofstadter, *I Am a Strange Loop* (Sou uma curva estranha) (Nova York: Basic Books, 2007), 177.
44. David Halpern, *The Hidden Wealth of Nations* (A riqueza oculta das nações) (Cambridge: Polity Press, 2010), 76.

45. Thomas Sowell, *Migrations and Cultures: A World View* (Migrações e culturas: uma visão mundial) (Nova York: Basic Books, 1996), 378.
46. Lawrence E. Harrison, *The Central Liberal Truth: How Politics Can Change a Culture and Save It from Itself* (A verdade central liberal: como a política pode mudar uma cultura e salvá-la de si mesma) (Cambridge: Oxford University Press, 2006), 26.
47. Thomas Sowell, *Race and Culture: A World View* (Raça e cultura: uma visão mundial) (Nova York: Basic Books, 1994), 67.
48. Sowell, *Race and Culture*, 25.
49. Margaret Bridges, Bruce Fuller, Russell Rumberger e Loan Tran, "Preschool for California's Children: Unequal Access, Promising Benefits" (Pré-escola para crianças da Califórnia: acesso desigual, benefícios promisores), PACE Child Development Projects, University of California Linguistic Minority Research Institute (Setembro 2004): 7, http://gse.berkeley.edu/research/pace/reports/PB.04-3.pdf.
50. Abigail Thernstrom e Stephan Thernstrom *No Excuses: Closing the Racial Gap in Learning* (Sem desculpas: fechando a fissura racial no aprendizado) (Nova York: Simon & Schuster, 2003), 85.
51. David Brooks, "The Limits of Policy" (Os limites das políticas), *New York Times*, 3 de maio de 2010, http://www.nytimes.com/2010/05/04/opinion/04brooks.html.
52. Fisman, Raymond e Edward Miguel, "Corruption, Norms and Legal Enforcement: Evidence from Diplomatic Parking Tickets" (Normas da corrupção e reforço legal: evidências dos tíquetes de estacionamento dos diplomatas), *Journal of Political Economy* 115, n. 6 (2007): 1020-48, http://www2.gsb.columbia.edu/faculty/rfisman/parking_20july06_RF.pdf.
53. Harrison, 53.
54. Francis Fukuyama, *Trust: The Social Virtues and the Creation of Prosperity* (New York: Free Press, 1996), 338. (*Confiança: as virtudes sociais e a criação da prosperidade*. Rio de Janeiro: Rocco, 1996.)
55. Edward Banfield, *The Moral Basis of a Backward Society* (As bases morais de uma sociedade retrógrada) (Nova York: Free Press, 1967).
56. Richard Ogle, *Smart World: Breakthrough Creativity and the New Science of Ideas* (O mundo esperto: criatividade inovadora e a nova ciência das ideias) (Boston, MA: Harvard Business School Press, 2007), 8-10.
57. Ronald Burt, *Structural Holes: The Social Structure of Competition* (Buracos estruturais: a estrutura social da competição) (Cambridge, MA: Harvard University Press, 1992).

CAPÍTULO 10 — INTELIGÊNCIA

1. Christopher Hitchens, *Hitch 22* (Nova York: Twelve, 2010), 266. (*Hitch-22: a história de um dos intelectuais mais admirados e controversos de nosso tempo*. Rio de Janeiro: Nova Fronteira, 2011.) Esse diálogo é baseado em uma conversa

que o autor testemunhou entre Hitchens e Salman Rushdie, dois mestres nesse tipo de jogo.

2. Matt Ridley, *The Agile Gene: How Nature Turns on Nurture* (O gene ágil: como a natureza instiga a nutrição) (Nova York: Perennial, 2004), 59.
3. Daniel Goleman, *Social Intelligence: The New Science of Human Relationships* (Nova York: Bantam Dell, 2006) 139. (*Inteligência social: o poder das relações humanas*. Rio de Janeiro: Elsevier, 2006.)
4. John Medina, *Brain Rules: 12 Principles for Surviving and Thriving at Work, Home, and School* (Seattle, WA: Pear Press, 2008), 262.
5. Michael S. Gazzaniga, *Human: The Science Behind What Makes Us Human* (Nova York: Harper Perennial, 2008), 96.
6. Peter A. Hall e David W. Soskice, "An Introduction to the Varieties of Capitalism" (Uma introdução às variedades de capitalismo), em *Varieties of Capitalism: The Institutional Foundations of Comparative Advantage* (Variedades de capitalismo: os fundamentos institucionais da vantagem comparativa), orgs. Peter A. Hall e David W. Soskice (Oxford: Oxford University Press, 2004), 1-70.
7. Arthur Robert Jensen, *The G Factor: The Science of Mental Ability* (O fator G: a ciência da habilidade mental) (Westport, CT: Praeger Publishers, 1998), 34-35.
8. Robin Karr-Morse e Meredith S. Wiley, *Ghosts from the Nursery: Tracing the Roots of Violence* (Fantasmas do berçário: traçando as raízes da violência) (Nova York: Atlantic Monthly Press, 1997), 28.
9. Dean H. Hamer e Peter Copeland, *Living with Our Genes: Why They Matter More Than You Think* (Vivendo com nossos genes: por que eles importam mais do que você pensa) (Nova York: Anchor Books, 1999), 217.
10. Richard W. Nisbett, *Intelligence and How to Get It: Why Schools and Cultures Count* (Inteligência e como alcançá-la: por que as escolas e a cultura importam) (Nova York: W.W. Norton & Co., Inc., 2009), 41.
11. Bruce E. Wexler, *Brain and Culture: Neurobiology, Ideology, and Social Change* (Cambridge, MA: MIT Press, 2006), 68.
12. Nisbett, 44.
13. James R. Flynn, *What Is Intelligence?: Beyond the Flynn Effect* (Cambridge: Cambridge University Press, 2007), 19. (*O que é inteligência?: além do efeito Flynn*. São Paulo: Artmed, 2009.)
14. David G. Myers, *Intuition: Its Powers and Perils* (Intuição: seus poderes e perigos) (New Haven, CT: Yale University Press, 2004), 35.
15. Richard K. Wagner, "Practical Intelligence" (Inteligência prática), em *Handbook of Intelligence* (Manual da inteligência), org. Robert J. Sternberg (Cambridge: Cambridge University Press, 2000), 382.
16. John D. Mayer, Peter Salovey e David Caruso, "Models of Emotional Intelligence" (Modelos de inteligência emocional), em Robert J. Sternberg, op. cit., 403.
17. Nisbett, 18.

18. Daniel Goleman, "75 Years Later, Study Still Tracking Geniuses" (Setenta e cinco anos depois, estudo ainda acompanha gênios), *New York Times*, 7 de março de 1995, http://www.nytimes.com/1995/03/07/science/75-years-later-study-still-tracking-geniuses.html?pagewanted=all e Richard C. Paddock, "The Secret IQ Diaries" (Os diários secretos do QI), *Los Angeles Times*, 30 de julho de 1995, http://articles.latimes.com/1995-07-30/magazine/tm-29325_1_lewis-terman.
19. Malcolm Gladwell, *Outliers: The Story of Success* (Nova York: Little, Brown & Co., 2008), 81-83. (*Fora de série: Outliers*. Rio de Janeiro, Sextante, 2008.)
20. John Tierney, "Smart Doesn't Equal Rich" (Inteligente não quer dizer rico), *New York Times*, 25 de abril de 2007, http://tierneylab.blogs.nytimes.com/2007/04/25/smart-doesnt-equal-rich/.
21. Keith E. Stanovich, *What Intelligence Tests Miss: The Psychology of Rational Thought* (O que os testes de QI não revelam: a psicologia do pensamento racional) (New Haven, CT: Yale University Press, 2009), 31-32.
22. Jonah Lehrer, "Breaking Things Down to Particles Blinds Scientists to Big Picture" (Reduzir tudo às partes cegas os cientistas em relação ao todo), *Wired*, 19 de abril de 2010, http://www.wired.com/magazine/2010/04/st_essay_particles/.
23. Stanovich, 34-35.
24. Stanovich, 60.
25. James J. Heckman e Yona Rubinstein, "The Importance of Noncognitive Skills: Lessons from the GED Testing Program" (A importância das habilidades não cognitivas: lições do GED), *American Economic Review* 91, n. 2 (Maio, 2001): 145-49, http://www.econ-pol.unisi.it/bowles/Institutions%20of%20 capitalism/heckman%20on%20ged.pdf.
26. Robert Scott Root-Bernstein e Michèle Root-Bernstein, *Sparks of Genius: The Thirteen Thinking Tools of the World's Most Creative People* (Nova York: First Mariner Books, 2001), 3. (*Centelhas de gênios: como pensam as pessoas mais criativas do mundo.* Rio de Janeiro: Nobel, 2000.)
27. Root-Bernstein e Root-Bernstein, 53-54.
28. Root-Bernstein e Root-Bernstein, 196.

CAPÍTULO 11 — ARQUITETURA DA ESCOLHA

1. "6 Ways Supermarkets Trick You to Spend More Money" (Seis truques dos supermercados para que você compre mais), *Shine*, 1º de março de 2010, http://shine.yahoo.com/event/financiallyfit/6-ways-supermarkets-trick-you-to-spend-more-money-974209/?pg=2.
2. Martin Lindstrom e Paco Underhill, *Buyology: Truth and Lies About Why We Buy* (Nova York: Doubleday, 2008), 148-49. (*A lógica do consumo: verdades e mentiras sobre por que compramos*. Rio de Janeiro: Nova Fronteira, 2009.)
3. Joseph T. Hallinan, *Why We Make Mistakes: How We Look Without Seeing, Forget Things in Seconds, and Are All Pretty Sure We Are Way Above Average* (Nova York: Broadway Books, 2009), 92-93.

4. Paco Underhill, *Call of the Mall: The Geography of Shopping by the Author of Why We Buy* (Nova York: Simon & Schuster, 2004), 49-50. (*A magia dos shoppings: como os shoppings atraem e seduzem*. Rio de Janeiro: Campus, 2004.)
5. Timothy D. Wilson, *Strangers to Ourselves: Discovering the Adaptive Unconscious* (Cambridge, MA: Belknap Press, 2002), 103.
6. Richard H. Thaler e Cass R. Sunstein, *Nudge: Improving Decisions About Health, Wealth, and Happiness* (Ann Arbor, MI: Caravan Books, 2008), 64. (*Nudge: o empurrão para a escolha certa*. Rio de Janeiro, Campus, 2008.)
7. Hallinan, 99.
8. David Brooks, "Castle in a Box" (O castelo em uma caixa), *The New Yorker*, 26 de março de 2001, http://www.newyorker.com/archive/2001/03/26/010326fa_fact_brooks.
9. Steven E. Landsburg, "The Theory of the Leisure Class" (A teoria da classe do lazer), *Slate*, 9 de março de 2007, http://www.slate.com/id/2161309.
10. John Medina, *Brain Rules: 12 Principles for Surviving and Thriving at Work, Home, and School* (Seattle, WA: Pear Press, 2008), 163.
11. Jonah Lehrer, "The Truth about Grit" (A verdade sobre a determinação), *Boston Globe*, 2 de agosto de 2009, http://www.boston.com/bostonglobe/ideas/articles/2009/08/02/the_truth_about_grit/.
12. Richard Bronk, *The Romantic Economist: Imagination in Economics* (O economista romântico: imaginação na economia) (Cambridge: Cambridge University Press, 2009), 17.
13. Dan Ariely, *Predictably Irrational: The Hidden Forces That Shape Our Decisions* (Nova York: HarperCollins, 2008) 243. (*Previsivelmente irracional: como as situações do dia a dia influenciam as nossas decisões*. Rio de Janeiro: Campus, 2008.)
14. Anemona Hartocollis, "Calorie Postings Don't Change Habits, Study Finds" (Estudo descobre que informativos sobre calorias não mudam hábitos), *Nova York Times*, 6 de outubro de 2009, http://www.nytimes.com/2009/10/06/nyregion/06calories.html.
15. Ariely, 170-71.
16. John A. Bargh, "Bypassing the Will: Toward Demystifying the Nonconcious Control of Social Behavior" (Contornando o desejo: mistificando a falta de controle consciente do comportamento social), em *The New Unconscious* (O novo inconsciente), orgs. Ran R. Hassin, James S. Uleman e John A. Bargh (Oxford: Oxford University Press), 40.
17. Claude M. Steele, "Thin Ice: Stereotype Threat and Black College Students" (Gelo fino: ameaça do estereótipo e alunos negros na faculdade), *The Atlantic*, Agosto, 1999, http://www.theatlantic.com/magazine/archive/1999/08/thin-ice-stereotype-threat-and-black-college-students/4663/1/.
18. Margaret Shih, Todd L. Pittinsky, e Nalini Ambady, "Stereotype Susceptibility: Identity Salience and Shifts in Quantitative Performance" (Suscetibilidade do estereótipo: ênfase de identidade e mudanças na performance quantitativa), *Psychological Science* 10, n. 1 (Janeiro, 1999): 80-83.

19. Hallinan, 102.
20. Robert E. Ornstein, *Multimind: A New Way of Looking at Human Behavior* (Multimente: uma nova maneira de analisar o comportamento humano) (Nova York: Houghton Mifflin, 1986), 86.
21. Dan Ariely, "The Fallacy of Supply and Demand" (A falácia do suprimento e da demanda), *Huffington Post*, 20 de março de 2008, http://www.huffingtonpost.com/dan-ariely/the-fallacy-of-supply-and_b_92590.html.
22. Hallinan, 50.
23. Jonah Lehrer, *How We Decide* (Nova York: Houghton Mifflin Co., 2009), 146.
24. Thaler e Sunstein, 34.
25. Hallinan, 101.
26. Ariely, 96 e 106.
27. Jonah Lehrer, "Loss Aversion" (Aversão à perda), *The Frontal Cortex*, 10 de fevereiro de 2010, http://scienceblogs.com/cortex/2010/02/loss_aversion.php.

CAPÍTULO 12 — LIBERDADE E COMPROMETIMENTO

1. Oliver Burkerman, "This Column Will Change Your Life" (Esta coluna vai mudar sua vida), *The Guardian*, 8 de maio de 2010, http://www.guardian.co.uk/lifeandstyle/2010/may/08/change-life-asker-guesser.
2. "Pew Report on Community Satisfaction" (Relatórios do Pew sobre satisfação comunitária), *Pew Research Center* (29 de janeiro de 2009): 10, http://pewsocialtrends.org/assets/pdf/Community-Satisfaction.pdf.
3. William A. Galston, "The Odyssey Years: The Changing 20s" (Os anos de odisseia: as mudanças dos 20 aos 30), *Brookings Institution*, 7 de novembro de 2007, http://www.brookings.edu/interviews/2007/1107_childrenandfamilies_galston.aspx.
4. William Galston, "The Changing 20s", Brookings Institution, 4 de outubro de 2007, http://www.brookings.edu/speeches/2007/1004useconomics_galston.aspx.
5. Galston, "The Changing 20s".
6. Robert Wuthnow, *After the Baby Boomers: How Twenty- and Thirty-Somethings Are Shaping the Future of American Religion* (Depois da geração do baby boom: como os americanos de 20 ou 30 e poucos anos estão moldando o futuro da religião americana) (Princeton, NJ: Princeton University Press, 2007), 29.
7. Jeffrey Jensen Arnett, *Emerging Adulthood: The Winding Road from the Late Teens through the Twenties* (Adultos emergentes: a estrada tortuosa do fim da adolescência até os 30) (Oxford: Oxford University Press, 2004), 16.
8. Jean Twenge, *Generation Me: Why Today's Young Americans Are More Confident, Assertive, Entitled — and More Miserable Than Ever Before* (Geração do eu: por que os jovens americanos de hoje são mais confiantes, assertivos, qualificados — e mais infelizes do que nunca) (Nova York: Free Press, 2006), 69.
9. Wuthnow, 62.

10. Wuthnow, 32.
11. Michael Barone, "A Tale of Two Nations" (Uma história de duas nações), *US News & World Report*, 4 de maio de 2003, http://www.usnews.com/usnews/opinion/articles/030512/12pol.htm.
12. Elizabeth Kolbert, "Everybody Have Fun" (Divirtam-se todos), *The New Yorker*, 22 de março de 2010, http://www.newyorker.com/arts/critics/books/2010/03/22/100322crbo_books_kolbert.
13. Elizabeth Kolbert, "Everybody Have Fun".
14. Derek Bok, *The Politics of Happiness: What Government Can Learn from the New Research on Well-Being* (Política da felicidade: o que o governo pode aprender com as novas pesquisas) (Princeton, NJ: Princeton University Press, 2010), 13.
15. Bok, 17-18.
16. David Blanchflower e Andrew Oswald, "Well-Being Over Time in Britain and the USA" (Bem-estar através dos tempos na Grã-Bretanha e nos Estados Unidos), *Journal of Public Economics* 88 (Julho, 2004): 1359-86, http://www2.warwick.ac.uk/fac/soc/economics/staff/faculty/oswald/wellbeingnew.pdf
17. Robert D. Putnam, *Bowling Alone: The Collapse and Revival of American Community* (Jogando boliche sozinho: o colapso e a revitalização da comunidade americana) (Nova York: Simon & Schuster, 2000), 333.
18. David Halpern, *The Hidden Wealth of Nations* (A riqueza oculta das nações) (Cambridge: Polity Press, 2010), 26.
19. Tara Parker-Pope, "What Are Friends For? A Longer Life" (Para que servem os amigos? Para uma vida mais longa), *New York Times*, 21 de abril de 2009, http://www.nytimes.com/2009/04/21/health/21well.html.
20. Bok, 28.
21. Halpern, 28-29.
22. Roy F. Baumeister, *The Cultural Animal: Human Nature, Meaning, and Social Life* (Oxford: Oxford University Press, 2005), 109.

CAPÍTULO 13 — LIMERÂNCIA

1. Joan Raymond, "He's Not as Smart as He Thinks" (Ele não é tão esperto quanto pensa), *Newsweek*, 23 de janeiro de 2008, http://www.newsweek.com/2008/01/22/he-s-not-as-smart-as-he-thinks.html.
2. Joan Raymond, "He's Not as Smart as He Thinks".
3. Lionel Trilling, *Sincerity and Authenticity* (Sinceridade e autenticidade) (Cambridge, MA: University of Harvard Press, 1972), 5.
4. Helen Fisher, *Why We Love: The Nature and Chemistry of Romantic Love* (Nova York: Owl Books, 2004), 1.
5. Kaja Perina, "Love's Loopy Logic" (A lógica enrolada do amor), *Psychology Today*, 1º de janeiro de 2007, http://www.psychologytoday.com/articles/200612/loves-loopy-logic.

6. Stendhal, *Love*, trad. Gilbert Sale e Suzanne Sale (Nova York: Penguin Books, 2004), 45.
7. Fisher, 53.
8. Ayala Malakh Pines, *Falling in Love: Why We Choose the Lovers We Choose* (Nova York: Routledge, 2005), 154.
9. Fisher, 69.
10. Sadie F. Dingfelder, "More Than a Feeling" (Mais do que um sentimento), *Monitor on Psychology* 38, n. 2 (Fevereiro 2007): 40, http://www.apa.org/monitor/feb07/morethan.aspx.
11. Daniel Goleman, *Social Intelligence: The New Science of Human Relationships* (Nova York: Bantam Dell, 2006) 192.
12. Helen Fisher, "The Drive to Love: The Neural Mechanism for Mate Selection" (O desejo de amar: o mecanismo neural de seleção de parceiro), em *The New Psycology of Love* (A nova psicologia do amor), (New Haven, CT: Yale University Press, 2006), 92-93.
13. Read Montague, Peter Dayan, e Terrence J. Sejnowski, "A Framework for Mesencephalic Dopanine Systems Based on Predictive Hebbian Learning" (Uma estrutura para sistemas de dopamina mesencefálica no aprendizado Hebiano), *Journal of Neuroscience* 16, n. 5 (1º de março de 1996): 1936-47, http://www.jneurosci.org/cgi/reprint/16/5/1936.pdf.
14. Read Montague, *Your Brain Is (Almost) Perfect: How We Make Decisions* (Seu cérebro é (quase) perfeito: como tomamos decisões) (Nova York: Plume, 2007), 117.
15. Brett W. Pelham, Matthew C. Mirenberg, e John T. Jones, "Why Susie Sells Seashells by the Seashore: Implicit Egotism e Major Life Decisions" (Por que quem amafagafar os mafagafinhos bom amafagafigador será: egoísmo implícito e as decisões mais importantes da vida), *Journal of Personality e Social Psychology* 82, n. 4 (2002): 469-87, http://futurama.tistory.com/attachment/ck10.pdf.
16. Bruce E. Wexler, *Brain e Culture: Neurobiology, Ideology, e Social Change* (Cambridge, MA: MIT Press, 2006), 143.
17. C. S. Lewis, *The Four Loves* (Orlando, FL: Harcourt Brace & Co., 1988), 33. (*Os quatro amores*. São Paulo: Martins Fontes, 2005).
18. James Q. Wilson, *The Moral Sense* (O senso moral) (Nova York: Free Press, 1997), 124.
19. Bruce D. Perry, *Born For Love: Why Empathy Is Essential — and Endangered* (Nascido para o amor: por que a empatia é essencial — e em extinção) (Nova York: HarperCollins, 2010), 51.
20. Elaine Hatfield, Richard L. Rapson, e Yen-Chi L. Le, "Emotional Contagion e Empathy" (Contágio emocional e empatia), em *The Social Neuroscience of Empathy* (A neurociência social da empatia), org. Jean Decety e William John Ickes (Cambridge, MA: MIT Press, 2009), 21.
21. Marco Iacoboni, *Mirroring People: The New Science of How We Connect with Others* (Nova York: Farrar, Straus & Giroux, 2008), 4.
22. Lewis, 34.

23. Lewis, 77.
24. Andrew Newburg e Mark Robert Waldman, *Why We Believe What We Believe: Uncovering Our Biological Need for Meaning, Spirituality, and Truth* (Por que acreditamos no que acreditamos: desvendando nossa necessidade biológica de significado, espiritualidade e verdade) (Nova York: Free Press, 2006), 143-44.
25. Thomas Lewis, Fari Amini, e Richard Lannon, *A General Theory of Love* (Nova York: Vintage, 2001), 80.
26. Jonathan Haidt, *The Happiness Hypothesis: Finding Modern Truth in Ancient Wisdom* (Nova York: Basic Books, 2006), 237. (*Uma vida que vale a pena: ela está mais perto do que você imagina.* Rio de Janeiro: Alegro, 2006.)
27. Allan Bloom, *Love and Friendship* (Nova York: Simon & Schuster, 1993), 19. (*Amor e amizade.* São Paulo: Madarim, 1996.)
28. Lewis, 95.
29. John Milton, *Paradise Lost*, livro IX, versos 958-59. (*Paraíso perdido.* São Paulo: Martin Claret, 2003; livro IX, versos 958-59.)

CAPÍTULO 14 — A GRANDE NARRATIVA

1. David Hume, "Of Interest" (Do interesse), em *Selected Essays* (Ensaios selecionados), orgs. Stephen Copley e Andrew Edgar (Oxford: Oxford University Press, 2008), 182.
2. Don Peck, "How a New Jobless Era Will Transform America" (Como uma nova era sem empregos vai transformar a América), *The Atlantic*, Março 2010, http://www.theatlantic.com/magazine/archive/2010/03/how-a-new-jobless-era-will-transform-america/7919/.
3. Robert H. Frank, *The Economic Naturalist: In Search of Explanations for Everyday Enigmas* (Nova York: Basic Books, 2007), 129. (*O naturalista da economia: em busca de explicação para os enigmas do dia a dia.* Rio de Janeiro: Best Business, 2009.)
4. Andrew Newburg e Mark Robert Waldman, *Why We Believe What We Believe: Uncovering Our Biological Need for Meaning, Spirituality, and Truth* (Nova York: Free Press, 2006), 73.
5. Richard H. Thaler e Cass R. Sunstein, *Nudge: Improving Decisions About Health, Wealth, and Happiness* (Ann Arbor, MI: Caravan Books, 2008), 32.
6. Keith E. Stanovich, *What Intelligence Tests Miss: The Psychology of Rational Thought* (O que os testes de QI não revelam: a psicologia do pensamento racional) (New Haven, CT: Yale University Press, 2009), 109.
7. Daniel Gilbert, *Stumbling in Happiness* (Nova York: Alfred A. Knopf, 2006), 18.
8. Joseph T. Hallinan, *Why We Make Mistakes: How We Look Without Seeing, Forget Things in Seconds, and Are All Pretty Sure We Are Way Above Average* (Nova York: Broadway Books, 2009), 170.
9. David G. Myers, *Intuition: Its Powers and Perils* (Nova Haven, CT: Yale University Press, 2004), 83.

10. Hallinan, 167.
11. Myers, 159.
12. Stephen J. Dubner, "This Is Your Brain on Prosperity" (Este é seu cérebro quando você está prosperando), *New York Times*, 9 de janeiro de 2009, http://freakonomics.blogs.nytimes.com/2009/01/09/this-is-your-brain-on-prosperity-andrew-lo-on-fear-greed-and-crisis-management/.
13. Gilbert, 180.
14. Erica Goode, "Among the Inept, Researchers Discover, Ignorance Is Bliss" (Pesquisadores descobrem que, entre os ineptos, a ignorância é uma bênção), *New York Times*, 18 de janeiro de 2000, http://www.nytimes.com/2000/01/18/health/among-the-inept-researchers-discover-ignorance-is-bliss.html.
15. Jerry Z. Muller, "Our Epistemological Depression" (Nossa depressão epistemológica), *The American*, 29 de fevereiro de 2009, http://www.american.com/archive/2009/february-2009/our-epistemological-depression.
16. "Business Processing Reengineering" (Reengenharia de Processos de Negócios), Wikipedia, http://en.wikipedia.org/wiki/Business_process_reengineering.
17. John Maynard Keynes, *The General Theory of Employment, Interest and Money* (Nova York: Classic Books America, 2009), 331. (*Teoria geral do emprego, do juro e da moeda*. São Paulo: Editora Atlas, 1992.)
18. Plato, *Phaedrus*, trad. Alexander Nehamas e Paul Woodruff (Nova York: Hackett, 1995), 44. (*Fedro*. Belém: EDUFPA, 2007.)
19. Francis Bacon, "Preface to the *Novum Organum*" (Prefácio ao *Novum Organum*), em *Prefaces and Prologues* (Prefácios e prólogos), vol. 34, org. Charles William Eliot (Nova York: P.F. Collier & Son, 1909-14; Bartleby.com, 2001), http://www.bartleby.com/39/22.html.
20. Cesar Chesneau Dumarsais, "Philosophe" (Filosofia), em *Encyclopédie* (Enciclopédia), vol. 22, org. Denis Diderot.
21. Guy Claxton, *The Wayward Mind: An Intimate History of the Unconscious* (A mente desobediente: uma história íntima do inconsciente) (Nova York: Little, Brown Book Group, 2006).
22. Lionel Trilling, *The Liberal Imagination: Essays on Literature and Society* (A imaginação liberal: ensaios sobre literatura e sociedade) (Nova York: New York Review of Books, 2008), ix-xx.
23. Robert Skidelsky, *Keynes: The Return of the Master* (Nova York: PublicAffairs, 2009), 81. (*Keynes*. Rio de Janeiro: Zahar, 1999.)
24. Clive Cookson, Gillian Tett, e Chris Cook, "Organic Mechanics" (Mecânica orgânica), *Financial Times*, 26 de novembro de 2009, http://www.ft.com/cms/s/0/d0e6abde-dacb-11de-933d-00144feabdc0.html.
25. George A. Akerlof e Robert J. Shiller, *Animal Spirits: How Human Psychology Drives the Economy, and Why It Matters* (Princeton, NJ: Princeton University Press, 2010), 1. (*O espírito animal: como a psicologia humana impulsiona a economia e a sua importância para o capitalismo global*. Rio de Janeiro: Campus, 2009.)

26. Jim Collins, "How the Mighty Fall: A Primer on the Warning Signs" (Como os grandes caem: uma cartilha sobre os sinais de aviso), *Businessweek*, 14 de maio de 2009, http://www.businessweek.com/magazine/content/09_21/b4132026786379.htm.

CAPÍTULO 15 — *MÉTIS*

1. John Lukacs, *Confessions of an Original Sinner* (Confissões de um pecador) (South Bend, IN: St. Augustine's Press, 2000), 39.
2. David Hume, *A Treatise of Human Nature*, bk. 2, sect. 3 (Ithaca, NY: Cornell University Press, 2009), 286. (*Tratado da natureza humana*. São Paulo: Editora Unesp, 2001; livro 2, sessão 3.)
3. Edmund Burke, *Reflections on the Revolution in France* (Oxford: Oxford University Press, 1999), 87. (*Reflexões sobre a revolução na França*. Brasília: Editora Universidade de Brasília, 1982.)
4. Gertrude Himmelfarb, *The Roads to Modernity: The British, French, and American Enlightenments* (Nova York: Vintage, 2005), 76. (*Os caminhos para a modernidade: os iluminismos britânico, francês e americano*. São Paulo: É Realizações, 2011.)
5. Richard H. Thaler e Cass R. Sunstein, *Nudge: Improving Decisions About Health, Wealth, and Happiness* (Ann Arbor, MI: Caravan Books, 2008), 22.
6. James Le Fanu, *Why Us?: How Science Rediscovered the Mystery of Ourselves* (Nova York: Pantheon Books, 2009), 213.
7. Robert A. Burton, *On Being Certain: Believing You Are Right Even When You're Not* (Nova York: St. Martin's Press, 2008), 10.
8. Joseph T. Hallinan, *Why We Make Mistakes: How We Look Without Seeing, Forget Things in Seconds, and Are All Pretty Sure We Are Way Above Average* (Nova York: Broadway Books, 2009), 41.
9. Taylor W. Schmitz, Eve De Rosa, e Adam K. Anderson, "Opposing Influences of Affective State Valence on Visual Cortical Encoding" (Influências opostas da valência do estado afetivo na codificação cortical visual), *Journal of Neuroscience* 29, n. 22 (3 de junho de 2009): 7199-7207, http://www.jneurosci.org/cgi/content/short/29/22/7199.
10. Hallinan, 219.
11. Norbert Schwarz e Gerald L. Clore, "Mood, Misattribution, and Judgments of Well-Being: Informative and Directive Functions of Affective States" (Estado de espírito, má atribuição e julgamentos do bem-estar: funções informativas e direcionais dos estados afetivos), *Journal of Personality and Social Psychology* 45, n. 3 (1983): 513-23, http://sitemaker.umich.edu/norbert.schwarz/files/83_jpsp_schwarz_clore_mood.pdf.
12. Timothy D. Wilson, *Strangers to Ourselves: Discovering the Adaptive Unconscious* (Cambridge, MA: Belknap Press, 2002), 101-102.
13. Henry David Thoreau, *I To Myself: An Annotated Selection from the Journal of Henry D. Thoreau* (Eu para mim mesmo: uma seleção comentada do diário de

Henry D. Thoreau), org. Jeffrey S. Kramer (New Haven, CT: Yale University Press, 2007), 420.

14. John Huizinga e Sandy Weil, "Hot Hand or Hot Head: The Truth About Heat Checks in the NBA" (Mão quente ou cabeça quente: a verdade sobre tacadas de risco na NBA), MIT Sloan Sports Analytics Conference, 7 de março de 2009, http://web.me.com/sandy1729/sportsmetricians_consulting/Hot_Hand_files/HotHandMITConf03.pdf.
15. Robert E. Christiaansen, James D. Sweeney, e Kathy Ochalek, "Influencing Eyewitness Descriptions" (Influenciando as descrições de testemunhas), *Law and Human Behavior* 7, n. 1 (Março 1983), 59-65, http://www.springerlink.com/content/xm1lm15u08w1q10h/.
16. "Roots of Unconscious Prejudice Affect 90 to 95 percent of People" (Raízes do preconceito inconsciente afetam 90 a 95% das pessoas), *ScienceDaily*, 30 de setembro de 1998, http://www.sciencedaily.com/releases/1998/09/980930082237.htm.
17. Carey Goldberg, "Even Elders Reflect Broad Bias Against the Old, Study Finds" (Estudo descobre que até os idosos refletem as propensões gerais contra eles), *Boston Globe*, 28 de outubro de 2002, http://pqasb.pqarchiver.com/boston/access/225621771.html?FMT=ABS&date=Oct%2028,%202002.
18. David G. Myers, *Intuition: Its Powers and Perils* (New Haven, CT: Yale University Press, 2004), 205
19. Ap Dijksterhuis, Henk Aarts, e Pamela K. Smith, "The Power of the Subliminal: On Subliminal Persuasion and Other Potential Applications" (O poder do subliminar: sobre persuasão subliminar e outras aplicações em potencial), em *The New Unconscious* (O novo inconsciente), orgs. Ran R. Hassim, James S. Uleman, e John A. Bargh (Oxford: Oxford University Press, 2005), 82.
20. Wilson, 19.
21. Jonah Lehrer, *How We Decide* (Nova York: Houghton Mifflin Co., 2009), 136.
22. Benedict Carey, "Blind, Yet Seeing: The Brain's Subconscious Visual Sense" (Cego, porém enxergando: o senso visual subconsciente do cérebro), *New York Times*, 23 de dezembro de 2008, http://www.nytimes.com/2008/12/23/health/23blin.html.
23. Jonah Lehrer, *Proust Was a Neuroscientist* (Nova York: Houghton Mifflin Co., 2007), 184. (*Proust era um neurocientista*. Alfragide, Portugal: Lua de papel, 2009.)
24. Myers, 55.
25. Wilson, 26-27.
26. Benedict Carey, "In Battle, Hunches Prove to Be Valuable" (Na batalha, palpites se mostram valiosos), *New York Times*, 28 de julho de 2009, http://www.nytimes.com/2009/07/28/health/research/28brain.html.
27. Antoine Bechara, Hanna Damasio, Daniel Tranel, e António R. Damásio, "Deciding Advantageously Before Knowing the Advantageous Strategy" (Decidindo de maneira vantajosa antes de conhecer a estratégia vantajosa),

Science 28, n. 5304 (Fevereiro 1997): 1293-95, http://www.sciencemag.org/cgi/content/short/275/5304/1293.

28. Wilson, 25.
29. Gerd Gigerenzer, *Gut Feelings: The Intelligence of the Unconscious* (Nova York: Penguin Books, 2007), 9-11. (*O poder da intuição: o inconsciente dita as melhores decisões*. São Paulo: Best Seller, 2009.)
30. Paul A. Klaczynski, "Cognitive and Social Cognitive Development: Dual Process Research and Theory" (Desenvolvimento cognitivo e cognitivo social: pesquisa e teoria do duplo processo), em *In Two Minds: Dual Processes and Beyond* (Em duas mentes: duplos processos e além), orgs. Jonathan Evans e Keith Frankish (Oxford: Oxford University Press, 2009), 270.
31. Ap Dijksterhuis e Loran F. Nordgren, "A Theory of Unconscious Thought" (Uma teoria do pensamento inconsciente), *Perspectives on Psychological Science* 1, n. 2 (Junho 2006): 95-109, http://www.unconsciouslab.nl/publications/Dijksterhuis%20Nordgren%20-%20A%20Theory%20of%20Unconscious%20Thought.pdf.
32. Dijksterhuis e Nordgren, 100.
33. Dijksterhuis e Nordgren, 104.
34. Dijksterhuis e Nordgren, 102.
35. John A. Bargh, "Bypassing the Will: Toward Demystifying the Nonconcious Control of Social Behavior" (Contornando o desejo: desmistificando a falta de controle consciente do comportamento social), em *The New Unconscious* op. cit., 53.
36. George Eliot, *Felix Holt, the Radical* (Felix Holt, o radical) (Nova York: Penguin Books, 1995), 279.
37. James C. Scott, *Seeing Like a State: How Certain Schemes to Improve the Human Condition Have Failed* (Ver como um Estado: como certos esquemas para melhorar a condição humana falharam) (New Haven, CT: Yale University Press, 1998), 311.
38. Guy Claxton, *Hare Brain, Tortoise Mind: How Intelligence Increases When You Think Less* (Cérebro de lebre, mente de tartaruga: como a inteligência aumenta quando você pensa menos) (Nova York: Harper Perennial, 2000), 18.
39. Colin Camerer et al., "Neural Systems Responding to Degrees of Uncertainty in Human Decision-Making" (Sistemas neurais respondendo aos níveis de incerteza da tomada de decisão humana), *Science* 310, no. 5754 (9 de dezembro de 2005): 1680-83, http://www.sciencemag.org/cgi/content/abstract/310/5754/1680.
40. Isaiah Berlin, "The Hedgehog and the Fox" (O ouriço e a raposa), em *Russian Thinkers*, orgs. Henry Hardy e Aileen Kelly (Nova York: Penguin Books, 1978), 71-72. (*Pensadores russos*. São Paulo: Companhia das Letras, 1988.)

CAPÍTULO 16 — A INSURGÊNCIA

1. David Rock, *Your Brain at Work: Strategies for Overcoming Distraction, Regaining Focus, and Working Smarter All Day Long* (Seu cérebro no trabalho: estratégias para superar a distração, retomar o foco e trabalhar melhor o dia todo) (Nova York: HarperCollins, 2009), 49.
2. Gerald Traufetter, "Have Scientists Discovered Intuition?" (Os cientistas descobriram a intuição?), *Der Spiegel*, 21 de setembro de 2007, http://www.spiegel.de/international/world/0,1518,507176,00.html.
3. Patrick Rabbitt, "Detection of Errors by Skilled Typists" (Detecção de erros em digitadores habilidosos), *Ergonomics* 21, n. 11 (Novembro 1978): 945-58, http://www.informaworld.com/smpp/content~db=all~content=a777698565.
4. Joseph T. Hallinan, *Why We Make Mistakes: How We Look Without Seeing, Forget Things in Seconds, and Are All Pretty Sure We Are Way Above Average* (Nova York: Broadway Books, 2009), 53.
5. Peter F. Drucker, *The Essential Drucker: In One Volume the Best of Sixty Years of Peter Drucker's Essential Writings on Management* (Nova York: HarperCollins, 2001), 127. (*O essencial de Drucker: uma seleção das melhores teorias do pai da Gestão*. Lisboa: Actual Editorial, 2008.)
6. Drucker, 218.
7. David Moshman e Molly Geil, "Collaborative Reasoning, Evidence for Collective Rationality" (Raciocínio colaborativo, evidência para a racionalidade coletiva), *Thinking and Reasoning* 4, n. 3 (Julho 1998): 231-48, http://digitalcommons.unl.edu/cgi/viewcontent.cgi?article=1053&context=edpsychpapers.

CAPÍTULO 17 — ENVELHECENDO

1. Helen Fisher, "The Drive to Love: The Neural Mechanism for Mate Selection", em *The New Psycology of Love* (New Haven, CT: Yale University Press, 2006), 105.
2. Louann Brizendine, *The Female Brain* (Nova York: Broadway Books, 2006), 136-37.
3. William James, *The Principles of Psychology* (Os princípios da psicologia), vol. 2, Chap. 22.
4. John Gottman, *Why Marriages Succeed or Fail: And How You Can Make Yours Last* (Nova York: Fireside, 1995), 57. (*Casamentos: por que alguns dão certo e outros não*. Rio de Janeiro: Objetiva, 1998.)
5. John Cacioppo e William Patrick, *Loneliness: Human Nature and the Need for Social Connection* (Nova York: W.W. Norton & Company, 2008), 170.
6. Brizendine, 147.
7. Brendan L. Koerner, "Secret of AA: After 75 Years, We Don't Know How It Works" (O segredo do AA: depois de 75 anos, não sabemos como funciona),

Wired, 23 de junho de 2010, http://www.wired.com/magazine/2010/06/ff_alcoholics_anonymous/.

CAPÍTULO 18 — MORALIDADE

1. Jonathan Haidt, "What Makes People Vote Republican" (O que faz com que as pessoas votem em republicanos), *Edge*, 9 de setembro de 2008, http://www.edge.org/3rd_culture/haidt08/haidt08_index.html.
2. Jonathan Haidt, *The Happiness Hypothesis: Finding Modern Truth in Ancient Wisdom* (Nova York: Basic Books, 2006), 20-21. (*Uma vida que vale a pena: ela está mais perto do que você imagina.* Rio de Janeiro: Alegro, 2006.)
3. Michael S. Gazzaniga, *Human: The Science Behind What Makes Us Human* (Nova York: Harper Perennial, 2008), 148.
4. Jonah Lehrer, *How We Decide* (Nova York: Houghton Mifflin Co., 2009), 15.
5. Lehrer, 170.
6. Kwame Anthony Appiah, *Experiments in Ethics* (Experimentos sobre ética) (Cambridge, MA: Harvard University Press, 2008), 40-41.
7. Jean Hatzfield, *Machete Season: The Killers in Rwanda Speak,* trad. Linda Coverdale (Nova York: Farrar, Straus & Giroux, 2003), 24. (*Uma temporada de facões*. São Paulo, Companhia das Letras, 2003.)
8. Paul Bloom, *Descartes' Baby: How the Science of Child Development Explains What Makes Us Human* (O filho de Descartes: como a ciência do desenvolvimento infantil explica o que nos torna humanos) (Nova York: Basic Books, 2004), 114.
9. Bloom, 122.
10. Liz Seward, "Contagious Yawn 'Sign of Empathy'" (O contagioso bocejo "em sinal de simpatia"), BBC, 10 de setembro de 2007, http://news.bbc.co.uk/2/hi/science/nature/6988155.stm.
11. Adam Smith, *The Theory of Moral Sentiments* (Nova York: Cosimo, 2007), 2. (*Teoria dos sentimentos morais*. São Paulo: Martins Fontes, 1999.)
12. Smith, 118.
13. J. Kiley Hamlin, Karen Wynn, e Paul Bloom, "Social Evaluation by Preverbal Infants" (Avaliação social por crianças pré-verbais), *Nature* 450 (22 de novembro de 2007): 557-59, http://www.nature.com/nature/journal/v450/n7169/abs/nature06288.html.
14. James Q. Wilson, *The Moral Sense* (O senso moral) (Nova York: Free Press, 1997), 142.
15. J. J. A. Van Berkum et al., "Right or Wrong? The Brain's Fast Response to Morally Objectional Statements" (Certo ou errado? A rápida resposta do cérebro a frases moralmente questionáveis), *Psychological Science* 20 (2009): 1092-99, http://coreservice.mpdl.mpg.de/ir/item/escidoc:57437/components/component/escidoc:95157/content.
16. Marc D. Hauser, *Moral Minds: The Nature of Right and Wrong* (Mentes morais: a natureza do certo e do errado) (Nova York: Harper Perennial, 2006), 60-61.

17. Jonathan Haidt e Craig Joseph, "The Moral Mind: How 5 Sets of Innate Moral Intuitions Guide the Development of Many Culture-Specific Virtues, and Perhaps Even Modules" (A mente moral: como um conjunto de cinco intuições morais inatas guiam o desenvolvimento de várias virtudes específicas a contextos culturais), em *The Innate Mind* (A mente inata), orgs. P. Carruthers, S. Laurence, e S. Stich (Nova York: Oxford, 2007), 367-91, e Jonathan Haidt e Jesse Graham, "When Morality Opposes Justice: Conservatives Have Moral Intuitions That Liberals May Not Recognize" (Quando a moralidade se opõe à justiça), *Social Science Research* 20, n. 1 (Março 2007): 98-116.
18. Jesse Graham, Jonathan Haidt, e Brian Nosek, "Liberals and Conservatives Use Different Sets of Moral Foundations" (Liberais e conservadores usam grupos diferentes de bases morais), *Journal of Personality and Social Psychology* 96, n. 5 (Maio 2009): 1029-46, http://www.ncbi.nlm.nih.gov/pubmed/19379034.
19. Hauser, 199.
20. Kyle G. Ratner e David M. Amodio, "N170 Responses to Faces Predict Implicit In-Group Favoritism: Evidence from a Minimal Group Study" (Respostas do N170 para expressões preveem o favoritismo implícito em grupos: provas de um estudo mínimo de grupo), Social & Affective Neuroscience Society Annual Meeting, 10 de outubro de 2009, http://www.wjh.harvard.edu/~scanlab/SANS/docs/SANS_program_2009.pdf.
21. Xiaojing Xu, Xiangyu Zuo, Xiaoying Wang, e Shihui Han, "Do You Feel My Pain? Racial Group Membership Modulates Empathic Neural Responses" (Você sente a minha dor? A filiação a um grupo racial modula as respostas neurais empáticas), *Journal of Neuroscience* 29, n. 26 (1º de julho de 2009): 8525-29, http://www.jneurosci.org/cgi/content/short/29/26/8525.
22. Hugh Helco, *On Thinking Institutionally* (Sobre pensar institucionalmente) (Boulder, CO: Paradigm Publishers, 2008), 98.
23. Ryne Sandberg, Induction Speech (Discurso de indução), National Baseball Hall of Fame and Museum, 31 de julho de 2005, http://baseballhall.org/node/11299.
24. Joshua D. Greene, "Does Moral Action Depend on Reasoning?" (A ação moral depende do raciocínio?), *Big Questions Essay Series*, John Templeton Foundation, Abril 2010, http://www.templeton.org/reason/Essays/greene.pdf.
25. Appiah, 160.
26. Viktor Emil Frankl, *Man's Search for Meaning* (A busca do homem por sentido) (Boston, MA: Beacon Press, 1992), 78.
27. Jean B. Elshtain, "Neither Victims Nor Heroes: Reflections from a Polio Person" (Nem vítimas, nem heróis: reflexões de uma pessoa com poliomielite), em *Philosophical Reflections on Disability* (Reflexões filosóficas sobre a deficiência), orgs. Christopher D. Ralston e Justin Ho (Nova York: Springer, 2009), 241-50.

CAPÍTULO 19 — O LÍDER

1. Donald Green, Bradley Palmquist, e Eric Schickler, *Partisan Hearts and Minds: Political Parties and the Social Identity of Voters* (Corações e mentes partidários: partidos políticos e a identidade social dos eleitores) (New Haven, CT: Yale University Press, 2002), 12.
2. Green, Palmquist, e Schickler, 4.
3. Paul Goren, Christopher M. Federico, e Miki Caul Kittilson, "Source Cues, Partisan Identities, and Political Value Expression" (Exemplos, identidades partidárias e expressão do valor políticos), *American Journal of Political Science* 53, n. 4 (2009): 805-820, http://www3.interscience.wiley.com/journal/122602945/abstract?CRETRY=1&SRETRY=0.
4. Angus Campbell, Philip E. Converse, Warren E. Miller, e Donald E. Stokes, *The American Voter* (O eleitor americano) (Chicago, IL: University of Chicago Press, 1980).
5. Larry M. Bartels, "Beyond the Running Tally: Partisan Bias in Political Perceptions" (Além da competição: propensão partidária e percepções políticas), *Political Behavior* 24, n. 2 (Junho 2002): 117-150, http://www.uvm.edu/~dguber/POLS234/articles/bartels.pdf.
6. Joseph T. Hallinan, *Why We Make Mistakes: How We Look Without Seeing, Forget Things in Seconds, and Are All Pretty Sure We Are Way Above Average* (Nova York: Broadway Books, 2009), 44-45.
7. Joe Keohane, "How Facts Backfire" (Como os fatos se voltam contra si mesmos), *Boston Globe*, 11 de julho de 2010, http://www.boston.com/bostonglobe/ideas/articles/2010/07/11/how_facts_backfire/.
8. Daniel Benjamin e Jesse Shapiro, "Thin-Slice Forecasts of Gubernatorial Elections" (Previsões dedutivas sobre eleições para governador), *Review of Economics and Statistics* 91, n. 3 (2009): 523-26, http://www.arts.cornell.edu/econ/dbenjamin/thinslice022908.pdf.
9. Jonah Berger, Marc Meredith, e S. Christian Wheeler, "Contextual Priming: Where People Vote Affects How They Vote" (Preparação contextual: o local de votação afeta o voto), *Proceedings of the National Academy of Sciences* 105, n. 26 (1º de julho de 2008): 8846-49, http://www.sas.upenn.edu/~marcmere/workingpapers/ContextualPriming.pdf.
10. Ran R. Hassin, Melissa J. Ferguson, Daniella Shidlovski, e Tamar Gross, "Subliminal Exposure to National Flags Affects Political Thought and Behavior" (Exposição subliminar a bandeiras nacionais afeta o pensamento e o comportamento político), *Proceedings of the National Academy of the Sciences* 104, n. 50 (Dezembro 2007): 19757-61, http://www.pnas.org/content/104/50/19757.abstract.

CAPÍTULO 20 — O LADO MALEÁVEL

1. Mark Lilla, "A Tale of Two Reactions" (Uma história de duas reações), *New York Review of Books*, Maio 1998, http://www.nybooks.com/articles/archives/1998/may/14/a-tale-of-two-reactions/.
2. William G. Bowen, Martin Kurzweil, e Eugene Tobin, *Equity and Excellence in American Higher Education* (Igualdade e excelência no ensino superior Americano) (Charlottesville, VA: University of Virginia Press, 2005), 91.
3. "Britain is 'surveillance society'" (A sociedade britânica é a "sociedade da supervisão"), BBC, Novembro 2, 2006, http://news.bbc.co.uk/2/hi/uk_news/6108496.stm.
4. Phillip Blond, "Rise of the Red Tories" (A ascenção dos *Red Tories*), *Prospect*, Fevereiro 28, 2009, http://www.prospectmagazine.co.uk/2009/02/riseoftheredtories/.
5. James Q. Wilson, "The Rediscovery of Character: Private Virtue and Public Policy" (O redescobrimento do caráter: virtude privada e política pública), *The Public Interest* 81 (Outono 1985): 3-16, http://www.nationalaffairs.com/public_interest/detail/the-rediscovery-of-character-private-virtue-and-public-policy.
6. Clinton Rossiter, *Conservatism in America* (Conservadorismo na América) (Cambridge, MA: Harvard University Press, 1982), 43.
7. Lawrence E. Harrison, *The Central Liberal Truth: How Politics Can Change a Culture and Save It from Itself* (A verdade central liberal: como a política pode mudar uma cultura e salvá-la de si mesma) (Cambridge: Oxford University Press, 2006), xvi.
8. Marc Sageman, *Understanding Terror Networks* (Entendendo as redes de terror) (Filadélfia, PA: University of Pennsylvania Press, 2004), 73-75.
9. Olivier Roy, *Globalized Islam: The Search for a New Ummah* (Islã globalizado: a busca por um novo *Ummah*) (Nova York: Columbia University Press, 2004).
10. David Brooks, "The Wisdom We Need to Fight AIDS" (A sabedoria que necessitamos para lutar contra a Aids), *New York Times*, 12 de junho de 2005, http://www.nytimes.com/2005/06/12/opinion/12brooks.html.
11. David Brooks, "In Africa, Life After Aids" (Na África, a vida após a Aids), *New York Times*, 9 de junho de 2005, http://www.nytimes.com/2005/06/09/opinion/09brooks.html.
12. David Brooks, "This Old House" (Esta velha casa), *New York Times*, 9 de dezembro de 2008, http://www.nytimes.com/2008/12/09/opinion/09brooks.html.
13. Daniel Drezner, "The BLS Weighs in on Outsourcing" (O gabinete de estatísticas do trabalho dos Estados Unidos reflete sobre a terceirização), DanielDrezner.com, 10 de junho de 2004, http://www.danieldrezner.com/archives/001365.html e "Extended Mass Layoffs Associated with Domestic and Overseas Relocations, First Quarter 2004 Summary" (Demissões em massa associadas às relocações domésticas e exteriores, sumário do primeiro

quadrimestre de 2004), Bureau of Labor Statistics Press Release, 10 de junho de 2004, http://www.bls.gov/news.release/reloc.nr0.htm.

14. Pankaj Ghemawat, "Why the World Isn't Flat" (Por que o mundo não é plano), *Foreign Policy*, 14 de fevereiro de 2007, http://www.foreignpolicy.com/articles/2007/02/14/why_the_world_isnt_flat?page=full.
15. Ron Haskins e Isabel Sawhill, *Creating an Opportunity Society* (Criando uma sociedade de oportunidade) (Washington, D.C.: Brookings Institution Press, 2009), 127.
16. Ross Douthat, "Does Meritocracy Work?" (A meritocracia funciona?), *The Atlantic*, Novembro 2005, http://www.theatlantic.com/magazine/archive/2005/11/does-meritocracy-work/4305/.
17. Douthat, "Does Meritocracy Work?"
18. Eric Hanushek, "Milton Friedman's Unfinished Business" (O negócio inacabado de Milton Friedman), *Hoover Digest*, Inverno 2007, http://edpro.stanford.edu/hanushek/admin/pages/files/uploads/friedmanhoover_digest.pdf.
19. Haskins e Sawhill, 46.
20. Margaret Bridges, Bruce Fuller, Russell Rumberger, e Loan Tran, "Preschool for California's Children: Unequal Access, Promising Benefits," (Pré-escola para crianças da Califórnia: acesso desigual, benefícios promisores) PACE Child Development Projects, University of California Linguistic Minority Research Institute (Setembro 2004): 9, http://gse.berkeley.edu/research/pace/reports/PB.04-3.pdf.
21. Haskins e Sawhill, 223.
22. Haskins e Sawhill, 42.
23. Haskins e Sawhill, 70.
24. Richard Wilkinson e Kate Pickett, *The Spirit Level: Why Greater Equality Makes Societies Stronger* (Londres: Bloomsbury Press, 2009), 75. (*O espírito de igualdade: por que razão sociedades mais igualitárias funcionam quase sempre melhor*. Lisboa: Presença, 2010.)
25. Haskins e Sawhill, 101.
26. James Heckman e Dimitriy V. Masterov, "The Productivity Argument for Investing in Young Children" (O argumento da produtividade para investir em crianças pequenas), Invest in Kids Working Group, Committee for Economic Development, Working Paper 5 (4 de outubro de 2004): 3, http://jenni.uchicago.edu/Invest/FILES/dugger_2004-12-02_dvm.pdf.
27. Heckman e Masterov, 28-35.
28. Malcolm Gladwell, "Most Likely to Succeed" (Mais propenso a obter sucesso), *The New Yorker*, 15 de dezembro de 2008, http://www.newyorker.com/reporting/2008/12/15/081215fa_fact_gladwell.
29. Marc Santora, "CUNY Plans New Approach to Community College" (Universidade do Estado de Nova York planeja nova abordagem para faculdade comunitária), *New York Times*, 26 de janeiro de 2009, http://www.nytimes.com/2009/01/26/education/26college.html?fta=y.

30. Alexander Hamilton, "Report on Manufactures" (Relatório sobre manufaturas), 5 de dezembro de 1791, University of Chicago Press, The Founders' Constitution, http://press-pubs.uchicago.edu/founders/documents/v1ch4s31.html.
31. Ron Chernow, *Alexander Hamilton* (Nova York: Penguin Press, 2004).
32. Abraham Lincoln, Speech to Germans in Cincinnati, Ohio (Discurso aos alemães em Cincinnati, Ohio), 12 de fevereiro de 1861, *Collected Works of Abraham Lincoln* (Trabalhos completos de Abraham Lincoln), vol. 4 (Piscataway, NJ: Rutgers University Press, 1990), 203.
33. Theodore Roosevelt, "Social Evolution" (Evolução social), em *American Ideals, and Other Essays, Social and Political* (Ideais americanos e outros ensaios, sociais e políticos), vol. 2 (Nova York: G.P. Putnam's Sons, 1907), 154.
34. Michael Oakeshott, "Political Education" (Educação política) em *Rationalism in Politics and Other Essays* (Racionalismo na política e outros ensaios) (Londres: Methuen, 1977), 127.
35. Thomas Sowell, *Marxism: Philosophy and Economics* (Marxismo: filosofia e economia) (Londres: George Allen & Unwin, Ltd., 1985), 14.

CAPÍTULO 21 — A OUTRA EDUCAÇÃO

1. Atul Gawande, "The Way We Age Now" (A maneira como envelhecemos agora), *The New Yorker*, 30 de abril de 2007, http://www.newyorker.com/reporting/2007/04/30/070430fa_fact_gawande.
2. Gawande, "The Way We Age Now".
3. Patricia A. Reuter-Lorenz e Cindy Lustig, "Brain Aging: Reorganizing Discoveries About the Aging Mind" (O envelhecimento do cérebro: reorganizando descobertas sobre a mente envelhecendo), *Current Opinion in Neurobiology* 15 (2005): 245-51, http://www.bus.umich.edu/neuroacrp/Yoon/ReuterLorenzLustig2005.pdf.
4. Louis Cozolino, *The Healthy Aging Brain: Sustaining Attachment, Attaining Wisdom* (Envelhecimento saudável do cérebro: mantendo o apego, conquistando a sabedoria) (Nova York: W.W. Norton & Co., 2008), 172.
5. Stephen S. Hall, "The Older-and-Wiser Hypothesis" (A hipótese do mais velho/mais sábio), *New York Times*, 6 de maio de 2007, http://www.nytimes.com/2007/05/06/magazine/06Wisdom-t.html.
6. Hall, "The Older-and-Wiser Hypothesis" (A hipótese do mais velho/mais sábio).
7. Norma Haan, Elizabeth Hartka, e Roger Millsap, "As Time Goes By: Change and Stability in Personality Over Fifty Years" (Com o passar do tempo: mudança e estabilidade na personalidade durante cinquenta anos), *Psychology and Aging* 1, n. 3 (1986): 220-32, http://www.psych.illinois.edu/~broberts/Haan%20et%20al,%201986.pdf.
8. George Vaillant, *Aging Well: Surprising Guideposts to a Happier Life from the Landmark Harvard Study of Adult Development* (Envelhecendo bem: sinais

surpreendentes para uma vida mais feliz do estudo crucial da Harvard sobre o desenvolvimento adulto) (Nova York: Little, Brown & Co., 2002), 254.

9. Andrew Newberg e Mark Robert Waldman, *Why We Believe What We Believe: Uncovering Our Biological Need for Meaning, Spirituality, and Truth* (Por que acreditamos no que acreditamos: desvendando nossa necessidade biológica por significado, espiritualidade e verdade) (New York: Free Press, 2006), 211-212.
10. Vaillant, 99-100.
11. Daniel J. Siegel, *The Mindful Brain: Reflection and Attunement in the Cultivation of Well-Being* (A mente consciente: reflexão e harmonia no cultivo do bem-estar) (Nova York: W.W. Norton & Co., Inc., 2007), 62.
12. Siegel, 159.
13. Andrew Newberg e Mark Robert Waldman, *Born to Believe: God, Science, and the Origin of Ordinary and Extraordinary Beliefs* (Nascido para acreditar: Deus, ciência e a origem das crenças comuns e extraordinárias) (Nova York: Free Press, 2006), 175.
14. Newberg e Waldman, *Why We Believe What We Believe*, 203-205.
15. Roger Scruton, *Culture Counts: Faith and Feeling in a Besieged World* (A cultura faz diferença: fé e sentimento em um mundo sitiado) (Nova York: Encounter Books, 2007), 41.
16. Walt Whitman, *Leaves of Grass* (Nova York: Penguin Books, 1986), 53. (*Folhas da relva*. Rio de Janeiro: Civilização Brasileira, 1964.)
17. Jonah Lehrer, *Proust Was a Neuroscientist* (Nova York: Houghton Mifflin Co., 2007), 140.
18. Michael S. Gazzaniga, *Human: The Science Behind What Makes Us Human* (Nova York: Harper Perennial, 2008), 210.
19. Daniel J. Levitin, *This Is Your Brain on Music: The Science of a Human Obsession* (Nova York: Dutton, 2006), 116. (*A música no seu cérebro*. São Paulo: Civilização Brasileira, 2010.)
20. Leonard Meyer, *Emotion and Meaning in Music* (Emoção e significado em música) (Chicago, IL: University of Chicago Press, 1961).
21. Semir Zeki, *Splendors and Miseries of the Brain: Love, Creativity, and the Quest for Human Happiness* (Esplendores e misérias do cérebro: amor, criatividade e a busca por felicidade humana) (Malden, MA: Wiley-Blackwell, 2009), 29.
22. Chris Frith, *Making Up the Mind: How the Brain Creates Our Mental World* (Tomando decisões: como o cérebro cria nosso mundo mental) (Malden, MA: Blackwell Publishing, 2007), 111.
23. Denis Dutton, *The Art Instinct: Beauty, Pleasure, and Human Evolution* (Nova York: Bloomsbury Press, 2009), 17-19. (*Arte e instinto*. Lisboa: Temas e Debates, 2010.)
24. Gazzaniga, 229.
25. Gazzaniga, 230.
26. Gene D. Cohen, *The Mature Mind: The Positive Power of the Aging Brain* (A mente madura: o poder positivo do envelhecimento cerebral) (Nova York: Basic Books, 2005), 148.

27. Lehrer, 87.
28. Nancy C. Andreasen, *The Creative Brain: The Science of Genius* (O cérebro criativo: a ciência do gênio) (Nova York: Plume, 2006), 44.
29. Guy Claxton, *Hare Brain, Tortoise Mind: How Intelligence Increases When You Think Less* (Nova York: Harper Perennial, 2000), 60.
30. Cozolino, 28.
31. Cozolino, 29-30.
32. Cohen, 178.
33. Malcolm Gladwell, "Late Bloomers" (Os que florescem mais tarde), *The New Yorker*, 20 de outubro de 2008, http://www.newyorker.com/reporting/2008/10/20/081020fa_fact_gladwell.
34. Kenneth Clark, "The Artist Grows Old" (O artista envelhece), *Daedalus* 135, n. 1 (Inverno 2006): 87, http://mitpress.mit.edu/journals/pdf/Clark_77_90.pdf.
35. Scruton, 44.
36. Kenneth S. Clark, *Civilization: A Personal View* (Nova York: Harper & Row, 1969), 60. (*Civilização: uma visão pessoal.* São Paulo: Martins Fontes, 1995.)
37. Michael Ward, "C. S. Lewis and the Star of Bethlehem" (C. S. Lewis e a estrela de Belém), *Books & Culture*, Janeiro / Fevereiro 2008, http://www.booksandculture.com/articles/2008/janfeb/15.30.html.

CAPÍTULO 22 — SIGNIFICADO

1. Lydia Davis, "Happiest Moment" (O momento mais feliz), em *Samuel Johnson Is Indignant* (Samuel Johnson está indignado) (Nova York: Picador, 2002), 50.
2. Esther M. Sternberg, *Healing Spaces: The Science of Place and Well-Being* (Cambridge, MA: Belknap Press, 2009), 49.
3. Sternberg, 50.
4. Charles Taylor, *Sources of the Self: The Making of the Modern Identity* (As fontes do eu: a criação da identidade moderna) (Cambridge: University of Cambridge Press, 2006), 297.
5. Jennifer Ruark, "The Art of Living Mindfully" (A arte de viver atentamente), *The Chronicle of Higher Education*, 3 de janeiro de 2010, http://chronicle.com/article/The-Art-of-Living-Mindfully/63292/.
6. Daniel L. Schacter, *Searching For Memory: The Brain, The Mind, and the Past* (Em busca da memória: o cérebro, a mente e o passado) (Nova York: Basic Books, 1996), 298.
7. George E. Vaillant, *Aging Well: Surprising Guideposts to a Happier Life from the Landmark Harvard Study of Adult Development* (Nova York: Little, Brown & Co., 2002), 31.
8. Vaillant, 10-11.
9. Louis Cozolino, *The Healthy Aging Brain: Sustaining Attachment, Attaining Wisdom* (Envelhecimento saudável do cérebro: mantendo o apego, conquistando a sabedoria) (Nova York: W.W. Norton & Co., 2008), 188.

10. Viktor Emil Frankl, *Man's Search for Meaning* (Boston, MA: Beacon Press, 1992), 105.
11. Frankl, 84.
12. Frankl, 85.
13. Erving Goffman, *The Presentation of Self in Everyday Life* (A presença do eu na vida cotidiana) (Nova York: Anchor Books, 1962).
14. Roy F. Baumeister, *The Cultural Animal: Human Nature, Meaning, and Social Life* (O animal cultural: natureza humana, significado e vida social) (Oxford: Oxford University Press, 2005), 167.
15. Immanuel Kant, "Fundamental Principles of the Metaphysics of Morals" (Princípios fundamentais da metafísica da moral), *Basic Writings of Kant* (Escritos básicos de Kant), org. Allan Wood (Nova York: Random House, 2001), 165.
16. Timothy D. Wilson, *Strangers to Ourselves: Discovering the Adaptive Unconscious* (Cambridge, MA: Belknap Press, 2002), 84.
17. Dan P. McAdams, *The Redemptive Self: Stories Americans Live By* (O eu redentor: histórias que guiam os americanos) (Oxford: Oxford University Press, 2006).
18. Wilson, 175-76.
19. Steven Johnson, *Mind Wide Open: Your Brain and the Newroscience of Everyday Life* (New York: Scribner, 2004), 1.

ÍNDICE

ESTA OBRA FOI COMPOSTA PELA FILIGRANA EM ADOBE GARAMOND
E IMPRESSA EM PROCESSO SOB DEMANDA PELA UM LIVRO SOBRE
PAPEL OFFWHITE PARA A EDITORA SCHWARCZ A PARTIR DE 2025